红/十/字/文/化/丛/书

池子华　总主编

中国红十字运动史料选编·湖北专辑三
（第十九辑）

湖北省红十字会　红十字运动研究中心　编

涂明珍　池子华　主编

合肥工业大学出版社

图书在版编目（CIP）数据

中国红十字运动史料选编. 第十九辑,湖北专辑. 三／湖北省红十字会,红十字运动研究中心编;涂明珍,池子华主编. —合肥:合肥工业大学出版社,2023.12

（红十字文化丛书）

ISBN 978-7-5650-6496-8

I.①中… II.①湖… ②红… ③涂… ④池… III.①红十字会—史料—湖北 IV.①D632.1

中国国家版本馆 CIP 数据核字(2023)第 216607 号

中国红十字运动史料选编·湖北专辑三（第十九辑）

湖北省红十字会
红十字运动研究中心 编　　涂明珍　池子华　主编

责任编辑	孙南洋
出版发行	合肥工业大学出版社
地　　址	(230009)合肥市屯溪路 193 号
网　　址	press. hfut. edu. cn
电　　话	人文社科出版中心:0551-62903200
	营销与储运管理中心:0551-62903198
开　　本	710 毫米×1010 毫米　1/16
印　　张	32.75
字　　数	570 千字
版　　次	2023 年 12 月第 1 版
印　　次	2023 年 12 月第 1 次印刷
印　　刷	安徽联众印刷有限公司
书　　号	ISBN 978-7-5650-6496-8
定　　价	68.00 元

如果有影响阅读的印装质量问题,请与出版社营销与储运管理中心联系调换。

《中国红十字运动史料选编·湖北专辑三》
（第十九辑）编辑委员会

《红十字文化丛书》总序

150 年前，高举人道主义旗帜，旨在促进人类持久和平的红十字运动在欧洲兴起并迅速走向世界。100 多年来，红十字会为世界和平与发展做出的巨大贡献有目共睹，因而日益受到世界各国、各地区的欢迎，已发展为与联合国、奥委会并称的世界三大国际组织之一。究其原因，乃其所奉行的七项基本原则——也是红十字文化的内核——涵盖了世界上各种不同文化的共同点，能为文化和制度不同的国家和地区所接受，故而具有强大的生命力。

100 年前，红十字运动东渐登陆中国。在其中国化的发展过程中，红十字会不断吸取中国传统文化的精髓，茁壮成长，逐步形成了"人道、博爱、奉献"的文化内涵，并成为中华文化的瑰宝之一。

百余年来，红十字运动在波澜壮阔的实践中积累了丰富的经验，也留下了许多教训。经验与教训需要上升为理论；也只有理论才能更好地指导红十字事业持续、健康发展。学界、业界对此都进行了持续的关注。

2005 年 12 月 7 日，苏州大学社会学院与苏州市红十字会携手合作，成立全国首家红十字运动研究中心，旨在通过学界和业界的联合，推动和加强红十字运动的理论研究，探究红十字运动中国化的过程与特色，凝练红十字文化价值，探求红十字运动在构建国家软实力和促进中华民族伟大复兴中的地位与作用。同年 12 月 9 日，中国红十字会总会也提出："确定一批研究课题，组织专家学者开展对国际红十字运动及中国红十字运动的深入研究。"[①] 由此，学界、业界共同开展了对红十字运动的学术研究与理论探讨。

多年来，红十字运动研究中心除通过专业网站（http：//www. hszyj. net）

---

① 中国红十字会总会：《关于加强和改进宣传工作的意见》，红总字〔2005〕19 号。

发布和交流学界、业界动态外，已出版研究成果数十部；帮助一些地方红十字会建立与高校的合作，搭建平台，共同开展研究；举办了首届红十字运动与慈善文化国际学术研讨会；培养了一批专门研究红十字运动的生力军；积累了大量的学术资料。中心主要研究人员还借助在各地讲学的机会，传播重视红十字运动研究的理念。正是在红十字运动研究中心的引领之下，红十字运动研究在中华大地上呈现出生机勃勃的发展态势，并取得了丰硕的成果，"新红学"①呼之欲出。仅以 2011 年为例，各地以纪念辛亥革命 100 周年为契机，纷纷整理、编辑出版了地方红会百年史；有的红会还与高校合作组建相关研究中心，等等②。通过这些方式，有力地推动了红十字运动研究向更深更广的方向发展。

　　当今世界正处于大发展大变革大调整时期，多极化、全球化深入发展，科学技术日新月异，各种思想文化交流交融交锋更加频繁，文化在综合国力竞争中的地位和作用更加凸显。2011 年 10 月 18 日，党的十七届六中全会通过的《中共中央关于深化文化体制改革推动社会主义文化大发展大繁荣若干重大问题的决定》，提出要推动社会主义文化大发展大繁荣。11 月 7 日，教育部发布了《高等学校哲学社会科学繁荣计划(2011—2020 年)》，强调要大力提升高等学校人才培养、科学研究、社会服务、文化传承创新的能力和水平。12 月 7 日，全国人大常委会副委员长、中国红十字会会长华建敏在中国红十字会九届三次理事会上提出："要深化理论研究，充分挖掘红十字文化内涵，推进红十字文化中国化，广泛传播人道理念，在全社会推动形成良好的道德风尚。"③ 红十字"文化工程"已然成为红十字会总体建设目标之一④。进一步加强与拓展红十字运动理论研究，尤其是对红十字文化中国化的研究，已成为历史与现实的呼唤。

<hr>

　　① 在 2009 年 4 月于苏州大学召开的"红十字运动与慈善文化"国际学术研讨会上，红十字运动研究中心主任、江苏红十字运动研究基地负责人、苏州大学教授池子华指出，经过 100 多年波澜壮阔的实践发展和学术界呕心沥血的开拓性研究，在人文社科领域构建一门"新红学"——红十字学，条件已经具备，时机已经成熟。见池子华：《创建"红十字学"刍议》，《中国红十字报》2009 年 4 月 17 日。

　　② 池子华、郝如一：《2011 年红十字理论研究之回顾》，《中国红十字报》2012 年 1 月 3 日。

　　③ 《中国红十字会九届三次理事会召开》，《中国红十字报》2011 年 12 月 9 日。

　　④ 池子华：《"文化工程"应成为红十字会总体建设目标之一》，《中国红十字报》2009 年 12 月 11 日。

有鉴于此，红十字运动研究中心继续发挥高等学校与业界合作的优势，汇聚研究队伍，科学选题，出版一套《红十字文化丛书》，弘扬有利于国家富强、民族振兴、人民幸福、社会和谐的思想和精神，凸显红十字文化在中国文化园地中的地位，使红十字文化在神州大地上更加枝繁叶茂，促进中国红十字事业可持续发展，推动红十字文化的国际交流。

《红十字文化丛书》的出版，得到了中国红十字基金会、江苏省红十字会、苏州大学社会学院、上海市嘉定区红十字会、浙江省嘉兴市红十字会、江苏省盐城市盐都区红十字会等单位的鼎力支持，也得到红十字国际委员会东亚地区代表处及中国红十字会总会的关心和指导，在此谨致衷心感谢。

池子华

2012 年 6 月于苏州大学

前　言

　　《中国红十字运动史料选编》是红十字运动研究中心推出的大型资料汇编，本书是这一系列中的第十九辑。该资料集以湖北省红十字会档案室、湖北省档案馆、武汉市档案馆等馆藏档案以及《人民日报》《中国红十字报》等报刊资料为主要资源来源，从中辑录湖北红十字运动的相关史料，在时间断限上为1966—2001年。

　　本书辑录原则如下：

　　一、辑录资料依据内容分为会务讯息、工作汇报、公牍选载、统计图表、杂俎五个专题。每个专题内，除个别内容为阅读方便而前后衔接外，其余均按时间先后顺序排布。

　　二、辑录的资料，均在资料末注明原件档案所在地以及原载报刊名称和刊载日期。

　　三、辑录资料的标题按照原标题照录，尽可能不做改动，仅对原标题过长者做了必要的精简。原文无标题者酌加标题，以便检索。

　　四、辑录的资料中，对于前后顺序颠倒的词语，直接进行改正；对于明显的错字、漏字，在原文中加"（　）"进行纠正、添补。

　　五、1966年以来，湖北省各地、市、州所辖行政区划及其名称调整变动频繁。鉴于此，本书汇编的原则，是以当时的行政区划及其名称为准。

　　需要说明的是，本书是集体劳动的结晶，其中，戴少刚、潘林林负责资料搜集、校对、统稿。全书由涂明珍、池子华审稿定稿。由于编者水平有限，错漏之处在所难免，还请读者批评指正。

目　录

会务讯息

工作汇报

公牍选载

统计图表

杂 俎

会务讯息

武汉市红十字会去年办了十件好事

　　（1984年）元月十四日，我市红十字会召开了二届五次理事会议，市红会副会长刘建国同志主持，副会长谈太阶同志传达了红十字总会三届三次理事会的文件，副秘书长王慧珍向理事会汇报了1983年工作情况及1984年工作意见。副市长、市红会会长高顺龄同志讲了话。

　　会议讨论了纪念"中国红十字会成立八十周年"活动方案，将采取各种形式宣传中国红十字会的历史、性质、宗旨、任务，并向社会各界发起为孤寡残老人服务的募捐活动。

　　我市红十字会自一九七九年恢复以来，已在六个城区成立了红会组织，全市建会单位444个，建立红十字卫生站1002个，医疗团体会员单位106个，会员53231人，其中红十字青少年10909人，城市小学基本普及，部份（分）中学、街道、工厂及服务行业都开始建立了红会组织。几年来，在进行卫生知识的宣传教育和群众性防病治病、爱国卫生、救护训练，开展红十字青少年活动，举办社会福利事业，抗洪救灾以及国内外人民交往活动中，作为政府各部门的补充和助手，我市红会做了许多有益的工作。1983年主要办了十件事：

　　一、举办了救护训练班516期，培训31208人次，其中青少年11566人次，尤其四项救护（止血、包扎、固定、搬运）及水上救护训练成效显著。

　　二、组织和发动红十字会员参加文明礼貌月活动和进行"五讲四美三热爱"的宣传教育。

　　三、举办了三期离休老干部卫生保健知识讲座，邀请了有关专家讲授卫生、园艺、书法、营养知识等共27讲，听课有400余人，深受老同志和各界人士赞扬。协助创办了一所残废人福利工厂，开展为孤寡老人送温暖活动。

四、积极参加抗洪救灾。组织医疗小分队，服务上门，捐款捐物支援灾区。红十字总会还为我市汉阳县消泗公社送来购买医疗器械的专款。

五、举办了红十字青少年夏令营6期。有686名优秀红十字青少年和保健老师参加了庐山、青岛、葛洲坝及市内活动，丰富了青少年暑假生活。

六、坚持创办《武汉红十字》小报和卫生知识的宣传橱窗，扩大了红十字社会影响。

七、积极开展公民义务献血工作。一九八三年共组织义务献血46880人次，总共献血113.5吨，基本保证了武汉地区百余所医院的医疗急救用血。

八、开展了国际间的交往活动。

九、处理了群众来信来访查人转信的工作

十、召开了交流经验表彰先进会议，促进了红十字会业务活动深入发展。

（武汉市人民政府办公室主办《送阅件》第13期，1984年1月26日）

原件藏湖北省红十字会档案室，档号：XX000276－WS01－0017－0004

武汉市红十字会1984年做了十项工作

去年，我市红十字会在中国红十字会总会的指导下，各基层红十字会及广大志愿工作者积极从事群众性义务活动，立足改革，开拓前进，主要做了十件事。

一、广泛开展纪念中国红十字会成立八十周年活动。召开有各界知名人士参加的座谈会，举办有六千多人参加的游园活动；组织红十字青少年文艺汇演和美术绘画竞赛，有三十幅作品获奖，前十名已送总会参加国际红十字少年美术展览；动员和组织团体会员单位和学校红十字青少年，开展"为您服务"和到孤寡老人家中做好事等活动，受到各方面好评。

二、开展筹募孤残老人、儿童福利基金活动，从三月十日开始至六月止，共收到捐款三十二万零三百九十二元，捐款一元以上者约有十四万人。为孤残老人、儿童办好事已用去四万余元，受益者达二千多人。

三、组织各级红十字会会员，到街头巷尾宣传精神文明，为搞好市容环境卫生做出了成绩。

四、举办老年保健卫生知识讲座。办了八期心肺复苏训练班，九百七十九人参加学习。

五、市、区红十字会举办十期各种形式的夏令营，有二百七十所中、小学校的一千四百多名红十字青少年和五百多名各行各业的志愿工作者参加。

六、加强组织建设。市、区、街三级红十字会理事会全部进行了充实和调整。着重抓了大专院校和旅游点的红会发展工作，全市有红十字会的单位六百七十七个；红十字卫生站一千一百七十四个；有红会会员八万余人，其中青少年会员二万五千六百余人。

七、兴办"武汉市红十字药材贸易公司"，并已开业经营。

八、积极协助市中心血站宣传组织公民义务献血工作。全市去年共采血十一点五吨，创历史最好水平。硚口区在献血工作中，超额完成献血任务的百分之一十三点五。

九、与市体委、市聋哑人盲人协会，共同举办"伤残人运动会""聋哑人画展"，兴办"低能儿教育班"等活动，收到较好效果。

十、出版《武汉红十字》报四期，印发七千份。印发《卫生资料》五千份，接待外省市红会代表团九批七十余人来汉参观学习。（文教工作处　张永健）

（武汉市人民政府办公室编《送阅件》第 3 期，1985 年 1 月 13 日）

原件藏湖北省红十字会档案室，档号：XX000276－WS01－0025－0012

市红十字会向贫困苏区捐赠物资

为了改善贫困苏区办学医疗条件，丰富群众文化生活，市红十字会决定为新洲县徐古区柳河乡捐赠 X 光机一部、二十吋彩色电视机一台，以及一批教学仪器、文化图书、体育器材，价值七千余元。

［武汉市人民政府办公室编《动态与信息》（《送阅件》增刊）第 96 期，1985 年 8 月 20 日］

原件藏湖北省红十字会档案室，档号：XX000276－WS01－0025－0013

武汉红会召开会议传达总会宣传工作会议精神

　　1985年10月25日至31日，中国红十字会总会在江苏省连云港市召开了"中国红十字会全国宣传工作会议"。来自全国26个省、区、市的红十字代表70人，特邀代表1人，特邀作者3人，出席了会议。25日，至江苏省海滨疗养院礼堂举行了隆重的开幕式，在主席台上就座的有中国红十字会副会长兼秘书长蔡壬癸、总会名誉理事王敏，连云港市副市长、市红十字会会长严健和部分省红十字会的副会长。作为东道主的江苏省和连云港市的领导同志在会上首先发表了热情讲话，连云港市红十字青少年代表向大会献词、献花，副会长蔡壬癸在大会上作了工作报告。

　　蔡副会长的报告分三部分，他首先强调了各级红十字组织要充分认识宣传工作的重要性，接着他在回顾过去几年的宣传工作后，指出要发扬已经取得的成绩，注意克服薄弱环节，明确今后的努力方向。他说，我们的宣传工作主要集中在三个方面：一是，以中国红十字会的宗旨、性质、方针、任务为中心，广泛宣传我们开展的各项红十字活动；二是，面向红十字会员和群众，宣传卫生救护知识和输血知识，以推动群众性的急救、自救、互救、输血献血工作的开展；三是，宣传广大红十字会员和红十字青少年在服务社会、尊老助残、五讲四美三热爱的活动中以及在历年来的文明礼貌月活动中涌现出来的好人好事，以推动社会主义精神文明建设的发展。蔡副会长希望红十字会的活动做到：报纸上有名，电视台有影，电台有声。讲话的最后部分讲明了关于进一步改进和加强宣传工作的问题。他说，各地不仅应有专职的宣传干部，而且应考虑建立必要的宣传机构。

　　这次会议上，总会还提出了《中国红十字会总会宣传工作五年规划设想（草稿）》，主要内容是进一步办好《中国红十字》月刊，将《中国红十字》编辑部改为《中国红十字》杂志社，并增加8个页码，三五年内再增加三万份的发行量。一九八六年总会将创办红十字报。还将印制画册、宣传画、年历，办图片展览，拍录像片和电影，发行纪念和附捐邮票，并准备筹办宣传干部训练班、月刊通讯员训练班、摄影训练班等。每年将对外发稿和不定期或定期举行记者招待会。中国红十字摄影协会也将于一九八七年成立。

　　这次宣传工作会议开得很成功，于十月三十一日圆满结束。十一月十日，武汉市红十字会在召开的市、区专职干部会议上，由鲁子英同志传达了"中国红十字会全国宣传工作会议"的精神，同志们学习了蔡副会长的讲话和总会五年宣传工作规划设想，讨论热烈，大家一致认为蔡副会长的讲话切合实际，指明了我们今后的努力方向，从而信心倍增。

市红会要求各基层红会真正贯彻落实这次宣传工作会议的精神，在中国红十字（会）总会第四次全国代表大会精神的指引下，不断总结经验，为开创红十字工作新局面大力开展红十字宣传工作。

原件藏湖北省红十字会档案室，档号：XX000276 - WS01 - 0025 - 0012

中国红十字会总会谭云鹤副会长来汉视察工作

中国红十字会总会党组书记、副会长谭云鹤同志，率领总会福利救护部部长蓝军一行四人，于一九八五年十一月二十一日至二十四日来武汉视察工作。在汉期间，他听取了市红十字会、江岸区红十字会汇报工作，并深入到大智街福中居委会红十字卫生站、第三米厂、长春街小学、地质学院、二七纪念馆等红十字会检查工作，还参加了武汉市红十字助产学校开学典礼并讲了话。省委常委、科技部部长、省卫生厅厅长何界生，武汉市政府副市长、市红十字会会长高顺龄款待了总会领导，陪同检查的还有省、市卫生厅局的领导和省市红十字会的有关负责人。

谭会长在视察基层和听取汇报时，充分肯定了武汉市红十字工作的成绩，高度赞扬我市红十字工作积极开拓的精神，并且特别指出红十字会办了一些有益于人民的实事，是政府部门的得力助手和补充，起到了补缺拾遗的作用，深得领导重视和人民的爱戴，具有强大的生命力。在视察基层红十字卫生站时，他又指出：红十字会在基层搞了大量的卫生防疫和普及的工作，各行各业的卫生站起到了基层卫生网的作用，实际上是卫生部门的一个重要组成部份（分），各级卫生行政部门都应该关心、重视和支持红十字会的工作。谭会长对武汉市举办的一系列的专项事业有很大的兴趣，并表示要在财力物力上给予支持。在汉期间，他还就市红十字会的编制、经费、办公培训用房和省市领导交换了意见，高顺龄副市长表示要根据工作的发展逐步予以解决。

谭会长的武汉之行，及其对红会工作的指导思想、工作方法和今后展望的具体指示鼓午（舞）了我市广大红十字工作人员和志愿工作者，激励我们沿着党的全国代表会议指引的方向，以及中国红十字会第四次全国代表大会的精神开拓前进。

原件藏湖北省红十字会档案室，档号：XX000276－WS01－0024－0003

湖北省各地红十字会工作动态三则

金副会长在地、市、州局长会议上布置红十字会工作

4月17日，在全省卫生工作会议期间召开的地、市、州局长会议上，省卫生厅副厅长、省红十字会副会长金振涛同志就红十字会的工作做了专题布置。他说："地、市、州一级红十字会组织要争取在今年全部恢复，已经做好了恢复重建准备工作的市和地区要进一步抓落实，做到有活动、有经费、有专职人员，不要成为虚设机构。"

沙市市、襄樊市、十堰市、郧阳地区都准备在本月底、下月初召开红十字会恢复重建或成立大会。

鄂州市、孝感地区、黄冈地区、荆州地区、鄂西州等地区局长都表示回去后要积极抓紧准备，力争尽早重建或成立红十字会组织。

水果湖中学红十字青少年热情帮助孤寡老人

三月下旬的一天，水果湖中学的十几名红十字青少年冒着毛毛细雨来到孤寡老人邓奶奶的家中。他们热情给邓奶奶检查身体，帮邓奶奶打扫卫生、整理房间，看到邓奶奶家的水缸空了，他们又从很远的地方挑水来，一直到把水缸灌得满满的为止。

不巧，切菜时，邓奶奶的手给割破了，红十字青少年把随身带来的小药箱打开，帮邓奶奶止血、包扎。同学们深有感触地说，红十字会平时训练的急救技术还真管用哩！

邓奶奶看着这一群可爱的红十字青少年，望着她那变得清洁整齐的房间，激动地把她收藏起来只有在贵客来临时才燃放的鞭炮点燃了，她说："感谢党，感谢政府，只有新中国才能培养出这么好的孩子。"

团体会员单位上街开展妇儿卫生咨询活动

为迎接"三八"妇女节，三月七日，全市有数十家团体会员单位上

街开展了"妇儿卫生保健咨询"活动。市二医院曹院长和妇产科白主任亲自上街宣讲妇女卫生知识。江岸区妇幼所在当天的咨询活动中免费散发了大量的避孕药物。

（湖北省红十字会办公室编《红十字工作简报》第 2 期，1986 年 4 月 21 日）

原件藏湖北省红十字会档案室，档号：1986－D－001

襄樊市红十字会四月二十九日召开恢复重建大会

襄樊市红十字会经过三个多月的积极筹备，于四月二十九日正式恢复重建。

重建后的襄樊市红十字会有名誉会长五人（均由退居二线的地、市级干部担任），会长一人（由副市长担任），副会长七人（分别由市政府办公室、市委宣传部、市教委、市外事办、市民政局、市财政局、市卫生局的领导担任），常务理事二十八名，理事四十九名（由各有关单位领导、县卫生局长、卫生部门知名人士组成）。红会配专职秘书长一人，兼职副秘书长四人（分别由教委、卫生、民政、财政等单位的有关科室领导担任）。

在"恢复重建"大会上，副市长、市红会会长焦泽浩同志就如何做好红会工作提了几点意见。他指出，首先要提高对红十字会重要作用和地位的认识，要大力加强红十字会的组织建设。要求随州、老河口市的红十字会要在近期内组建起来。其次要积极开展卫生救护和社会福利活动，努力做好红十字青少年工作，因地制宜兴办红十字专项事业。最后他强调要加强领导，要大力支持红十字会的工作。他说各级政府要在党委的领导下，把红十字工作摆到议事日程上来，定期进行研究、布置和检查，帮助解决具体问题。

会上还宣读了《襄樊市红十字会 1986 年—1988 年工作计划（草案)》并提交理事会进行讨论。

（湖北省红十字会办公室编《红十字工作简报》第 3 期，1986 年 5 月 7 日）

原件藏湖北省红十字会档案室，档号：1986－D－001

会务讯息

老年保健知识学习班开学

为了使老干部能更加精力旺盛地为"四化"建设多作贡献，湖北省红十字会举办的首期老年保健知识学习班，于五月二十日上午在武昌省政协会议室开学。省红十字会秘书长陶在华首先作了"如何搞好老年保健"专题发言，受到了来自省直系统各机关的四十余名学员的好评。学习班并聘请了部分医学专家、教授担任老师，采用专题讲座形式授课。

举办这次学习班，得到了有关单位的大力支持，特别是省政协办公厅借给了最好的会议室做教室，湖医二院派出了强有力的师资队伍。学习班也受到了老干部家属的普遍欢迎。如薛平同志说："心脏病、脑溢血，均为老年人常见病、多发病。对于这类病的护理知识，我们知道的少，早就想有个机会学习，好多长些知识，并能在实践中得到运用，只是苦于没有这个学习机会。这次你会决定举办这个学习班起到了拾遗补缺（阙）的作用。我感到非常有必要，也很愿意参加。"余莱纯同志说："全社会都来关心老年人，你们红会带了好头，做了一件实实在在的大好事。非常感谢你们的服务精神。"许多学员表示，一定多关心红会，多宣传红会，多支持红会的工作。

（湖北省红十字会办公室编《红十字工作简报》第 4 期，1986 年 5 月 21 日）

原件藏湖北省红十字会档案室，档号：1986 - D - 001

湖北省各地红十字会工作动态四则

日本红十字会代表团来我省进行友好访问

由日本红十字会副会长小池欣一率领的日本红十字会代表团一行四人，在中国红十字会总会副会长蔡壬癸的陪同下，于六月二日至六月三日来我省进行了友好访问。

代表团参观了武汉市六渡桥小学，受到该校师生的热烈欢迎，几十名红十字少年儿童表演了卫生救护技术，演出了精采（彩）的节目。日本红十字会代表团对此给予了很高的评价。

省红十字会金振涛副会长、陶在华秘书长，武汉市红会徐宏副会长、王慧珍秘书长到码头、机场迎送代表团并陪同外宾参观。

红十字少年与聋哑儿童共庆"六一"

五月三十一日，省红十字会组织水果湖二小的红十字少年与武汉市第二聋哑学校的小朋友们举行联欢会，共同庆祝"六一"国际儿童节。省顾委、省政协、团省委、省军区的领导同志及各部门、群众团体的负责同志应邀参加了庆祝活动。省红十字会金振涛副会长主持会议，向少年儿童致以节日的问候，向培养祖国花朵的辛勤园丁、少儿工作者及一切关心少儿成长的工作者致以崇高的敬意！他说："全党、全社会都要关心少年儿童的成长，把红十字少年的教育与社会活动结合起来，使广大红十字少年能通过红十字活动，为社会多做好事，培养他们成为全面发展的新人。"

省政协胡恒山副主席、团省委毛菊元副书记都在会上讲了话。

聋哑学生代表激动地打着手势，感谢省红会为他们安排的联欢活动，感谢党和政府的关心，决心努力学习，做"四化"建设的有用人材（才）。

两校少年儿童各自表演了精采（彩）的节目，并互赠了纪念品。聋哑儿童还展出了他们的绘画、制作的工艺品及各种款式的服装。

鄂西自治州红十字会成立

八月二十一日，鄂西土家族苗族自治州红十字会在恩施市隆重成立，这是我省少数民族地区首次成立红十字会。

会上，副州长、州红会会长陈永葆同志作了重要讲话，系统介绍了红会的起源、宗旨、性质、任务，对今后州红会的工作提出了具体意见和要求。大会选出了本届理事会。

武汉市红十字会召开第三次代表大会

九月二十二日至二十三日，武汉市红十字会第三次代表大会在市体委招待所礼堂隆重召开。

武汉市副市长、市红会会长高顺龄同志自始至终参加了会议。

市红会副会长谈太阶同志代表第二届理事会作了工作报告，徐洪副会长宣读了武汉市红十字会组织规程，王慧珍秘书长报告了第三届理事会候选名单产生经过。

经过充分酝酿，大会投票选举产生了第三届理事会。

高顺龄会长在闭幕式上就红会工作做了重要指示，他称赞红会是人民的好朋友、政府的好助手，是党联系群众的好纽带，是学校培养德、智、体全面发展人材（才）的一支不可缺少的力量。要求红会工作应围绕现代化建设中心，依靠社会力量，扩大服务领域。要研究社会主义国家的红会工作，在外事活动中更好发挥作用。他要求武汉市应加快组织发展步伐，要使红会组织逐步形成具有很宽的覆盖面，要普及学校，深入农村。他强调各级政府要加强对红会的领导，各部门积极配合，给予红会更多的支持。社会各界人士加大物资助红会，有钱出钱，有力出力，有政策出政策，使红会事业日益兴旺发达，更好造福人民。

（湖北省红十字会办公室编《红十字工作简报》第5期，1986年6月5日）

原件藏湖北省红十字会档案室，档号：1986－D－001

襄樊市红十字会工作动态

只争朝夕　开拓前进

襄樊市红十字会在今年四月二十九日恢复工作后的短短四个月的时间里，以只争朝夕的精神，大力宣传、贯彻总会"四大"文件精神，普及会务知识，不断扩大红会影响，积极稳妥地建立红会基层组织，努力开拓红会工作的新局面。到目前为止，已有市卫校、市中心医院、市一医院、市中医院相继恢复了红会组织，发展会员2700余人，计划在年内完成二市一县两个旅游点（线）、三所学校、大型企业及街道等红会组织的重建工作，预计发展会员一万人。他们的具体做法和经验是：

一、领导重视、支持红会工作

副市长、红会会长焦泽浩同志经常听取汇报，亲自部署，具体指导红会工作，并要求每位理事每年为市红会"理一件事"。名誉会长王根长（原市长）、秦志维（原专员、老红军）等老同志多次谢绝参加其它单位的楼房落成典礼及有关会议，坚持参加基层红会的成立大会，并发表讲话，亲自揭匾、挂牌。市卫生局领导班子十分重视红会的自身建设，在为红会配备了专职秘书长的基础上，最近又调配了一名青年专职干部，并准备在年内还配备一名办公室主任。他们经常过问红会工作，及时解决有关问题。当得知市红会急需印制会员证，制作会徽，而开支困难时，立即指示先从其它经费中预支解决，保证了基层红会组织按时成立。

二、加强宣传，扩大影响

市红十字会成立后，首先为理事会成员每人订了一份《中国红十字》杂志，受到普遍欢迎。同时他们克服各种困难，油印红会章程、会务知识、青少年竞赛题等宣传材料十三种近一万份，大力普及红会有关知识，扩大红会影响，在全市县政府办公室主任、卫生局长、医政科长、分管红会和卫协会工作的干部参加的市农村基层卫生组织整顿建设经验交流会上，市红会秘书长胡益民同志作了专题发言，向全体代表传达了赵总理关于红会工作的指示，宣讲红会章程，介绍红会的性质、宗旨、任务及有关知识，并对基层红会的重建工作提出了具体要求。他的讲话受到代表们的热烈欢迎。谷城县领导当即要求市红会派人前去具体指导，帮助筹建工作，其它县也表示要积极创造条件，争取早日建立基层红会。

应市电台、电视台、报社八名记者的要求，市红会召开了两个多小时的座谈会，胡秘书长一一回答了记者们的提问，使大家对红会有了一个比较全面的了解，认为办好红十字会对襄樊市的"两个文明"建设具有重要的意义，并一致认为红会是精神文明的窗口，应该加强宣传。因此，市红会较大的活动一般都能做到报上有名、电台有声、电视台有影。

基层红会在建会前均利用宣传栏、橱窗办红会园地，普及章程及会务知识，首先使大家从思想上重视起来，自觉地把它作为一件大喜事来办。建校较早、在省内外卫生战线有一定影响的市卫校红会成立时，1800余人参加了大会，市五大班子元老也出席了会议。厂矿企业、新闻单位均有代表参加，会议十分隆重。学生衣着整齐，头戴红、白两色帽子，组成大型红十字图案，十分引人注目。秦志维名誉会长讲话，要求把卫校作为宣传红会知识的阵地、培养红会干部的摇篮。在鞭炮声中，老市长亲自为卫校红十字会挂牌。许多老同志说，这是建校以来最隆重的会议，十分有意义。

三、配备专职干部，积极开展工作

市红会现有两名专职干部，秘书长胡益民同志今年已五十九岁。但他人老心红，非常热爱红十字事业，一心扑在工作上，参加省红会组织的庐山青少年夏令营活动后，他不顾疲劳，又上井冈山参加七省红会志愿工作者座谈会，虚心学习，广交朋友。回来后，立即向有关领导汇报，制定规划，认真宣传，凡卫生系统的大小会议，他均参加，逢会必讲。对老胡来讲，他没有星期天，没有节假日。他亲自动手，赶印宣传材料，常常工作到深夜两点。在组织中转省卫生厅受伤老干都时，老胡夜以继日地工作，安排得井井有条，白衣战士抬着整齐的担架，炊事人员准备好可口的鸡汤面条，联系解决了专列卧车，对伤员进行了慰问，使许多老同志感动得热泪盈眶，充分体现了红十字会的人道主义精神，体现了社会主义大家庭的温暖，受到省卫生厅的赞扬。

　　襄樊市红十字会的经验表明，只要领导重视和支持，有红会干部的进取精神，同时虚心学习外地经验，加强宣传报道工作，红十字工作的新局面是一定能够打开的。

　　（湖北省红十字会办公室编《红十字工作简报》第 10 期，1986 年 10 月 6 日）

原件藏湖北省红十字会档案室，档号：1986－D－001

黄冈地区红十字会成立

　　经黄冈地区行政公署批准，黄冈地区红十字会于今年十月三十一日正式成立。

　　黄冈地区红十字会理事会由三十三名理事组成，胡荃蓉副专员担任会长，行署办公室副主任吕超、地委宣传部副部长丁永准、地区卫生局局长张庆岚、地区外办主任童怀章、地区民政局局长石海清、地区教育局局长钟美鸣、地区财政局副局长漆福民、地区一医院副院长孙国权等八位同志担任副会长。地区红十字会办公室配备了两名专职干部。

　　副专员、地区红会会长胡荃蓉在成立大会上讲了话。省红会陶在华秘书长出席了大会并讲了话。

　　（湖北省红十字会办公室编《红十字工作简报》第 11 期，1986 年 11 月 13 日）

原件藏湖北省红十字会档案室，档号：1986－D－001

宜昌地区红十字会新闻二则

宜昌地区红十字会召开成立大会

宜昌地区红十字会于十一月八日上午召开成立大会。

宜昌地区红十字会理事会由 54 名理事组成，其中名誉会长 3 人（由退居二线的地区领导担任），会长 1 人（由行署副专员担任），副会长 10 人（由地委、行署及有关局、委领导同志担任），红会办公室配备 1 名专职干部。

行署副专员、地区红会会长张万英同志在成立大会上讲了话，并就红会成立后如何抓好工作提出了六点要求。他希望宜昌地区红十字会在地委、行署的领导下，在创建社会主义精神文明的建设中做出自己特殊的贡献。

宜昌市红十字会恢复重建

宜昌市红十字会经过近两个月时间的筹备于十一月十日正式恢复重建。

重建后的宜昌市红十字会有理事 44 名，其中会长 1 名（由副市长担任），副会长 5 名（由葛洲坝工程局、市委、市府、财办、卫生局等单位领导担任），常务理事 14 名。

副市长、市红会会长崔传礼在恢复重建大会上讲话，他热切希望重建后的市红会在市委、市政府的领导下，为人民群众的安危疾苦，为我国四个现代化建设，为世界和平人类解放事业做出贡献。

省红会陶在华秘书长出席大会并讲了话，他说，宜昌市红会在历史上曾有过光辉的一页，希望市红会重建后能保持和发扬自己的光荣传统，在创建具有中国特色的红十字会工作中做出更大的贡献！

（湖北省红十字会办公室编《红十字工作简报》第 11 期，1986 年 11 月 13 日）

原件藏湖北省红十字会档案室，档号：1986－D－001

十堰市红十字会成立

11 月 17 日上午，十堰市红十字会召开了成立大会，副会长、卫生局局长魏克文详细介绍了红十字会的历史、性质、宗旨及任务；副市长、红会会长杨振敏到会讲了话，他要求市红会成立后，要密切同卫生、民政、教育等部门的配合与协作，积极开展活动，坚持改革，开创前进，为十堰市的"两个文明"建设做出贡献。省红会秘书长陶在华到会祝贺。他希望市红会进一步学习、贯彻赵总理关于红会工作的指示，在精神文明建设中，努力开创红会工作的新局面。

（湖北省红十字会办公室编《红十字工作简报》第 12 期，1986 年 12 月 14 日）

原件藏湖北省红十字会档案室，档号：1986 - D - 001

郧阳地区红十字会召开理事座谈会

11 月 18 日，郧阳地区红十字会召开了理事座谈会，部分在家的红会理事及卫生部门的有关负责同志十余人参加了会议。大家认真学习了赵总理关于红会工作的指示及中国红十字会四届二次理事会有关文件精神，畅谈了中国红十字会自 1978 年重新恢复工作以来的大好形势，并就郧阳地区红十字会五年规划和明年的工作计划进行了讨论。省红十字会秘书长陶在华到会讲了话。他详细介绍了武汉市红十字会和襄樊市红十字会开展工作情况，希望郧阳地区红十字会在当地党政部门的领导下，主动和有关部门搞好关系，从实际出发，在精神文明建设中，在探索具有中国特色的红十字工作中，做出应有的贡献。

（湖北省红十字会办公室编《红十字工作简报》第 12 期，1986 年 12 月 14 日）

原件藏湖北省红十字会档案室，档号：1986 - D - 001

丹江口市红十字会成立

最近，郧阳地区丹江口市红十字会正式成立，这是我省第一个重建和恢复的县级红十字会。副市长段贤荣任市红会会长，理事会由卫生局、教委、体委、商业局、交通局、粮食局、市卫校、市一院、市二院等单位领导同志组成。

（湖北省红十字会办公室编《红十字工作简报》第 12 期，1986 年 12 月 14 日）

原件藏湖北省红十字会档案室，档号：1986－D－001

荆门市红十字会成立

荆门市红十字会于 11 月 28 日上午正式成立。副会长、市人大常委会秘书长刘成文，副会长、市政府副秘书长肖杰玉，副会长、卫生局长郑连光，名誉会长范恭泉等同志分别在大会上讲了话。省红十字会金振涛副会长到会祝贺，并就市红会的工作提出了要求和希望。

经协商同意，荆门市红十字会理事会由 53 名理事组成，副市长焦知云同志任会长。

（湖北省红十字会办公室编《红十字工作简报》第 12 期，1986 年 12 月 14 日）

原件藏湖北省红十字会档案室，档号：1986－D－001

武汉市红会举办红十字青少年智力竞赛

十一月二日，武汉市红十字青少年智力竞赛在市卫生局礼堂内举行。六城区各派二十名红十字青少年会员参加了竞赛。竞赛内容，根据《红十字青少年辅导材料》《中国红十字会章程》等四本书的范围，拟出了 120 多道题。一类是红十字卫生知识，包括国内外红十字活动；一类是卫生知识，涉及的有个人卫生和意外伤害的急救原则及操作。

通过这次竞赛，达到了在中、小学校中宣传、普及红十字会务及青少年卫生知识的目的。（吴厚冬）

原载于《中国红十字报》1986 年 12 月 5 日

社会主义好　红十字会亲

——武汉市红会节前开展为孤残老人送温暖活动

1月20日中午，座（坐）落在汉口青年路旁的新华饭店餐厅彩灯闪耀，乐曲悠扬，武汉市孤残老人、儿童的一百多名代表和省市领导、市红会代表欢聚一堂，共吃团圆饭。武汉市副市长高顺龄、市红会秘书长王慧珍等领导同志向前来欢聚的孤残老人、儿童拜年。

这次活动是武汉市红十字会发起和组织的。为了让全市几千名孤残老人、儿童欢度新春佳节，他们还向十一个社会福利院的老人、儿童赠送了慰问品和压岁钱，并组织了八场电影和一场文艺晚会，共用资金一万两千元。

武昌福利院百岁老人舒秀英激动地对记者说："我活了一百多岁，经历了几个朝代，这是第一次和政府领导同桌吃饭，还是社会主义好，红十字会亲那！"

原载于《中国红十字报》1987年2月5日

中国红十字会全国工作会议在武昌召开

元月十日至十五日，中国红十字会全国工作会议在我省武昌洪山宾馆召开。这次大会认真学习了中国红十字会四届二次理事会的工作报告，总结交流了济南工作会议后一年来各地开展红十字工作的新经验；我省红十字会、武汉市红十字会均在大会上作了专题发言；讨论制定了中国红十字会一九八七年工作要点；组织参观了武汉市红十字药材贸易公司、武汉监狱红十字会等单位，达到了进一步提高认识、明确方向、开拓视野、相互学习、增强信心的目的。全体与会代表一致表示，今后要更好地发挥政府助手的作用，在精神文明建设中，在探索具有中国特色的红会工作中，开创新局面，迈出新步伐。

中国红十字会总会副会长谭云鹤、蔡壬癸参加会议并作了重要讲话。湖北省委副书记赵富林、副省长梁淑芬等领导同志到会祝贺、致词，要求我省各级领导要更加关心和重视红会工作，切实把红会工作列入议事日程，帮助解决实际问题；各级红会组织要认真地学习兄弟省市红会工作的先进经验，创造性地开展工作，使红会工作内容丰富，形式多样；有关部门和组织要热情支持红会工作，为他们多为群众办好事、办实事提供条件；广大红十字会员要继续发扬红十字精神，树立高度的事业心和责任感，勤勤恳恳地为群众谋利益，甘当人民的勤务员。

（湖北省红十字会办公室编《红十字工作简报》第 1 期，1987 年 1 月 25 日）

原件藏湖北省红十字会档案室，档号：1987－D－002

我省将有两幅作品参加国际残疾儿童艺术比赛

中国红十字会总会消息：以"你觉得自己的艺术品如何"为题的国际残疾儿童艺术比赛即将开幕。应保加利亚红十字会的邀请，中国红十字会已从征集到的近百件作品中，评选出 9 位小作者的十二件作品送往保加利亚参赛。我省沙市邵勇的《谁的本领高》（中国画）、张小妮的《妹妹和小鸡》（中国画）被选送。

保加利亚红十字会每两年举办一次这样的比赛，迄今已是第七届。我国红十字会是第一次参赛，希望我省有更多的残疾儿童参加这个活动，一展才华，为国争光。

（湖北省红十字会办公室编《红十字工作简报》第 1 期，1987 年 1 月 25 日）

原件藏湖北省红十字会档案室，档号：1987－D－002

湖北红十字会慰问荣誉军人

二十四日下午，在秘书长陶在华的带领下，我会干部前往省荣军休养院看望全体荣誉军人，对他们表示节日的慰问，并赠送了慰问品。这些荣誉军人都是在解放战争或历次保卫祖国的战斗中屡立战功，光荣负伤的人民功臣。

（湖北省红十字会办公室编《红十字工作简报》第 1 期，1987 年 1 月 25 日）

原件藏湖北省红十字会档案室，档号：1987－D－002

湖北谷城县红会为盛康镇受灾群众募捐万元

1986年12月16日，暴风雪使谷城县盛康镇街道小学教室倒塌数间，20多名学生被压伤。盛康镇中心卫生院电线短路发生火灾，中医门诊部和中西药库全部烧毁，造成药械损失5万元。

县红会闻讯，立即请求卫生局等单位派出救护组，奔赴现场，抢救受伤学生。同时，县红会召开紧急会，向理事单位发出倡议。仅几天时间，为受灾者募捐万元。（吴裕民）

原载于《中国红十字报》1987年2月5日

襄樊市红十字会消息二则

襄樊市红十字会定编五人

经襄樊市编委批准，襄樊市红十字会定编五人。卫生局领导非常重视，很快为红会配齐了干部，调配了办公室，从人力、物力上为红会工作的顺利开展提供了保证。

襄樊市红会春节组织慰问活动

元月二十三日，襄樊市红十字会和市人大、市政法委员会、民政局等部门的领导人，带慰问品赴郊区走访五保户和福利院。老人们由衷感谢党的政策，感谢各级领导的关心。

春节前，襄樊市红会还组织了市直十四家医院和卫生局为贫困山区捐送寒衣8000多件。八十四岁高龄的红十字会老会员、市卫生局老职工刘兴元同志在去年将一千七百元国库券全部捐赠给市少儿福利基金会后，今年又积极响应红会号召，主动捐助人民币一百元、农具八件支援贫困山区和灾区，受到人们的赞扬。

（湖北省红十字会办公室编《红十字工作简报》第2期，1987年2月25日）

原件藏湖北省红十字会档案室，档号：1987－D－002

地区红会消息四则

孝感地区红会慰问孤寡老人

元月二十六日，孝感地区红十字会副会长韩秀英、李建国，秘书长彭肃仪同志专程到地区福利院慰问和看望孤寡老人、荣誉残废军人，并给他们赠送了小型生活用品、副食品等慰问品。

黄石市红会成立咨询门诊部

黄石市红十字会为方便群众就医，更好地服务社会，成立了"黄石市红十字会咨询门诊部"。二月十六日起，业余为群众服务。

武汉市红会召开红十字工作表彰大会

为交流经验，表彰先进，进一步推动红十字工作的发展，武汉市红十字会于二月二十四日召开一九八六年度红十字工作表彰大会。

我省又成立一批县级红十字会

由于各级领导的关怀重视，到去年十二月底为止，我省又有谷城县、崇阳县、大悟县成立了红十字会。谷城县红十字会成立不久便为该县某学校发生的危房倒塌事故募得款项近两万元，充分显示了群众自救救人的作用。

（湖北省红十字会办公室编《红十字工作简报》第 2 期，1987 年 2 月 25 日）

原件藏湖北省红十字会档案室，档号：1987－D－002

来自沙市红会的几则消息

按：全国红十字会工作会议之后，沙市红会在人少、办公条件差的情况下，克服困难，努力发挥红会干部的主观能动性，为群众办了几件好事。现将他们的情况简要摘录如下，供参阅。

春节前夕，沙市实验小学红十字青少年20余人在学校老师带领下，组织宣传队，走出校门，开展为军属服务、为孤寡老人送温暖活动。他们打扫卫生，剪贴窗花，五保户张桂珍老奶奶被感动得流下热泪。

二月十三日，沙市红会召开了各基层红十字会秘书长工作会议，进一步学习了红会章程，明确了红会的任务，加强了红会干部的自身建设，增强了对红会工作的信心，会议收到了良好的效果。

"三八"妇女节前夕，市红会组织全市各大医院及血防所、保健所等七个单位基层红十字会的45名会员（其中有院级领导6人，科主任和主治医生18人，还有沙市医务界的几位知名人士参加）分成七个小分队，他们打着红十字会会旗，戴着红十字袖章，分别下到工厂、幼儿园、街道居委会，为妇女、儿童及孤寡老人进行卫生医疗咨询服务，免费就医，深受女工们的欢迎和赞扬。他们口口声声感谢党，感谢红十字会医务人员对她们的关心。

最近，市红会在基层红会的大力支持下，举办了两期全市性和地区性的科普讲座。

入春以来，针对市里流行性脑膜炎的流行趋势，为提高对流脑的诊断与治疗水平，加强预防工作，确保全市人民健康，二月十八日，市红会特邀请市一医院医教处庄剑虹主任做流脑防治通俗讲座，来自全市各医疗单位的一百余名医务人员参加了学习。市红会免费提供了讲议（义）。

三月十一日，由市一医院骨科侯鲁铭主任主持，邀请桂林铁路医院钱作尧主任，举办颈、肩、腰腿痛专题讲座，来自市、县的30余名医师、主治医师参加了学习，大家一致反映说：这个学习班给颈、肩、腰腿痛患者办了一件大好事。

最近，市红会在卫生防疫站的大力支持下，在江汉南路开辟了一个红十字会宣传栏。

（湖北省红十字会办公室编《红十字工作简报》第3期，1987年3月24日）

原件藏湖北省红十字会档案室，档号：1987－D－002

湖北省各地红十字会纪念"五·八"活动花絮

五月八日，我省红十字会各级组织采取多种形式纪念"世界红十字日"，广泛开展"为了儿童健康"的活动。

省电视台《当年今日》节目介绍了我会提供的"世界红十字日"有关知识。省红十字会会长刘学伦同志发表专题电视讲话，号召全省红十字会员及志愿工作者要继承亨利·杜南精神，继续发扬社会主义人道主义精神，努力为儿童和广大群众多办好事、多办实事。希望社会各界仁人志士继续予以支持。

襄樊市红十字会得到报社、电台、电视台等新闻单位的大力支持，并充分利用宣传栏、黑板报、墙报等形式，宣传"世界红十字日"及儿童免疫、卫生保健科普知识。组织十六家医疗单位分片包干，上街设点，开展儿童保健咨询活动，市中心医院还组织力量到市聋哑学校为残疾儿童体检。

沙市市组织两个医疗队分别到市六中为西藏班的 200 名学生和市盲聋学校 85 名残疾学生进行健康检查，市红会领导亲自带队看望。

省直各医院组织医疗小组分别到附近幼儿园、托儿所、育幼院等儿童集中的地方，开展儿童健康咨询。湖医二院为省直第三保育院 600 余名儿童查治龋齿，深受家长欢迎。

武汉市红十字会组织医疗队深入到新洲县的刘溪、黄林、马河等地区，对 1~6 岁的 400 余名儿童进行了抽样调查，并对马河 1700 名儿童进行了全面体检，建立了健康卡片。

其他地、市也开展了各种形式的纪念活动。

（湖北省红十字会办公室编《红十字工作简报》第 5 期，1987 年 5 月 9 日）

原件藏湖北省红十字会档案室，档号：1987 - D - 002

武汉市召开红十字青少年工作会议

3 月 14 日，武汉市红十字青少年工作委员会第一次全委扩大会在市红会召开。会议传达了红总（86）第 51 号《关于在学校中积极开展红十字青少年活动的通知》和市红会会长高顺龄对红十字青少年工作的指示，学习了《武汉市红十字青少年组织规程》，讨论并通过了 1987 年武汉市红十字青少年工作计划。市红十字青少年工作委员会副主任徐洪讲了话。(吴厚冬)

原载于《中国红十字报》1987 年 5 月 5 日

隆重纪念"世界红十字日"
我省各地红十字会为儿童健康办实事

为了隆重纪念五月八日"世界红十字日"，湖北省红十字会确定今年五月一日至六月一日为"为了儿童健康"活动月。各地红十字会采取多种形式，开展以保障儿童健康为中心的服务活动，同时宣传红十字宗旨、任务和活动计划，扩大红会影响。

活动月期间，各地红会得到新闻单位的大力支持。据统计，电视报道 18 次、电台报道 12 次、报纸报道 30 次。特别是省电视台配合开展这一活动，多次安排节目。五月八日，《当年今日》介绍"世界红十字日"的有关知识，图声并茂。省红会会长刘学伦发表专题电视讲话。五月二十九日，播放记(纪)录片《崇高的事业》。从外地调到武钢第一医院的中医师孙鑫一收看刘学伦会长的专题电视讲话后，兴奋不已，彻夜难眠，第二天一早赶了八十余里路，在上班前来到省红会办公室，拿出当年的会员证、会徽，迫切要求尽快帮助武钢成立红会，并一再表示要为红会多做工作。

各地红会还充分利用电影、录像、幻灯、广播、宣传栏、黑板报、墙报等形式，大张旗鼓地宣传"世界红十字日"及儿童免疫、卫生保健等科普知识。全省共自创宣传牌 2150 余块，印制《儿童免疫》《给家长一封信》等资料 95000 余份。34000 余名红十字会员、志愿工作者和专职人员胸佩红十字徽章，臂戴红十字袖章，打着"纪念世界红十字日""为了儿童健康"等大型横幅，纷纷走上街头，到幼儿园、学校等儿童集中的场所，为儿童健康咨询服务。据不完全统计，设宣传站、咨询站、诊疗台 665 个，为儿童体检、咨询义诊 52450 余人次。其中，为残疾儿童体检 540 人，为西藏来我省沙市六中学习的学生体检 200 人，为农村儿童体检和一次性免费治疗 8500 余人。荆洲(州)地区红十字会副会长樊群芳、朱欣等同志还亲自为儿童送服小儿麻痹丸。

"六一"前夕,省红会派专人慰问武汉市第二聋哑学校、市儿童福利院全体孤残儿童,并赠送价值1200余元的体育器材、床上用品及节日礼物。青山区红会为新洲县4所幼儿园、10所小学、2所中学购买茶桶12个、茶杯120个,桌椅50套,并和区妇幼一起赠送学生服2500套、学习用具2500套、图书2200册。

武汉市红会组织了一次小型募捐活动,共筹集捐款18000余元,全部用于改善贫困地区儿童健康、扶持苏区幼儿教育事业和改善儿童饮水卫生状况。大兴安岭森林火灾后,他们还为灾区儿童捐赠价值6000元的儿童针织服装700套(件)。襄樊市卫校职教中心、大庆路小学等单位红十字青少年委员会也自发地捐赠人民币716元和衣服276件给灾区儿童。

武汉、襄樊、荆门等地红会会员还到敬老院、福利院、光荣院为350名孤残老人洗头、理发和体检,并赠送1000余元的礼品。

(湖北省红十字会办公室编《红十字工作简报》第6期,1987年6月1日)

原件藏湖北省红十字会档案室,档号:1987-D-002

七省红十字工作经验交流会在我省襄樊市召开

六月十一日至十五日,由江苏、江西、浙江、福建、安徽、湖南、湖北七省联合召开的红十字工作经验交流会在我省襄樊市召开。这是继去年七月井冈山会议后的又一次区域性会议。参加会议的代表共79人,其中,省红会副会长,正、副秘书长6人,地、市红会正、副会长,正、副秘书长27人。总会组织部副部长孙纯良,湖北省红会副会长金振涛,襄樊市委副书记纪灵芝、副市长兼市红会会长焦泽浩参加会议并讲话。市红会名誉会长、老红军秦志维以及市委、市人大、市政府、市政协的领导同志到会看望了大家,并听取了部分代表的交流发言。

总会孙纯良同志和七省红会领队干部组成会议领导小组,轮流主持会议。

这次会议共收到交流材料36份,大会发言20人。各地从组织建设、宣传教育、救护训练、社会福利、义务献血、志愿工作者等角度总结出了不少有典型意义的好经验。会议期间，代表们还观看了襄樊市卫校红十字会组织的四大技术及心肺复苏救护表演，听取了湖北省红会副会长金振涛同志关于出访波兰、捷克斯洛伐克红十字会的报告。

大家一致认为，这次会议是对武汉工作会议后七省红会工作的一次检阅，达到了交流经验、互通信息、取长补短、共同前进的目的。

（湖北省红十字会办公室编《红十字工作简报》第 7 期，1987 年 6 月 20 日）

原件藏湖北省红十字会档案室，档号：1987－D－002

黄石市首次开展"无偿献血日"活动

六月十二日，黄石市红十字会、市中心血站在全市开展了首次"无偿献血日"活动。一百三十五位同志踊跃报名，经体检合格，五十名同志无私地献出了自己宝贵的鲜血。他们中有副市长余旦溪、市卫生局长李俊杰等领导同志，也有勤勤恳恳为人民服务的白衣战士；有亲自送儿子参加献血的老工人刘明亮，还有坚持义务献血 20 年并带动全家九人参加献血的女工乐伯文；有大冶钢厂消防队员，也有 34660 部队指战员。

这次无偿献血日活动，为人们架设了友谊的桥梁，体现了社会主义制度人与人之间的新型关系，也为建立献血光荣的社会新风尚做出了贡献。

（湖北省红十字会办公室编《红十字工作简报》第 7 期，1987 年 6 月 20 日）

原件藏湖北省红十字会档案室，档号：1987－D－002

金振涛副会长访问波兰、捷克斯洛伐克红会

四月十三日至二十八日，我会副会长金振涛随总会代表团一行四人访问了捷克斯洛伐克红十字会和波兰红十字会。这是相隔 30 余年后中国红十字会第一次访问这两个国家，从而揭开了中捷、中波两国红会关系史上新的一页。

访问期间，受到了捷、波两国党政领导及红会负责人的热情接待，相互通报了本国红十字会的工作情况并参观了基层红会组织。

（湖北省红十字会办公室编《红十字工作简报》第 7 期，1987 年 6 月 20 日）

原件藏湖北省红十字会档案室，档号：1987 - D - 002

谷城县红会为粟谷灾区募捐

六月五日，谷城县粟谷区山洪暴发造成重大损失。全区有 1006 户遭到洪水的严重袭击，1860 亩地膜苞谷被洗劫一空，990 亩小麦被冲走，冲走黑木耳 6122 棚，冲失电话线 29250 米，新建的白水峪漫水桥也被冲毁……

为了帮助灾民重建家园，增强他们战胜灾害的信心，谷城县红十字会及时发出倡议，号召全县红十字会员发扬社会主义人道主义精神，积极开展募捐救灾活动，帮助受灾群众解决衣食住宿等生活困难。倡议发出后，广大红十字会员及理事单位积极响应号召，急灾区人民之所急，想灾区人民之所想，帮灾区人民之所需，在短短二十几天时间内，共捐钱 5611.60 元、衣服 13866 件、粮票 18223 斤，及时有效地帮助灾区人民解决了生活困难。灾区人民激动地说："你们不仅给予了物资上的援助，更重要的是给予了精神上的支持，有全县人民作后盾，我们一定能战胜灾害，重建家园。"（谷城县红十字会供稿）

（湖北省红十字会办公室编《红十字工作简报》第 8 期，1987 年 9 月 14 日）

原件藏湖北省红十字会档案室，档号：1987 - D - 002

黄冈地区红十字会召开第二次理事会

九月三日，黄冈地区红十字会召开了第二次理事会。会议由行署副专员、红十字会会长胡荃蓉同志主持。会议通过了理事会成员的增补工作，研究了红会的组织发展工作，听取了七省红十字工作经验交流会的汇报。

会议在研究组织发展工作时，确定以卫生部门和学校为重点，发展一批团体会员单位，今年内要恢复和建立麻城市、浠水、黄冈等县红会组织。

会议对红会经费不足的问题进行了讨论，提出解决的办法：一是要求地方财政能将红会的活动列入每年的财政预算；二是红会本身办一些福利事业；三是各理事单位做一次性的捐助。以上意见得到与会理事的赞同，税务和工商行政部门表示大力支持兴办福利事业；教委和医药公司带头表示捐助经费；广播宣传部门表示积极支持红会工作，免费为红会做宣传报道。

最后，胡荃蓉会长作了会议小结，要求各位理事为红会办一件好事，为红会排忧解难，一如既往同心协力搞好红会工作，以新的成绩迎接党的十三大的召开。（黄冈地区红十字会供稿）

（湖北省红十字会办公室编《红十字工作简报》第 8 期，1987 年 9 月 14 日）

原件藏湖北省红十字会档案室，档号：1987－D－002

十堰市红十字会与市政协、市农工民主党联合举办医疗咨询门诊部

今年七月，十堰市红十字会与市政协、市农工民主党联合举办的离退休高级医务人员医疗咨询门诊部开业了。

门诊部制定了章程，明确了各项制度，他们将在为人民健康服务、为"四化"建设服务的事业中贡献自己的余热。

（湖北省红十字会办公室编《红十字工作简报》第 8 期，1987 年 9 月 14 日）

原件藏湖北省红十字会档案室，档号：1987－D－002

襄樊市红会举办第二期卫生救护培训班

襄樊市红会举办的第二期卫生救护训练班已于九月十四日开学，学

期十天。学员为市区各宾馆、饭店的卫生急救人员。学习结束后，每单位将配备统一制作的急救保健箱。

（湖北省红十字会办公室编《红十字工作简报》第 8 期，1987 年 9 月 14 日）

原件藏湖北省红十字会档案室，档号：1987－D－002

湖北省红十字会召开红十字工作研讨会

湖北省红十字会自一九八五年七月恢复工作以来，各地、市红十字会相继恢复与成立，红十字事业在我省得到了比较快的发展，从事红十字工作的专、兼职干部不断增加。为了帮助红会干部尽快熟悉本职工作，提高业务素质，省红十字会于十月六日至九日召开了红十字工作研讨会。

这次研讨会主要内容是学习总会编印下发的《红十字会专职干部学习参考资料》。通过学习，了解国际国内红十字运动的历史与现状，熟悉中国红十字会章程。大家结合我省的具体情况，就组织发展、卫生救护、红十字青少年、社会福利、宣传工作等方面交流了各地的经验，讨论了一些具体做法，并就红十字各级组织名称、团体会员单位中个人会员发放会员证、收缴会费等问题做了统一规定，使我省红会工作逐渐走上制度化、规范化的道路。

大家认为这次研讨会开得很及时，这种理论联系实际的学习方法也值得推广。部分地市同志表示回去后也要立即组织基层红会干部学习，使红会干部尽快熟悉本职工作。

（湖北省红十字会办公室编《红十字工作简报》第 9 期，1987 年 10 月 10 日）

原件藏湖北省红十字会档案室，档号：1987－D－002

省红会传达天津社会福利工作座谈会精神

十月六日，省红会出席天津会议的同志在省红十字工作研讨会上向代表们传达了总会社会福利工作座谈会的精神。大家认真学习了范雨田副秘书长的讲话，学习了各兄弟省、市的先进经验，代表们对天津市红会在社会福利工作方面所做的成功开拓特别感兴趣，纷纷表示要以他们为榜样，在今后工作中努力为群众、为社会多做好事，多做实事。

（湖北省红十字会办公室编《红十字工作简报》第 9 期，1987 年 10月 10 日）

原件藏湖北省红十字会档案室，档号：1987－D－002

我会举办心肺复苏师资培训班

10 月 6 日至 12 日，来自全省各地、市、州的三十名主治医师参加了我会举办的心肺复苏师资培训班。副厅级调研员、省红会秘书长陶在华要求大家回去后，立即行动起来，切实发挥师资作用，要"一个单位一个单位、一个部门一个部门、一个行业一个行业"地办学习班，采用滚雪球的办法，争取在 3 至 5 年内，使我省从上到下形成一个急救网络。

（湖北省红十字会办公室编《红十字工作简报》第 9 期，1987 年 10月 10 日）

原件藏湖北省红十字会档案室，档号：1987－D－002

全国红十字青少年工作座谈会在成都召开

中国红十字会总会与国家教育委员会于十一月联合在成都召开了全国红十字青少年工作座谈会，出席会议的有中国红十字会总会副会长蔡壬癸、副秘书长范雨田；国家教委体卫司副司长朱丰诚、王镭等领导同志。国家教委副主任邹时炎发表了书面讲话。蔡副会长对红十字青少年的工作进行了全面的总结，提出了今后的任务，要求各地区大、中、小学都要成立红十字青少年组织，把在大、中、小学中普遍开展红十字青少年工作提到重要日程上来；要结合党的教育方针，使红十字活动逐步做到规范化、制度化、多样化、趣味化。国家教委副主任邹时炎同志对今后如何在学校里更好地开展红十字青少年工作提了六点要求：一、重视红十字青少年工作；二、从实际出发，根据青少年特点开展红十字青少年活动；三、开展红十字青少年活动要与学校道德品质教育相结合；四、开展红十字青少年活动要与地区、年龄相结合，分层次进行；五、开展红十字青少年活动要与学校里其它群众组织的活动相结合；六、注意总结经验，推动红十字青少年工作逐步完善。

来自全国 28 所大、中、小学红十字青少年工作基层单位的代表在会上进行了经验交流。大会对红十字青少年组织发展工作、如何配合学校全面贯彻教育方针开展红十字青少年工作进行了认真的讨论。实践证明，在学校开展红十字青少年工作必须取得学校领导的重视、支持，并得到其它组织（少先队、共青团）的密切配合。这样，不仅对精神文明建设和贯彻教育方针起到促进作用，也对提高学生的身体素质和政治思想素质大有益处，还为青少年扩大知识面开拓思维提供了有利的条件。

大会讨论了国家教委和总会提出的《全国红十字青少年工作规程》初稿。讨论修改后的初稿将由总会和国家教委联合下发，在全国试行。

这次会议，任务具体、方向明确，各地学到了不少好经验，找出了差距，提高了认识，增强了信心，纷纷表示有决心将红十字青少年工作搞好、搞活，使红十字青少年工作体现出中国特色。

（湖北省红十字会办公室编《红十字工作简报》第 10 期，1987 年 12 月 4 日）

原件藏湖北省红十字会档案室，档号：1987－D－002

省红会与省对台办联合下发
《关于做好台胞台属查人转信工作的几点意见》

为做好台胞台属查人转信工作，当好他们的鸿雁，十一月十七日，省红十字会与省对台办联合印发了《关于做好台胞台属查人转信工作的几点意见》，明确了具体做法。各级红会均把此项工作纳入重要议事日程，指派专人负责，认真细致做好。

近日来，省红十字会与各地、市、州红十字会接待了几十名要求查找台湾亲友的人员，收到了上百封要求查询在台亲人的信件。对此，红会干部不但热情接待，耐心解答他们提出的各种问题，而且按有关途径积极寻找在台同胞的下落。总会转来台湾方面寄来的两份"寻人表格"，经武汉市红十字会积极查询，目前已找到一人下落。

（湖北省红十字会办公室编《红十字工作简报》第 10 期，1987 年 12 月 4 日）

原件藏湖北省红十字会档案室，档号：1987－D－002

沙市市红会召开一九八七年红十字会基层工作会议

十一月十九日，沙市市红十字会召开了红十字会基层工作会议。来自全市十九个基层红会的秘书长参加了会议。会议总结了市红会组建以来的工作情况，肯定了成绩，找出了与各兄弟市县的工作差距；研究了明年的工作，明确了方向与任务。到会代表一致表示，我们要在党的十三大方针指引下，遵循红十字人道主义的宗旨，围绕改革、开放，加强同国际国内红会的联系，为有效地实施中国红十字会五年计划，充分发挥其政府的助手作用而努力。

（湖北省红十字会办公室编《红十字工作简报》第 10 期，1987 年 12 月 4 日）

原件藏湖北省红十字会档案室，档号：1987－D－002

黄冈地区红十字会各理事单位积极资助红会事业

为解决红会经费不足的困难，黄冈地区红十字会在第二次理事会上提出请各理事单位作一次性捐助的倡议，得到理事们的热烈响应。有地区卫生局、教委、外贸局、物资局、医药公司、外办、税务局、商业局等十八个单位，共资助红会经费 9620 元，为红会事业的开展奠定了一定的经济基础。

（湖北省红十字会办公室编《红十字工作简报》第 10 期，1987 年 12 月 4 日）

原件藏湖北省红十字会档案室，档号：1987－D－002

仙桃市红十字会召开成立大会

在市委、市政府的关怀下，十一月十八日，仙桃市红十字会召开成立大会。市红十字会会长、副市长杨先枝同志到会并发表讲话。他要求各级领导都要重视红十字工作，充分发挥红十字会的作用，替政府分忧，为群众解难，当好政府的助手。

省红十字会金振涛副会长、陶在华秘书长到会祝贺并讲了话。

仙桃市红十字会是我省成立的第十个县级红十字会。

（湖北省红十字会办公室编《红十字工作简报》第 10 期，1987 年 12 月 4 日）

原件藏湖北省红十字会档案室，档号：1987－D－002

武汉市红十字会"五·八"期间组织建设简况

武汉市红十字会在"五·八红十字活动周"里，发展基层组织 21 个，发展会员 4500 人，收缴会费 3000 余元。（摘自《武汉市红十字简报》第 3 期）

（中国红十字会总会组织部编《红十字国内工作简报》第 3 期，1988 年 12 月 4 日）

原件藏湖北省红十字会档案室，档号：1988－D－003

咸宁市红十字会正式成立

咸宁市红十字会于五月二十四日正式成立，办公室设在市卫生局，会长由副市长李汉先担任，市委顾问杨国华、市老龄委主任苏海泉任名誉会长，首批 30 名团体会员和 26 名个人会员出席了成立大会。地区红十字会名誉会长赵克艰、秘书长鲁济卿，以及市人大、市政协、市委宣传部有关领导亲临祝贺。

红十字会是国际性的群众救护、社会福利团体。它的宗旨是协助政

府、配合有关部门，发动群众互助互济、扶危济困，为政府分忧，为群众解难，为改革服务。（市卫生局供稿）

（咸宁市人民政府办公室编《信息与参考》第 19 期，1988 年 5 月 26 日）

原件藏咸宁市红十字会档案室，档号：226－W－1－030－012－001A

咸宁地区红十字会隆重纪念世界红十字日

咸宁地区红十字会为了纪念世界红十字日，在五月八日组织地直七个团体会员单位 126 名会员和红十字青少年，由各单位红会会长带队（其中正、副教授，正、副主任医师 16 人，主治医师 17 人，医、□师及其他行政人员 93 人），到市中心温泉花坛、福利院，开展了"纪念世界红十字日，为您服务"活动。服务内容有义诊、免费体检，医疗保健、食品卫生法、计划免疫等方面的咨询，台胞台属查人转信，红会和卫生科普知识图片展览等；到福利院为老人体检、赠送礼品和文艺演出。在纪念世界红十字日活动中，接受义诊、体检、医疗保健等咨询 388 人，参观红会知识和卫生科普知识达 1000 多人，台胞台属查人转信 2 人。通过纪念世界红十字日活动，传播了红十字精神，扩大了红十字会的社会影响。（咸宁地区红十字会供稿）

（湖北省红十字办公室编《红十字工作简报》第 2 期，1988 年 5 月 27 日）

原件藏湖北省红十字会档案室，档号：1988－D－003

宜昌地区红十字会开展丰富多彩的
纪念世界红十字日活动

为推动红十字事业的发展，发扬人道主义精神，根据中国红十字会总会的要求，宜昌地区红十字会开展了丰富多彩的纪念"世界红十字日"的活动，收到了较好的社会效益。

一、认真做好纪念世界红十字日的准备工作。纪念活动得到了地委、行署领导同志及有关单位的重视和支持。行署副专员、地区红十字会会长张万英同志听取了活动安排之后，亲自与有关单位联系，使纪念活动得到了组织上的保证。四月二十九日，地区红会召开了地直单位红十字会负责人会议，学习了总会的通知及有关世界红十字日的知识，各红会结合本单位的实际情况，制订了纪念活动计划，如开展宣传、义诊、咨询、义务修理家用电器等便民服务措施。

二、大力开展宣传活动。五月六日，行署副秘书长樊唐荣同志在地区电视台发表电视讲话，宣传红十字会的性质、任务和宗旨，介绍世界红十字日的来历，对全区如何开展纪念活动做了进一步的安排。五月五日至五月十二日，地区医院等十八个红十字会开展了为期一月的纪念活动，共办宣传栏 18 期，宣传横幅 3 幅，学校红十字会利用有线广播，开辟专题节目 4 个。同时，各单位结合五四青年节、五一二护士节开展了丰富多彩的纪念活动。参加这次活动的会员达五千多人次，受教育人数近万人。

三、开展义诊、咨询、便民服务。五月七日，地区医院、地区卫校、宜昌医专附属医院组织主治医师以上的医疗技术骨干 30 余人走上街头，为群众防病治病，进行儿童健康体检达五百多人次，宜昌地区医院还组织公民进行了义务献血活动，宜昌医专附属医院全天免收挂号费。地区医疗器械修配管理站利用星期天免费为老干部修理家用电器。这些活动，深受广大群众的欢迎，宜昌地区电视台于五月九日对纪念活动进行了及时报道。（宜昌地区红十字会供稿）

（湖北省红十字办公室编《红十字工作简报》第 2 期，1988 年 5 月 27 日）

原件藏湖北省红十字会档案室，档号：1988 - D - 003

纪念"世界红十字日"
为孤寡老人和儿童健康办实事

为了纪念五月八日"世界红十字日"，五月七日大悟县政协副主席宋增辉、县红十字会副会长吴建华同志带领红会干部和内、外科医生 6 名，冒雨赶到离县城四十公里的宣化店镇朝阳福利院。宋副主席、吴副会长一下车就到每个老人住处一一看望，问寒问暖，开座谈会，进行体检，对患有肺气肿、风湿性关节炎的部分老人给予免费治疗，并给他们每人赠送了 1.4 米的涤纶衣料和副食等慰问品，受到老人们的欢迎和赞扬。86 岁高龄的左婆婆口口声声感谢党，感谢县红十字会的领导和医生对他们的关怀。

县红十字会从五月一日至八日组织妇幼保健所基层红十字会医务人员 6 名深入到县直机关、商业化肥厂、电扇厂等幼儿园，为 500 多名儿童进行了健康检查。（大悟县红十字会供稿）

（湖北省红十字办公室编《红十字工作简报》第 2 期，1988 年 5 月 27 日）

原件藏湖北省红十字会档案室，档号：1988 - D - 003

八八国际体育援助活动
在全国各地陆续展开（节录）

4 月 22 日，湖北省红会、外办、教委、体委和广播电视厅等各部门的负责人组成了参加"计划"活动组委会，并拟定了参加体育援助活动的计划。计划要求：除做好 9 月 11 日在武汉举行的有省领导出席的成人万米长跑活动和为儿童健康的募捐活动外，各市、区、县在 4 月下旬到 8 月陆续开展 14 岁以下中小学生千米跑活动，要注意与春、夏季运动会，夏令营以及庆祝"5·8"、纪念国际红十字运动 125 周年结合起来。在"5·8"前后各地开展的不同形式的体育援助活动，则是纪念"5·8"的内容之一。

原载于《中国红十字报》1988 年 6 月 5 日

一九八八国际体育援助计划
湖北省组委会召开第一次会议

六月廿八日下午，"一九八八年国际体育援助计划"湖北省组委会在省人大二号会议室召开了第一次会议。湖北省组委会主任委员、省人大常委会副主任梁以芬同志主持会议，省红十字会、外办、教委、广播电视厅、体委、文化厅、妇联及团省委等单位的负责同志出席了会议。

省红十字会负责人首先介绍我国参加一九八八年国际体育援助计划活动的情况以及省组委会的筹备经过，并向会议通报了省红会通过第九届世界杯乒乓球锦标赛开展首次募捐活动的情况。接着，大家对"湖北省'一九八八国际体育援助计划'组委会体育活动方案"和"湖北省'一九八八国际体育援助计划'组委会募捐方案"进行了热烈讨论，一致通过并建议尽快下发。会议还就我省开展此项活动明确了分工，省体委牵头负责执行体育活动方案，省红会牵头负责执行募捐活动方案，省教委、文化厅、外办等单位配合省红会在中小学校、宾馆饭店、博物馆、娱乐场所进行劝募，省广播电视厅配合搞好宣传报道工作，并准备召开一次新闻发布会。

最后，梁淑芬主任委员再次强调了开展此项活动的重大意义，并就我省如何组织好这次活动提出了具体意见。

（湖北省红十字办公室编《红十字工作简报》第 3 期，1988 年 7 月 1 日）

原件藏湖北省红十字会档案室，档号：1988－D－003

湖北省红十字会召开三届二次理事（扩大）会

为贯彻总会四届四次理事（扩大）会精神，总结省红会恢复以来的工作，布置今年的工作任务，改选和增补部分理事，三月二十二日至二十三日，湖北省红十字会三届二次理事（扩大）会在武昌江鹰饭店隆重召开。省红会理事和各地、市、州红十字会领导及专职干部共 60 多人出席了会议。魏永信副会长主持会议。伍愉凝秘书长代表省人民政府到会祝贺，他受省红会会长韩南鹏副省长的委托在会上发表讲话，要求大家要加深对红十字会地位和作用的理解；希望全省各地的领导同志担负起领导的责任，帮助红会解决工作中遇到的各种问题。当前要抓紧解决好红十字会的机构设置、人员配备以及经费、交通、用房等基本工作条件；希望红会理事每年切切实实地为红十字会办几件实事，从政策上，从财力、物力、人力上给予支持，为我们省红十字事业的健康发展提供良好的条件；号召各级红十字会工作干部要充分发挥主观能动性，要立足现有条件，解放思想、锐意改革、乐于奉献、艰苦奋斗，积极创造第一流的工作。

魏永信副会长传达了中国红十字会总会四届四次理事（扩大）会精神。

叶丽珠秘书长在工作报告中就省红会恢复以来，在组织建设、卫生救护训练与输血、社会福利、红十字青少年、台湾事务服务、对外友好合作、宣传等方面的工作做了全面的回顾，对一九八九年的工作提出了具体要求。

武汉市、襄樊市、十堰市的代表在会上交流了如何做好红十字会工作的经验。武汉市红十字会会长、副市长高顺龄同志介绍的《政府如何支持红会工作，红会如何当好政府助手》的经验获得与会代表的一致好评。

代表们对一九八九年省红会工作计划和地、市州红会检查评比标准进行了热烈的讨论，提出了不少好的意见与建议。

（湖北省红十字会办公室编《红十字工作简报》第 1 期，1989 年 4 月 1 日）

原件藏湖北省红十字会档案室，档号：1989－D－004

积极行动起来　力争完成今年工作任务

省红会三届二次理事（扩大）会后，全省各地、市、州红会均及时向政府（行署）有关领导进行了汇报，研究了今年的工作。各级领导十分重视，专职干部积极进取，出现了你追我赶、力争先进的大好局面，全省红会工作定有新的突破。现将了解到的部分地、市有关情况简介于后，供参考。

四月十五日，咸宁地区红会召开了二届一次理事（扩大）会议。这次会议充实调整了理事会，落实了办事机构，配备了两名专职干部（其中一人为秘书长），并讨论安排了今年的工作。地区红会会长、副专员余少轩同志作了重要讲话，他强调今年要着重抓好四件事，即要宣传红会的地位和作用，要做好基层红会的发展工作，要开展具有红十字特色的活动，要多渠道筹措红十字会经费。

宜昌地区红会拟于四月下旬召开理事会。石慰平副会长及时向地区有关领导进行了汇报，行署李秘书长在县长会议上专题布置红会工作，樊副秘书长在地区卫生工作会议上进一步安排落实红会工作任务。地区卫生局召开党委会，专门听取汇报，将红会工作列为卫生工作的九项任务之一。行署樊副秘书长于四月下旬亲自带领卫生局副局长、红会副会长、秘书长和卫生局计财科长等人到外地参观红会工作。省理事扩大会前后，远安、兴山等县红会成立，地区计划今年各县全部完成建会任务。

黄冈地区四月二十九日召开理事会，现已配备专职秘书长。副会长石中森同志多次深入基层进行调查研究，帮助筹建县（市）红会机构，并要求各县无论是从退居二线的干部中物色，还是暂用借调的办法，至少都要配备一名专职干部进行工作，并计划理事会后组织专职干部到外地参观。

荆州地区红会就组织发展等项工作进行了具体安排。卫生局领导十分重视卫生救护培训中心的兴建，要求多渠道、多途径筹措资金，争取早日发挥效益。

郧阳地区红会已向行署有关领导进行了汇报，计划六月份召开理事扩大会，暂配一名专职干部，各县（市）红会今年全部成立。

襄樊市红会就进一步发展红会事业进行了布置，卫生救护按系统按行业培训，今年将从汽车司机、拖拉机驾驶员入手。省理事（扩大）会议一结束，红会秘书长即陪名誉会长秦志维同志到随州、枣阳、谷城、河口、襄阳等县（市），宣传贯彻这次会议精神，检查、指导红会工作。老河口市红会兴办经济实体，最近已得到市政府批准。

十堰市红会已于四月二十四日召开理事会，安排布置了今年的工作。

沙市市红会四月二十二日召开红会秘书长工作会议，二十四日召开理事会，市理事由 21 人增加到 47 人。省红会理事张德广同志多次和有关领导研究讨论红会工作，解决存在的问题。现已落实办事机构，配备三名专职干部，其中一名为副秘书长。

宜昌市红会对今年的工作计划进行了研究部署，市编委下文批复的市红十字会西陵医院四月二十一日挂牌开业。副会长王俊峰同志十分重视红会工作，就红会举办经济实体亲自与有关部门协商，卫生材料经营服务部已批，市政府有关领导表示，红会办的经济实体可享受残疾人福利基金会的同等待遇。市红会今年可望增加一至三名编制。

鄂州市红会、市卫生局领导非常重视红会工作，已就增补理事、增加专职干部以及基层组建、卫生救护训练、兴办经济实体等工作进行了安排。

黄石市红会定于四月下旬召开理事会。副会长晏美华同志根据《省红会工作检查评比标准》，结合本市的实际情况进行分解，亲自修改和制订了今年工作计划。活动经费已落实一万元，编制一人，专职干部正在物色中。

（湖北省红十字会办公室编《红十字工作简报》第 2 期，1989 年 5 月 3 日）

原件藏湖北省红十字会档案室，档号：1989－D－004

湖北省红十字会与联邦德国
巴登·符腾堡州红十字分会建立伙伴关系

应湖北省卫生厅邀请，联邦德国巴登·符腾堡州社会部副部长基里昂博士为团长、州红十字分会会长格普哈特博士为副团长的州代表团于 5 月 19 日至 24 对湖北省进行了友好访问。副省长、省红会会长韩南鹏会见并宴请了代表团。省卫生厅厅长李清泉，副厅长王斌，副厅长、省红十字会副会长魏永信参加了会见。

代表团访问期间，参观了潜江市急救中心、宜昌市第一医院、同济医大、省中医附院等有关单位，游览了名胜古迹，增加了省州之间的了解。

省州之间对多个合作项目进行了讨论。魏永信副会长与格普哈特会长就有关红十字会方面问题进行了接触，对巴符州与我省前一段在卫生领域合作，特别是该州红十字会为潜江市急救中心提供急救设备表示感谢；双方就共同关心的问题交换了意见，并于五月二十三日签署了《联邦德国红十字会巴登·符腾堡州分会与中国湖北省红十字会合作协议》。双方愿意在救护领域进行合作，定期交流救护事业方面的经验和信息，适时进行互访和考察，加深两国人民之间的友谊。

（湖北省红十字会办公室编《红十字工作简报》第 3 期，1989 年 5 月 29 日）

原件藏湖北省红十字会档案室，档号：1989－D－004

总会领导视察我省襄樊、武汉

5月3日至8日，总会社会福利部阳照部长，办公室副主任刘静湖，视察了我省襄樊、武汉市的红会工作。他们每到一地，都深入到街道、学校，和基层红会干部座谈，认真听取大家的意见。在参观谷城县红十字安全旅游线、枣阳市药械经销部、武汉市红十字药材公司、武汉监狱红十字会时，对所取得的成绩均给予了充分的肯定，对如何继续办出红十字特色来也提出了许多指导性意见。

省红会秘书长叶丽珠、襄樊市红十字会名誉会长秦志维、武汉市红会秘书长王慧珍分别作了汇报。

（湖北省红十字会办公室编《红十字工作简报》第3期，1989年5月29日）

原件藏湖北省红十字会档案室，档号：1989－D－004

我省各地隆重纪念"五·八"世界红十字日

今年五月八日是世界红十字运动125周年纪念日。按照总会的统一部署，省红会把五月四日至十二日定为省红十字活动周。要求各级红十字会以"认识红会、了解红会、支持红会"为主题，大张旗鼓地开展各种宣传活动，开展大规模社会服务活动，使红十字精神日益深入人心。

今年的"五·八"纪念活动得到了各级领导的关怀与重视。省红十字会名誉会长、省人大常委会副主任梁淑芬同志五日在省电视台作了关于纪念世界红十字日的电视讲话，号召全省红十字会员向红十字运动创始人亨利·杜南学习，关心群众，助人为乐，为社会主义精神文明建设和物质文明建设贡献力量。沙市市红十字会会长、副市长刘珩和鄂州市副市长朱曙霞都在五月八日发表了广播电视讲话。刘珩会长说："沙市人民有着红十字精神的优良传统和美德。"他说，"我曾担任本市两届红十字会会长职务，在几年的实际工作中，我深切地体会到'奉献'就是红十字精神的精髓。我愿意同全市广大会员一道，振奋精神，开拓我市红会工作的新局面，为我市的两个文明建设无私地奉献，让'奉献'二

会务讯息

字成为我市广大会员共同的座右铭!"

在弘扬奉献精神的旗帜下,"红十字活动周"在我省各地拉开了帷幕。鄂西自治州、咸宁地区均以"红十字为您服务"为主题,开展了丰富多彩的服务活动。五月四日一早,一面面白底红十字会旗飘扬在恩施山城的大街小巷。市区的主要街道悬挂着"纪念'五·八'世界红十字日!""红十字会为我国社会主义现代化建设和促进祖国统一服务!"等24条巨幅标语,红会会员纷纷走上街头,开展宣传服务活动。据初步统计,活动周期间鄂西州各基层红会共召开会议23次,办宣传栏4期,办黑板报7期,办宣传专刊6期,出动宣传车7台,有571人次走上街头为群众服务。设立便民服务点17个,散发宣传品400份,动用仪器27台。修理收录机17台,电冰箱3台,享受各种免费服务的群众达6130人次。

咸宁地区红十字会于五月四日组织地直12个团体会员单位168名会员(其中正、副主任医师1人,中级24人)在温泉中心花坛开展社会服务活动,布置宣传版面78块,2954人接受义诊、义检,3000多人接受咨询服务,8000多人参观展览,群众反映很好。

五月六日,黄冈地区红十字会组织地区实验学校、卫校、防疫站等10个基层组织400余人走上街头宣传会务知识、卫生知识。设宣传台5个,办墙报、宣传栏4个,宣传横幅7条,散发宣传材料400多份。地区一院、防疫站、妇保所,黄冈县医院、黄冈县民主同盟、县红十字会新风医院等基层红十字会组织技术骨干开展义诊、咨询,享受义务服务的群众近千人。

五月七日,黄石市红十字会组织了105名医务人员(正、副主任医师36人)走上街头为1500多人提供了免费医疗咨询服务。

沙市市红会五月七日组织市实验小学、解放路小学、胜利街一小等近百名红十字少年到北京路一带开展宣传活动,他们有的擦洗隔离栏杆,有的播放自编的红会知识宣传录音磁带。五月八日,沙市卫生界13家基层红会共90名会员在工艺大楼门前排设了医疗咨询服务的长阵,展出33块大型宣传牌,各科共施诊1396名,散发宣传资料850份。中心血站播放义务献血电视录像,当场有70名观众要求献血,经体检合格的有41名,共献血一万多毫升。

五月八日,鄂州市红十字会组织32名卫生技术人员上街开展咨询、义诊活动,散发各种宣传资料300份,放映《性病的防治》录像4场,组织体检组到老年公寓为29位孤寡老人做了健康检查。

五月八日，襄樊市区以及随州、老河口、枣阳、宜城、谷城、保康等县（市）红十字会员纷纷走上街头，开展了各种有意义的纪念活动。市区医疗、医药界的红十字会员在街头组织了 25 个卫生咨询和义务体检点；市卫生学校、昭明小学、二十二中等许多学校的红十字青少年会员上街打扫卫生，维护交通秩序，到伙房帮助工人做工，到福利院为孤寡老人服务；工商个体协会组织红十字会会员义务修理各类车辆。接受红十字会会员咨询和服务的有 35000 多人次。

十堰市红会与市教委、市卫生局、市民政局联合发文，组织开展了红十字活动周。全市 16 所医疗卫生单位和 16 所学校在活动周内先后组织 80 多名医务人员和 100 多名学生带着医疗器械、药品、卫生工具、音响器材和自编的节目，到 16 所福利院、1 所孤儿院为 200 多名孤残人和 10 多名孤儿进行诊治、咨询、打扫卫生、表演文艺节目等义务服务，市红会还捐赠一千元为茅坪乡福利院修建水井，让福利院老人饮上清洁卫生水。

宜昌地区红十字会"五·八"期间组织基层红会开展了义诊、义演等为孤老病残人的服务活动。在医专、卫校、师专分别开展了智力竞赛和卫生救护训练活动。

同济医院暨湖北省红十字会第一医院、省红十字会协和医院等均在"五·八"期间开展了义诊、咨询、卫生宣传等服务活动。

各地的报纸、电视、广播对"五·八"活动均给予了充分的报道。省电视台在五月八日的新闻节目中详细报道了黄冈地区红十字会纪念"五·八"世界红十字日的盛况，影响很大。宜昌地区、十堰市、沙市市电视台分别播放了《友爱之光》《崇高的事业》《血中情》等宣传红会的专题片。

各级领导对"五·八"活动均给予了充分的支持。咸宁地区余少轩副专员；黄石市委副书记盛大礼、市人大常委会主任谢法、副主任罗涌泉、市政协主席孙岱远；十堰市委副书记聂德虎、市政府特别顾问李广智、市人大常委会副主任贺邦儒；沙市市政府秘书长张朝斌；鄂州市政府秘书长叶贤恩；襄樊市红会名誉会长秦志维等领导同志均亲临"五·八"活动现场，给红十字会员以极大的鼓舞。

（湖北省红十字会办公室编《红十字工作简报》第 4 期，1989 年 6 月 9 日）

原件藏湖北省红十字会档案室，档号：1989－D－004

湖北省红会举办两期工作研讨会

六月二十日和七月五日，省红会在黄冈地区、荆州地区分别举办了为期三天的工作研讨会。参加会议的代表为县（区）以上红会专（兼）职干部，共计八十三人。省红会秘书长叶丽珠同志，黄冈地区卫生局副局长、红会副会长石中森同志，荆州地区卫生局顾问、红会副会长朱欣同志分别出席会议并作了重要讲话。

省红会办公室尤德新同志作了中心发言。他较系统地讲述了国际红十字会、中国红十字会的诞生、成长过程及目前的发展状况，联系实际就如何搞好我省红会工作提出了具体要求；他还着重强调争取领导的重视和支持是搞好红会工作的关键，红会干部积极进取、迎难而上的精神是搞好红会工作的必要条件。

在讨论会上，代表们就目前红会工作中存在的一些问题展开了热烈的讨论。讨论的焦点集中在这样几个方面：一是如何加强红会的自身建设，红会机构中编制、人员、经费的落实问题；二是如何使红会工作自上而下形成一种完善的、正规化的体系，要求总会、省红会提出一些办法措施；三是如何加强红会的宣传工作，要求省红会在交流经验、互通信息方面多做一些工作，也可举办通讯员学习班，及时编印一些学习资料。

会上代表们还学习了心肺复苏知识，掌握了心肺复苏操作技术。这两期研讨会的举办，大大提高了我省红会干部的业务素质，为今后更好地开展红会工作创造了条件，正如浠水县红会秘书长夏来耘同志所说："这次研讨会开得好，开得及时，为我们今后开展工作引了路，指明了方向。"

（湖北省红十字会办公室编《红十字工作简报》第 5 期，1989 年 7 月 12 日）

原件藏湖北省红十字会档案室，档号：1989 - D - 004

宜昌地区上半年组织发展工作势头好

省红会理事（扩大）会议之后，宜昌地区红十字会结合本地情况，突出组织发展工作的重点，狠抓各项指标的落实，今年上半年又有 5 个县成立了红十字会，加上去年成立的宜昌县红十字会，目前宜昌地区县级红十字会已达全区县级数的 66.7%。6 个县级红十字会有 4 个配备了专职干部，落实了活动经费，另外 2 个也有兼职干部分管。

宜昌地区红十字会上半年组织发展工作势头好的原因主要有两个：一是各级领导重视，层层抓落实。行署副专员、地区红会会长张万英同志，行署李秘书长、樊副秘书长分别在区县干部会上专门布置红十字会工作，樊副秘书长亲自率领红会干部赴外地参观取经；地区卫生局党委专题讨论红会工作，把红会工作列入今年主要任务之一，石慰平局长下乡必讲红会工作，亲自检查落实。二是红会专职干部事业心强，积极主动当好领导参谋，争取领导支持。地区红会张副会长是个离休老干部，他热心红会工作，为红会事业四处奔波，牵线搭桥；涂德敏秘书长一心扑在红会工作上，她主动向各级领导汇报红会工作，宣传红会工作的重要性，争取了领导的支持。

（湖北省红十字会办公室编《红十字工作简报》第 5 期，1989 年 7 月 12 日）

原件藏湖北省红十字会档案室，档号：1989－D－004

省红十字会举办第四届
红十字青少年夏令营（节录）

七月十四日至二十日，省红十字会在宜昌市举办了第四届红十字青少年夏令营，来自全省各地的六十八名营员参加了这一活动。全体营员欢聚在友谊的海洋里，愉快地度过了这段难忘的日子。

十四日上午，开营式在市卫生幼儿园礼堂举行。省红会秘书长叶丽珠同志在讲话中着重强调：本届夏令营目的是对我们青少年进行一次爱国主义、人道主义和革命传统的教育，要求每个营员作为红十字会的宣传员把夏令营开展的活动宣传出去，把自己所见、所闻、所思、所得告诉自己的同学和老师。

开营式后，全体营员顶着烈日，登上近百步台阶，参观了宜昌市烈士陵园，瞻仰了革命烈士纪念碑、烈士公墓，参观了革命历史纪念馆和革命烈士纪念馆，缅怀了革命先烈的英雄事迹，激发了营员们对党和祖国的热爱之情。

十五日上午，正值汛期，营员们参观了葛洲坝水利枢纽工程，观看了大江截流纪录片和工程电动模型。雄伟、壮观的工程吸引着每位营员，他们站在二十七孔泄洪闸旁情不自禁地感叹：中国人民有智慧，有能力，中华民族了不起！

在市儿童公园，全体营员参加了一场别开生面的红十字知识有奖问答比赛。在市滨江公园，营员们学习了包扎技术。通过这些活动，营员们对红十字事业有了更进一步的认识和理解。

十七日，营员们游览了长江三峡，十八日，又登上了瞿塘峡口北岸的白帝城。风景峻秀的长江三峡上荡漾着营员们的欢歌，绮丽多姿的三游洞、白马洞里留下了营员们的足迹。营员们饱览了祖国的大好河山，领略了大自然的秀丽风光。市"五一"广场的音乐喷泉把营员们又带进了另一个五光十色的世界。（下略）

（湖北省红十字会办公室编《红十字工作简报》第 6 期，1989 年 7 月 29 日）

原件藏湖北省红十字会档案室，档号：1989－D－004

我省部分地区遭洪水灾害袭击
各级红十字会为政府分忧解难

入夏以来，我省大部分地区连降暴雨，灾情不断，给人民的生命财产造成了重大损失。特别是鄂西土家族苗族自治州，宜昌地区枝城市，襄樊市的随州市、枣阳市、襄阳县，荆门市，荆州地区京山县、松滋县、潜江市等地均遭到历史上罕见的特大暴雨、洪水袭击。据不完全统计，房屋倒塌 24000 余间，伤 570 余人，死亡 74 人，冲坏农田 62 万余亩，损失粮食 3.4 亿余斤，直接经济损失 25210 万余元。

灾情发生后，我省各级红会积极组织力量，在人力、物力、财力上给予了灾区较大的支持。如宜昌地区红会向社会各界发起募捐，将捐赠的 18014.12 元人民币、9881 斤粮票、5050 件衣物，由行署副秘书长、地区红会副会长樊堂荣同志带队全部送往了枝城市灾区。鄂西自治州红会从各医疗单位抽调 100 多人组织红十字救灾医疗队，深入灾区，调查疫情，防病治病。州各级红十字会还协助政府紧急转移灾民 4000 多户，减少了人员伤亡和财产损失。荆门市政府副市长、市红会会长杜祖森同志，市卫生局局长、市红会副会长郑连光同志带领市红十字会、市一院、市防疫站红十字救护队深入灾区各村组，抢救伤员，并将 2256.39 元捐款送到了灾区。随州市红会成立了救灾办公室。一是组派两个医疗队奔赴灾区为灾民防病治病，送医送药；二是从市红十字医疗服务站抽调技术骨干深入灾区，检修医疗器械设备，使之早日投入使用；三是开展社会募捐活动，并将 170731 元捐款、35646 斤粮票、22033 件衣物等全都送往了灾区。

"山洪无情党有情，天地无义人有义"，在严重的自然灾害面前，我省各级红会积极工作，鼎力协助，减少了灾害造成的损失，减轻了灾民的痛苦，为政府分了忧，为群众解了难。

（湖北省红十字会办公室编《红十字工作简报》第 7 期，1989 年 9 月 5 日）

原件藏湖北省红十字会档案室，档号：1989 - D - 004

弘扬人道主义精神 "为了儿童健康"办实事

今年"六一"国际儿童节前后，浠水县红十字会将"88 国际体育援助计划"活动中募捐返留的部份（分）捐款，全部用于儿童保健事业。

（1）体检。浠水县红十字会拨款千元，组织医护人员于六月六日至九日为 503 名幼儿进行健康体检，对缺铁性贫血、营养不良等小儿常见病提出了治疗方案，并给予药品资助。

（2）查治"两病"。从三月份起，县红十字会组织医务人员赴华柱、绿阳两个贫困老区山乡，指导院、所、室医务人员普查 0～3 周岁婴幼儿 1677 人次，确诊患有佝偻病、缺铁性贫血"两病"患儿 373 名。

六月十五日至十七日，副县长、县红会会长柴敦善，县卫生局局长、县红会副会长孙家清，县卫生局副局长、县红会理事李海生及县政府办文卫科、老区办的领导同志一行八人，冒雨将红会选购的四千多元治疗儿童"两病"捐助药品送到乡，送到重点病儿家中，登门治疗七人次，短训乡村卫生员 35 人次，通过系统治疗观察、卫生指导，许多患儿已恢复健康。

（3）支持儿童保健事业。"六一"期同，县红十字会拿出八百元资助县人民医院小儿科建新生儿室，为县党政幼儿园、实验小学医务室添置了小型医疗器械及"除四害"药品。

（4）救济残疾儿童。县检察院残疾儿童徐鹏在医治中耗医药费万元，家境十分困难，经原红会会长、副县长龙其保批准，由县红会资助300元，以示关怀。

（湖北省红十字会办公室编《红十字工作简报》第 7 期，1989 年 9 月 5 日）

原件藏湖北省红十字会档案室，档号：1989 - D - 004

南方七省在黄山市召开红会工作研讨会

今年由安徽省红会主办的南方七省红十字工作研讨会，于 10 月 11 日至 15 日在安徽省黄山市召开。出席会议代表有江西、浙江、江苏、福建、湖南、湖北、安徽七省五十六个地市县八十八名红会干部，中国红十字会总会范雨田副秘书长、社会福利部刘德旺副部长、台湾事务服务部张希林副部长，在百忙中亲临会议，并作了讲话，对大家鼓舞很大。

这次会议主要围绕红会在新形势下如何做好组织建设、台湾事务工作、兴办福利事业三个专题进行了深入讨论，二十四位同志在大会发言，反映了一年来七省红会工作不同程度的发展。大家认为会议内容充实、生动活泼，进一步认清了红会工作新形势，增强了工作责任感和紧迫感，提高了工作的自觉性和信心。会议期间，大家还对红会工作的体制、地位和作用，兴办福利事业的方向和政策等方面问题提出自己看法、意见和要求。

中国红十字会总会范雨田副秘书长（在）讲话中指出，这种会议形式很好，通过我们开展工作、宣传，现在对红十字会的作用、地位了解的人越来越多，在精神文明建设中为红会提供了广阔的用武之地，红会的宗旨和党为人民服务的宗旨是一致的，红会干部应主动、积极地开展工作，为人民作更多的奉献。

我省九位同志出席了会议，沙市市、黄冈地区、武汉市红会作了大会发言。

会议经商定，同意增加山东省红会参加下次会议，改为八省红会工作研讨会。

（湖北省红十字会办公室编《红十字工作简报》第 9 期，1989 年 11 月 8 日）

原件藏湖北省红十字会档案室，档号：1989 - D - 004

省红会召开农村红会工作座谈会

为传达、贯彻总会农村（牧区）工作晋城座谈会精神，研讨、部署我省农村红会工作，省红十字会于 10 月 24 日至 25 日在谷城县召开农村红会工作座谈会。省红会叶丽珠秘书长主持会议，省卫生厅副厅长、省红会副会长魏永信，省红会专职副会长范维盛，襄樊市（红会）名誉会长秦志维，市卫生局局长、市红会副会长韩光元，谷城县委副书记胡舜国，副县长、县红会会长卢荣轩出席会议并讲了话。

会议传达了总会农村（牧区）工作座谈会精神。

谷城县红十字会在大会上介绍了他们开展农村红会工作的经验。他们的主要经验是：（1）采取分步走，逐步到位的方法发展红会组织。目前全县共发展基层红会组织 80 个，19 个乡、镇、场全部建会，村红十字会 31 个，红十字青少年委员会 19 个，发展会员 5797 人，其中村民会员 2080 人，占会员总数的 36%。（2）狠抓卫生救护培训，建立健全急救网络。以襄樊至武当山安全旅游线为重点，采取滚雪球式的方法层层培训，培训会员 1500 名，在安全旅游线上建立了 33 个红十字急救站，配备了 33 名急救联络员和 51 名村民义务救护员。各红十字急救站自建立以来，已成功地进行了 29 起较大型车祸事故的抢救和处理，抢救伤员 600 余名。（3）开展社会募捐救灾活动，扶危济困。三年来，县红会向社会发出四次较大的募捐倡议，共募捐人民币 68812 元、粮票 18323 斤、衣物 13866 件，为受灾的 267 户、1335 名群众排忧解难，帮助他们渡过了难关。（4）广泛开展社会服务活动，促进双文明建设。在农村，倡导发起敬老助残、移风易俗活动，帮助孤寡残老人解决生产、生活困难，开展树文明新风活动；在校园，组织青少年会员互帮互助，助人为乐，用红十字精神激励青少年。三年来参加不同形式服务活动的有 2410 人次，受服务者 4050 人次。

大悟县、新洲县，浠水县红十字会等也在会上介绍了他们开展农村红会工作的做法与体会。

　　代表们参观了谷城县城关镇格垒嘴村红十字会和北河镇过山口村红十字会。两个村红十字会村民救护队表演的四大技术和心肺复苏技术给代表们留下了深刻的印象。

　　代表们围绕农村红会工作的任务和组织形式，结合这几年的实践体会展开了热烈的讨论。大家一致认为，农村是开展红十字工作的广阔天地，红十字工作在农村大有可为，我们要积极探索，不断总结经验，迎接红十字工作的重大战略转移。

　　范维盛同志作了会议小结，他对进一步规划我省农村红会试点工作提出了四点建议：（1）希望每个地、市至少应抓一个县或区开展农村红会工作试点。经过两三年的努力，使试点县（区）的乡（镇）、村红十字会的建会率达到80%以上。（2）面上的县（区）也应该抓1～2个乡（镇）红十字会试点，以便根据本地情况，为今后推开农村红会工作覆盖面做准备。（3）各级红会领导同志要亲自抓试点，省红会将在各地规划的基础上找两三个不同类型的县，与地、市、县同志一道试点，以便总结出有价值的经验。（4）不能放松城市红会工作，要巩固取得的成绩，拓宽阵地，发展提高。

　　最后，省卫生厅副厅长、省红十字会副会长魏永信同志就如何做好红十字工作谈了四点意见：（1）我们要有战略眼光，要结合我们实际，认真规划农村红会试点问题，努力办好。没有成立县级红十字会的地方，要尽快成立，要努力解决好编制、经费问题。（2）各级卫生部门要一如既往地积极支持红十字会独立自主地开展工作，卫生部门都是团体会员单位，要履行会员义务，做好红十字工作。（3）要明确兴办红十字专项事业是为了红十字事业的发展，不是为了养活几个人。兴办事业一定要实事求是，量力而行，遵纪守法，买卖公平，要像宜昌市红十字会西陵医院那样办成深受人民欢迎的"十佳"医院。（4）红十字事业的前途是光明的，有幸从事这项工作的同志是非常光荣的。红会干部要有奉献精神，为我省红会工作更上一层楼做出贡献。

　　（湖北省红十字会办公室编《红十字工作简报》第9期，1989年11月8日）

　　　　　　原件藏湖北省红十字会档案室，档号：1989－D－004

中国红十字运动史料选编·湖北专辑三（第十九辑）

048

省红会领导赴四地（市）检查红会工作

为了更好地掌握我省红会工作情况，推动红十字工作的深入开展，省卫生厅副厅长、省红会副会长魏永信同志，省红会副会长范维盛同志等一行四人参加了在谷城召开（的）农村红会座谈会后，于十月二十六日至二十九日赴十堰市、郧阳地区、襄樊市、孝感地区检查红会工作。

十月二十七日，省红会领导认真听取了十堰市红会的工作汇报，参观了市红十字老年门诊部和即将开业的市红十字劳动服务公司。市政府老市长、现市政府特别顾问、市红会名誉会长李广智同志参加（并）听了汇报，他在听汇报中发现市红会在筹办劳动服务公司时遇到了一些实际困难，于是当即答应表示协助解决，并对市红会兴办汽车零配件厂的构想提出了初步意见。市政府副市长、市红会会长杨振敏同志也表示将在市长办公会上提出红会兴办公司的问题，争取在政策上给予支持。省红会领导充分肯定了十堰市红会在市政府的关怀和支持下所取得的成绩。今年，市红会主要抓了宣传、卫生救护和兴办服务型和经营型经济实体等方面的工作，基本上做到了电视有影、电台有声、报纸有字，电视6次、电台5次、报纸4次报道了红会活动，还办了4期简报，200多版黑板报。培训卫生救护人员5100人次。兴办了一所老年门诊部，收到了较好的社会效益和经济效益。

在郧阳地区，省红会领导听了地区红会的工作汇报。地区红会今年的工作重点是抓了县（市）级红会的组织建设，全地区6个县（市）已有5个县（市）成立了红会。地区红会的办事机构也在逐步健全，他们正在筹备第二届理事（扩大）会议。魏副会长与地区行署副专员曾贤武同志就地区红会编制问题交换了意见，曾专员表示将在地区红会第二届理事（扩大）会上宣布给地区红会两名编制。

十月二十八日，省红会领导认真听了襄樊市红会的工作汇报。襄樊市红会工作发展比较快，十二个县（市、区）全部建会，已配有十八名专职干部，其中地区红会有5名编制，现已有3名专职干部。今年全市成立基层组织570个，发展会员25812名。他们在不断巩固、发展城市红会的同时，还对农村建会进行了试点工作，取得了比较成功的经验。谷城县农村红会工作受到了总会领导的一致好评。省红会领导还对他们在卫生救护、社会福利等方面的工作给予了肯定。市政府老专员、市红会名誉会长秦志维同志，市卫生局局长参加并听了汇报。

孝感地区红会的工作重点是抓县（市）级红会的组建，目前全地区7个县（市）只有1个县（市）没有建会，地区编委已正式给地区红会两名编制。

在检查工作中，省红会领导还针对各地（市）目前工作中存在的问题提出了具体意见。一是要进一步加强组织建设，没有建会的地方，要尽快建会；已经建会的地方，要积极开展活动，不断地巩固、完善和发展红会组织。二是红会工作任务要紧紧围绕群众性的卫生救护和社会福利。卫生救护培训要充分体现现场的、初级的和群众性的这三个特点。社会福利的主要对象是社会上散在的孤寡、残、烈军属等困难户。红会工作切忌包罗万象。三是要大力加强宣传工作。宣传面还要拓宽，宣传报道还要及时，既要向领导宣传，又要向群众宣传，争取得到社会上更广泛的理解和支持。

（湖北省红十字会办公室编《红十字工作简报》第9期，1989年11月8日）

原件藏湖北省红十字会档案室，档号：1989－D－004

咸宁地区行署顾问、红会名誉会长郭刚同志亲赴三县调查红会工作

咸宁地区行署顾问、红会名誉会长郭刚同志一行三人，于十月四日至九日赴通山、崇阳、通城三县调查红会工作，充分肯定了三县红会在政府关怀和支持下，在抓红会的组织建设、宣传红会宗旨、开展卫生救护培训和社会福利等方面取得的成绩。同时还针对当前问题，提出了意见：一是各地红十字会办公室要迅速配备专职干部，固定活动经费；二是红会工作不能仅仅局限在卫生系统，要面向社会；三是要进一步加强宣传，尤其是向各级党政领导宣传，开发领导层，使他们变被动为主动，支持红会工作。（摘自咸宁地区《红十字工作简报》第1期）

（湖北省红十字会办公室编《红十字工作简报》第9期，1989年11月8日）

原件藏湖北省红十字会档案室，档号：1989－D－004

七里坪镇建立红十字会

七里坪是革命的老苏区，镇红十字会于十月二十六日成立。成立大会既隆重又俭朴。在会上镇红会提出了三项工作任务，一是发展红会基层组织，全镇机关单位和厂矿企业建团体会员小组、中小学建会率要求达100%，在校学生入会率达60%以上；二是开展卫生救护训练，建立卫生救护网，以医院为中心，卫生所为网络，村卫生室为基础，建立红十字会卫生站；三是尽其现有能力，办好社会福利，扩大红会影响。

会前，镇政府召开了红会理事和部门负责人筹备会议。政府率先向红会捐款500元，接着有40多个单位踊跃向红会捐款，其中捐款500元的有七里鞋厂等三个单位，捐款300元的有五个单位，捐款200元的有七个单位，捐款100元的有十二个单位，个体户王绍国、李建亮分别捐款100元和50元，全镇共捐6220元。

会后，镇红十字会立即行动起来，组织医务人员，对全镇残疾病人进行检查治疗，并积极筹办基层卫生救护训练，其它各项工作正在抓紧落实。（摘自红安县《红十字工作简报》第1期）

（湖北省红十字会办公室编《红十字工作简报》第9期，1989年11月8日）

原件藏湖北省红十字会档案室，档号：1989－D－004

罗田县政府下文明确县红会
办事机构为副局（科）级单位

十一月三日，罗田县人民政府正式下文明确县红十字会办事机构县红十字会办公室为副局（科）级单位。政府对县（市）级红会办事机构级别的批文在我省县（市）级红会中是首例。

罗田县红十字会经过积极的筹建，于十二月五日隆重召开了成立大会。现已从县委宣传部调秦建国同志任专职副会长兼秘书长。今年县财政拨给红会四千元活动经费。

罗田县红十字会的成立是与县委、县政府以及有关部门领导的关心和支持分不开的。在筹建工作中，县委书记晏海云同志在住院期间就红会工作专门写信给在家主持日常工作的其他县委主要负责同志。县长晏绍元同志为红会的机构设置、人员编制、经费列支以及机构级别等问题作了详细批示。县卫生局局长丰少先同志也为县红会的筹建工作做了周密安排。由于领导的重视和大家的努力，县红会的各项工作已基本走上正轨。

（湖北省红十字会办公室编《红十字工作简报》第 10 期，1989 年 12 月 25 日）

原件藏湖北省红十字会档案室，档号：1989－D－004

办好农村红会　服务人民群众

10 月 13 日，大冶县保安镇成立了红十字会，建立了 54 人组成的理事会，设立了专门办事机构。现已发展红十字会组织 20 个，全面开展了红十字会的各项工作。

一、广泛宣传，深入发动

镇卫生院红十字会出动红十字宣传车，在全镇范围内进行了为期 3 天的宣传；使人们认识到红十字会是和中华民族的传统美德和党的为人民服务宗旨是一致的。农村需要红十字会，红十字会在农村有广阔的前景。红十字会救死扶伤，为群众排难解忧，普及卫生救护知识，提高自救互救能力，是符合农民利益和心愿的一件大好事。此外，镇红十字会救护队，佩戴红十字徽章，打着红十字旗帜，走上街头，开展义务服务活动，以实际行动来宣传红十字会的地位和作用。通过宣传，争取了领导的重视和支持。镇委书记吴慰平、镇长熊楚国，镇人大主席陈绪忠等亲自召开专题会议，部署红十字会工作，落实各村、企事业单位红十字会的组建，有力地促进了全镇红十字会工作的顺利开展。

二、建立网络，培训会员

卫生救护工作是农村急需加强的薄弱环节。镇红会建立了由中心急救站、急救站、义务急救员、联络员组成的红十字三级卫生救护网络，为对一些工伤、中毒、急症及其他意外伤害的及时救护，从组织上提供了保证。以镇卫生院为培训基地，办了两期卫生救护培训班，已培训130 人。这些人回村后，对村组人员进行了扩大再培训。现在大部分村组都有了经过培训的红十字义务救护员。

三、扶危救困，服务社会

10月23日，镇红十字会召开各办事处、镇政府各办负责人会议，学习红十字知识，明确红十字会的指导思想，大家一致表示积极支持这项慈善事业，并尽力捐款相助。会后，镇红十字会秘书长李名山带头捐人民币300元，副秘书长刘道汉捐200元，宫山煤矿捐款1500元等等；同时总计捐款8721元，使红十字会的生存和发展有了一定的经济基础。

镇红十字会在开展向社会募捐的同时，还积极开展社会福利活动。10月17日，镇卫生院红十字会捐献衣物共308件，发放到26户最贫困的村民中去。与此同时，镇红十字救护队到镇社会福利院对孤寡老人做了健康体检，并建立了档案，制订了防治措施。10月中旬，镇红十字会对各村组的五保户、特困户的疾病，规定实行免费诊治，如为竹林村五保户肖大发免费做了疝气手术，为西山村特困户徐志祥免费医治严重蛇伤等等；同时规定凡是回保安镇探亲访友的台胞，实行送医送药上门，限额免费诊治病。10月下旬，一位姓陈的台胞，回镇探亲时突然发病，镇红十字会选派医生，义务为他诊治病，加深了海峡两岸的情谊，使红十字精神日益深入人心。（摘自黄石市《红十字工作简报》）

（湖北省红十字会办公室编《红十字工作简报》第10期，1989年12月25日）

原件藏湖北省红十字会档案室，档号：1989－D－004

襄樊市红十字会名誉会长秦志维等同志到随州等地了解红十字工作

11月22日至12月1日，襄樊市红会名誉会长秦志维和红会办公室同志一行三人到了随州、枣阳和襄阳等地，调查了解基层红十字会工作。

12月1日上午，当秦志维等同志来到襄阳县峪山镇时，该镇分管教育的副镇长、教管会主任孟定汇同志汇报了该镇教育部门开展红十字工作的情况。该镇28所中、小学均已建立了红十字组织，并能持之以恒地组织广大红十字青少年会员开展敬老助残、扶危济困及高年级同学护送低年级同学上学返家等红十字活动。秦志维同志听完汇报后，高兴地说："你们将红十字青少年工作与社会主义精神文明建设结合起来，并

得到了社会及学生家长的认可和支持，希望你们进一步做好这方面的工作。"（摘自襄樊市《红十字工作简报》第5期）

（湖北省红十字会办公室编《红十字工作简报》第10期，1989年12月25日）

原件藏湖北省红十字会档案室，档号：1989－D－004

南漳县红十字会元旦前夕慰问孤寡老人

南漳县红十字会为解决孤寡老人洗衣困难问题，用兴办红十字会卫生服务站药械经销部的盈利，买了五台双缸洗衣机，于十二月二十日，在县委顾问、县红会名誉会长向志帮、周青扬同志，副县长、县红会会长柏圣良同志带领下，冒着严寒，迎着冰冷的寒风，将洗衣机赠送给城关镇四条街的孤寡老人和城关镇福利院的孤寡老人，受到群众的赞扬和好评。（南漳县红十字会供稿）

（湖北省红十字会办公室编《红十字工作简报》第10期，1989年12月25日）

原件藏湖北省红十字会档案室，档号：1989－D－004

宜昌县红十字会组织发展迅速

截至11月15日，宜昌县已成立基层红会组织38个，会员发展到6100余人，其中青少年会员4583人，县直23个基层红十字会都成立了理事会，红会工作已逐渐转向农村，龙兴镇、土城乡、樟树坪镇、分乡镇、小峰乡政府都下发了文件，成立了红十字会理事会。

11月8日，县红十字会、县教委、县卫生局联合召开了县直教育、卫生系统基层红会组织秘书会议，培训会务知识骨干27人，为全面开展红会工作做了干部准备。（摘自宜昌县红会《卫生情况》）

（湖北省红十字会办公室编《红十字工作简报》第10期，1989年12月25日）

原件藏湖北省红十字会档案室，档号：1989－D－004

坚持组织发展为重点
一九八九年工作卓有成效

去年，我们（湖北省红十字会）继续以组织建设为中心，扎扎实实地开展各项活动。使我省县（市、区）红会由前年的43个增加到79个，占全省98个县（市区）的80%；会员人数由25万余人发展到40多万人；专职干部83人，其中县（市）红会已有1/3解决了编制；卫生救护训练取得新的突破，社会福利工作得到进一步加强。

一、抓理事会建设，积极"开发领导"

加强理事会建设是取得领导重视和支持的重要一环。省红会要求各地有条件的都要成立理事会，省红会理事会首先由原来的13人增补到40人。

省电视台、湖北日报社对红会开展的活动、送去的稿件都及时予以报道。沙市政协主席张德广、咸宁地区副专员余少轩等都及时帮助本地区红会解决了编制、经费等问题。宜昌地区卫生局长石慰平将红会工作列人卫生工作九项任务之一，行署秘书长李国甫、副秘书长楼堂荣多次在县长会议和有关部门会议上专题部署红会工作，并亲自带领有关人员到外地参观取经。由于各级政府和有关部门领导重视，为全省红会工作的发展打下了良好的基础。

二、抓竞争机制，落实各项规章制度

我们在建立、健全红会各项规章制度的同时，试行引入竞争机制，制定了《湖北省红会工作检查评比标准》。"标准"以组织发展为重点，逐项分解到位，并根据地、市自然条件差异及起步早晚等因素，分别提出不同要求。对原来工作开展较好的地方，要求他们要有新的目标，努力更上一层楼。武汉市红会经过努力，于9月20日前所辖4县2郊全部建会，并逐步将红会工作引向农村；襄樊市辖5县3市红会全部配齐专职干部，并开办了部分经济实体；宜昌地区9个县（市）已建会8个，其中5个配了专职干部，8个落实了经费；经济条件差的郧阳地区6县（市）也建会5个，大多数地、市均已完成或超过"标准"指标。

三、抓干部培训，提高政治业务素质

我省红会工作尚处恢复发展阶段，县（市）的红会干部大多是新同志，他们虽然热情很高、干劲很大，但因不太熟悉红会业务，经常是宣传无从开口，活动无从下手，很不适应形势发展的需要。为改变这一被动局面，我们在已培训地、市红会干部的基础上，又于6月分别在黄冈和荆州地区举办了为期4天的县（市）红会专、兼职干部学习班，有80多名同志参加学习。除系统讲授国际红十字运动、中国红十字的运动历史及目前发展状况外，还联系实际就如何搞好全省红会工作进行研讨，同时还进行现场心肺复苏技术训练。学习班的举办，提高了红会干部的业务素质，为今后更好地开展红会工作创造了条件。

（注：以下内容原档案中缺失）

原载于《中国红十字报》1990年1月5日

常松茂夫人病阻宜昌妥善治疗后顺利返台

四月十六日上午，台湾红十字会副秘书长常松茂，首次从台北直接打电话给我会副秘书长曲折，告其夫人刘凤子在大陆探亲途中，突发急性肠梗阻，入湖北宜昌市第一人民医院，请我会予以关照。

我们认为，这是送上门来做工作的好机会，随即与宜昌市第一人民医院联系，了解刘凤子的病情，向医院领导阐明医治此病人的特殊意义，同时派两名干部携带部分北京产的高级营养滋补品，以会领导的名义专程赶赴宜昌，看望刘凤子，并协调地方红会、医院的救治工作。随后，曲折及时将刘凤子手术前后的情况电话通报常松茂，请他放心。常很感动，一再表示非常感谢，说："不知如何感谢你们才好。"并请转达对宜昌市第一人民医院的谢意。为确保手术医疗的成功，常务副会长、卫生部副部长顾英奇和副会长孙柏秋还请湖北省卫生厅组织专家、名医去宜昌会诊，采取一切手段将病人治好（后因病情迅速好转未派）。

宜昌市第一人民医院非常重视此项工作（起初并不知病人的身份），除指派一名副院长、外科主任医师组成专门治疗小组，安排有经验的护士特护外，还把最好的病房腾给刘凤子，并于手术后的第五天（四月廿一日）为病人安装了直拨电话，使其能及时和台北联系。湖北省、宜昌市红会、台办、卫生厅（局）负责人亦很重视，分别前往医院看望病人。

在各方面的共同努力下，68岁的刘凤子较顺利地接受了第六次腹部手术（腹部曾动过五次手术）。五月三日，在宜昌市第一人民医院医生、护士等的陪同下出院离开宜昌，于五月五日上午 10：30 乘飞机离武汉经香港返回台湾。临行前，刘凤子对我红十字会及湖北省各有关单位的多方关照深表谢意。五月七日，常松茂传真我会，告其夫人刘凤子"五月五日顺利平安返台，特电申谢"。

刘凤子此次偶然病阻宜昌，我们抓住时机，积极主动顺乎自然地开展工作，取得了较好的效果，它将促进海峡两岸红十字会的进一步了解、交流及合作。

（中国红十字会总会编《红十字国内工作通报》第 6 期，1990 年 5 月 8 日）

原件藏湖北省红十字会档案室，档号：1990－D－005

省红会召开三届三次理事扩大会

三月十二日上午，湖北省红十字会三届三次理事扩大会在武昌洪山宾馆隆重举行。参加会议的有省红会理事，各地、市、州红会会长，卫生局分管红会工作的负责同志和红会专、兼职干部共 65 人。会议由省卫生厅副厅长、省红会副会长魏永信同志主持。省政协副主席、省红会名誉会长林少南同志，副省长、省红会会长韩南鹏同志出席了会议。

魏永信副会长传达了中国红十字会第五次全国代表大会的精神，范维盛副会长作了关于一九八九年省红会工作总结和一九九〇年工作计划安排意见的报告，叶丽珠秘书长宣读了《关于表彰一九八九年度先进集体和先进会员（模范志愿工作者）的决定》。

魏副会长说："中国红十字会第五次全国代表大会开得成功，开创了中国红十字会代表会议历史上的一些新纪录。李鹏总理给会议发来了贺信，杨尚昆、李铁映等党和国家领导人接见了全体代表并和大家一起合影留念，李铁映同志在大会上作了重要讲话，明确了中国红十字会是重要的群众团体，在国内、国际活动中成效显著、前景广阔、大有作为，要求各级政府积极支持各地红会工作。这些充分体现了党和政府的领导同志对红十字事业的热情关怀和支持，也是对大家的鼓励和鞭策。"

范副会长回顾一九八九年省红会工作时说："在省委、省政府的正确领导下，在总会的具体指导下，我省红会工作以治理、整顺、深化改革为指导思想，立足改革，理顺关系，突出组织建设的重点，增强基层活力，全面带动其它各项工作，较好地完成了三届二次理事会提出的各项任务，在组织建设、卫生救护训练等方面取得了一些突破性进展。"

与会代表对省红会去年的工作总结和今年的工作安排进行了热烈的讨论，并一致通过了工作安排，对今后的工作提出了许多具有建设性的意见。

韩南鹏会长在会上发表了重要讲话。他在充分肯定我省红十字会工作的基础上，强调要加强对红十字会作用地位的宣传，要"使广大群众和各级领导干部充分认识到红十字会是重要的群众团体，是党和政府的得力助手，是社会主义精神文明建设的一支重要力量"。他希望全省各地的领导同志要一如既往地重视、支持红十字会工作，目前要着重解决好县以上红会的机构设置、人员配备、经费落实、办公用房等问题，为红十字会独立自主地开展工作提供必要的条件。最后，韩南鹏会长要求各级红十字会要积极主动地开展工作，要充分发扬红十字的无私奉献的精神，艰苦创业，奋力进取，积极主动地开展工作，为社会主义的精神文明建设做出更大的贡献。

理事会结束后，各地、市、州红十字会的同志就如何贯彻这次会议精神进行了一天的讨论。

（湖北省红十字会办公室编《红十字工作简报》第 2 期，1990 年 3 月 30 日）

原件藏湖北省红十字会档案室，档号：1990－D－005

湖北各地、市普遍开展机动车
驾驶员卫生救护训练工作

为贯彻中国红十字会总会、公安部、卫生部等八部（局、会），湖北省红十字会、省公安厅、省卫生厅等八厅（局、会）《关于开展群众性卫生救护训练的通知》精神，沙市市、武汉市、襄樊市、荆门市红十字会先后配合当地公安、卫生和交通部门，积极开展了机动车驾驶人员的卫生急救培训工作。在四市驾驶员培训工作取得一定成绩的基础上，省红十字会会同省公安厅、省卫生厅以鄂红字（1989）第 22 号文下发了《关于开展全省机动车驾驶人员卫生救护训练的通知》。荆州地区、咸宁地区、郧阳地区、鄂州市、黄石市红会闻风而动，积极贯彻"两厅一会"文件精神，会同当地公安、交通、卫生部门下发文件，认真组织安排好机动车驾驶员的卫生救护训练工作。荆门市、鄂州市还分别对矿工和船舶驾驶人员的救护训练工作进行了专门安排。

据了解，宜昌市、孝感地区的机动车驾驶员卫生救护训练工作也在积极筹备之中。

（湖北省红十字会办公室编《红十字工作简报》第 2 期，1990 年 3 月 30 日）

原件藏湖北省红十字会档案室，档号：1990－D－005

襄樊市卫校扎扎实实开展红十字青少年工作

襄樊市卫校红十字会在校领导的重视和支持下，扎扎实实地开展红会各项工作，取得了良好的效果。他们的主要做法是：

（1）根据学校学生不断地"新陈代谢"——毕业生走了，新生又来了这一特点，校红会将发展会员、健全组织作为一项重要工作。一九八九年，全校共发展会员 808 人，成立红十字组织 20 个，采取公开招标的形式招聘了 7 名红十字青少年干部。

（2）明确校红会工作任务，严格校红会管理制度，实行奖惩措施。去年，校红会表彰了 6 个先进集体和 59 名先进会员，并授予 2 名干部为"最佳红十字青少年干部"的光荣称号。

（3）采取"滚雪球"的培训办法，大力普及卫生急救知识，并把掌握卫生救护知识作为每个会员的必修课之一。

（4）将红会工作纳入学校教学计划，校《教学简讯》不定期出红十字工作专辑，促进了校红会工作正规化、经常化、制度化方向发展。

（湖北省红十字会办公室编《红十字工作简报》第 2 期，1990 年 3 月 30 日）

原件藏湖北省红十字会档案室，档号：1990－D－005

黄石市开展公民"无偿献血周"活动

　　为了进一步弘扬人道主义精神，树立无偿献血光荣的新风尚。黄石市红十字会、市献血领导小组联合决定从5月7日至12日，在全市开展"无偿献血周"活动。要求各单位党团员要身体力行，带头参加公民无偿献血，起率先垂范作用，为开展无偿献血树立榜样。

　　对无偿献血者不仅授予无偿志愿献血铜质奖章一枚和一定的纪念品，而且发给《公民无偿献血证》，当他或他的直系亲属急需用血时，除可凭证到市中心血站，免费供给等量的血液外，还可优先供血。

　　无偿献血的人次，将计入单位献血指标内，并把他们载入到黄石市公民无偿献血史册。

　　（湖北省红十字会办公室编《红十字工作简报》第3期，1990年5月4日）

　　　　　　原件藏湖北省红十字会档案室，档号：1990－D－005

荆州地区十一个县、市全部成立红十字会

　　经天门市政府批准，天门市红十字会于4月4日正式成立，至此荆州地区十一个县、市已全部成立了红十字会。

　　截至目前，我省有90个县（市、区）成立了红十字会。余下的3个区、5个县（市）正在积极筹备之中。

　　（湖北省红十字会办公室编《红十字工作简报》第3期，1990年5月4日）

　　　　　　原件藏湖北省红十字会档案室，档号：1990－D－005

学雷锋，讲奉献
——我省各地隆重纪念"五·八"世界红十字日

　　省红十字会于4月11日发出通知，要求在全省范围内开展学雷锋，

讲奉献，纪念"五·八"世界红十字日活动。我省各级红十字会围绕今年世界红十字日的主题口号——保护人类健康与尊严，结合轰轰烈烈的学雷锋运动，开展了形式多样、内容丰富的宣传和社会服务活动，收到了很好的社会效果，提高了红会的知名度。

一、开展丰富多彩的宣传活动

省红十字会印发《世界红十字日宣传专刊》1万份，系统介绍了红十会的起源、世界红十字日的来历、红十字会的性质、宗旨和任务，中国红十字会章程及卫生科普知识等。各地普遍运用电视、广播、报纸大张旗鼓地宣传红十字会的会务知识。孝感地区、荆州地区、黄石市的红十字会会长发表电视讲话，号召社会各界支持红十字会工作。省电视台在5月8日以头条新闻报道了省十字会、咸宁地区红十字会和崇阳县红十字会纪念"五·八"世界红十字日的活动。通山县将会务知识制成幻灯片于5月8日至10日在电影院连放3天6场次。沙市市红十字会与市广播电台联合举办"红十字之声"，每周播3次，连播4个月，武昌区红十字会在辖区大、中、小学举办"红会会员爱红会"演讲比赛，同学们以现身说法颂扬红十字的无私奉献精神，在青少年中激起了很大的反响。宜昌地区红十字会举办的红会知识抢答竞赛活动收到很好的宣传效果。

二、开展各种形式的社会服务活动

5月6日，湖北省红十字会专家门诊部在武昌水果湖街头开展义诊，省红十字会名誉会长梁淑芬、会长韩南鹏亲切看望参加义诊的专家、教授，为红十字活动周拉开了序幕。5月8日和5月12日，湖北省红十字会第一医院（同济医院）与湖北省红十字会协和医院分别在航空路、协和医院门口设立咨询点，开展义诊活动，群众反映很好。

在普遍开展街头义诊的基础上，一些地方的义诊方式有了新的发展。如钟祥县红十字会组织各医疗卫生单位在"五·八"期间义诊3天，免收挂号费，提前将义诊通告通过电台、电视台、印刷品等向群众宣传，各医院的名医亲自参加门诊，社会效果很好。黄冈地区红十字会组织内、外、妇、检验科等副主任医师，主治医师共6人，由地区红会秘书长带队到红安七里坪镇巡回医疗，免费为苏区人民防病治病，深受群众欢迎。

参加社会服务的会员已由医疗系统、学校扩大到社会各界，活动范围也由城市扩大到乡村。咸宁地区地、直19个基层红十字会组成28个小组，由各基层红十字会会长或副会长带领，在温泉花坛、地区福利院、汽车站、工厂、农村等地广泛开展社会服务活动。沙市市红十字会组织医院、学校、工厂、商店、演出团体等单位在北京路开展"奉献一条街"活动，除医疗咨询、义诊外，还有理发、修表、修车、家电维修、商品优惠展销等活动。襄樊市2万余名红十字青少年组成"奉献大队"和"服务小组"，深入街道、乡村开展各种有意义的纪念活动。武汉市江岸区15条街的164名孤寡老人在5月8日这天得到了由区红会颁发的"幸福老人优待证"，持证老人可在街红会统一安排的服务点享受免费理发、洗澡、看电影（每月2次），免费进公园和其它娱乐场所，免费享受送米、送煤等服务。

宜昌县各乡镇普遍开展纪念活动，分乡镇红十字会召开演讲会，13名会员联系学雷锋，结合红十字会的性质、宗旨和任务进行演讲，并倡议全体会员为孤寡老人募捐，共募得人民币393.20元。

仙桃市陈场镇的红十字会员5月8日自发地为孤寡老人捐款73元。

罗田县红十字会根据平湖乡黄家垸发生山体滑坡造成人员伤亡的严重灾情，结合"五·八"活动，发出募捐倡议。几天时间就有近万人捐款、捐物，折合人民币27800余元，县红十字会及时把救灾款、物送到灾民手中。

黄石市在"五·八"活动周重点组织了无偿献血活动，将学雷锋，讲奉献，以实际行动纪念五八世界红十字日与无偿献血活动结合在一起进行宣传，共有240人报名，经体检有150人无偿献血，献血量达3万毫升。

三、发展组织，收缴会费

各地结合"五·八"活动，发展了一批基层组织。郧阳地区以前组织发展工作是个薄弱点，这次，地直和各县红十字会抓住"五·八"活动的时机发展了一批团体会员单位。

大悟县在四姑镇成立了13个村级红十字会，麻城市也在宋埠镇建立了第一个乡镇红十字会。

不少县、市都抓住这个时机发展了一批会员，十堰市"五·八"期间发展会员500余人。

"五·八"活动周各地普遍开展了收缴会费的工作，黄冈地区收缴会费近两万元。

据初步统计，今年"五·八"活动周期间，电视报道红十字会活动25次，电台30次，报刊11篇，发放宣传材料47770份，办专栏519期；挂横幅715条，标语逾万条，放幻灯（片）30场，举办讲演、讲座10场。5千多名成年会员和2万多名红十字青少年参加了社会服务活动，10万余人受益；派出医疗队员582人，为3813人进行了检查、治疗；募捐 29730.2 元。各地、市、州红会会长普遍参加了"五·八"活动。与往年相比，今年的"五·八"活动增加了服务内容，扩大了服务面，使越来越多的人认识红会、理解红会、支持红会。

（湖北省红十字会办公室编《红十字工作简报》第 4 期，1990 年 6 月 16 日）

原件藏湖北省红十字会档案室，档号：1990－D－005

省红会专干带头缴纳会费

今年"五·八"世界红十字日活动周期间，省红十字会专职干部在副会长范维盛的带领下，每人缴纳了两元会费。

红会会员缴纳会费，既可加强组织观念，又可保持与红十字会的联系，同时也是一个会员应尽的义务。

（湖北省红十字会办公室编《红十字工作简报》第 4 期，1990 年 6 月 16 日）

原件藏湖北省红十字会档案室，档号：1990－D－005

省红会召开学习贯彻"五大"文件精神研讨会

5 月 21 日至 23 日，省红十字会在荆门市召开了学习贯彻"五大"文件精神研讨会，全省部分县（市、区）以上红会专、兼职干部 68 人参加了研讨。

这次研讨会的内容以学习贯彻中国红十字会第五次全国代表大会的精神为主，系统地学习讨论了李鹏总理的贺词、李铁映同志的重要讲话，以及《工作报告》《中国红十字会章程》等文件内容。大家一致认为，党和国家领导人的讲话进一步明确了红会的宗旨、性质和任务，为我国红十字事业的发展指明了方向；《工作报告》和《章程》则是我们当前和今后一个时期红会工作的基本依据。会议期间，与会代表还就我省红会今年的中心工作进行了研讨和经验交流，并对《中国红十字会法》（征求意见稿）和《卫生救护训练大纲》（试行）提出了修改意见。

会议结束时，省红会专职副会长范维盛作了总结讲话。他指出，我省召开这次以学习贯彻"五大"文件精神为主题研讨会，是积极贯彻党的十三届四中、五中和六中全会精神的具体活动，是继续发展我省红十字事业的重要措施，因此具有十分重要的实际意义。研讨会形式生动活泼，开得及时，开得很好，很有收获。集中起来，主要有三点：一是学了"五大"文件，领会精神，提高了认识；二是形势喜人，振奋精神，增强了信心；三是树立献身红十字事业的思想，提高了红会干部自身素质。他要求全省各级红会干部积极当好政府的助手，要增责任感和紧迫感，充分发挥积极性、主动性和创造性，继续发扬开拓进取、无私奉献精神，努力做好红会各项工作，为推动湖北红十字事业稳步向前发展做出贡献。

（湖北省红十字会办公室编《红十字工作简报》第 4 期，1990 年 6 月 16 日）

原件藏湖北省红十字会档案室，档号：1990 - D - 005

孝感地区七个县（市）全部建会

经广水市人民政府批准，广水市红十字会于□月 25 日正式成立。至此，孝感地区七个县（市）已全部成立了红十字会。

截至目前，我省有 94 个县（市，区）成立了红十字会，余下的四个县正在积极筹备之中。

（湖北省红十字会办公室编《红十字工作简报》第 4 期，1990 年 6 月 16 日）

原件藏湖北省红十字会档案室，档号：1990 - D - 005

黄冈地区红会召开机动车驾驶员培训现场工作会

七月九日至十日，黄冈地区红十字会在英山县召开了全区机动车驾驶员培训现场工作会议。省红会副会长范维盛，黄冈地区红会副会长、地区卫生局副局长石中森，英山县红会会长、副县长冯木香出席了会议并作了重要讲话。地区各县（市）会代表参加了这次会议。

会上，英山县红十字会、卫生局、交警队分别介绍了他们开展机动车驾驶员培训的做法和经验。他们的主要做法分两个阶段，首先县红会、卫生局、交警队联合发文，明确要求县红会、卫生局负责组织教材、教具和授课，交警队负责集中学习人员和安排授课地点。然后，成立了由县红十字会、公安局、卫生局、交警队等单位领导组成的培训领导小组，小组下设了办事机构，从县红会、卫生局、交警队抽调人员办公，具体负责司机培训的宣传、教学和联络等工作。在组织师资问题上，县红会与卫生局进行了专门研究，对选派师资提出了具体要求：（一）技术职称必须是主治医师级以上，并且在全县内有一定医疗威信和社会影响的医师；（二）有一定讲课表达能力；（三）讲课医师要保持相对稳定。根据这些条件，他们从县医院、卫校调派了8名医务人员组成了培训教学小组。第二是实施阶段，他们以安全活动组为单位，分期分批进行培训。共设19个班，每班学习人数不等，多则70人，少则80人；学习时间不得少于两天，根据司机工作性质特点，培训班在时间安排上比较灵活，有的是集中两天一次学完，有的是利用晚上分多次学完。每期培训班结束后，及时对学员进行考试。

他们重点把好两个关：一是教学质量关，二是考试关。力求做到"学"（学习）"考"（考试）两不漏。

会上，司机代表何荣富谈了接受卫生救护训练后的体会和感想；与会代表还现场参观了正在开办的第十二期培训班。通过这次会议，大家深受启发，一致认为英山县的做法和经验很可取。

省红会副会长范维盛在会上说："英山县红会在短短的两个月时间里，配合卫生、公安交警部门，举办了11期培训班，培训司机486人，工作很扎实，社会效果很好。成功的经验有四条：一是争取了领导的重视和支持；二是作了广泛的宣传工作；三是充分发挥了安全联片组负责人的积极性；四是选择威信高、技术硬、有一定社会影响的医生做授课老师，增加了学员的学习兴趣。"

地区红会副会长石中森在总结讲话时充分肯定了英山县的做法和经验，并对下一阶段全区司机培训工作做了具体部署和要求。她强调：第一，要大力总结和推广英山县的做法和经验；第二，要进一步把好司机培训的质量关，注重直观教学，重视实际操作力的培养；第三，要建立健全司机培训制度和复训制度。

现场会后接着召开了全区红会工作会议，地区红会秘书长□继贤总结了全区上半年的工作情况，部署了下半年的工作任务。

（湖北省红十字会办公室编《红十字工作简报》第 5 期，1990 年 7 月 26 日）

原件藏湖北省红十字会档案室，档号：1990 - D - 005

宜昌市五中在全国红十字青少年会务及卫生救护知识竞赛中取得好成绩

据总会青少年部通知，在全国红十字青少年会务及卫生救护知识竞赛中，我省宜昌市五中获得较好成绩，该校 48 名青少年会员榜上有名，其中获二等奖（的）有许静（等）3 位同学，获三等奖（的）有望晶等 7 位同学，获四等奖（的）有岳蓉等 88 位同学。

（湖北省红十字会办公室编《红十字工作简报》第 5 期，1990 年 7 月 26 日）

原件藏湖北省红十字会档案室，档号：1990 - D - 005

我省部分地（市）举办红十字青少年夏令营

为了对红十字青少年进行一次人道主义、集体主义、爱国主义和国际主义教育，今年暑期，我省部分地（市）、县红会因地制宜，通过不同途径，采取不同形式，举办红十字青少年夏令营活动。据了解，黄石市红会在黄冈、鄂城举办了首届夏令营；咸宁地区红会在江西庐山举办了夏令营和会务知识竞赛活动；宜昌县在当阳、荆州等地举办了夏令营。

（湖北省红十字会办公室编《红十字工作简报》第 5 期，1990 年 7 月 26 日）

原件藏湖北省红十字会档案室，档号：1990 - D - 005

鄂州市首届机动车驾驶员卫生
救护培训班在鄂城钢铁厂隆重开学

7月2日，鄂州市红会在鄂城钢铁厂隆重举行了机动车驾驶员卫生救护培训班开学典礼，市人大、市政协、市政府、市委宣传部、市卫生局等单位领导出席了开学典礼。市红会名誉会长、市政协副主席阮宝洲在会上讲话，他对司机培训工作做了广泛宣传并提出了具体要求。开学典礼后，450名学员分成三个班，由资望较高的王俊华等副主任医师进行授课，学员们通过听（听理论课）、看（看录像）、模拟操作，初步掌握了卫生急救技能，首批学员考试成绩普遍良好。

（湖北省红十字会办公室编《红十字工作简报》第5期，1990年7月26日）

原件藏湖北省红十字会档案室，档号：1990－D－005

宜昌地区九个县（市）全部建会

六月七日，五峰县红十字会经过一个月的紧张筹备，在一片锣鼓声中正式宣告成立。行署副专员、地区红会会长张万英到会祝贺。至此，宜昌地区九个县（市）全部成立了红十字会。

截至目前，我省98个县（市、区）已有95个成立了红十字会。

（湖北省红十字会办公室编《红十字工作简报》第5期，1990年7月26日）

原件藏湖北省红十字会档案室，档号：1990－D－005

宜昌县首期机动车驾驶员
卫生救护训练班圆满结束

6月8日，宜昌县红十字会、县公安局、县卫生局联合举办的机动车驾驶员卫生救护训练班在县桃坪河磷矿隆重开学，地、县有关领导参加开学典礼。经过两天的紧张学习和操作，138名司机全部领取了合格证。

（湖北省红十字会办公室编《红十字工作简报》第5期，1990年7月26日）

原件藏湖北省红十字会档案室，档号：1990 - D - 005

省电力系统举办心肺复苏训练师资班

5月21日至6月2日，省电力疗养院举办了两期心肺复苏训练师资班，来自全省电力系统各基层单位的主治医师、工程师共69人参加了学习。学习班结业时，省红十字会秘书长叶丽珠看望了全体学员并讲了话。

（湖北省红十字会办公室编《红十字工作简报》第5期，1990年7月26日）

原件藏湖北省红十字会档案室，档号：1990 - D - 005

省红会调研组检查红十字安全交通线建设

9月10日至17日，省红会调研组对汉宜线（318国道）红十字安全交通线建设进行了一次全面的检查，基本摸清了公路沿线三地市（武汉市、荆州地区、宜昌地区）所辖的六县市（汉阳县、仙桃市、潜江市、江陵县、枝江县、宜昌县）红十字三级急救网络建设以及红会组织建设、机动车驾驶员培训等情况与目前存在的主要问题。17日，在省红会进行小结，讨论制定了《湖北省红十字安全交通线建设标准》（试行）。

该线全长370余公里（汉阳县至宜昌县段），是湖北省境内的交通大动脉，车流量已远远超过设计要求（据有关部门介绍，设计每24小时车流量为1000辆，现一般为2000～8000辆，高峰则达到12000辆），交通事故时有发生，且呈逐年上升趋势，不少伤员因得不到及时正确的处理而致死或致残。为了有效地保护人民群众的身体健康，省红会在开展全省机动车驾驶员培训工作的同时，决定对这条公路进行红十字安全交通线建设。到目前为止，在短短的五个月时间内，全线已建成红十字急救中心、急救站、急救点共98个，培训了一批业务骨干和农民急救员，初步形成了红十字三级卫生救护网络，为抢救伤病员的生命做出了成绩。

六县市红会组织在红十字安全交通线建设中，具有如下一些共同特点：

一、领导重视，部门支持。宜昌县副县长、县红会会长张克让同志在一个月内曾两次亲临县境内的7个急救站（点）进行布置、检查、指导工作；汉阳县副县长、县红会会长施婉芳，仙桃市卫生局副局长、市红会秘书长王国清，宜昌县卫生局副局长、县红会理事吕友华，江陵县卫生局党委成员、原副局长何沛金，枝江县卫生局局长祝开荣，潜江市卫生局文局长、汉阳县卫生局局长、县红会副会长叶方金等同志都亲自过问急救网络建设，并多次到现场检查。宜昌县的镇长、村长都亲自担任红会会长和急救组的组长，从而保证了急救措施的落实和急救工作的开展。

二、专兼职干部具有无私奉献精神。宜昌县红会秘书长黄建斌、办公室副主任周先建连续三个多月没有休息一天，在全省县级红会中率先完成机动车驾驶员培训任务（已训6150人，占全县驾驶员总数的95%），并在公路沿线的2镇5村成立了红会组织，建了红十字急救站（点），培训了村民急救员，组织了农民急救队。仙桃市卫生局调研员（原局长）陈长银，市红会理事谢本坤，汉阳县卫生局办主任、县红会秘书长聂启正，枝江县红会秘书长熊学金，潜江市红会秘书长王雪娥等同志为安全线建设和红会工作任劳任怨、身先士卒。

三、宣传工作得到重视。各地都充分利用墙报、简报等形式宣传红会的宗旨、性质、任务，宣传红十字安全交通线建设的重要意义和急救知识，让社会进一步认识、理解、支持红十字工作。

四、安全线建设已开始发挥效益。潜江市红会抓急救网络建设较早，沿线乡镇已全部建会，培训急救员380余人，建立了一整套抢救程序和工作制度，急救工作在人员、设备、技术上做到了三配套，三级急救网在两年间共抢救伤病员720余人次，成功率达83.5%，多次受到政府和有关单位及伤员家属的好评。各地急救网点都有抢救成功的典型事例。

五、农村红会工作逐步深入。在红十字安全交通线建设中，仙桃市、枝江市、宜昌县的红会组织已逐步发展到村一级，急救中心、站、点的布局比较合理，标牌统一醒目，制定了一系列的规章制度，等等。

在调研中和小结会上，省红会副会长范维盛同志多次强调，红十字安全交通线建设符合红会宗旨，符合卫生救护训练现场性、初级性、群众性的特点，有利于发挥红会作为政府助手的作用，我们一定要依托卫生部门，搞好与三级卫生网的衔接，把这件利国利民的好事、实事办好，要求达到四有（即：有红会群众组织机构，有急救站、点的领导班子，有经过培训的急救员队伍，有符合初级卫生救护的必要装备）、三定（即：定工作范围、工作程序、工作职责）。

这次调研活动由省红会组训部具体组织，范维盛副会长带队，参加的人员有武汉市、荆州地区、宜昌地区红会秘书长。

（湖北省红十字会办公室编《红十字工作简报》第 7 期，1990 年 9 月 24 日）

原件藏湖北省红十字会档案室，档号：1990－D－005

荆北山区暴雨成灾　荆门红会组织募捐

八月十四日至十五日，荆门市东宝区的石桥驿、盐池、马河、栗溪、姚河、子陵、安团等七个乡镇遭到暴风雨的袭击，七级大风和 260 毫米左右的降雨给当地造成了很大的灾害。15 万亩农田严重受灾，5 万亩夏秋作物全部被毁，山洪冲毁水利设施 6400 余处，冲走汽车、拖拉机 7 台，原煤 3500 吨，香菇、木耳 500 棚，粮食 40 万斤；死亡大牲畜 100 多头、柑橘树 4700 株；淹没鱼池 350 口；冲倒房屋 1200 间；180 户 640 人无处栖身，全区 29000 户 13 万人受灾，直接经济损失千余万元。

为了帮助灾区人民尽快恢复生产，重建家园，荆门市东宝区红十字会在辖区内各机关、团体、企事业单位积极组织募捐。截至目前，已捐款 18671.63 元、粮票 2654 斤，捐衣物折款 5000 余元。烟灯化肥厂一次捐化肥 10 吨。东宝区红十字会已将捐赠的钱物及时送到了灾区。市红十字会也相继召开市一医、二医、中医院、防疫站、药检所红会负责人会议，并组织捐赠衣物 784 件送到了灾区。（摘自荆门市红会《工作情况》第 2 期）

（湖北省红十字会办公室编《红十字工作简报》第 7 期，1990 年 9 月 24 日）

原件藏湖北省红十字会档案室，档号：1990－D－005

通山县召开农村基层红会工作研讨会

　　为进一步贯彻落实省、地红会工作 1990 年目标管理标准，更好地完成县红会年初制定的工作规划，通山县红会于 8 月 24 日在县卫生局召开了农村基层红会工作会议，着重研讨了从界水岭至九宫山安全旅游线建立红十字急救站的问题，同时对发展农村基层红会组织及开展卫生救护培训工作进行了认真研究。

　　会议在充分肯定前一段红会工作的成绩，指出存在的差距后，要求各级红会组织致力抓好以下几件事：

　　一、抓好从界水岭至九宫山沿途 15 个村红十字急救点的建立。以村卫生室为依托，所在地的乡镇卫生院指派师资深入到村负责每村培训急救员 6 名，九月二十日前培训结束。配备急救包。急救点的牌子由县红会统一制作，10 月上旬组织沿途检查验收。

　　二、抓好卫生救护培训工作。一是对乡镇厂（矿）企业开展有针对性的行业卫生救护知识培训。二是对片区管辖的机动车驾驶员进行卫生救护培训，做到有计划地分期分批进行。

　　三、抓好基层红会组织的发展和建设。未成立红十字会的乡镇，要赢得当地政府的重视与支持，迅速筹建，以利开展红会工作；已成立红十字会的乡镇要进一步发展和完善红会组织，扩大红十字会员队伍，开展红十字青少年工作，开展社会福利活动，多为人民群众办些好事、办些实事。

　　县红会常务副会长吴必森同志最后强调指出：红会工作各级政府都十分重视，红会挂靠在卫生部门，我们要统一思想，提高认识，要替政府分忧，为群众解难，开展社会福利活动，多做些有益于人民的好事。根据红会工作今后的任务，做到统一部署，统一时间，统一行动，为保质保量完成红会工作任务而共同努力。（摘自通山县《红十字工作简报》第 3 期）

　　（湖北省红十字会办公室编《红十字工作简报》第 7 期，1990 年 9 月 24 日）

　　原件藏湖北省红十字会档案室，档号：1990－D－005

让红十字之花开遍荆楚大地

——热烈庆祝我省98个县市区全部成立红十字会

鄂西、鄂东传来喜讯：9月17日、18日，来凤县、武穴市红十字会分别宣告成立。至此，我省98个县市区全部恢复建立了红十字会，这在我省红十字事业发展史上尚属首次，值得庆贺。

1916年8月27日，湖北省暨武汉市红十字会诞生了。当时以"博爱人群，服务社会"为宗旨的红十字会，主要力量限于上层有志之士，缺乏群众基础。解放后，在周恩来总理的亲自主持下，改组了中国红十字会。1956年4月，我省红十字会也着手进行了改组。当时，全省尚存武汉市、黄石市、孝感县、麻城县四个分会。同年11月，在武昌洪山礼堂召开了第一次代表大会。随后，宜昌市、沙市市、襄樊市及浠水县相继建立了红十字会组织，并开展了大量的除害灭病工作。

党的十一届三中全会后，在省委、省政府的亲切关怀和社会各界的大力支持下，1985年7月，省红十字会又重新恢复工作。1986年12月底，我省在全国率先完成了15个地市州红十字会的恢复重建工作。经过近四年的努力，今天终于达到了98个县市区全部建会的目标。这是全省红十字工作者共同努力、艰苦劳动结出的丰硕成果，它标志着我省红会组建工作迈出了重要的一步，进入了全面发展的新阶段。

在庆贺胜利的时刻，我们应该牢记：红十字事业任重道远。我们虽然完成了地、县级红会的恢复建立工作，但组织健全的任务还很艰巨。我们应该看到，全省红会组织的工作条件还很差，工作开展的深度和广度还很有限，少数县市区红会仍是空架子，没有专干，没有经费，也很少开展活动。因此，我们要采取切实有效的措施，充实完善现有组织，不断发展基层组织和会员，广泛深入开展红会各项活动。

我们深信：有省委、省政府的大力支持，有总会的正确指导，有全省红会干部、红会会员和志愿工作者的勇于开拓，奋发进取，我省的红会工作一定会在中国红十字会第五次全国代表大会精神的指引下，沿着健康发展的道路奋勇前进，红十字之花一定会在荆楚大地争相盛开。

（湖北省红十字会办公室编《红十字工作简报》第7期，1990年9月24日）

原件藏湖北省红十字会档案室，档号：1990－D－005

湖北省九十八个县市区全部建会

鄂西、鄂东传出喜讯：9月17日、18日，来凤县、武穴市红十字会分别宣告成立。至此，湖北省98个县市区全部恢复建立了红十字会。（林汉业）

原载于《中国红十字报》1990年11月5日

省红会1990年年终工作总结会在宜昌县召开

12月12日至14日，省红会在宜昌县召开了1990年年终工作总结会。省红会专职副会长范维盛，宜昌地区行政公署副秘书长、红会副会长樊堂荣，地区卫生局局长、红会副会长石慰平，宜昌县副县长、红会会长张克让出席会议并讲了话；省红会副秘书长夏大鹏主持会议，全省15个地、市、州红会的负责同志参加了会议。

会议期间，省红会专职副会长范维盛传达了总会顾英奇副会长在桂林会上的讲话精神；代表们总结交流了一年来各地开展红会工作的成绩及经验；找出了各自存在的问题和差距；研究讨论了1991年的工作计划。

范副会长在总结讲话时说，1990年我省红十字工作在党的十三届五中、六中全会精神的指引下，在省委、省政府的领导和总会的具体指导下，围绕学习、贯彻中国红十字会"五大"精神，继续突出组织建设的重点，狠抓行业卫生救护培训，全面做好其它各项工作，较好地完成了今年的工作任务，取得了可喜的成绩，出现了全面发展的好势头，但也应该看到，各地组织建设发展还不平衡；开展卫生救护培训工作还存在许多困难需要我们去做工作；学校建会率与总会五年规划要求还存在不小的距离；尽管我们达到了98个县市区全部建会的目标，全省争取了102个红会编制，但健全组织机构的任务还很艰巨，少数县市区红会仍是空架子，没有专干，没有经费，也很少开展活动。因此，今后我们红会工作的任务还很艰巨。在谈到1991年工作计划时，他强调，1991年我们要继续认真贯彻中国红十字会"五大"精神，抓好"一个重点，两个网络"的中心工作,努力做好其它各项工作。要进一步健全省、地、县级红会组织机构,地市级红会要配专职秘书长或副秘书长,争取配专职副会长,县市级红会要配专职干部;发展基层组织和会员要积极稳步,分类指导;开展群众性的卫生救护训练工作要充分发挥三个积极性(即红会组织、卫生部门及有关单位的积极性);社会福利工作要重点抓好社会服务工作的覆盖面。

会上,宜昌县红会作了题为"弘扬红十字精神,努力做好红会各项工作"的报告,县卫生局、公安局分别介绍了他们如何紧密配合红会,积极开展红会工作的经验和体会。

会议结束时,省红会副秘书长夏大鹏就湖北省晚期血吸虫病人抢救基金会的基金筹募工作做了专门部署。他要求各地红会要按照鄂政办发(1990)84号文件精神,尽快建设募捐工作领导小组及办公室,积极开展工作,把募集"晚血"基金作为落实党的十三届六中全会精神,关心群众疾苦的一件实事抓紧抓好。

（湖北省红十字会办公室编《红十字工作简报》第 8 期,1990 年 12月 20 日）

原件藏湖北省红十字会档案室,档号:1990－D－005

我省四位红十字青少年获总会《我与红十字》征文奖

在今年总会举办的"全国红十字青少年《我与红十字》有奖征文竞赛"活动中,我省武汉市中国地质大学附中徐风琴获一等奖,武昌解放路小学罗静、宜昌市第五中学邹辉、襄樊市护士学校焦小冬获二等奖。年底,这四位同学和他们所在学校分管红十字工作的校长将一同赴京领奖。

（湖北省红十字会办公室编《红十字工作简报》第 8 期,1990 年 12月 20 日）

原件藏湖北省红十字会档案室,档号:1990－D－005

电视片《人道之光》
获首届中国红十字影视节三等奖

武汉市红十字会拍摄的反映红十字活动的新闻片《人道之光》在湖北电视台播放后，社会反映很好。最近，在总会举办的"首届中国红十字影视节"上获三等奖。

（湖北省红十字会办公室编《红十字工作简报》第 8 期，1990 年 12 月 20 日）

原件藏湖北省红十字会档案室，档号：1990 - D - 005

宜昌市举办院前急救技术竞赛

11 月 9 日，雨后初晴的宜昌市铁路坝广场为迎接省三峡艺术节已装饰一新，耸立在万花丛中的五面红十字会旗迎风飘扬，24 家医院的救护车和 24 个代表队排列整齐，4 具模拟人躺在地上，周围数千名观众拭目以待，由市红十字会、卫生局、医学会、企事业医管会联合举办的"院前急救技术竞赛"正在这里举行。上午 8 时，裁判长一声令下，第一组的四部救护车疾驶到各自的医院，迅速装来了医护人员和急救药械，按照各自的抽题，在模拟人体上进行急救，经过三个多小时的紧张角逐，市四医院获一等奖。市传染病医院，□□□□医院获二等奖，市一医院、葛洲坝电厂医院、宜昌医专附属医院获三等奖。

宜昌市副市长、市红十字会会长符利民，市政府副秘书长、市红十字会副会长王浚山当场为获奖代表队颁发了奖状和奖金。市电视台、市电台、市报社做了现场采访报道。（杨嗣润供稿）

（湖北省红十字会办公室编《红十字工作简报》第 8 期，1990 年 12 月 20 日）

原件藏湖北省红十字会档案室，档号：1990 - D - 005

既当驾驶员　又是急救员

安陆市机动车驾驶员卫生救护训练今年共举办了九个班次，训练驾驶员584名，均领取了急救证，他们的做法是：

一、学好文件，积极宣传。在省红会荆门会议后，他们积极筹备训练工作。首先，召开了市公安、卫生、交警等部门参加的联席会议，会上学习文件，明确意义，统一认识，部署任务，并就有关组织领导、训练对象、时间安排和课程设置进行了充分的讨论，制定了方案和步骤，拉开了全市卫生救护训练的帷幕。

二、加强组织，分工协作。为确保训练工作顺利进行，成立了由红会、公安、卫生、交警部门的领导组成的训练领导小组。训练采取先城区后农村、先机关团体后厂矿企业、先汽车后拖拉机的办法。参训人员先由各安全联片组按计划、有弹性的落实到人。对客运站车辆较多的特殊单位，采取晚上培训，很受欢迎，做到生产训练两不误。

三、认真教学，确保质量。在组织训练过程中，坚持教学直观、简明实用的原则。为确保教学质量，特请有临床和教学经验的科主任任教，同时从卫校借来挂图、录像设备，老师备课认真，授课重点突出，训练时间虽短，但效果显著。实践证明，学员们真正掌握了所学的知识。据交警大队反映，市客运公司一位客车司机将刚学到的知识应用于一位头部受挫伤的伤员，进行现场包扎止血，并及时送到医院治疗，病人转危为安，该公司经理对驾驶员救护训练工作表示大力支持和感谢。
（摘自孝感地区红会《工作简报》第3期）

（湖北省红十字会办公室编《红十字工作简报》第8期，1990年12月20日）

原件藏湖北省红十字会档案室，档号：1990－D－005

襄樊市樊西区红会举办居委会红会干部培训班

樊西区有15个居委会，1989年已全部建立了红会组织，建会后都不同程度地开展了医疗服务、敬老助残、扶危济困和查人转信等活动。

居委会红会干部工作热情高、干劲大，但对红会的宗旨、性质和任务以及国际红十字组织及中国红十字会的产生和发展等方面的会务知识缺乏了解。为了提高居委会红会干部的理论素质，促进红会活动的开展，樊西区红会于 10 月 16 日举办了有 49 人参加的居委会（包括樊西区辖区内企业）红会干部培训班。（摘自襄樊市红会《工作简报》第 6 期）

（湖北省红十字会办公室编《红十字工作简报》第 8 期，1990 年 12 月 20 日）

原件藏湖北省红十字会档案室，档号：1990 - D - 005

丹江口市安全交通线建设初具规模

11 月中旬，丹江口市红十字会副会长、卫生局长余曙中同志带领市红会专、兼职干部对该市武当山旅游安全交通线上的急救站点进行了检查。这条安全交通线的建设是省红会下达的 1990 年重点工作之一。丹江口市红会接受这一任务后，用了近半年的时间在土关垭乡、浪河镇、六里坪镇、丁营镇、武当山镇建起了 1 个急救中心、5 个急救站、8 个急救点。本次检查结果，这些急救站、点已落实了人员，配备了基本的急救器材和药物，挂起了牌子。安全交通线三级急救网络建设已初具规模。（摘自郧阳地区红会《工作简报》第 5 期）

（湖北省红十字会办公室编《红十字工作简报》第 8 期，1990 年 12 月 20 日）

原件藏湖北省红十字会档案室，档号：1990 - D - 005

通山县基层红会重视红会报刊发行征订工作

为了加强对红会工作的宣传，及时掌握红会工作的动态和信息，县红十字会于 10 月 18 日就征订 1991 年总会的"一报一刊"向全县各基层红十字会发出通知，要求每个基层红十字会及学校中发展了红十字青少年会员的班级订阅 1～2 份。到目前为止，全县共订 1991 年《中国红十字报》113 份，比 1990 年的 50 份多 63 份；订阅《中国红十字》杂志

25 份，比 1990 年的 4 份多 21 份。做到每个基层红会至少有一份《中国红十字报》，县红会常务理事和县直各团体会员单位都有一份《中国红十字》杂志。为了搞好红十字会报刊的发行工作，县红会将征订工作纳入 1991 年红会工作目标管理项目之内。这样，对宣传红会、推动全县红十字事业的发展将起到积极的作用。（摘自通山县红会《工作简报》第 4 期）

（湖北省红十字会办公室编《红十字工作简报》第 8 期，1990 年 12 月 20 日）

原件藏湖北省红十字会档案室，档号：1990－D－005

咸宁地区直属单位开展"晚血"基金募捐活动

为贯彻落实省政府鄂政办发（1990）第 73、84 号文件精神，地区行署办发出"关于认真做好晚期血吸虫病人抢救基金募集工作"的文件通知，成立了"地区晚期血吸虫病人抢救基金募集工作领导小组"。地委、行署领导十分重视募捐工作，多次召开会议传达省政府有关文件精神，研究和布置地直单位"晚血"基金募捐活动，并制定了具体的实施方案，使募捐活动在地直单位中蓬勃开展起来。广大干部、职工以实际行动弘扬了中华民族"一方有难，八方支援"的传统美德。

一、领导重视，层层动员。地区"晚血"基金领导小组于一九九一年元月十二日在温泉宾馆小礼堂召开地直单位募捐动员大会，行署专员周世极、副专员余少轩（地区红会会长）和基金领导小组成员以及地直各部办、委局、驻军、大专院校、大型厂矿的负责同志参加了会议。大会指出：我区是全省血吸虫病重疫区之一，现有钉螺面积 17 万余亩，血吸虫病人 3 万余人，其中"晚血"病人 1493 人，病人数和钉螺面积分别居全省第二、三位。血防工作面临的形势十分严峻，特别是"晚血"病人，由于长年患病，丧失劳动能力，家庭经济困难，营养状况极差，亟待抢救。为弘扬人道主义精神，履行救死扶伤的义务，地区行署决定在全区范围内开展"晚血"病人抢救基金募捐活动。动员社会力量都来关心"晚血"病人的疾苦，发扬中华民族"一方有难，八方支援"的传统美德，树立"互相关心，互相爱护、互相帮助"的社会主义新风尚。

二、广泛宣传，典型引路。咸宁报社和咸宁电视台针对我区血吸虫病流行状况和"晚血"基金募捐动员大会进行了宣传报道。地区红十字会组织地直团体会员单位在温泉街心花坛开展了"募捐集资，拯救晚血病人生命"的募捐宣传活动，利用义诊义检、卫生咨询、版面宣传、"晚血"病人模型和人体标本等多种形式，宣传红十字会的宗旨、性质、任务和"晚血"病人生活现状以及治疗前后照片，激发了人们的同情心。春节前夕，地区红会还组织慰问组前往阳新县慰问"晚血"病人，将20床棉被和1000元食品亲自送到"晚血"病人家中，深受当地政府和"晚血"病人的欢迎。阳新县浮屠镇获田村邢太砷含着热泪对慰问组的同志说："感谢党和政府，感谢红十字会对我们的关怀。"

原咸宁军分区副司令员，离休老干部唐光发同志在我区工作多年，他平时省吃俭用，家里摆设十分简朴，要求家人及子女甚严，但思想境界很高，经常为人民做好事。当他得知省成立了"晚血病人抢救基金会"的消息后，立即把自己平时省吃俭用集起的500元钱捐给了地区"晚血"基金募捐办公室，以表示对抢救"晚血"病人的一点心意。《咸宁日报》就这一典型事迹，给予了及时的报道，有力推动了募捐活动的开展。

三、领导带头，自愿捐助。地区动员大会一结束，为抢救"晚血"病人募集基金的消息立即传遍了地直单位的每个角落。"为抢救晚血病人伸出救援之手！""少抽一包烟，少吃一斤肉，少买几块糖，援救疫区亲人！""学习雷锋，发扬奉献精神！"等口号立即变成了广大干部、职工、家属、子女的实际行动，到处呈现出一片动人的景象。

各级领导身先士卒，他们不仅在大会上动员，而且率先捐款，为广大干部职工做出了榜样。地区行署办公室在专员的带领下，很快掀起了"人人捐资、个个献意"的热潮，几天就捐款840元。地区蒲圻煤炭矿务局运机厂，在局召开动员大会的当天，厂工会副主席田期启同志立即向全厂职工宣读了省"晚血"病人抢救基金会致全省人民的一封信，并进行了动员。工人师傅宋洪品第一个响应，报名捐款100元，宋师傅家中五口人，生活并不宽裕，平时克勤克俭，有时孩子向他要点零花钱他都不给，为疫区亲人他慷慨解囊，给全厂职工做出了榜样。在矿务局的两个直属子弟学校，处处闪耀着一颗爱心。在老师的带动下，大至十五六岁的中学生，小至五六岁的儿童，把买糖果、买学习用品节省下来的钱，一分分都捐献出来，两校师生共捐款760.57元。他们说：救援疫区的叔叔阿姨，我们也不能落后，我们从小就向雷锋叔叔那样，学会关心别人。

截至三月底，已有 152 个地直单位向地区募捐办公室交来个人和单位款项 4 万多元，其中个人募捐 100 元以上的有 10 人，单位募捐 1000 元的有 12 个。目前社会冠以募捐的集资形式很多，有些甚至造成了一些不利影响，群众较为反感，工作难度大。针对这一情况，我们采取了如下措施：是将募捐的款项用简讯的方式及时公布于众，增加募捐工作的透明度。二是切实为"晚血"病人办实事，帮助他们解决急需的问题，取信于民。总之，这项工作在我区还是刚刚开始，特别是由红会负责的募捐活动还是首次。但我们深信，在各级政府部门的重视下，在各县市红十字会的积极努力下，为"晚血"病人抢救基金募捐活动将在我区掀起一个更高的热潮。

原件藏湖北省红十字会档案室，档号：1991－D－006

千里灾区行　红会送真情

——赴贵州、湖北灾区考察纪实（节录）

（上略）7 月 16 日，我们从贵阳到达湖北黄岗（冈）地区。据省红会秘书长冯芊介绍，今年长江汛期提前，6 月底至 7 月初，长江的最高水位已超过历史上最高的 1954 年，沿江大堤多次出现险情，数十万军民日夜奋战抢险，形势异常严峻。在南部地区水满为患的同时，在鄂西北地区则"水贵如油"，"冬旱连春旱，春旱连夏旱"，田地龟裂，10 万多人用水困难。

在黄岗（冈）地区蕲春县管窑镇，昔日的村庄、道路、房屋，如今变"泽国"，我们来到这里时，虽然长江水位已经下降，但由于地势仍低于长江水面，堤内已形成涝灾，正值早稻收割时节，洪灾袭来，早稻被毁，水涝不退，秋粮无法耕种，歉收已成定局。

来到咸宁地区阳新县，使我们感到更为严重的是，阳新（县）本是血吸虫病地区，经过多年的血防工作，有丁螺的水面已缩小到 5 万亩，这次水灾袭来，丁螺水面一下扩大到 27 万亩。洪水淹没家园后，灾民住在这四面透风的棚子里已有 20 多天，又偏遇上连日的高温天气，每天的气温都接近 40 度，生活环境极为艰难。老村长告诉我们，他们搬到这里后是红会第一个给他们送去了口粮和药品。

灾区 10 天，我们所到之处，见到当地红会同志千方百计地为减轻灾民的痛苦而辛勤工作着。（下略）

湖北省红会各级组织在灾害面前迅速行动起来，先后组织 98 个医疗队或赈灾工作组奔赴重灾区。目前，已下拨消杀、治疗药品、衣服等救灾款物约 40 万元人民币，组织社会捐款约 50 万元人民币。通过考察，我们深深感到，红会在救灾防病工作中所作的工作本身，就是对红会最好的宣传，红会在灾区群众中正产生越来越大的影响。（郑玉真　肖星）

原载于《中国红十字报》1995 年 8 月 11 日

湖北省红十字会第四次会员代表大会隆重召开

本报讯　5 月 24 日，湖北省红十字会第四次会员代表大会在武汉市东湖宾馆隆重举行。湖北省委书记贾志杰，省人大副主任梁淑芬，副省长、省政协副主席韩南鹏，省直各部门负责人，各地、市、州分管红会的副专员、市（州）长出席了大会。全省各地的 199 名会员、红十字青少年代表共 300 余人也参加了大会。中国红十字会总会副会长孙柏秋、血液部部长洪俊岭到会祝贺。

会议听取并审议了省红会会长韩南鹏代表第三届理事会所做的《依法建会，依法兴会，加快湖北红十字事业发展的步伐》的工作报告、省红十字会财务总结报告；讨论修改了《湖省实施〈中国红十字会章程〉细则》和《2000 年湖北红会发展总目标》；表彰了全省红十字会系统 17 个先进集体和 65 个先进个人；选举产生了第四届理事 56 名。省委书记贾志杰受聘担任省红十字会名誉会长；省人大副主任梁淑芬受聘担任名誉副会长；副省长、省政协副主席韩南鹏当选为湖北省红十字会会长。

中国红十字会总会副会长孙柏秋、省委书记贾志杰分别在会上做了重要讲话。

孙柏秋在讲话中充分肯定了湖北省红十字会恢复工作十年来在湖北省委、省政府以及社会各界热情关怀下所取得的成绩。对湖北省红十字会依法建会、依法兴会，使红十字会工作步入法制化轨道，特别是依法解决"三列"问题，充分发挥社会职能和自身优势，主动参与湖北省的"两个文明"建设，在备灾救灾、卫生救护、红十字青少年、对外交往等方面的工作给予了高度评价。指出了今后五年红会在促进社会发展和精神文明建设方面的主要工作任务和完成这些任务及依法建会的核心是实现性质、任务的转变和组织体制的转变。她还对湖北省红十字会今后的工作提出了具体要求。

湖北省委书记贾志杰在讲话中说，他接受本届理事会对他的聘请，同意担任名誉会长并支持红会开展工作。他也充分肯定了省红十字会过去十年在备灾救灾、卫生救护训练、红十字青少年、台湾事务和国际交往中发挥的特殊作用及为湖北省两个文明建设所做的有益贡献。他要求各级党委、政府要按照江泽民总书记指示，高度重视、积极支持红会工作，依法帮助红会解决好如办事机构、人员编制、经费预算等工作中的实际问题，为全省红十字事业发展创造一个良好的环境。他希望全省各级红十字会组织和广大会员认真宣传、贯彻红十字会法和红十字标志使用办法，履行红十字会职责，勤奋工作，勇于奉献，为湖北省"两个文明"建设和红十字事业的发展做出更大贡献。

会议期间，总会血液部副部长洪俊岭还为全体会议代表做了无偿献血的专题报告。武汉市武昌水果湖第二小学的红十字青少年为大会献辞祝贺。大会还向全省红会会员、志愿工作者发出了《弘扬人道主义精神，为湖北精神文明建设做出新贡献》的倡议书。

原载于《中国红十字报》1996 年 5 月 31 日

《湖北省实施〈中华人民共和国红十字会法〉办法》公布实施

本报讯（特约记者邓小川） 1996 年 9 月 21 日，湖北省第八届人民代表大会常务委员会第 22 次会议审议通过了《湖北省实施〈中华人民共和国红十字会法〉办法》，并确定该"实施办法"自通过之日起公布施行。

1993 年 10 月，《中华人民共和国红十字会法》颁布实施以来，湖北省各级红会组织开展了丰富多彩、卓有成效的学习、宣传、贯彻红十字会法的工作，促进了本省红十字事业的快速健康发展。1995 年，湖北省红十字会三届七次理事会又提出了加快红十字会地方立法工作的意见，省红十字会专门成立了"实施办法"起草小组，开始了法规的起草工作。起草小组在认真学习，深刻领会大法实质的基础上，学习借鉴外省、市的经验，充分发挥地方立法的优势和特点，结合本省红十字事业发展实际，吁请省人大教科文卫委员会的同志提前介入，并吸收部分专家和热心红十字事业人士的意见，经反复协调，形成了"实施办法"（审议稿）。

该"实施办法"针对红十字会工作中的难点，明确了湖北省红十字会的机构设置、经费来源和基本职责，也对政府及其部门为支持红十字事业的发展提供保障条件做了具体的规定。"实施办法"规定，红十字会是独立设置的社会团体；红十字会的经费来源中，人民政府的拨款分为红十字行政事业经费和人道主义救助专项经费，行政事业经费由各级财政部门列入地方财政预算；其职责包括备灾救灾、卫生救护和参与宣传、组织、实施无偿献血；红会接受的捐赠物资、兴办的企事业单位、交通工具依法享有减免税、费的待遇；其财产和合法权益受法律保护。

原载于《中国红十字报》1996 年 10 月 11 日

简讯：湖北宜昌市五中获总会先进集体称号

本报讯　湖北宜昌市第五中学自 1989 年成立校红十字会以来，18 个教学班连续 8 年班班订阅一份《中国红十字报》，各班每学期还自办《红十字园地》，在全校进行评比。全校师生还定期举行卫生救护知识竞赛，每班有 1 ~ 3 名经过初级卫生救护培训的小医生。小会员们在校内外广泛开展了体现无私奉献的宣传、救助和服务活动，积极参加总会举办的卫生救护知识竞赛和绘画、征文比赛，有 52 人分获二、三、四等奖。最近该校被评为全国红十字会先进集体，副校长、校红会会长陈志成被评为先进个人。（洪振华）

原载于《中国红十字报》1996 年 12 月 13 日

提供免费医疗　积极防疫治病
湖北一万支医疗队深入灾区

本报武汉 8 月 19 日电　记者龚达发报道：一面面红十字旗在荆江大

堤、长江干堤、灾民安置点上高高飘扬，1万多支医疗、卫生防疫队活跃在湖北长江沿线，夜以继日为灾民和抗洪军民防病治病。

近两个月来，湖北省先后有531万人次被洪水围困，紧急转移安置430万人次，200多万军民在长江大堤上与洪水搏斗了50多天。湖北省卫生部门全力投入救灾防病工作，许多卫生防疫队在抢险队赶到的同时也赶到了灾区。抗洪保安全，防疫保健康。到目前，全省先后派出卫生防疫队11687支，52106名医疗防疫人员战斗在灾区防病一线，共接诊病人227.6万人次，其中危重病人7410人；现场施放消毒杀虫药品286吨，为518万人进行了饮水消毒。省卫生厅还投放了价值1107万元的消毒杀虫药物和灭螺治病药物。医疗队为200万抗洪军民和灾区群众提供免费医疗服务。

湖北省针对受灾地区多是血吸虫疫区的实际，特别重视血吸虫病防治，全省共组织200多支1100余人的血防队伍，专门从事血吸虫病防治。到8月中旬，已发放灭螺药物7300吨，治疗药物7080瓶和1200瓶防护涂搽剂。为使参加抗洪抢险的解放军指战员和武警官兵不受血吸虫感染，省卫生厅专门紧急采购了新型特效预防药菁蒿琥酯片近6万份，送到抗洪官兵手中，保证了官兵免受血吸虫病侵袭。

原载于《人民日报》1998年8月20日

抗大洪　防大疫　保平安

入夏以来，我区连续遭受特大暴雨袭击，导致通城、崇阳、通山三个县山洪暴发；蒲圻、嘉鱼、咸宁三县市受长江高水位的顶托，民堤民垸溃口进水，普遍受灾。据统计，全区六县市有85个乡镇，1275个村，28.8万户，134.4万人受灾，损房13000间，倒房11619间，毁田30286公顷，受伤156人，死亡10人，无家可归人数64200人，造成严重的经济损失。

面对严重的洪涝灾害。全区上下按照省委、省政府的要求，把抗洪救灾作为压倒一切的大事来抓，迅速动员、紧急行动，全力以赴投入抗洪救灾、生产自救。地区成立了以地区红十字会常务副会长、卫生局局长王汉卿为组长的抗洪救灾及疫病防治领导小组，及时下发咸地红字〔1998〕4号《关于做好今年防病救灾工作的紧急通知》的文件，并向灾区派遣红十字医疗队和疫病防治队，真正做到了哪里有灾情险情，哪里就有红十字的旗帜飘扬。据统计，截至7月14日止，全区共组织红十字疫病防治队74支、534人，自带药品器械42.8万元，巡回诊疗87530人次，抢救危重病人112例；投入漂白粉、奋吐纳等消杀虫药品3万余公斤，开展井水消毒1563口，消杀面积260余万平方米，有效地控制了疫病的发生。

7月8日，省卫生厅厅长、红会副会长王宗贤带领省红会副秘书长袁竞及厅有关处室负责人在地区行署副专员、红会会长余贻珍陪同下，深入我区蒲圻、嘉鱼等县市的五个重点灾区视察灾情，慰问受灾群众和战斗在抗洪抢险第一线的干部群众，看望了医疗队和疫病防治队的广大医务人员，访问了灾民的健康状况，检查了受灾的村民饮水消毒措施落实情况，察看了灾民临时帐篷环境卫生状况，通过现场检查和询问，王厅长对我区的救灾防病工作非常满意，评价很高。7月14日，地区红会会长余贻珍副专员带领副会长王汉卿、红会理事付万炎和医务人员头顶烈日、冒着酷暑，携带价值8000元的预防和治疗药品，赴嘉鱼、蒲圻两地慰问抗洪将士。当她听到防汛指挥部和哨所同志汇报各级卫生部门和红十字医疗队把救灾防病工作作为当前卫生工作的头等大事来抓，乡镇红十字医疗队一天一巡诊，县市红十字医疗队二天一巡诊，及时诊治了抗洪前线将士和灾民的病员，广大的医务工作者与灾区群众同呼吸、共命运时，心里非常高兴。同时她还强调，各级卫生部门和红十字疫病防治队要强化卫生监督，切实把好"病从口入"关，当前正值炎热气候，做好防暑降温、预防各种传染病和常见病的发生流行、确保抗洪将士和灾民的身体健康，是夺取今年抗洪救灾全面胜利的基本保障。（咸宁地区红十字会办公室编《红十字工作简报》第1期，1998年7月15日）

原件藏咸宁市红十字会档案室，档号：226－W－1－038－018－001A

疫病威胁一日不除　防疫人员一日不撤
湖北确保大灾之后无大疫

历史证明，大灾后易有大疫。目前，汹涌的洪水退了，疫情的威胁并没有完全解除。在灾区重建家园的过程中，疫情控制，防病治病显得尤为重要。湖北省提出"疫病威胁一日不除，防疫人员一日不撤"，这是确保大灾之后无大疫的关键。当前，灾区的防疫工作要充分发扬抗洪精神，克服麻痹松劲情绪，实行救灾防病领导责任制，一级抓一级，层层抓落实，突出重点地区、重点人群、重点疾病和重点环节，切实做到"洪水退，不松劲"，把疫病防治工作落到实处。

本报武汉10月12日电　记者李新彦、龚达发、李宏伟报道：近日，记者在湖北省嘉鱼县簰洲湾灾区看到，身穿白大褂、臂戴红十字袖章的卫生防疫人员在大堤上来回巡查，有的宣讲卫生知识，有的喷洒防疫药物。省卫生厅负责人告诉记者："在前一阶段的抗洪斗争中，沿江7市地大堤上230万军民冒酷暑战洪水，无一人因疫病死亡。经过全省广大卫生工作人员的不懈努力，灾区疫情平稳，重点疾病得到有效控制，没有大的疫病流行，取得了救灾防病的阶段性重大成果。"

据介绍，今年初，湖北省卫生部门根据气象部门预测，把抗灾防病当作一项重要的工作，早动员、早部署、早准备。全省各级卫生部门牢固树立抗大灾，防大疫，保一方平安的意识，从组织领导、预案制定、疫情监测报告、防疫防病技术力量和药品器械的组织储备等方面做好必要的准备。灾情发生后，全省各级卫生部门的救灾防病系统迅即启动。在长达两个多月的抗洪救灾、防病治病过程中，广大医务工作者做到哪里有防汛军民，哪里有灾民，哪里就有白衣战士。截至9月30日，全省已累计派遣21446支医疗队，共100696人次到灾区防病第一线工作，接诊病人580.8万人次，其中抢救危重病人16030人。

洪水退后，湖北省突出重点灾区、重点人群和重点疾病，积极开展救灾防病工作。一是采取综合性防治措施，集中力量控制急性肠道传染病的发生；二是加强饮水卫生和食品卫生管理，加大卫生监督执法力度，把住"病从口入关"；三是整治环境，消灭四害，大力开展卫生知识宣传教育，提高群众的自我保健意识和防病能力；四是加强疫病的监测管理，实行24小时疫情监测和疫情报告制度，及时掌握疫情动态，研究发展趋势，为救灾防病决策和采取有效措施提供科学依据，一旦发现重大疫情，立即组织力量迅速扑灭。目前，全省已累计派出5361支卫生防疫队，共25174人次，现场施放消杀药品512吨，饮水消毒受益人口1315万人次，印发疫病防治知识宣传品255万份。

湖北省血防领导小组要求各地疫区采取有力措施，控制血吸虫病的暴发流行。全省疫区各级血防机构在当地党委和政府的统一领导下，派出406支共2004人次的血防工作队，积极开展救灾防病工作。全省已发送 730 吨灭螺药物、180 万人份的治疗药品、8 万人份的预防药品和大批的防护涂擦剂，使灾民有效地避免了血吸虫病急性感染的发生。

为加大疫病防治督导检查的力度，湖北省各级卫生部门强化领导责任制，层层督办，狠抓落实。省、地、市、县卫生行政主管部门的领导，除少数在机关负责日常工作外，都深入救灾防病第一线，调查灾情，指导和组织疫病防治工作。省卫生厅向沿江重灾区 10 个县、市派出处级干部担任救灾防病联络员，向重灾区派出卫生防疫督查队，对疫病防治措施落实情况进行督促检查，找出防治工作中的薄弱环节，采取有效措施加以改进。

在重建家园的过程中，湖北省救灾防病工作更加繁重、艰巨，全省卫生系统充分发扬抗洪精神，继续把救灾防病工作作为当前压倒一切的中心任务来抓。目前，湖北省卫生系统 30 万名工作人员正再接再厉，严防死守防疫防病的大堤，做到疫病威胁一日不解除，班子一日不撤，人员一日不减，把疫病防治工作的各项措施逐一在灾区落实，打一场确保大灾之年无大疫的人民战争，争取救灾防病斗争的最后胜利。

原载于《人民日报》1998 年 10 月 13 日

中国红十字总会为灾民送温暖

本报北京 2 月 2 日讯　记者艾笑报道：中国红十字会总会在春节送温暖救灾特别行动今日开始实施。此次共派出 5 个慰问组，由总会领导带队分赴去年遭受重灾的省、自治区进行 10 天的慰问活动。

为弘扬人道主义精神，中国红十字会发出通知，在去年受灾较重的 10 个省、自治区开展春节送温暖特别行动，要求各级红十字会把此项工作作为节前重要任务，扎扎实实做好做细。

中国红十字会总会决定使用国际及国内募捐所得救灾款 100 万元，对黑龙江、内蒙古、吉林、安徽、江西、湖北、湖南、福建、广西、四川 10 省（区）灾区重灾户实施特别救助，将统一购买的大米、面粉、食油、肉类等节日食品分送到重灾区生活困难的群众手中。

原载于《人民日报》1999 年 2 月 3 日

祖国大陆高度关注"广源轮"事件

据新华社北京6月26日电　6月23日下午4时许，受台风影响，伯利兹籍"广源轮"砂石船在台南市安平港外海1.7海里处沉没。23名大陆船员全部落海。目前，台湾方面派出的救助船只寻获4名生还者和7具遇难者遗体，搜救其他遇难人员的工作仍在进行中。

海难事故发生后，祖国大陆有关方面极为关注。中国海上搜救中心即通知台湾搜救协会，已做好搜寻准备。中国红十字会总会和中国海上救助中心随时与台湾搜救协会和台湾红十字组织保持联系，并希望及时通报后续情况，妥善处理有关善后事宜。

原载于《人民日报》2001年6月27日

工作汇报

武汉市 1976 年卫生防疫工作总结和 1977 年的工作意见（节录）

1976 年是极不平凡的一年，是我们取得了伟大历史性胜利的一年。（部分略）

在防治疾病中，做了大量的工作，提高了人民的健康水平，取得了很大的成绩。

预防疾病有了显著成效。据统计，我市去年发生的十五种传染病中，有十一种传染病发病率是下降的。其中，乙脑下降 34.9%，麻疹下降 32.9%，小儿麻痹下降 33.3%，出血热下降 37.9%，流感下降 63.2%，疟疾下降 28.6%，并有力防治二号病传入我市。在血吸虫病疫区，查出钉螺面积 24 万亩，灭螺面积 19890 亩，查出病人 24000 余人，加上未治完的两万多人，共 44000 多人，已经治疗 19900 多人。防治疟疾取得较好的效果。丝虫病患病率在中央规定基本消灭的 1% 以下。六个城区在 111000 人中，调查了甲状腺肿，查出率为 5.04%，发现克丁病 280 人，都进行了积极的治疗。结核病的防治着重抓了防痨网的建立和患病情况的调查，在全市各行业中共抽查了 35 万余人，平均患病率为 1.86%，比 1962 年的 7.18%、1973 年的 4.47%，都有明显的下降。职业病防治主要抓了发病率较高的人防工程、喷砂作业和印刷业的防尘、防铅中毒的工作，在 26 个大中型印刷厂中的 629 名工人中进行了体检，只发现铅尿过高者 2 人，铅中毒已基本得到控制。放射性防护、三废三测、中西结合和科学研究都有新的进展。……我们的体会是：

一、以阶级斗争为纲，坚持卫生革命的方向。（部分略）各医院、防疫站（所）组织了 59 个农村卫生工作队，共 1708 人，由主要负责同志带领奔赴农村，为贫下中农防病治病，各区、郊县防疫站都深入到农村、街道开展群防群治……

二、坚持专业队伍和群众运动相结合，推动卫生防疫工作的深入开展。要做好卫生防疫工作，必须大搞群众运动，宣传和动员群众起来同疾病作斗争。各级卫生防疫站积极投入了群众性的爱国卫生运动，普及卫生知识，运用电影、电视、广播、文字、图片等各种形式，大力开展各种卫生宣传。市防疫站一年来放映电影宣传127场，观众达15万多人次。……去年，"二商"系统就举办食品卫生学习班194期，参加的有5300多人……

三、调查研究，总结经验。……如我市粮油污染是比较严重的，长期未得到解决，卫生防疫部门会同有关部门，进行了调查研究，提出了改进的意见，引起了上级领导的重视。在铁路、长航、交通等部门的配合下，使防止食品污染的问题逐步得到解决……

四、互相配合，协同作战。……多年来，市、区卫生防疫站与商业部门、市职防所与市劳动局、市防疫站与市教育局等部门密切配合，共同制定计划，研究问题，提出解决的办法，总结和交流经验，共同举办卫生知识学习班，有利于工业、食品和教育卫生的发展。……

1977年工作意见

1. 深入揭批"四人帮"，促进卫生防疫工作。……
2. 大力开展以除害灭病为中心的爱国卫生运动，推动卫生防疫工作的深入开展。……
3. 积极控制和消灭危害人民健康的地方病、传染病。……
4. 搞好工业劳动卫生，积极防治职业病。……
5. 加强中西医结合和科学研究工作。……

1977年2月

原件藏武汉市档案馆，档号：XX000071－WS04－0038－0003

关于恢复街道红十字基层组织试点工作体会

根据总会1979年工作会议纪要的精神，我会在有关部门的配合支持下，于1980年10月8日至12月15日在江岸区一元街开展恢复街道红十字基层组织的试点工作，现将我们的做法和体会总结如下：

把恢复街道红十字工作与城区街道基层卫生组织的建设和改革紧密结合进行。1971年本市借鉴农村合作医疗制的经验，在街道建立了红医站，随着城市工业、经济体制及管理机构的调整、改革，城市合作医疗制已经不相适应，主要问题（是）市红医站体制不明确，人员工资无法解决，大部分红医站相继垮掉，基层卫生工作处于被动局面。为此，市、区卫生工作会议决定要在全市街道进行"两改"，即改合作医疗制为地段医院地根保健工作制度，改赤脚医生为地段医生负责制，同时决定恢复建立居委会红十字卫生站。形势对我们工作有利，但由于工作停顿了十多年，恢复工作实际是重新创业，要创业就要克服困难，要勇于革新、敢于探索，还要从实际出发。当前街道情况发生了很大的变化，基层组织形式和活动内容怎样才能讲究实效，适应新形势？这是摆在我们红十字工作者前面的一个重要课题。还有些具体问题，如街道忙于体制改革，能接受试点任务吗？红十字卫生站与地段医院的关系怎样处理？居民群众绝大部分参加了五七厂社，还会有人出来尽义务搞红十字会的工作吗？原红医站撤销后，红十字卫生站如何建才能真正发挥作用？我们带着这些问题于十月份主动配合参加江岸区卫生局组织的工作组下到一元街搞"两改"试点，现将我们结合"两改"，恢复街道红十字基层组织的具体做法分述如下：

（一）在深入调查摸底的基础上，广泛开展了社会宣传，让街办事处领导、居委会群干、社会群众以及地段卫生院了解红十字会的性质、任务、作用，争取各级领导和各方面的支持与合作。

当试点工作开始时，街道的领导同志中，有的说："街道正在搞体制改革，干部思想不稳定，那（哪）有精力和时间恢复红十字会？"还有同志担心地说："……现在有些人朝钱看，没有钱谁愿干？"居委会中的书记、主任，普遍感到"他们忙了五七厂，又忙居委会，再搞红十字会是个负担，闲在家中的人都是年老体弱，还要带孙子，能有人参加红十字会吗？"地段卫生院的领导担心抽出医生下去会影响院内业务收入，医务人员认为下地段是跑荒，不光彩，没人重视。针对以上思想状况，我们感到争取领导、宣传群众是打开局面的关键一环。于是，一方面积极主动向街道领导汇报试点工作的打算和问题，把有关恢复红十字会的文件和宣传资料以及市、区卫生会议文件分别送给有关领导看，反复向他们宣讲，从而使试点工作列入了街办事处第四季度工作规划，地段卫生院也把试点工作纳入了议事日程。另一方面，在群众中大造舆论。我们根据国务院（78）63号文件和"中国红十字会章程"以及武政办（80）41号（卫生工作会议纪要）的精神，拟定宣传提纲，散发了宣传资料，并采用黑板报、标语、横幅、上门走访，召开工作会、动员会，找老会员和赤脚医生谈心等方式宣传发动，大造舆论，基本上做到家喻户晓。通过反复宣传，群众都逐渐认识到在"四化"建设中，迅速恢复街道红十字会，改革已不适应当前形势的红医站是势在必行，也是开展国际合作、打好基础的需要。任务虽艰巨，但很光荣……当领导和群众对恢复红十字会的重要性和必要性有所认识和支持时，首先对老会员进行了登记，并发展了一批热心红十字会工作、乐意为群众服务的退休工人、医生、老师、职工家属入会，全街共发展会员400多人，团体会员单位2个。

（二）结合街道特点，从实际出发搞好组织建设。根据历史经验和当前形势要求，把建立居委会红十字卫生站与实行地段医生负责制紧密结合进行，按2~3个居委会建立一个红十字卫生站，地段医生则按城市人口2000∶1的比例，每个站配备2~3个医务人员，条件要求思想好、技术好，有一定组织能力。站务委员会由居委会主任、卫生主任、委员和地段医生组成，设正副组长，每个会员根据各人的实际情况，量力而行，实行分片、分户包干，具体规定了报疫情、报疾病、报孕产妇、报生死以及卫生宣传和卫生监督等7项包干任务，卫生站制订有切实可行的任务和制度，地段医生的工作基地就在红十字卫生站，以站为中心开展防病治病等群众性卫生工作，街红十字会的理事会成员主要是与红十字工作有关的单位领导参加，办事处分管卫生的主任担任会长，卫生院分管地段工作的副院长担任副会长，街卫生干事任秘书，基层卫生工作基本上能统一起来，扭转了过去多头领导，造成基础工作忙闲不均的现象，为进一步建设好城区基层卫生组织发挥了红十字会群众组织的作用。

（三）培养典型，以点带面，扎扎实实地开展活动。当各站完成了组织建设后，我们重点又抓了第一红十字卫生站，从组织、任务、制度及会员教育和开展活动等方面与居委会共同商讨研究，确定了几条规则。在组织上要做到领导（居委会主任）、专业（地段以上）、群众（会员）三结合，在任务上要以防为主，防治结合，因地制宜地开展活动。在制度上要切实可行，保证执行，在会员教育方面要坚持经常，既不再加会员过多的负担，又要善于组织发动，充分调动会员们的积极性。第一红十字卫生站按照以上几个规则，工作搞得很活跃。实践证明，居委会的统一领导、地段医务人员的参谋作用、会员积极分子的群众力量，这三个方面缺一不可，也是卫生站能经常开展活动、巩固下去的关键。街红十字会专门召开了现场经验交流会，带动促进了其它各站的工作。因此，虽然五个站成立时间不长，却显示了它恢复以后的优越性，仅在20多天中，除完成大量的防疫任务和参加爱国卫生运动等活动以外，治疗处理小伤小病达到475人次。实践证明，它的优越性主要有：首先，它代替了已经不适应形势发展需要的红医站。第二，红十字卫生站不涉及解决人员工资等问题。第三，加强了完成地段防疫工作的力量。第四，扩大了服务项目，方便了群众就近就医。第五，提高了防病治病的工作质量，使地段工作变被动为主动。在各站初步取得成绩的基础上，街红十字会紧接着又组织了两次大的活动。第一次，在元旦前组织全街红十字会员对辖区居委会和单位进行卫生检查评比。第二次，在春节前对各红十字卫生站的工作进行了检查，并提出了新的要求。

几点体会：

（1）党政领导重视是顺利开展工作的关键。试点工作从开始到圆满完成任务，一直是列为党委和办事处的主要工作内容。党政领导多次组织大小会议，具体研究布置工作，宣讲红十字会的性质、任务，深入基层解决具体问题，如对红十字卫生站的房屋问题，赤脚医生的安排，原红医站药品器械的移交，都是经过多次召开党委会、办公会研究讨论，确定解决的办法，党委常委、分管卫生的主任、卫生干事以及卫生院负责地段工作的副院长都是一直和我们一道工作，在街党委和办事处的重视领导下，各居委会也是把建立红十字卫生站当作是居委会为"四化"建设服务的一项重要工作，亲自召开群众会，组织发动。卫生站所需要的药柜桌子等，也是尽力支援，保证了试点任务的完成。

（2）专业队伍和群众队伍结合起来成立的红十字卫生站，还必须照顾各自的特点。根据卫生院是集体所有制的事业单位和红十字卫生站是群众卫生组织的特点，对开展治疗疾病这一工作中，采用收费和免费两种办法。为方便群众就近就医，适当地收取药费和手续费是合理的（上交卫生院），而红十字卫生站过去是不收群众分文的，这个特点在群众中印象较深。这次建站，由于解决了药品器械，就不需要再发建站费，而是决定每月按站补助药品费5元，作为一般小伤病和急救处理的免费试用，这笔经费拨给红十字会掌握。各站凭免费登记册按药品实际消耗量到街红十字会报销，在经费上与卫生院没有牵连，而街红十字会还可以有少量的活动经费，避免过去街道卫生站浪费、丢失药品器械的现象。这样做，卫生院和街道都很满意。

（3）在建站过程中，及时帮助解决一些具体问题，也是顺利开展工作的一个重要方面。试点工作涉及很多具体问题，如赤脚医生的妥善安置、站址的房屋，以及为实验经费补贴等问题。如解决不好，对开展工作将有很大阻力。对赤脚医生的安置和站址主要依靠街办事处和居委会，我们主要出主意、提建议，争取街道支持，把问题解决得更好一些。如五个红十字卫生站的房子，四个是专业房子，一个站设在文化室。赤脚医生除两人因年龄超过70岁，作退社安排处理，并发给退休金，其余13人都重新安排到五七工厂，并按年限发给了退休金，群干和赤脚医生都很满意，对地段卫生院来讲，他们最担心的是抽那么多人下地段，怕影响门诊业务收入，我们积极向各级政府卫生行政部门反映，建议给予适当补助，得到市卫生局同意支持。另外，在建站一个多月里，治疗收入700多元，从而解除了地段卫生院的顾虑。对地段医务人员的福利待遇问题，建议卫生院给予适当照顾和关心，调动了他们的积极性，为我们开展工作创造了有利条件。

一元街试点为全市恢复街道红十字基层组织摸索了一些经验，但有些问题还待进一步解决，我们决心继续深入基层，进行调查研究，适应新形势、新情况，不断充实新的工作内容，让街道红十字工作在"四化"建设中、在加强城市街道基层卫生组织建设中做出更多的贡献。

1981年2月14日

原件藏湖北省红十字会档案室，档号：XX000276－WS01－0002－0014

武汉市红十字会二届三次
理事会工作报告（讨论稿）

从1979年11月二届二次理事会召开到现在已经过了一年零六个月，一年多来，在党的三中全会精神指引下，我会根据总会1979年上海工作会议精神，随着本市卫生事业的发展，红十字会工作相应地有了一定的进展。现在，我向理事会报告一年多来工作开展情况和1981年的工作任务。

一、一年来的工作情况

……本市各级红会组织被迫解散，工作全部停顿，市红会从人员到物质一无所有，加之社会上广大人民群众对红十字会的印象已很淡薄，有些人更不知道红会是干什么的，工作的开展有一定的困难，但是，由于市政府和卫生部门的重视支持，我会比较顺利地在组织建设和开展业务活动等方面做了一些工作，为在全市恢复和发展工作打下了基础。

（一）组织建设

首先筹建了办事机构，在边配备工作人员的同时，边进行机构必需的基本建设，开展了日常工作。对基层组织进行了试点恢复，到目前，已恢复成立区红会2个（江岸、江汉），街红会9个，居委会红十字卫生站76个，会员组织224个，会员1428人，青少年组织5个（1个中学、4个小学，计城市会员20人，青少年会员288人），发展团体会员单位40个，总计全市团体和个人会员共有17300多人（包括青少年），并恢复了一个红十字医院。

（二）会务宣传

（1）编印《红十字工作资料》三期，第一期为综合性的基础知识，第二期为红十字青少年工作专辑，第三期为献血工作专辑。

（2）七月份与市血站合作在各区放映了血液知识电影，即日本红十字会拍摄的三部彩色记（纪）录片：《血》《受伤输血》《中国红十字会输血考察团访问日本》，共十四场，计观众一万八千多人。

（3）组织稿件向总会《中国红十字》月刊和报社投稿，计七篇，全部刊登。

（三）外事活动

接待过三批红十字外宾，计法国、阿尔及利亚和日本。此外，我会理事（血站主任）于1979年参加中国红十字会输血考察团访问日本。1980年12月，又以市红会名义派出一名输血专业技术人员到日本进修，现已回国。通过这些外事活动，交流了学术经验，增进了友谊。

（四）业务活动

部分区、街和学校红十字会恢复之后，积极配合政府卫生部门开展爱国卫生运动、卫生宣传、防病治病以及培养学校红十字青少年讲卫生、树立社会主义新风尚等方面收到了很好效果，受到了社会的赞扬。会员中好人好事很多，1980年年终，对表现突出的、热爱红会工作的十名先进个人和一个先进集体上报总会，受到总会奖励。

从三个小学的红十字青少年工作来看，活动内容是很丰富的，红十字青少年担负了学校和班级的卫生值日、卫生检查、卫生监督岗，设立服务台，治疗处理小伤小病，以及参加社会宣传等，是学校开展卫生工作的骨干力量。同时，通过这些活动，又培养和锻炼了学生。暑假期间，满春路和大兴路小学联合举办了红十字青少年夏令营活动，丰富了学生假期生活，老师、学生和家长都很满意，认为这是一项很有意义的活动。

从一元街试点开展工作来看，随着城市工业、经济体制及管理机制的调整和街区街道基层卫生组织的建设和改革，在街道恢复红会，建立居委会红十字卫生站是群众的需要，是"四化"建设的需要。几个月来的实践，已初步显示了卫生站成立后的优越性主要有：首先，它代替了行将垮台的红医站（主要问题是：原红医站体制不明确，人员工资无法解决，普遍存在着"一高三低"：一高，就是年龄高，最小的53岁，最大的84岁，后继无人。三低，一是工资低，二是文化水平低，三是技术水平低，这些问题使得参加合作医疗的人越来越少）。第二，红十字卫生站不涉及解决人员工资等问题（因为参加卫生站的主要成员是居委会群干和地段医生）。第三，加强了基层卫生组织的力量（过去靠赤脚医生，现在每个站有2~3个地段医生，还有数十名红十字会员）。第四，扩大了服务项目，方便了群众就近就医（如中西医治疗，设立家庭病床，孕产妇访视，以及代打针、代量血压，为病人提供检查方便等措施）。第五，提高了防病治病的工作质量（据一元街不完全统计，仅在20多天中，除完成大量的防疫任务和参加卫生活动外，治疗处理伤病患者达475人次，特别是预防接种率比过去提高。元旦前组织全街红会会员投入了卫生大突击和检查评比活动，卫生站做到以防为主、防治结合）。

以上情况，说明红会恢复以来，配合政府有关部门做了一些工作，取得了一些成绩，但是工作中还存在一些问题，如人员编制及经费等，远远不能适应工作发展的需要。此外，在国民经济调整的形势下，处在恢复阶段的地方红十字会如何扎扎实实做好几项工作，有待进一步解决和明确。

二、一九八一年的工作任务

根据总会对1981年的工作任务提出的意见，结合武汉实际，争取在1981年内努力把工作做得更好。

（1）组织整顿建设工作。已建立红会组织的区、街道、学校要通过检查总结工作，进一步健全现有基层组织，发展会员，做好各级红会组织有领导分管，有兼职人员具体抓，争取把红会工作纳入卫生部门，统一计划安排中。有条件的区，可由点到面，全面开展，没有开展工作的地方，要通过试点逐步开展，要充分发挥基层组织的作用，首先应把各项"配合"任务搞好，对于目前由于调整而撤销红医站的街道，红十字会可以协助有关部门，因地制宜把街道红十字卫生站建立起来，要为加强城区基层卫生组织建设做出贡献。市红会拟待人员编制解决后，即充实各区红会力量。

（2）开展红十字青少年工作。红十字青少年工作是红会主要业务之一，也是国际交流比较多的一个方面，有条件的区，可配合教育局、防疫站等有关部门选择几个学校，发展红十字青少年会员，建立红十字青少年组织（以小学或可供参观的学校为主），把培养学生爱清洁、讲卫生的良好习惯和助人为乐的道德品质作为重要任务，要发动红十字青少年进行社会宣传和为老弱病残做好事，要教育和引导广大红十字青少年认真贯彻执行中共武汉市委关于深入开展学雷锋、树新风，建设社会主义精神文明的通知精神，把学校红十字青少年工作作为培养新一代的大事来抓。市红会今年拟举办一次红十字青少年夏令营活动。

（3）提高红十字志愿工作者和会员积极分子的业务水平（凡热爱红会工作，兼职做红会工作的统称红十字志愿工作者），举办卫生救护训练，普及提高会员群众卫生救护知识水平，是红会的传统业务，这一工作做好了，无论对开展经常性卫生工作，还是从战略观点来看，都将起到一定作用。基层红十字会可采取多种形式，如举办会务知识和卫生救护知识的学习班或训练班，各区可与人防办、武装部、教育局、卫生有关部门共同组织，举办卫生救护师资训练班，为基层开展训练建立一支师资队伍，训练内容、对象、方法要根据工厂、学校、街道的不同需要和特点，因地制宜，讲究实效（在训练过程中需要的教材等，市会尽力给以支持，训练办法另订）。

（4）加强会务和卫生常识的宣传。根据现有的条件，争取各有关部门的配合，利用会刊和编印的会务宣传资料，大力宣传红十字会的性质、任务，使更多的人了解红十字，支持红十字会，同时还要做好计划生育、义务献血的宣传和普及群众卫生常识的宣传教育。

（5）外事工作。除努力完成总会和政府部门交给的外事任务外，今年要选择几个不同类型的、可供外宾参观的基层，重点帮助其开展工作，力争在国际交往中充分发挥应有的作用。

（6）组织交流经验。目前红会工作还只是在恢复的基础上试点开展，在新的形势下，如何适应国内国际工作需要，扎扎实实地把工作做得更有成效，还缺乏经验，各区和基层要善于发现典型、培养典型、总结经验，并可根据需要和可能，按地区或按战线组织经验交流。

（7）年终评比。我会工作主要是依靠广大红十字志愿工作者和会员积极分子去完成的，一年多来的恢复工作中，已涌现了不少热爱红十字事业和带头参加各项卫生活动的会员积极分子，为了进一步调动广大红十字志愿工作者和会员的积极性，提倡发扬救死扶伤，实行革命人道主义精神，基层红会要大力宣传表扬好人好事，调动群众积极性。

同志们，今年是我们国家清醒地、健康地进行调整工作的重要一年，在新的一年里，我们要在现有的基础上，充分利用已有条件，把工作做得更有起色。尽管我们面前的困难和矛盾比较多，但是只要我们加强学习，提高认识，跟上形势，坚决贯彻中央的路线、方针、政策，不断改进工作方法和工作作风，我们的工作就一定能排除前进道路上的困难，为"四化"建设做出新的贡献。

武汉市红十字会
一九八一年□月□日

原件藏湖北省红十字会档案室，档号：XX000276－WS01－0002－0012

武汉市红十字会致总会
关于组织发展情况的报告

总会：

根据总会（81）红组字第 63 号文件通知要求，兹将有关情况汇报如下：

一、组织情况

1. 街红十字会 10 个。

2. 学校红十字组织 11 个，其中有 2 所聋哑学校，1 所育童学校。

二、会员情况

1. 团体会员单位 29 个，会员 15183 个。

2. 个人会员人数 1951 个。

3. 红十字青少年会员人数 551 人。

三、各级红十字会现有专职干部

1. 市会 6 个。

2. 六个城区已经市编委批准，各设专职干部 1 人，由卫生事业编制中调剂解决，目前正在调配中。

武汉市红十字会

1981 年 10 月 5 日

原件藏湖北省红十字会档案室，档号：XX000276 - WS01 - 0003 - 0006

武汉市红十字会 1982 年工作总结
及 1983 年工作意见

我市红十字工作，在各级党委和政府的领导下，在中国红十字会总会的指导下，由于各部门的大力支持、全市热心红会工作的专兼职工作人员及广大会员的积极努力，遵照红十字会的宗旨，密切配合党的中心工作，在建设社会主义精神文明、发展红十字组织、开展红十字活动等方面，做了大量工作，取得了一定的成绩，为 1983 年开创我市红十字工作的新局面打下了良好的基础，现将 1982 年工作情况和 1983 年工作意见分述如下：

一、各级红会组织迅速恢复和发展

红十字工作任务，必须依靠各级红会组织，发动广大会员去实现，因此，恢复和发展红会组织，是我们工作的重要一环。1982 年 3 月份召开的二届三次理事扩大会上，肯定了江岸区街道基层红会组织的试点经验，确定在已恢复江岸、江汉区红会的基础上，在全市 6 个城区尽快恢复和发展红会组织，经过两个多月的筹备工作，至 6 月初，硚口、汉阳、武昌、青山四个城区红十字会相继成立，推动了工作。从此，基层红会建设发生了可喜的变化，街辖的红十字卫生站，一个接一个的诞生，尤其是小学校的红十字青少年工作，像雨后春笋蓬勃发展，红十字之花开遍武汉三镇。截至 11 月底止，6 个城区共建立街红十字会 19 个、居委会红十字卫生站 154 个、学校红十字青少年委员会 188 个、发展团体会员 43 个，与此同时，江岸、江汉、汉阳还发展了工厂、旅社、商店红十字组织 6 个，全市共拥有会员 31600 余人，其中青少年会员 7079 名。这些组织和会员，配合各有关部门的各项工作，起了积极作用，为"四化"建设做出了贡献。

二、积极开展卫生救护训练

红十字会是群众性的卫生救护团体，因此必须对会员加强卫生救护知识的训练。今年来我们举办了全市性的救护知识、师资训练班 3 期。7 月 2 日至 15 日，联合市卫生局武装部，在东湖之滨的武汉空军招待所，举办了两期水上救护师资训练班，共培训师资 74 名。经过全体同志的努力学习，刻苦训练，较熟练地掌握水上救护的一些技能，为各区开办类似训练班培养了师资力量，为抗洪抢险、战备建设造就了一支水上救护骨干。随后，青山区也办了 1 期 18 人参加的水上救护训练班，其它区也准备在 1983 年分别举办。8 月 30 日至 9 月 1 日，我们在江汉区红会的协助下，举办了一期四大技术（止血、包扎、固定、搬运）师资训练班，为我市基层红十字组织培训了 90 名师资骨干，他们在各区四大技术普及训练中，已发挥了显著作用。各区红会与有关部门联合，举办红会会员、学校保健老师、卫生站的地段医务人员、红十字青少年卫生知识培训班共 16 期，计参加人数 795 名，他们在我市的居民、学校、工厂、行业组织中，广泛开展群众性救死扶伤卫生救护工作，起到了积极作用。一年来，各街道辖红十字卫生站在卫生部门的指导下，对群众进行外伤急救、送医送药、家庭护理、防病治病数千人次；学校红十字青少年和服务行业、工厂红十字卫生站都进行了大量的小伤小病急救处理、普及卫生知识等工作，深受广大群众的好评，不仅有利于生产和教学，有利于提高广大群众和青少年的健康水平，还为战时抢救伤员培训了队伍。

三、组织会员开展"五讲四美""助人为乐"的活动

遵照党中央关于建设高度的社会主义物质文明和精神文明的指示，我会曾几次发出通知，提出要求，号召全市红十字组织和广大会员积极响应党的号召，带头投入到"两个文明"建设中去。于今年 3 月的"文明礼貌月"活动中，全市出动红十字会员约十万人次，打扫街道 900 余条次，疏通淤塞沟渠、粪管 1000 余处，清运积存垃圾 745 吨，刷洗陈旧标语广告 500 条，粉刷墙壁 5200 平方米，种花 2000 余盆。还组织红十字青少年为主体的"五讲四美"文艺宣传队，上街宣传 235 队次，形式多种多样，有三句半、快板、活报剧等，均是自编自演，共编排节目 97 个，演出 258 场次。由广大的会员和红十字青少年组成的"劝阻队"，

是一支建设社会主义精神文明的尖兵。全市共出动"劝阻队"391队次，劝阻和纠正不遵守社会公德、不遵守公共秩序、不讲究公共卫生者6504人次，在建设社会主义精神文明中起到了很好的宣传和督促作用。在随后深入开展的"文明礼貌"和"五讲四美"活动中，各区红会都能在政府和卫生站的统一部署下积极组织会员上街进行服务活动，尤其是组织医疗单位的团体会员，在市内各主要干道沿线，设疾病咨询站、医疗服务站、图片标本宣传站等，义务为群众体检、治病、解答问题，深受群众欢迎。如江岸区仅在10月16日这天就组织了36个医疗卫生团体会员单位的2420名医护人员上街服务，向广大群众进行卫生宣传。他们让群众看痰中和手上的细菌标本，效果很好，大大提高了人民群众的卫生科学知识，（为）培养出好的卫生习惯做出了贡献。此外，我们还抓了敬老助残、助人为乐的工作。市会邀请161陆军医院派出了医护人员，上门为市第一聋哑学校的320名学生进行全面身体健康检查，受到全校师生和家长的一致赞扬。江岸、硚口区红会也组织医护人员和红十字青少年到区属社会福利院和敬老院给老人免费体检和慰问演出，帮助老人铺床晒被、打扫卫生，老人深有感触地说："还是社会主义好呀，你们处处关心我们，真比我们的亲人还亲啦。"一元街红会把街辖内的22名退休老人组织起来学打太极拳，从春季起，坚持每天早晨在滨江公园练习，现在许多老人的身体素质得到明显提高，受到老人们的普遍欢迎。许多街道红十字卫生站和学校红十字青少年委员会就近定点、定期为孤独老人做好事，为老人延年益寿做出了一定的贡献。如江汉区同安里居委会，有一名烈属孤老余兰英太婆，年高有病，生活自理困难，该红十字卫生站就组织会员长年帮助她买煤买米、做卫生、洗被子、料理生活等，使这位孤老一点不感到孤单。

四、分区举办红十字青少年夏令营

青少年是祖国的未来，党和人民极为关怀他们的健康成长。夏令营是对他们进行热爱祖国、热爱科学等教育的好形式，又是扩大红十字影响的一个好途径、好方法。根据我市今年学校红十字组织发展较快、红十字青少年人数较多的特点，市会采取了分区举办夏令营的办法，全市共有635名青少年和红十字自愿工作者参加了夏令营活动，使他们开阔了眼界、增长了知识、丰富了暑期生活，提高了对红十字会的认识和兴趣，激发了他们参加红十字工作的积极性。在此同时，还选送了1名保健老师，2名红十字青少年，光荣地参加了中国红十字会总会在北京举办的全国红十字青少年夏令营。

五、积极做好宣传工作，扩大红十字会的影响

由于红十字的性质、任务目前在社会上还未被人们充分了解，以致影响红十字工作的展开，1982年我们注意抓了这方面的工作。如办起了不定期简讯，共出刊12期，除供基层和广大会员学习外，并与外省、市红十字会交流了经验，沟通了情况；又在市会门前开设宣传橱窗，已展出2期，以会务知识、基层红十字组织或个人活动照片等为内容，图文并茂，很受群众欢迎。各区也办有不定期简报。青山区红会在青山公园门前开辟了一块宣传阵地，宣传会务知识和红十字活动，不定期更换。我们还注意与总会、《长江日报》、武汉人民广播电台、湖北电视台主动联系，争取他们支持，扩大宣传范围。1982年在《中国红十字》月刊，共登载我市红十字活动情况13篇，《长江日报》登载12篇，湖北电视台播映活动实况6次，武汉人民广播电台广播10次，运用各种不同形式宣传了红十字知识，对于争取各级有关单位的支持，提高人们的认识起了一定的作用，收到了良好的效果。

六、组织参观学习和国际交往工作

（1）1982年6月，市内六个城区的红十字会相继成立，具体分管红会工作的领导同志和专职干部，对如何开展基层工作缺乏经验，为此，市（会）组织他们和武钢、一冶共18名红会干部赴南京、上海等地红十字会参观学习，共访问了9所大、中、小学校的红十字会，3个街道居委会红十字卫生站，4个工矿企业红十字会，4个服务行业红十字组织。通过参观学习，增长了知识，开阔了眼界，使他们学有样板、干有办法，对我市红十字工作的发展起了积极的推动作用。我会也接待过总会以及山东省、杭州市、重庆市来汉参观指导红十字工作的代表团，由于我们接待热情，安排妥善，受到他们的好评，也有效地促进了我市红十字工作。

（2）总会先后转来日本横滨市和川越市两所小学寄来的红十字青少年画册，我们分别转赠了武昌实验小学和江汉区大兴路小学。（两）红十字青少年也精心制作了两本画册回赠给日本红十字青少年。通过这一活动，增加了中、日两国红十字青少年和小朋友之间的友谊。

总之，一年来，我市红十字会的各级组织恢复和发展比较迅速，各级红会做了不少工作，这些成绩的取得，主要归功于党的十一届三中全会的正确路线、方针、政策的指引，同时与各级党委的重视、总会的帮助和指导，以及各有关部门的支持是分不开的，也是各位理事、各级红会组织中一大批热心红会工作的骨干和广大会员辛勤劳动的结果。

我们工作中还有不少差距，全市红十字组织发展不够均衡、面不够宽，服务行业和工厂企业中发展较少，两郊、两县还是空白点，从客观上虽有人力、财力不足的问题，但如何开动脑筋扎实工作，充分发挥有限的力量，积极开展活动不够，红十字会的影响还不大，我们对如何适应新形势开展具有我国特点的红十字工作还缺乏经验，工作中还有不少困难和问题，所有这些都要求我们各级红会干部遵循党的十二大指引的方向，振奋精神，立志改革，钻研新情况，总结新经验，为开创我市红十字工作的新局面贡献力量。

1983 年我市红十字会的工作任务是：认真贯彻党的十二大精神，用共产主义思想教育广大会员，充分发挥红十字会的特点，努力做好红十字的各项工作，为建设社会主义精神文明，为开创我国现代化建设新局面做出贡献。

（1）认真贯彻党的十二大精神，树立共产主义新风尚。各级红十字会组织要认真学习和贯彻十二大文件，用十二大精神武装和统一思想认识，组织会员和红十字青少年积极参加"五讲四美"建设社会主义精神文明的各项活动，配合各有关部门，广泛开展普及卫生科学知识的宣传，积极开展各项卫生工作和社会公益活动，树立"救死扶伤""助人为乐"热心为社会服务的新风尚。

（2）切实抓好红十字会的组织建设。充实和加强红十字会的领导机构，健全理事会，充分发挥理事会的作用，针对缺额和人事调动情况进行相应的调整，争取今年四季度召开红十字会员代表大会，选举新的理事会，发展、巩固和健全基层红会组织，巩固提高已建立的红十字组织，加强红十字卫生站的管理，使之真正成为团结会员的活动中心；对尚未建立红十字组织的街道、居委会，要按武卫（82）第 363 号文件精神，积极配合有关部门，做好街红会和居委会红十字卫生站的建站工作；在全市小学普遍建立红十字青少年委员会，紧密围绕贯彻党的教育方针这一中心，加强红十字青少年的工作，促进学生在德、智、体三方面全面发展；以点带面做好工厂企业、服务行业和中学的组织发展工作，交流和总结这方面的工作经验；选择 1～2 所大专院校作为开展红十字工作的试点；争取在两县开展红十字试点工作，突破郊县空白点。

（3）加强卫生救护训练，普及卫生知识。各区要在原有市红会举办师资培训班的基础上，分区进行"四大技术"和"水上救护"知识的训练，要求 1983 年有 1/3 的会员受到三角巾、绷带包扎的救护训练，并且各区都要建立一支三十人左右的招之能来、来之能起作用的救护骨干队伍，平时能为群众服务，战时作为战地救护骨干。市会拟于四月初组织一次全市性的"四大技术"比赛活动。同时还要结合不同季节，与有关部门配合，采取多种形式对会员进行卫生知识、防病、治病、爱国卫生、计划生育的教育，使各级红会和会员真正起到卫生部门的助手作用，在开展卫生工作、普及卫生防病知识中走在前面。

（4）继续开展"敬老助残"的活动。为了丰富离退休老干部、老职工的晚年生活，市会拟试办一期老年人卫生与健康知识讲座，请有关人员讲授老年性多发病、常见病的防护知识，延年益寿的保健知识，以及各种气功、太极拳之类的健身运动，继续发动会员开展为孤老病残做好事的活动，同时力争从社会集资兴办福利事业，为扶危济困多做工作。

（5）组织好红十字青少年夏令营活动。目前学校红十字青少年工作发展较快，广大青少年热爱红十字活动，红十字青少年夏令营是教育青少年、扩大红十字影响的一种好形式，各区红会要抓住暑期采取夏令营的形式，对红十字青少年进行一次生动的爱国主义和会务知识的教育，1983年拟（将）市办与区办结合，以市内活动为主，适当组织外地参观，争取做到大多数红十字青少年都能参加夏令营的活动。

（6）积极配合血源领导小组，开展公民义务献血的宣传动员工作。各级红十字会组织必须坚决执行政府有关部门的献血办法和有关规定，在会员和群众中宣传血液知识和献血的重要意义，教育红十字会员要成为公民义务献血的带头人，促进我市输血工作的健康开展。

（7）加强宣传报道工作，增加市内外交往活动。市区红会都要办好简报和宣传橱窗，扩大红十字的影响，市会拟编印部分红十字资料和会务、卫生方面的宣传标语、图画，供基层宣传和展出。组织好同行业红十字工作经验交流，加强宣传报道和内外交流的工作，以提高我市红十字工作的水平。

（8）完成总会和政府交办的工作。

武汉市红十字会

1983 年 1 月 25 日

原件藏湖北省红十字会档案室，档号：XX000276－WS01－0012－0004

武汉市红十字会一九八四年工作总结和一九八五年工作要点

一年来，武汉市红十字工作，遵照党的十二大精神，在市政府、市卫生局的领导下，在中国红十字会总会的指导下，依照一九八四年市会理事会的决定，围绕党的中心工作开展一些有红十字特点的活动，宣传和普及卫生知识，扩大红十字工作的社会影响，为建设社会主义精神文明做贡献。经过各基层红十字会、红十字卫生站及广大热心的红十字志愿工作者的努力，基本上完成了上级和理事会交给的任务，取得了一定的成绩。尤其通过筹募"孤残老人、儿童福利基金"活动后，红十字工作面向群众、为群众服务，红十字会的社会影响进一步扩大了，社会地位进一步提高了，红会工作又有了突破，对建设社会主义人与人之间的新型关系，提倡社会主义的人道主义做出了一定的贡献。

今年来，主要做了以下几项工作：

一、纪念中国红十字会建立 80 周年的活动

今年五月二十九日是中国红十字会成立 80 周年的纪念日，总会要求各地红会结合实际举行纪念会、座谈会、图片展览、放电影等纪念活动。

（1）召开座谈会。我会于五月二十九日下午在中原影院会议室举行了有市会全体理事、各界知名人士，红十字志愿工作者代表及新闻界人士共 120 余人参加的盛大茶话会。首先由副市长、市红会会长高顺龄同志简要介绍了中国红十字会的成立过程、发展前景及纪念 80 周年的意义，也介绍了武汉市红十字会的沿革，还报告了我市红会自 1979 年恢复工作以来所取得的成绩，特别是在社会主义精神文明建设中所发挥的积极作用。参加茶话会的所有同志，都热情洋溢地围桌畅谈，交流红会工作经验。此外，六个城区红十字会也相应的（地）召开了茶话会，共约 600 余人参加了座谈，通过此项活动，使各级领导和各界人士加深了对红十字工作的了解。

（2）组织文艺汇演。市会于五月二十六日在市江汉工人文化宫礼堂举行了庆祝中国红十字会成立 80 周年的文艺汇演，参加演出的 32 个节目都是各区红会经过层层汇（会）演挑选的好节目，有音乐、歌咏、舞蹈、相声等。演员来自中、小学的红十字青少年，街红会和居民卫生站

的会员，还有团体会员单位的代表，内容大部份（分）是赞颂红十字会，表彰好会员救死扶伤、助人为乐的高尚情操，特别是车站街红十字会员老婆婆合唱队的大合唱，获得大家一致的好评。

（3）举行红十字青少年美术绘画竞赛。为纪念中国红十字会成立80周年，市会于三月六日举办了一次以"帮助伤残人恢复正常社会生活"为内容的红十字青少年美术绘画评奖竞赛。来自全市已成立红十字会组织的学校中的132幅作品参加竞赛，他们的作者都是15周岁以下的儿童，经过评选，《我坐轮椅观灯会》等30幅作品分别获一、二、三等奖。前十名的得奖作品已送中国红十字会总会参加国际红十字会青少年美术展览，这对培养青少年美术爱好起到很好的作用。

（4）在琴台文化宫举办了大型的游园庆祝活动。5月24日，以汉阳区红会为主组织了六千人的游园庆祝活动。内容有音乐会、跳集体舞、猜谜语、心肺复苏讲座、医疗咨询、电子游戏、电动飞船等十五项之多，深受广大会员的欢迎。

（5）开展了"为您服务"活动。5月29日，我们组织了全体团体会员单位、学校红十字青少年和各个基层红会组织根据不同情况开展了"为您服务"活动，有的走上街头宣传卫生知识；有的深入老同志、孤老病人家中送医送药打扫卫生；有的到福利院和老人儿童举行联欢。江岸区红会号召全区红十字青少年每人为"敬老助残"做一件好事，一周内共做好事2873件。会员同志们以发扬红十字精神的实际行动来庆祝自己的节日，使纪念活动开展既有声势，又有充实的内容。

二、开展筹募"孤残老人·儿童福利基金"活动

敬老助残是我国人民的传统美德，解放后党和政府对孤残老人儿童十分关心，做了大量的安置工作，充分体现了社会主义制度的优越性。红十字会把"敬老助残"作为协助政府部门开展社会福利工作的一项重要任务。为了动员社会力量进一步关心孤老残儿，市红十字会按照中国红十字会总会《关于接受社会捐助条例》的精神，特向社会发起：为纪念中国红十字会成立80周年，举办筹募"孤残老人·儿童福利基金"活动。为此，市会印制了倡议书一万份，通过各级红会组织向单位和各界人士散发。对捐赠金额一元以上者，赠送中国红十字会成立80周年纪念章一枚，对捐款的集体单位发给捐献纪念奖状，凡捐献符合荣誉会员条例者（个人累计捐款、捐物500元以上者），授予荣誉会员奖章、证书。从3月1日开始以后，此活动不仅得到全市各级红会组织和广大会员积极响应，而且得到社会各界的赞助。截至6月止，已有295个单

位，20 余万人参加捐款，收到捐款 320392.62 元，仅 1 元以上者即有 14 万人。在捐献活动中，"敬老助残""关心他人"的好人好事比比皆是，通过募捐者闪光的语言、深情的书信和伸出来的一双双温暖的手，我们看到了社会主义人与人之间的兄弟情谊和 80 年代"人帮人"的新风尚，显示了我市精神文明建设之花结出的丰硕之果。之所以收到如此效果，我们认为主要是：

（1）各单位领导将捐献活动作为建设社会主义精神文明的内容来抓，首先由副市长、红会会长高顺龄同志在市红十字会召开的 1983 年年终工作表彰先进的大会上，发表讲话中要求各级红十字组织和广大红十字会员，在这次募捐中要发扬红十字助人为乐的精神，用实际行动为我市精神文明建设做出应有的贡献。许多单位在收到募捐倡议书或知道这一消息后，专门开会研究，明确专人负责，有的还成立专门班子，然后广泛宣传，层层发动，把捐献活动作为对职工，尤其是对青少年进行精神文明教育来抓。如青山地区的 471 厂，接到倡议书后，领导专门召开了全厂基层工会主席会议，动员工会会员以"敬老助残"的实际行动搞好精神文明建设，几天之内全厂有 3545 人踊跃捐献，共捐款 2000 元。武汉医学院党委在全校师生员工中进行了一次继承和发扬中华民族的"敬老助残"传统美德教育，提出关心孤残老人、儿童是在"五讲四美三热爱"中的一件新贡献，全校师生共捐献 2300 多元，有一名学生将自己献血的营养费捐给红十字会，以表对孤残老人儿童的心意。在许多中、小学校内，将帮助孤残老人、儿童作为陶冶青少年道德情操的活动来开展，使孩子们受到了一次深刻的道德教育，因此这次募捐活动，不仅在经济上有所收益，更主要的是使每个捐献者都受到了一次共产主义思想品德的教育。

（2）人民子弟兵的大力支持。解放军是各项社会活动的带头人，在这次募捐活动中又是身先士卒，两次捐献。募捐倡议书发出后第一天，武汉军区后勤部就到市红会办公室捐款 1000 元，以后又多次带着干部战士的心意，捐献 700 余元。空军雷达学院师生二千余人积极捐款 3800 余元，海军工程学院 503 室一个署名"普通共产党员"同志，连同慰问信一起捐献 30 元，表达他对孤残老人、儿童的赤诚之心。军区总医院进行全院动员，号召干部、职工捐款 2000 余元，连同打印的登记册送交市会办公室，以后又为市第二聋哑学校近 120 名学生测验了听力，建立了听力功能登记，对学校准备应用"语言训练助听器"起了摸底作用。军区政治部、省军区司令部、第二炮兵学院、空军医院、161 陆军医院等 25 个驻汉部队单位，共捐 18393 元，充分显示了人民子弟兵对孤残老人、儿童的关怀和对地方工作的大力支持，密切了军民关系。

（3）社会主义人与人之间的新型关系的充分体现。在这次募捐活动中，大部分捐款是由个人捐献的，出现了很多好人好事。如自称在硚口区永宁巷居住的肖益余老夫妇，将他们积蓄的 500 元钱委托一个 70 多岁的老朋友找到市红会来捐献，并且郑重地询问了福利基金的用途，表达了老人的心愿。以后我们根据登记的住址，上门表示感谢时，几次查找均未找到，方知老人是做好事不留地址，表现了高尚的思想品德。又如江岸区车站街年高八旬的退休铁路工人彭友元和他 70 多岁瘫痪了四年的老伴，从报上得知募捐消息后，拿出省吃俭用的 100 元钱、100 斤粮票捐给街红会，市会收到钱票后，认为他们本身就是应该照顾的对象，决定上门退款，经红会干部三次登门做工作，要退回捐款，老人执意不允，并激动地说："只有新社会我们无儿无女的人生活才有保障，这是我们的一点心意，一定得收下。"他们这种关心他人的精神，深深感动了当地的红十字会员们，现居民委员会的会员婆婆、学校的青少年会员都把关心这对老人作为自己的责任，经常上门为他们服务。武昌洪山路退休工程师周克昌老人，给市红会寄了 200 元，并附信说："当前国家有困难，发动社会力量帮助孤残老人是个好办法，体现了社会主义的优越性，我愿意尽分微薄的力量。"而且多次请求为红十字会发挥余热。青山船厂青年李绍祥同志带着 100 元来市会捐款，红会干部见他穿着简朴、年龄不大，了解到他家在黄陂农村，家中还有父母、弟妹时，不同意收他的捐款，经过一个多小时的交涉，最后我们只收了他 40 元钱，他才高兴地离去。街道居民老大爷、老太婆更是这次募捐中的积极分子，他们走街串巷，把募捐活动宣传到每个角落，为这次募捐做出了贡献。

（4）真不愧是 80 年代的青少年。在这次募捐活动中，全市约有 5万余名少年儿童参加了募捐。市内 6 个城区的 220 所小学，都建立了红十字会，普遍开展过募捐活动，他们有的捐出自己平时节省下来的零用钱，有的捐出了崭新的"压岁钱"，还有的捐出了自己辛勤收集废旧物资变卖得来的钱，如六渡桥小学三年级二班刘俊峰同学要捐赠五元，校红会的同志认为这孩子小钱数多，当时未收下他的钱，尔后，他与母亲又一起来校，说明捐赠自愿及诚意，坚持捐赠五元，这时，校红会的同志才收下他的捐款。江岸区沈阳路小学六年级一班韩健同学，家里本不大宽裕，爷爷是个残废人，他帮奶奶卖冰棒，爷爷每天给他五分钱，他没舍得花，这次将积蓄的一元二角钱全部捐出了。他这种助人为乐的精神，带动了全班同学。汉阳区二十三中学魏清同学捐出一扎崭新的钱票，对红十字会同志说："压岁钱我年年有，我把它拿出来与无父母的孤残儿童共享欢乐。"在他得带动下，全校捐款一元以上的就有300名。青山区红峰小学的同学们，把用过的旧薄（簿）子和废纸集中起来出卖，将卖的钱捐献给红十字会。在募捐中，我们还收到一位署名"盲人情"的来信和随信寄来的三元钱，他在信中说："社会关心我，我也应该关心他人，我没有工作，这三元钱是我的一点心意。"当我们清点各学校送来的一分分零钱时，我们似乎触到了他们这些金子般童心的搏动。这是时代的心声，是我们民族的希望所在。

（5）各级领导大力支持。市红会这次募捐倡议能取得比较大的收效，与各级领导大力支持是分不开的，高市长多次肯定了这一做法是"为人民办了件好事"。各区领导都是亲自动员、亲自过问，给予了我们工作上的有力支持，如江岸区副区长陈锦春、硚口区副区长张克敏、汉阳区副区长夏光中、青山区副区长李昌禄、武昌区副区长张春华、江汉区副区长宋必建等同志不仅自己带头捐献，还积极动员所属单位募捐。另外，市会各理事在捐献中也做了很多工作，起了很好的促进作用。如理事、工商联副主委王际清，民建副主委刘梅生，市二院名誉院长、妇产科专家高欣荣等都是积极带头，在他们的带动下市二院捐款1818元，市工商联共捐款近万元。市总工会徐子洲主席、一商业局朱鼎华副局长也都是赞助募捐活动的热心人。由于这些领导同志的重视，使这次筹募工作收到了较好的效果。

（6）募捐活动已见成效。为了不辜负人民的委托，当筹募基金工作即将结束，在庆祝中国红十字会成立80周年的纪念日，我们经过细致的摸底调查，从基金中拿出了四万余元，给孤残老人、儿童办好事，以转达每个募捐者的一片盛情，受益者有2000多人。如为了解决散在孤残老人洗衣难的问题，我们买了32台洗衣机，发到孤残老人比较集中的居民红十字卫生站，由红会会员管理，并负责给孤残老人洗衣服，我们要求做到"三定"，即定专人管理、定时给孤残老人洗衣、定孤残对象，免费给他们服务。普遍反映："红十字会给他们办了件大好事，解决了他们洗衣难的问题，只有在新社会，政府和人民群众才处处关心孤残老人。"市属两所聋哑学校，几年来，就想购买十几台"语言训练助听器"，由于经费困难终未如愿。这次当我们上门征求意见时，他们说，我国现出产一种"语言训练助听器"能帮助尚有听力的聋哑孩子提高听力，不但戴着它上课时能听得见老师讲话，还能起到治疗作用。我们便在两所聋哑学校三个班级（各）装备了一套。经过两个多月的使用，老师反映很好，用上它，老师讲课不须提高嗓门，不必做手势，减轻了老师劳动强度。学生也可根据自己听力，自动调节音量，不仅提高了听力而且学会了说话，在三个班50多名儿童中使用了这种仪器，虽花了八千多元钱，但为社会造就一百多名健康儿童也是很值得的。

武汉市育幼院，都是七岁以下的孤残儿童，大班的孩子喜欢音乐，老师反映没有风琴，于是我们用了六百多元买了两台风琴，在"六一"儿童节前送去，育幼院的老师、领导和市民政局负责人对此非常感谢，称赞我们解决了他们渴望许久而未能解决的问题。在我们的带动下，武昌市个体摄影（从）业者也送去了不少玩具和食品。使育幼院的儿童在今年的儿童节期间，出现了空前的盛况。

武汉市儿童福利院有44名七岁以上的青少年，在院外同社会上的孩子一起上学，他们感到在穿着上与其他孩子相比，不如别人，自卑感促使他们更加孤僻，当我们从工作人员那里了解到孩子们想穿一套的确良时，我们决定拿出五百元，给这些孩子每人做一套的确良衣服。武昌区红会拿到这五百元钱到武汉印染厂，请求以出厂价为孩子们制作了衣服时，印染厂厂长就有些感动了，"关心孤残儿童，我们也有责任，怎么是按出厂价卖，给这些孩子们做衣服，需要多少的确良，我们捐赠。钱分文未动，161公尺白、兰（蓝）的确良送到了武昌区红会办公室。人们都说"做衣难"，要加工44套服装岂不更难？难料武昌服装厂的同志，听说是为了孤残儿童订制衬衣，率直的（地）回答："我们免费加工，按时交货，让孤儿不孤。"上海服装厂的职工，也免费为孤残儿童精心加工了兰（蓝）的确良长样。5月23日，崭新的儿童服全部赶制出来，五百元钱依然分文未动。区红会的同志们想，衣服有了，钱还未动，便决定给这些孩子再买一双白球鞋。十五岁的刘小明，身高一米八四，脚大要穿47码的鞋，哪儿也买不着。华中橡胶厂的工人听到这个消息后，二话没说，就单独为他打模制鞋。他们和印染厂、服装厂一样，也给每个孤儿赠送了一双白网鞋，五百元钱，还是分文未动。随后布鞋、儿童音响牙刷、套装牙刷等礼物陆续不断地送到了孤残儿童手中。最后，我们粗略的估算了一下，这些东西价值约有一千余元。那五百元钱便给孩子们买了袜子、面盆、毛巾、节日食品等。想不到他们得到的节日礼物，竟然比别的孩子多得多。福利院的领导说："是红十字会把社会的力量组织起来，开始出现了群众关心孤儿的场面。"这充分表明人们对孤残儿童有着深厚的同情，也是社会主义精神文明建设的必然结果。

我们还将市半导体器件三厂捐赠的电子饮水器送给了市盲童学校，将武汉无线电五厂捐赠的金凤牌音箱送给了江岸一元街红十字福利工厂。与此同时，安排各区红会对区属敬老院300多名孤寡老人在纪念中国红十字会80周年之际，进行了慰问，代表所有募捐者送去了温暖和心意。使这些老人感到社会主义大家庭的温暖，都深有体会地说："还是社会主义制度好，共产党领导好！"此外，对伤残人运动会弱智儿童夏令营、盲聋哑人画展书法比赛，我们都给予了积极赞助。

三、积极宣传精神文明，开展文明单位建设活动

在今年三月开展的第三个精神文明礼貌月活动中，我们组织各级红十字会，上街头、到里巷积极宣传精神文明，开展建设文明单位活动，深受群众赞扬。二月二十七日和三月三日两天，江岸区红会组织区86个团体会员单位的4300名医护人员，手举红十字旗，身着整洁的白大衣，上街宣传"五讲四美三热爱"、除害灭病、卫生科普知识1436篇幅，标本实物模型175件，还摆设28台显微镜，配上病菌玻片，让群众观看达十四万二千余人次，并给183户274人上门送过医药。在宣传活动中，红十字青少年是一支不可忽视的力量，他们佩戴着红十字臂章，站立路旁，向行人宣传爱护公共卫生，遵守交通规则。两天中，有三千四百名人次的红十字青少年，在老师的带领下扫马路、洗护拦。有的在公共汽车站扶老携幼，有的在里巷为孤残老人洗衣晒被、做卫生。如硚口区大通巷小学组织了十六个宣传小队，让孩子们手持话筒，在武圣路桥头至硚口区礼堂一带，大力宣传"讲卫生，共建文明街"的活动，过往行人投以赞许的目光。青山区48中红会和共青团，组织了四个慰问小分队，分别到孤残老人家里慰问、做好事，其中一个小分队到了"钢城张海迪"刘建勋同志的家里，送了慰问信，并表示要向刘建勋学习的决心，刘建勋同志也给同学们讲了话，勉励他们好好学习。武昌区红会还组织棋盘街、阅马场等十所小学的约40名红十字青少年手捧鲜花和礼品到汉口铁路中心医院，慰问了正在养病的"二七"老工人，表示一定要继承和发扬前辈的优良革命传统，做革命的接班人。通过这些活动，不仅配合政府部门的中心工作发挥了应有的作用，而且对红会会员、红十字青少年自身也受到一次社会主义精神文明的教育。

四、开办老年卫生保健讲座加心肺复苏训练班

去年，我会与市老干局联合举办了一期老年卫生保健知识讲座，反

映很好。在老干部的普遍要求下，今年我们又办了七期，参加人数2310人次，听课人数由去年的200人增加到七八百人。老同志们风雨无阻听课，普遍反映受益不浅。如有的老同志过去不敢吃鸡蛋、不敢喝牛奶，有的老同志有几十年的烟酒嗜好，听了营养课后懂得了饮食与健康的关系，戒了烟酒。如市纪委黄居易同志，人瘦弱，体质差，听了讲座后，下决心戒了烟酒，每天吃2个鸡蛋，身体好多了。还有的老同志只想着搞点好药吃吃就行了，听课后，懂得用药知识，单靠药物保健是不行的，这增进了老同志和疾病及衰老作斗争的信心。现在，各区红会联合区老干局（科）举办六个老年人卫生知识讲座，使老同志能就近学习，内容安排更加丰富，不单纯只讲卫生知识，还添设花卉、家庭烹调、书法绘画等，深受老同志赞扬，也得列各区领导同志的好评。

为了推广心肺复苏抢救技术，今年以来我们举办了八个班共计979人参加学习。二月份，市红会办了一次为期4天的"心肺复苏"师资训练班，参加学习的是六个城区红会和武钢等单位选来的45名医师。经过学习和实践，大家都掌握了对心源性猝死的病人实施及时、合理的现场抢救技术，为在会员和广大群众中普及该项技术培养了一支师资力量。紧接着，武昌、硚口、汉阳、江岸、青山、江汉等区红会都组织了红十字志愿工作者参加训练，受到了卫生医疗单位和会员群众欢迎。现在我们已花17000余元购买了七套心肺按摩训练模型——苏醒安妮，作为训练的教具，今后将在全市所有卫生医疗单位及工矿企业、学校、街道中普及推广这一技术，为更多的人掌握这门操作，挽救心脏骤停的患者生命做出应有的贡献。此外，各区红会还举办有"保健老师""战地救护"等训练班，共训练人数13913人。特别是对小学保健老师的专业训练，给小学的卫生保健工作发挥了一定的作用，受到区教育局和各学校的好评。

五、举办形式多样、丰富多彩的夏令营

为了让红十字青少年愉快地度过暑假，并进一步调动更多的志愿工作者的积极性，市区红十字会自七月中旬开始到八月底止，共举办了十期夏令营活动，270所中、小学中的1400多名红十字青少年和各行各业500多名志愿工作者分别参加了各种形式的夏令营活动，市红会组织了八十名优秀志愿工作者分两批去黄山夏令营，他们不仅游览了祖国锦绣河山，而且交流了红会工作经验，开展为游客治疗小伤小病的服务。汉阳区营员罗宇同志在日记中写道"不忘此一行，助志再登峰"，表示今后要为红会做出更大贡献的决心。各区红会分别举办了红十字青少年夏令营。江岸区红会组织了近七百名中、小学红十字青少年，登上一艘大型轮船，船头船尾，营旗招展，全体营员在一片鼓乐声中漫游在长江上，观赏武汉长江两岸的风光。在船上，营员们还表演了文艺节目，气氛十分热烈。经过一天的集体生活，许多小朋友在离船回家时还显示出依依不舍的心情。青山区红会在8月25日下午，组织了120名红十字青少年夏令营，营员们兴高彩（采）烈地来到南湖机场，在机场负责同志和机组人员的支持下，登上民航飞机，翱翔在武汉上空，乘务人员不断地向小朋友介绍飞机经过的情景，大家鸟瞰了武汉全貌，小朋友们高兴地说："我们生长在新社会真幸福，爸爸妈妈都还没有坐过飞机，而我们就享受过了，参加红十字会真幸福、真荣耀。"另外武昌、江汉、汉阳区红会都在市内办过红十字青少年一日夏令营，有四项救护技术表演、采集中草药和植物标本、参观军用机场学习飞机性能及一般航空知识、进行游泳比赛和表演文艺节目等。除此外，市会还委托武昌区红会举办了首次武汉地区红十字大学生去西安夏令营，参加夏令营的有湖北医学院、武汉地质学院等12所高等院校的199名优秀红十字会员和志愿工作者，开营会上，市顾问委员会委员、市红会副会长谈太阶同志给夏令营授了营旗，全体营员乘火车离汉去西安。在营地，他们开展了四项技术表演、识别中草药、宣传会务知识等，还到西大、交大、第四军医大学参观学习，并参观了革命圣地——延安，受到了一次深刻的革命传统教育。今年的夏令营活动形式多样、内容丰富，参加人之多、面之广也是历年没有的，收到了扩大红十字会的社会影响、教育鼓舞会员的作用。

六、组织建设在巩固的基础上有了新的发展

根据机构改革的进展，今年市、区、街三级理事会都进行了充实和调整，各级组织都比较健全。发展工作重点抓了大专院校和旅游点的发展，街道红十字卫生站和学校红十字工作都得到了进一步巩固。截至十月份止，全市有红十字会的单位共677个，红十字卫生站1174个，有会员80505人，其中青少年会员25623名。全市有40条街道建立了220个红十字卫生站，这些站大部份（分）担任着最基层的卫生工作，它把卫生部门的各项工作统一起来，实行专业人员（地段医生）与群众（红会人员）密切结合的城市保健预防网，为普及卫生知识、保护人民健康开展敬老助残活动和建设精神文明做出了积极贡献，不愧是卫生部门的得力助手。学校中的红十字青少年委员会、红十字卫生站和她的红十字小会员，是学校开展卫生保健工作的骨干力量，也是培育青少年德、智、体全面发展的一个好组织。它的一切活动都得到学校师生的赞扬，深受教育部门和学校领导的重视。如江岸区现有中、小学校和企业子弟学校93所，已建立红会组织的有67所，这些学校原来没有保健室，只有三分之一的学校有个不脱产的保健老师。1981年开始恢复红十字组织以来，与区教育部门积极配合，坚持每周一次训练保健老师的卫生医疗知识，目前全区小学都建立了有专门房间的红十字卫生站，各站医疗器械、用品，如听诊器、血压表、诊断床、视力灯，直到茶水桶、污物箱、洗手盆全部配备齐全。保健老师也全部配齐，使红十字卫生站成为学校预防保健、小伤小病治疗、卫生知识宣传的活动中心。旅游点的红十字卫生站开展了为游客服务活动，深受中外游客的赞扬。今年十一月份，市会在部分理事的参加下，对六城区红会工作进行了为期六天的年终大检查，进一步交流了经验，推动了工作。

七、积极开展宣传工作，扩大社会影响

为扩大社会影响，市会通过《武汉红十字》报和橱窗及时宣传报道各级红会活动情况，交流工作经验。今年出《武汉红十字》4期共10版，共印7000份，与市防疫站、市爱卫会合印《卫生资料》5000册，还积极向《中国红十字》杂志供稿，争取报社、电台、电视台大力支持。今年来，报道我市红会活动情况的有《健康报》《湖北日报》《长江日报》共29次，武汉广播电台7次，电视录像报道2次，《中国红十字》发表文字和图片报道共13篇。此外，各级红会还采取报告会、橱窗、板报、图片等多种形式，广泛介绍我市红会所进行的活动，在社会和群众中不断扩大影响。

八、积极筹办药材贸易公司，试办红十字专项事业

根据总会要求各地兴办专项事业的指示，今年年底经过充分酝酿筹备，组织部分离退休懂行的志愿工作者兴办了以孤残老人儿童福利基金为资本、以扩大福利基金积累为目的的"武汉红十字药材贸易公司"。此专项事业得到了各有关部门的支持。

九、发动会员积极参加献血工作

我市献血工作，是在市血源领导小组、市中心血站的直接领导下，分区轮流实施，市红会要求区红会积极宣传和发动红会组织和会员带头参加献血工作，去年12月至今年7月，献血工作在硚口区进行。经过反复宣传、广泛动员，奋战了七个月，超额完成了任务。参加单位有451个，报名人数18157名、体检数12887人，其中合格数6944人，实际献血数4543人，超过要求人数的13.5%。荣获市政府授予的"公民义务

献血先进区"的锦旗一面。现献血工作已轮到江汉区，目前正在进行中。

十、做好接待工作，促进我市红十字活动的开展

今年11月，以中国红十字会总会宣传部熊士琦部长为首的一行三人来我市检查指导工作，并到基层红会单位采访录象（像）。另，先后接待了重庆市沙坪坝区红会、重庆市兴平机械厂红十字志愿工作者代表，西安市莲湖区红会、西安市红会，沈阳市红会、成都市红会，广西自治区及南宁市、桂林市红十字会等考察团共70余人，他们在汉参观了区、街红会，居民红十字卫生站，大、中、小学校，工厂、商店、文化旅游点等基层红会组织。各级红会对接待工作很重视，认真做好准备，领导同志亲自向参加者介绍工作情况，并陪同检查参观。市会也抓紧机会，请客人上门座谈，传经送宝，听取意见，促进我市红十字工作的发展。

十一、完成上级交给的任务和其他工作

今年8月，市人民政府高副市长转来新州县农村一农民要求给小孩治病的来信后，我们积极与市儿童医院联系，并写信通知家长带小孩住院治疗，经过检查，医生认为目前不能手术，须药物治疗，观察一段时间后再看。虽然没有把小孩的病治好，但家长对我们为他的孩子多方联系会诊和医疗费上的资助，深表感激，回家后还来信表示谢意。其它方面，如市体委邀请我会共同举办"伤残人运动会"，市聋哑人盲人协会邀请我会参加举办"聋哑人画展"，市教育局要求我会参加兴办"低能儿童教育班"等，我们都积极参加，并尽最大力量给予协助。我们想：只要对政府工作有利，红十字会都应起到"补缺拾遗"的作用。此外，今年我们处理了群众来信13封，大部分是求医和解决家庭困难的来信。

通过一年来工作实践，我们体会到：

（1）红十字会是以"救死扶伤实行革命的人道主义"为宗旨的群众卫生救护团体，她的工作方法就应区别于一般行政机构。必须要用很大的力量去宣传群众、组织群众、动员社会力量来实现自己的宗旨，通过这些工作去扩大影响，显示出红十字会的特有作用，从而打开工作的新局面。今年我们发动的一次"为孤残老人儿童筹集福利基金"的活动，就是在此思想基础上进行的，结果收到了很好的效益，得到社会各界的支持，红十字会的声誉也得以提高，对社会主义精神文明建设也做出了一定的贡献。

（2）红十字工作要争取领导的重视、支持和群众的了解。红会工作

人员就要脚踏实地地办几件有益于人民的工作，从而扩大红十字会的影响，提高红十字会的地位。我们通过今年几次大的活动，如募捐、送温暖、办老年人保健讲座、举办夏令营都引起各级领导的重视和社会的关注，政府有关部门和有关群众团体主动找我们共同办事业、共同组织活动。红十字会的名字给人们留下了深刻的印象。

（3）红会工作必须紧紧围绕本单位特点和中心工作开展活动，才能显示出红十字会的生命力。工厂红会必须结合生产，学校红会必须结合贯彻教育方针，街道红会必须结合街道中心工作和卫生防疫工作等，如江岸区街道居民红十字卫生站，之所以巩固、工作扎实活跃，与他们把红十字工作与卫生防疫、爱国卫生、民政福利等有机的结合一起抓是分不开的，只有这样才能取得领导的支持，才能使人们充分认识红十字的作用和地位。

总之，我市 1984 年红十字会工作的形势是好的，开始迈出了改革的步伐，红十字会的影响更扩大了，但是应该看到工作中还存在有不足之处。如红会组织发展和建立抓的（得）不紧，郊县的红十字还是空白点，基层红会工作发展也不平衡，有的搞的（得）活跃，有的则停留在一般水平。区红会的专职干部有时工作不够落实，而调作他用。尤其中层负责干部，由于一身多职，有顾此失彼的现象，急待以后改进。经费有限尤其是各区红会的经费不足是发展红会、开展工作的主要问题，要争取将区红会活动经费纳入各区群团组织补助的正常计划，以利于红十字会的日益发展。

一九八五年工作要点

今年是我国经济体制改革关键的一年，我们必须认真学习党的十二届三中全会通过的"关于经济体制改革的决定"，为立志改革，为开创我市红十字工作的新局面做出贡献。

（1）在继续巩固、提高现有基层红会组织的基础上，发展工交服务行业和文化旅游点的红会，突破农村郊县的红十字会。作好会员登记和填发会员证的工作。

（2）举办以心肺复苏为主题的急救技术训练，争取在卫生医疗机构和有关单位中推广普及。继续办好老年人卫生保健讲座。

（3）举办优秀红十字志愿工作者夏令营和红十字青少年夏令营（今年市会准备在东湖之滨分期分批举办不同青少年的夏令营，实行"三化"即生活集体化、训练军事化、思想革命化）。

（4）召开 1985 年度的表彰大会，交流经验，表彰先进。

（5）兴办有红十字特色的福利事业。

（6）继续开展"五讲四美三热爱"活动和"敬老助残"活动。帮助残废的大男大女牵线搭桥做好事。

（7）积极协助市中心血站，搞好献血工作。

（8）组织区、基层红会干部去先进地区参观学习，扩大眼界，增长见识，以推动红会工作的新局面。

（9）完成政府和总会交办的其它工作任务。

武汉市红十字会

1984 年 12 月

原件藏湖北省红十字会档案室，档号：XX000276－WS01－0017－0003

武汉市红十字会一九八五年度
工作总结及一九八六年工作安排

过去的一年里，在党的十二届三中全会精神指引下，在中国红十字会第四次全国代表大会精神鼓舞下，在市人民政府、市卫生局的直接领导下，经各级红会组织和广大会员的共同努力，武汉红十字会各项工作都有较大的进展，取得了较好的成绩，受到总会领导多次表扬，现概要总结如下：

一、组训工作方面

（1）普遍进行了会员登记：随着红十字组织的不断发展，会员也逐渐增加，为了提高会员素质和有个准确的数字，于 1985 年初着手设计、印制了武汉市红十字会会员证，并对全市会员重新登记发证，此工作于 10 月基本进行完毕。这样，市红会就基本掌握了各基层的组织规模，从而更有效地将有限的人力、物力使用到红十字的各项活动中，使之发挥最大的作用。

（2）举办"心肺复苏"培训班：今年在市卫生局的支持下，花了一万八千元从挪威购进了七具人体模型，从 9 月开始至 12 月截止，共办了七个"心肺复苏"培训班，为我市医疗卫生单位和企业医院培训了 274 名救护人员。计划开春后，继续开办。此外，各区红会在今年内举办

"心肺复苏""四项救护技术""保体教师"培训班等共44期，有近三千名成年会员接受过培训，这对普及卫生知识和开展意外伤害中的自救互救会起到一定的作用。

（3）夏令营活动：今年红十字青少年夏令营声势浩大，内容丰富。7月9日至20日，来自全市的建立了红十字会的257所小学的近600名红十字青少年和志愿工作者，分4批在东湖之滨的梨园小学参加了夏令营活动。在夏令营期间，同学们学习了会务知识，参观了武大生物标本馆、省历史博物馆，游览了黄鹤楼。通过学习参观，不少学生写日记、诗歌，抒发他们的感慨之情。7月24日至30日，武汉红十字大学生夏令营在江西庐山开展了活动，有九所大专院校的120名学生会员和职工会员参加了这次活动，在夏令营期间，全体营员交流了如何开展高等学校红十字活动的经验，并游览了庐山的风光。刚从新加坡参加亚太地区红十字青少年夏令营归来的武汉地质学院学生方丽萍，在交流会上向大家汇报了亚太地区红十字青少年夏令营的活动情况和感受，她的发言给大家以极大的鼓舞。

二、宣传工作方面

（1）市红会办公室克服了人少事多、经费也很紧的困难，今年编辑出版《武汉红十字》3期，共8千份，免费发给红会组织和会员阅读、学习，并与全国各兄弟省、市红会交流。

（2）充分运用新闻报道扩大红十字影响，据不完全统计，在1985年里，市红会在《健康报》和省、市地方报纸，电台、电视台及《中国红十字》杂志上报道了九十余次有关我市红十字活动的报道，使红十字影响越来越大。

（3）积极配合有关部门开展宣传活动。一年来各级红会组织曾多次组织会员上街宣传"五讲四美三热爱""三禁止"活动，在"援非"宣传中，许多单位主动地高悬标语、横幅和宣传牌，其声势之大是历来少有的。

三、开展"援非"募捐工作

今年，中国红十字会在全国开展了一次为非洲灾民募捐活动。4月，市人民政府转发了武汉市红十字会《关于为非洲灾民开展募捐活动的报告》后，得到社会各阶层和广大群众的积极响应，如武汉钢铁公司办公室向所属机关、公司发了文件，全系统约98%的单位和约90%的职工共捐款82000余元。又如武汉铁路分局向所属系统发了募捐电报，近三万名职工参加募捐，共捐款23000元。武汉文艺系统有80余个单位举行了义演，将一万余元的收入捐给了红会。市卫生局号召全市医疗卫生单位在5月6日举行援非义诊活动，参加义诊的单位有70家、专家教授200余名，把当天门诊挂号收入的一万余元支援了非洲。此外，市邮政局、市政工程总公司、市商业管理委员会、市个体劳动者协会等许多单位都发了文，积极开展募捐活动。在短短一个多月的时间中，募集了45万元上交到中国红十字会总会。全市约有一百万人为援非募捐做出了贡献，各级红会干部和志愿工作者在这次活动中付出了艰苦的努力。这次捐款活动，以捐款金额排列，江汉区为前茅。

四、创办社会福利专项事业

（1）武汉市红十字药材贸易公司，经过一年的努力，经营额达二百三十余万元，盈利20余万元，扣除第一年的必要设置、房屋修建及人员费用外，纯利约6万元，将此款用于扶持老苏区，优抚慰问孤残老人儿童花去近三万元。这项事业的兴办，不仅扩大了福利基金的积累，而且增强了红十字会的活力，促进了工作的发展。此外，武昌区和汉阳区红会也办起了较小型的福利工厂，为各区的社会福利事业做出了贡献。

（2）赞助民办产校。由我市几名离退休的妇产科医师及教学人员卢葆华、廖明、聂跃志等同志提出设想、筹集资金、红会支持赞助，经省教育厅、省计委批准，为我会领导的武汉红十字助产学校，已正式开学，中专性质，自费学习，国家承认学历，发给毕业证书，不包分配，经考试合格后，由学校推荐用人单位可择优录用。今年由省招办统筹招收了160名高考落选的初、高中应届毕业生，初中学三年、高中学二年，于11月22日开学上课，得到学生和家长的欢迎。

五、敬老助残和扶苏

（1）扶持老苏区：新洲县桥河乡卫生所和琵琶脑村小学，由于山区贫困，人均收入低，一直无力增添设备。市红会拿出七千余元，买了一台30毫安放射线透视机和彩电及教学模具等，赠给了上述单位，受到当地领导和人民群众的欢迎。8月，红十字药材贸易公司将价值五千元的药品赠送给武昌县保福乡苏区人民，体现了红十字宗旨和对苏区人民的深情厚谊，年底又为解决苏区新洲四中学生饮水问题，补助五千元修建水塔。

（2）慰问孤残老人、儿童。每逢元旦、春节、"六一"儿童节等，市会拨专款给各区红会，组织团体会员单位的医务人员和红十字青少年到敬老院、儿童福利院等去给老人体检和慰问，赠送生活用品和点心，今年市红会仅这项开支就花了近万元。

（3）当我国庆祝第一个教师节的时候，市红会向全市已建立了红会组织的大、中、小学校红会发出了通知，要求红十字青少年会员，在庆祝教师节期间，每人给老师做一件好事，作为迎接教师节的实际行动。各区红会在教师节前夕，分别召开了座谈会和上门服务活动，为在红十字会员中树立尊师重教意识起到了一定的影响。

六、接待外宾和兄弟省市红会代表的来访

今年六月八至十日，日本红十字会会长林敬三等一行三人，在原副会长杨纯的陪同下，对我会进行了为期三天的访问，在汉期间，相互介绍了红十字工作情况，并游览了武汉的名胜古迹，客人回国后还来信感谢我会盛情的接待，增进了双方的友谊。除此外，还接待了北京、西安、南京、重庆等市红十字会代表共 7 批近百人的参观访问，他们在汉参观了学校、工厂、街道和专项福利事业，还与市、区红会同志座谈，交流了经验，对我市红十字工作起到了促进作用。今年总会领导先后三次来我市视察指导工作，对我市红会工作起到了推动作用。

七、公民义务献血工作

献血工作，因武汉市中心血站有专题总结，在此从略。

今年我市红会虽然做了一些工作，取得了一定成绩，但还存在着一些不足之处，如市、区红会的体制一直未得到解决，由于人员少、经费不足，有些工作想办而受力量的限制，未能去办。市红会工作作风也不够深入，下去调查研究少，有时表现出忙了这头顾不上那头的现象，如抓了业务活动，而对发展组织抓的（得）不力，这些都有待我们今后改进。

现根据中国红十字会 1986 年工作计划，结合我市红十字工作情况，提出我市 1986 年工作安排意见：

一、组织建设

（1）根据总会关于组织发展以城市为重点、农村适当发展的精神，今年内争取洪山区及武钢恢复红十字会组织，有选择地发展一个县红会。

（2）除洪山区外，六个城区有 80% 的街道要恢复和建立红会组织，50% 的居委会成立红十字卫生站（2～3 个居委会一个站）。小学主要是做补漏工作，中学争取发展一半，大学以巩固为主，重点发展。积极在工矿、交通、旅游服务行业发展红十字组织。

（3）在原有基础上，全市再发展一万名会员，要求新发展的会员，都要经过红十字会务知识的教育和登记注册。

（4）整顿和发展团体会员单位。对已成为团体会员或申请入会的单位，要进行一次会务知识的教育，并要求积极开展活动。

（5）总结推广收缴会费，管好、用好会费的经验，做到四分之一以上的基层，实行交纳会费，会费金额各基层根据情况自订，可半年或一年缴纳一次，会费留在基层用于红十字活动。

二、积极做好卫生救护训练工作

卫生救护训练是红十字组织的一项基本任务，训练要逐步达到常规化、制度化，分级分批进行，让更多的会员掌握四项技术、心肺复苏和各种急救知识训练。经过考核合格后，发给合格证。

（1）各区和大型厂矿企业，都要有一至数个招之能来、来之能战的红十字救护队（12～15名），今年下半年组织一次验收考核授旗工作。

（2）在市会办班的基础上，今年各区办1～2期心肺复苏师资班，然后有重点地普及到学校、街道、工矿、交通和服务行业，为1987年大普及取得经验。

（3）根据总会印发的急救教材，分别举办不同类型的讲座。

（4）采用各种形式普及宣传卫生防病知识。

（5）有计划选送干部参加干部培训班。

三、社会福利工作

（1）发动会员继续采用"三定"形式开展敬老助残活动。

（2）各基层红会都要积极参加本单位和社会的救灾和扶危济困的工作。

（3）动用一定量的孤残基金开展定期定时的对孤老残儿的慰问活动。

（4）继续办好专项福利事业，争取每个区都要开办一项福利事业，其收入只能用于社会福利和发展红十字事业。

四、做好红十字青少年工作

（1）总结交流一次红十字青少年工作经验。

（2）举办红十字青少年夏令营。

（3）组织好长江三城市红十字志愿工作者夏令营活动。

五、宣传工作

（1）办好《武汉红十字》小报，建立通讯员网，扩大通讯员队伍；每个区每月应给市红会推荐2～3篇稿子，市红会争取每月向《中国红十字》月刊投稿1～2篇；向《健康报》的"红十字园地"投稿2～3篇，增加向新闻单位发稿量。

（2）印制对外宣传资料，加强国际宣传工作。

（3）出 1～2 期工作资料汇编。

（4）办好红十字橱窗。

（5）做好图片的收集投稿工作。

六、积极配合献血工作

在市血源领导小组领导下，做好献血的宣传、动员和组织工作。

七、完成政府和上级交办的工作

原件藏湖北省红十字会档案室，档号：XX000276－WS01－0027－0004

湖北省红十字会一九八六年工作总结

在全国红十字工作会议精神的指导下，在省委省政府的领导下，在总会的关怀帮助下，今年我们在完成中国红十字会第四次全国代表大会所提出的任务方面做了一些工作，现简要总结如下：

一、组织建设方面

建立组织、发展会员是红十字会开展活动的基础。今年以来，我们突出重点，把组织发展工作放在首位。经过一年时间的努力，到目前为止，已有襄樊、沙市、宜昌、十堰、荆门五个省辖市和郧阳、鄂西、黄冈、宜昌、咸宁等三个地区先后恢复或成立了红十字会。目前还未成立红会的两市、两地也已成立筹备组，并向当地政府递送了报告。全省地、市、州红十字会组织可望在年底全部恢复或成立。

在各地、市组建红会的过程中，我们反复强调要做到有机构、有专职干部、有活动经费，不搞只挂牌子的虚设机构。目前，大部分地、市、州红十字会配有专职干部，如襄樊市红会现配有一名专职秘书长和两名专职干部，年底还准备配备一名办公室主任；黄冈地区红十字会配有两名专职干部；沙市市、十堰市、宜昌地区红十字会等都配有专职干部。红会专职干部特别是专职领导干部的配备，有力地保证了红会工作的顺利进行。

二、卫生救护训练方面

今年省会举办了两期老年保健知识学习班。参加第一期学习班的人员主要是副省级以上领导干部及其家属，第二期主要是部分厅局级干部及其家属。我们聘请有名望的专家、教授、讲师，按老年常见、多发病的种类，分十八个专题进行讲课，听课者达 1000 人次。学员普遍反映这样的讲座办得好。省委第一书记关广富同志的爱人在听完讲座后称赞红会为老干部办了一件实实在在的好事，省妇联一位女同志说："讲座办得好，很多东西部是我们迫切需要知道的。我宁愿晚上加班完成工作任务也不愿放弃这么好的学习机会。"学习班结束后，很多学员要求省红会今后能继续举办类似的讲座。各地、市红会也举办了各种类型的卫生科普知识讲座，如沙市市红会到居委会举办卫生知识讲座，受到居民们的普遍欢迎。

三、红十字青少年工作方面

省红会上半年重点抓了水果湖中学与水果湖二小两所学校的红十字青少年试点工作，帮助他们健全了红会组织。现在，这两所学校每个班都有红十字青少年，他们平时担任学校卫生检查、卫生监督任务，运用所学到的救护知识为同学们服务，学校开运动会时则担任卫生员，为同学们治疗小伤小病，出色地完成了任务。他们还定期为学校附近的孤寡老人做好事，帮助老人们打扫卫生、挑水、送菜等，受到群众的好评。

"六一"儿童节期间，省红会组织水果湖二小的红十字少年与聋哑学校的儿童欢聚一堂，共同庆祝自己的节日。他们各自表演了精彩的节目，并互赠了纪念品，加深了红十字少年与残疾儿童的友谊。

暑假期间，省红会在江西庐山举办了一期红十字青少年夏令营。来自全省各地、市的四十名红十字青少年代表兴高采烈地参加了这一活动。很多地、市反映这是他们地区第一次出省的夏令营活动，各地、市领导都很重视，亲自为营员们授旗、送行。通过学习会章、学习卫生救护知识和开展一些有趣的活动，为各地培养了一批红十字青少年骨干，他们不仅受到了卫生救护知识的训练，更培养了团结友爱、助人为乐的共产主义道德品质。营员们沿途做好事，如襄樊市营员邓阳、孙道娟在火车上看到一位旅客腿部被划伤，流血不止，立即上前为她消毒、包扎、止血；看到一小女孩呕吐厉害，立即给她端水送药，受到旅客们的好评；一上海游客在庐山不慎扭伤了踝部，不能行走，营员王勇为他按摩、热敷，使他能继续旅游，像这样的好人好事不胜枚举。这批小营员将作为红十字的种子在各地生根、开花结果。

四、社会福利工作方面

春节前夕，省红十字会对荣军休养院的全体伤病员进行了一次慰问，这些伤病员是在战争年代和对越自卫反击作战中光荣负伤的，他们收到我们的慰问品后，由衷感谢红十字会对他们的亲切关怀。

"六一"儿童节前夕，省红会慰问了武汉市儿童福利院的孤儿和聋哑学校的学生，使孤儿和残疾儿童体会到生活在社会主义祖国的无比温暖。

五、外事活动方面

按照总会的要求，六月初完成了对日本红十字会代表团的接待任务，组织水果湖中学的红十字青少年写出了两篇与新西兰红十字青少年交流的文章。为参加第七届保加利亚国际残疾儿童"你觉得我的艺术品如何？"的作品比赛，我会选送了两名残疾儿童的八幅作品到总会参加评选。

六、宣传工作方面

根据我省红会成立晚、组织发展是重点的这一特点，今年我们宣传工作的重点主要放在领导层，我们充分利用各种机会、各种渠道向各级领导做广泛的宣传。如接到总会签发的赵紫阳总理关于红会工作的重要指示后，我们立即给省委、省政府的主要领导同志送阅，并分发给各地、市有关领导。各地、市红会也利用各种形式对此做了广泛宣传。今年，我们还给每位理事赠订了《中国红十字杂志》。陶在华秘书长多次到省委书记、省长家登门拜访，向他们宣传红十字会的性质、宗旨和任务，给他们送宣传画册等，争取领导的支持。

今年我们共出了十二期简报，介绍红十字活动的动向，交流各地开展红十字活动的经验，这对于红十字工作的发展起了一定的推动作用，如针对各地、市对红会的地位、作用及经费有疑虑的情况，我们转发了武汉市红会的经验。针对各地、市在组建工作中遇到的困难，我们及时介绍了襄樊市的做法，这些简报对各地工作的顺利开展起了一定的指导作用。为普及会务知识和卫生救护知识，我们还编印了《会员须知》25000份，其内容包括赵紫阳总理关于中国红十字会工作的谈话摘要、谭云鹤副会长在四届二次理事会上的工作报告、"中国红十字会章程""中国红十字会的八十年"及有关会务知识和急救知识等。各地、市红会编印的各种宣传材料（不含武汉市）计十四个品种，两万余份。这些宣传材料对于普及红知识，扩大红会影响起了积极的作用。

密切了与报社、电台、电视台等新闻部门的联系，省红会开展的一些比较大的活动，如春节慰问、"六一"联欢、接待外宾、举办学习班、夏令营等消息都上了省报，夏令营活动还上了电视，扩大了红会影响。襄樊市红会通过举办记者招待会的形式，向新闻界广泛宣传红十字会的性质、宗旨和任务，获得新闻部门的一致好评，他们称赞红十字会是精神文明的窗口，表示今后要更主动积极地宣传红十字会的工作。

今年虽然做了一些工作，但与上级的要求还差得很远，由于受编制、经费等客观条件的限制，再加上我们主观努力不够，因而在保证完成组织发展这个重点任务之外，其他方面的工作就做得比较欠缺。明年，我们决心充分利用现有条件，挖掘典型案例，努力进取，争取在开拓红十字工作新局面中有新的较大突破。

湖北省红十字会

一九八六年十一月二十五日

原件藏湖北省红十字会档案室，档号：1986－Y－002

湖北省红十字会关于开展
"88 体育援助计划"活动情况的小结

（一）国务院批复文件下发后，我会即与省外事办等单位于 4 月 22 日向省政府递交请示，并及时得到了省政府的批转。6 月初，成立了湖北省组委会和秘书处。各地、市也相继成立组委会和办公室，当地政府均转发了通知。6 月中旬，省里召开第一次组委会会议，通过了"体育活动方案"和"募捐活动方案"，并就如何搞好这次活动进行了讨论和具体分工。拟在 9 月初举行一次记者招待会，由主任委员发表电视讲话，报社刊登宣传动员的文章；9 月 11 日省市联合在武汉举办"与时间赛跑"活动，请省市有关领导讲话和发言，路线由汉口新华体育馆到武昌洪山体育馆，沿途设大型宣传牌和广告牌，造成较大声势。在有关单位的大力支持下，这些计划多得到了落实，后由于我省灾情严重（湖北为全国三大重灾省份之一），省委书记动员集中一切人力、物力、财力进行救灾，故上述计划被迫取消。

（二）尽管如此，我省还是进行了一些补救工作。8 月初在我省黄冈地区举行全省体育夏令营，时间 10 天，人员 300 余人。9 月 11 日，在郧阳地区丹江口市举办了全省边远山区马拉松长跑和万人千米跑活动，声势较大，影响也较好。同一天，十堰市、荆门市、荆州地区等地、市均开展了长跑活动，当地政府党政主要负责同志都出席仪式并讲话。各地、市、县也组织了中小学生长跑或夏令营活动。据初步统计，

工作汇报

125

参加这次活动的人数达 100 万人次之多，可以说是空前的。

为了搞好募捐活动，除进行大量的宣传工作，各地还开展了义演、义赛及义诊、义卖活动，十堰市组织的（得）较好。我会购纪念章 3 万个，印制手帕 15 万条，全部义卖完，还不够需求。十堰市又自印手帕 3 万余条，荆门市印制背心 2000 余件。省会组织人力开展小规模的"555"乒乓球国际比赛的募捐活动，十堰市、荆门市等地开展了不同形式的募捐活动。由于全省灾情严重，除义卖在全省各地开展外，募捐活动仅在较小范围内进行。据不完全统计，募捐、义卖款为 15 万余元。

因武汉市此次活动尚未结束，故上述数字均不包括在内。

存在的问题：

（1）近年来社会上各种募捐、摊派甚多，而多为行政命令性的，故单位和个人均有厌烦情绪。

（2）"555"国际乒乓球比赛（属总会计划）活动在武汉举行，因总会不派人参加，失去了较好开展宣传活动的机会。

湖北省红十字会

一九八八年十月十四日

原件藏湖北省红十字会档案室，档号：1988－Y－006

湖北省红十字会一九九〇年工作总结

一九九〇年，我省红十字会工作在党的十三届五中、六中全会精神的指引下，在省委、省政府的领导和总会的具体指导下，围绕学习、贯彻中国红十字会"五大"精神，继续突出组织建设的重点，狠抓行业卫生救护培训，全面做好其它各项工作，较好地完成了全年的工作任务，取得了可喜的成绩。

一、大力宣传、贯彻"五大"精神

中国红十字会第五次全国代表大会的胜利召开，标志着我国红十字事业进入了新的发展阶段。我省各级红会组织采取各种形式，认真宣传、贯彻"五大"精神，使"五大"精神深入人心。

（1）层层召开理事会，传达贯彻"五大"精神。3月份，省红会召开了有省红会理事，地、市、州红会会长、秘书长参加的三届三次理事扩大会，传达贯彻"五大"精神，总结部署工作。各地、市、州红十字会也分别于 4—5 月份召开了理事会，结合传达贯彻"五大"精神，讨论安排了一九九〇年的工作。

（2）各级举办研讨会，学习领会"五大"精神。为认真领会"五大"精神，省红会于 5 月份在荆门市举办了有近 70 人参加的全省县以上红会专、兼职干部"学习贯彻'五大'文件精神研讨会"。系统学习讨论了李鹏总理的贺词、李铁映同志的重要讲话，以及《工作报告》《中国红十字会章程》等文件内容。大家一致认为，党和国家领导人的讲话，进一步明确了红会的宗旨、性质和任务，为我国红十字事业的发展指明了方向，《工作报告》和《章程》则是我们当前和今后一个时期红会工作的基本依据。大家一致表示：中央领导和各级领导都关心和支持红会工作，我们一定要结合各地实际情况，努力贯彻"五大"精神，为积极推动红十字工作稳步发展作贡献。

咸宁地区、武汉市等也先后以学习班、研讨会的形式，组织专兼职干部学习领会"五大"精神，研究讨论如何做好红十字工作。

（3）"五八"活动将宣传贯彻"五大"精神推向高潮。各级红会组织利用"五·八"红十字活动周，在社会上掀起了学习、宣传、贯彻"五大"精神的高潮。鄂州市红会名誉会长、市政协副主席阮宝洲，黄石市红会会长、副市长余旦溪，荆州地区红会会长、行署副专员刘涛清，孝感地区红会会长、行署副专员曾世民，神农架林区红会会长、副区长王宝明及部分县（市）领导同志纷纷发表电视、广播讲话，宣传红十字会的宗旨、性质，号召全体红十字会员响应"五大"召开，发扬人道主义精神，全心全意为人民服务。

一九九〇年"五八"活动较往年有新发展，参加社会活动的会员已由卫生部门、学校扩大到社会各界，活动单位由城市扩大到农村基层。"五·八"期间，红会会员响应"五大"号召，纷纷走上街头，深入厂矿、乡镇，开展"为民服务"活动。咸宁地区地直 19 个基层红十字会组成 28 个小组，由各基层红会会长或副会长带领，在闹市区、福利院、汽车站、工厂、农村等地广泛开展社会服务活动；沙市市红十字会组织社会各界在繁华的北京路开展"奉献一条街"活动；襄樊市两万多名红十字青少年组成"奉献大队"和服务小组深入街道、乡村开展服务活动；荆州地区的钟祥、仙桃等县、市医疗单位开展免挂号费、义诊三天的活动等均收到很好的社会效果。

各级红会组织充分运用电视、广播、报纸、杂志、黑板报、宣传栏等宣传渠道，大张旗鼓地向社会宣传，使更多的领导和群众认识红会，理解红会，支持红会。

"五·八"前夕，省红会印发宣传"五大"精神、红会性质、宗旨、任务的宣传材料1万份，及时下发到个基层单位；最近又印发了"五大"通过的新章程2.5万册。累计全省红会组织共印制各种宣传材料119790份，举办黑板报、宣传栏7618期，报纸、杂志刊登红会稿件464份（其中中央报刊38份、省33份、县市393份），电视报道256次，广播412次。5月8日，省电视台以头条新闻报道了省红会、咸宁地区红会、崇阳县红会的纪念"五·八"活动盛况。各地、市、州的电视、广播、报刊也对当地的"五·八"活动作了详尽的报道。

沙市市红十字会与市广播电视台联合举办了《红十字之声》每周二、五早晚各一次，历时五个月，系统地宣传了红十字运动的发展及现状，收到了很好的效果。

武汉市红十字会编排的《人道之光》电影，在湖北电视台播放后，加深了群众对红十字会的理解。该片在总会举办的"首届中国红十字电影节"上获三等奖。

二、组织建设稳步向前发展

（1）实现了98个县、市、区全部建立红十字会的目标。一九九〇年我省红会组织建设采取积极稳步的方针，重点放在基层，坚持建会必须发挥作用的原则，建一个，巩固一个；建一批，巩固一批。截止一九九〇年九月，全省15个地、州，98个县、市、区全部建立了红十字会，基层红十字会由一九九八年底2907个发展到6208个，会员由476054人发展到785670人（占全省人口总数的1.46%），超额完成了全年规划所提出的任务。这是全省红十字会工作者共同努力，艰苦劳动结出的丰硕成果，它标志着我省红会组织建设工作迈上了新的台阶，进入了全面发展的新阶段。

（2）农村乡镇建会工作初见成效。农村乡镇建会工作在前两年的基础上，一九九〇年有了较大的发展。各地、市普遍抓了一两个县的农村建会试点工作。随州市35个乡镇，1030个村（居）委会，632所学校，495个行政机关、企事业单位和厂矿建立了红十字会组织，并发展会员12.4万多名，占全市总人口的8.64%。他们根据农村的特点，组织红十字会员为2159个无劳力户助耕、助种、助收9614亩，为5800名孤寡老人和伤残人开展"三定一包"服务，并为1000多名孤寡老人建立了健康档案，深受广大农民群众的欢迎。宜昌县、远安县乡镇红会建会率均达到100%。远安县5个乡镇红会配备了兼职红会干部，2个乡镇红会落实了专项活动经费。浠水县 26 个乡镇已有 25 个成立了红十字会，发展会员 9986 人，占总人口的 1%。大冶县 21 个乡镇全部建立了红会组织，其中保安镇发展基层红会组织 41 个，会员 2934 人，占总人口的 5.2%，并成立了红十字救护队和义务献血队。大部分村组都有经过培训了的红十字义务急救员，先后成功地抢救了有机磷农药中毒、工伤、车祸及其它意外事故伤害者 100 余人。

荆州地区、十堰市均注意抓基层组织的巩固工作，荆州落实了会员登记造册工作，十堰市注意抓基层组织的活动，将目标任务、社会服务活动分解到基层，按月（节日）活动，有要求、有检查。

（3）会费收缴工作基本形成制度。"五·八"期间会费收缴已在全省形成制度。黄石市 80.4% 的基层组织、71.7% 的会员按时缴纳了会费；武汉市单位和个人缴纳会费的比例分别达到 70% 和 68.2%；沙市市团体会员单位收缴率达到 85.7%；黄冈地区缴纳会费人数达会员总数的 53.2%，其中黄梅县 3486 名会员全部缴纳了会费，阳新县会费收缴率也达到 80% 以上。

三、卫生救护训练有新的突破

（1）机动车驾驶员卫生救护培训全面铺开。自去年在少数城市开展的机动车驾驶员卫生救护培训工作一九九〇年已在全省铺开，各地、市、州红十字会均分别同公安、交警、卫生部门联合下发了在本地区开展驾驶员卫生救护训练的文件，荆门、鄂州、黄石、宜昌等市完成机动车驾驶员卫生救护培训数占驾驶员总数的 33% 以上，武汉市已完成培训总数的 55%，孝感、郧阳、咸宁、荆州均在部分县市开展了机动车驾驶员卫生救护训练的试点工作。黄冈地区在英山县召开的驾驶员卫生救护培训工作现场会，推动了全区各县、市驾驶员卫生救护培训工作的全面展开。目前，该地区举办驾驶员卫生救护培训班 143 期，培训驾驶员 6110 人。宜昌县红会把驾驶员卫生救护培训工作提到重要议事日程，名誉会长、会长亲自过问，卫生、交警部门紧密配合。目前，已培训驾驶员 6645 名，占应培训人数的 95% 以上。宜昌地区在该县召开现场会，推广了他们的做法。

沙市市在去年完成全部驾驶员卫生救护培训工作的基础上，一九九〇年又完成了 6430 名驾驶员的复训工作，占去年培训总人数的 80.35%，为 4837 辆机动车装配了急救包，装配率为 75.22%。

截至目前，全省共培训驾驶员 44694 名，不少经过培训的驾驶员已在意外事故抢救中发挥了作用。

（2）红十字安全交通线初具规模。红十字安全交通线建设得到我省各级卫生行政部门领导的重视及支持。根据一九九○年计划安排，省红十字会重点抓了武汉至宜昌、襄樊至武当山两条骨干公路的红十字安全交通线建设。9月份，省红会组织部分地、市秘书长对武汉至宜昌县318国道公路沿线的汉阳县、仙桃市、潜江市、江陵县、枝江县、宜昌县等六个县市的急救网络建设进行了全面检查。目前，该线已建成红十字急救中心、急救站、急救点98个，培训了一批业务骨干和农民急救员，初步形成了红十字三级卫生救助网络，在现场急救中做出了成绩。

各地市根据本地特点，对境内的主要公路沿线也进行了安全交通线的建设。通山县从界水岭到九宫山沿线建立了15个急救站、点，并进行了检查验收。59名义务急救员现场表演，动作熟练，达到了预期要求。十堰市在进出市区交通要道设立四个红十字急救站，救死扶伤，助人为乐，发扬人道主义宗旨，取得了很好的社会效益。

省红会在总结各地经验的基础上，制定下发了《湖北省红十字安全交通线建设标准》（试行）。

（3）其它行业的群众性卫生救护训练已开始起步。驾驶员卫生救护训练带动了其它行业的卫生救护培训工作。黄石市在做好驾驶员培训工作的同时，对全市9个煤矿进行了三级急救网络的建设，建立了基层红会组织，培训井下班组长、安全员、放炮员等不脱产红十字急救员1039名，初步实现了井下工人小伤小病能及时诊治，碰到意外事故时，能及时进行现场处理，从而有效地保护了劳动力，深受广大厂、矿、工、所称道。

十堰市举办了电工卫生救护培训班，荆门市培训了300名传播驾驶员，其它地市在饮食、商业、旅游等行业进行了培训，均受到群众的欢迎。

据统计，去年全省有709633人接受了红十字会组织的卫生救护培训。

（4）无偿献血工作取得成绩。黄石市在"五八"期间，开展了第二次无偿献血活动，有240人报名，经体检，有150人无偿献血，共3万毫升。省电视台播放了动人的献血场面。该新闻已被评为省优秀电视新闻节目一等奖，并被推荐参加全国评比。

宜昌市在一九九○年开展的无偿献血活动中，有21人无偿献血共4200毫升。

四、社会福利工作面不断拓宽

（1）社会服务工作有新的发展。对散居在社会上的孤老病残和烈军属开展的定时、定点、定内容的包户服务活动已在各级红会展开。石首市红会对全市孤老病残人进行了全面摸底调查和注册登记，分片包干，服务上门。仙桃市红会在春节期间组织各基层红会筹集（价值）21900元的年关物资，在市长刘贤木的带领下，对全市 384 名孤老病残人和烈军属户等进行了慰问，给他们送去棉衣、棉裤、肉、鱼、蛋、糖、年画等，深受群众赞扬。

春节前，韩南鹏会长带领省红会干部慰问了云梦县沙河乡李店村、张垸村的特困户村民。省红会还慰问了咸宁市汀泗桥镇骆岗村的特困户、五保户，阳新县血防站和浮屠街镇的晚期血吸虫病人及潜江、天门麻风病院的病人，为百户村民送去了羊毛被、猪肉、白糖、糕点及新春对联等。

元旦、春节期间，我省各级红会均开展了形式多样的慰问活动，覆盖面之广为历年少有。

郧阳地区红会派出两个医疗队深入山区开展为期半年的医疗扶贫工作，并从红十字活动经费中为 442 名特困病人减免医药费 2500 元，深受农民群众欢迎。

鄂西州组建救灾医疗队 16 个，黄冈地区红十字会也多次派出医疗队赴灾区、老苏区防病治病，群众反映很好。

（2）广泛开展群众性自救互救活动。为了更主动积极地参与救灾扶贫工作，武汉市红十字会在市收容站内建立了武汉市红十字会备灾扶贫物资募捐站，向全市各界发出了《关于筹募备灾扶贫物资的倡议书》。不到两个月时间，募捐站收到群众捐献的各种旧衣服 60 多万件。经过整理分类，大多数已发放给黄陂、武昌、新洲、竹溪等县和湖南省湘西自治州贫困乡村的灾民。

各地、市、州红十字会均配合当地政府积极参与了救灾工作。罗平县平湖王家垸发生历史罕见的山地滑坡，人民生命财产遭受到严重损失。罗田县红会及时向社会各界发出募捐倡议，20 天内收到捐款 31521.26 元、粮票 859.7 斤、衣物 1400 余件。县红会及时将这批物资送到灾民手中，帮助灾民迅速恢复生产，重建家园。远安县今年（遭遇）"8.14 洪水"灾害后，县红会积极参与救灾工作，倡议募捐。在一周内有 5000 人捐款 9 万多元、粮票 5 千多斤，帮助灾民渡过了难关，受到了党和政府的赞赏、社会的好评。

武昌县河脑乡遭受龙卷风袭击，灾情严重，武汉市红会及时发出《关于为武昌县河脑乡筹募救灾款的倡议书》，很快收到会员捐款5万多元，市红会将募捐款和2万件群众捐献尚未进库的衣服及时送到灾民的手中。

郧阳地区遭受风暴冰雹袭击后，竹溪、竹山、房县和丹江口市红会纷纷向社会发起募捐活动，为灾民送去现金11540元、粮票2504斤、衣物1200件。

对于一些遭受天灾人祸的家庭，各级红会组织发动会员开展互助活动，充分体现了社会主义大家庭的温暖。黄冈地区红会，黄石市、十堰市、宜昌市红会，丹江口市、仙桃市、宜昌县、通山县红会均为本地区的不幸者开展过小范围的募捐活动，使濒临死亡的患者又获得了生活的希望。

在遭受自然灾害和意外事故伤害时，各级红会组织充分发挥其群众性、社会性的优势，组织发动会员广泛开展自救互救活动，确是起到了替政府分忧、为群众解难的作用。

（3）部分经济实体日渐发挥效益。武汉市红会所属的药材公司和采血站一年就为基金会提供几十万元的利润，为红会开展社会福利工作提供了物质基础。

十堰市红会为加强对社会福利工作的领导，成立了社会福利开发处，下属两个门诊部、药品批发部、汽车配件经销部、汽车电子闪光灯生产厂等。这些经济实体，都获得了一定的社会效益和经济效益。

（4）筹备成立了湖北省晚期血吸虫病人抢救基金会。遵照省人大七届三次会议所通过的《政府工作报告》的精神，在省委、省政府的重视、支持下，筹备成立了湖北省血吸虫病人抢救基金会，并已着手开展基金筹募工作。经过三个多月的努力，目前，省直单位，咸宁、荆州地直单位已开始行动，截止二月底，已募集捐款143081.29元。

五、红十字青少年工作跃上新台阶

（1）为了加快学校红十字组织发展的步伐，1990年9月，省红会会同省教委下发了《关于加强学校红十字青少年工作的意见》。部分地市，如沙市市、襄樊市、咸宁地区有的县均建立了红十字青少年工作委员会，加强了对红十字青少年工作的领导。沙市市红会与市教委联合组成红十字青少年工作委员会，教委主动把红十字会工作纳入学校工作内容，各校纷纷成立红十字会，扭转了沙市市红十字青少年工作的被动局面。

仙桃市红会与市教委联合制定了《仙桃市学校红十字工作管理细则》，使学校红十字青少年工作有章可循。

襄樊市卫校将红会工作纳入学校教学计划，校《教学简讯》不定期出红十字工作专辑；采取公开招标形式招聘7名有事业心的红十字青少年干部；表彰了6个先进集体和59名先进会员，并授予2名干部为"最佳红十字青少年干部"的光荣称号。这些措施有力促进了校红会工作朝正规化、经常化、制度化方向发展。

（2）在红十字青少年中广泛开展会务及卫生救护知识教育。据统计，全省有47592名红十字青少年接受了初级卫生救护训练，不少小会员已成为学校卫生保健工作的骨干。宜昌市五中在全国红十字青少年会务及卫生救护知识竞赛中，获得3个二等奖、7个三等奖、38个四等奖，获奖人数居全国之首。在总会举办的"全国红十字青少年《我与红十字》有奖征文竞赛"活动中，武汉市中国地质大学附中徐风琴获一等奖，武汉市、襄樊市、宜昌市各有一位同学获二等奖，宜昌市三位同学获三等奖。

（3）开展适合红十字青少年特点的活动，融教育于娱乐之中，已成为各地红十字青少年工作的共同特点。十堰市红会组织全市中小学举行眼保健操比赛，有效促进了各校眼保健操的顺利开展。鄂州市红十字会举办的以"敬老助残，助人为乐"为主题口号的红十字青少年夏令营，使红十字青少年从小养成良好的道德风尚。武汉市红十字会举办的红十字青少年儿童画展，选出400幅作品展出，其中有1幅作品获"国际儿童画展"二等奖，4幅作品获三等奖。

据初步统计，去年全省共举办各种类型的红十字青少年夏令营309期，参加夏令营活动的红十字青少年7622人。

六、台湾事务工作有新的进展

一九九〇年，我省各级红会除继续做好为台胞台属查人转信的工作外，各地还协助对台办处理了大量的探亲衍生问题。

台湾红十字会副秘书长常松茂先生的夫人刘凤子在归国探亲途中突发急性肠梗阻，被送往宜昌市第一人民医院治疗。刘凤子住院治疗期间，总会台湾事务部张希林部长、省红会叶丽珠秘书长亲往宜昌探视，宜昌市红会副会长王浚山、王俊峰等同志更是多次与医院领导研究治疗方案，为病人提供各种方便。在多方努力下，使腹部曾动过5次手术、68岁高龄的刘凤子顺利地接受了第6次手术，转危为安。刘凤子返台后，常松茂先生夫妇特意在台北定做了一个镀金赠盘带回大陆，送给宜

工作汇报

昌市第一人民医院。盘上镶嵌有"仁术济众"四个大字，以表达他们的感激之情。

另外，在外事工作方面，我省与联邦德国巴符州红会保持着友好关系，双方红会会长多次用书信等方式交流友谊。

总之，一九九〇年我省红会工作出现了全面发展的好势头。我们体会到，红会工作之所以能够有今天的局面，首先应该归功于各级党政领导对红十字会的关心、爱护与支持。如随州市委、市政府将红会工作列入议事日程，市委书记杨宝生专门召开常委会听取红会工作报告，并以市委、市政府办公室名义批转市红会"关于全市1990年红十字工作实施方案的报告"；市红会编制由2人增加至4人；市委顾问、市人大副主任、市委副书记、副市长等均参加了一九九〇年市红十字会召开的工作会议；市领导还亲自到基层考察红会工作。襄樊市政府及时肯定了随州市的做法，在第13期《政府工作报告》中，表扬"随州市委、市政府非常重视和支持红十字事业的发展"，并号召"各地进一步重视和支持红十字工作，更好地发挥红十字会的作用"。在襄樊市、随州市党政领导的重视、支持下，随州市的红十字工作取得了突破性的进展。我们的第二个体会是，红会工作的发展离不开全省红会专、兼职干部的共同很努力。经过几年的工作实践，我们红十字队伍已经涌现出一批脚踏实地、埋头苦干、大胆创新、勇于开拓、热心红十字事业、有一定政策水平和活动能力的专兼职干部。这是我们红十字事业的宝贵财富，也是我们的希望之所在。

过去一年，我们的工作取得了不小的成绩，但也应该看到：各地组织建设发展还不平衡；卫生救护培训工作还存在许多困难，需要我们去做工作；红十字青少年学校建会率与总会五年规划要求还存在不小的距离；尽管我们达到了98个县、市、区全部建会的目标，全省争取了95个红会编制，但健全组织机构的任务还很艰巨，少数县市区红会仍是空架子，没有专干，没有经费，也很少开展活动。因此，我们要采取切实有效的措施，完善充实现有组织，广泛开展各项活动，增强红会自身活力。只要全省红会干部、红会会员和志愿工作者勇于开拓，奋发进取，我省红会工作一定会在中国红十字会第五次全国代表大会精神的指引下，沿着健康发展的道路奋勇前进。

原件藏湖北省北省红十字会档案室，档号：1990－Y－009

从武汉红会活动实践论述红会的作用与地位

——省红会三届四次理事扩大会议交流材料

"五大"以后，全国各地红会工作有了很大的发展，形势十分喜人，红十字会以她崇高事业的发展和所进行的大量引人瞩目的活动，日益显示出其他组织不可替代的地位和作用，加强了人们对红会事业的理解和认识。实践证明，各级红会组织只有通过开展广泛的活动，充分发挥其政府助手的作用，以为政府分忧、为群众解难的行动去宣传自己、影响社会，才能得到各级领导的重视和博得社会各界的支持。

武汉红会恢复工作十一年，艰苦创业，勇于实践，组织从无到有，机构由小到大，活力由弱到强，她在我市已经具有覆盖全市城乡，遍及街道学校，涉足各行各业，拥有二十八万会员、一千六百多个基层组织、九个经济实体和一个有相当实力的基金会，被社会视为举足轻重的群团组织。

几年来，武汉市政府十分重视我市红会的建设，给予了机构列位、人员列编、财政列支、政策例外（给经济实体优惠政策）、工作列位（纳入政府议事日程）。在国家财政十分困难的情况下拨款四十多万元，为红会新建了六百多平方米的办公楼。市委、市政府三次签发"参阅件"，向全市领导介绍红会活动情况，分管市长多次在公开场合宣传红会的地位和作用，给我市红会工作创造了十分有利的工作条件。红会在全市的声誉和地位日益提高、作用越来越大，被社会赞誉为"政府的好助手，人民群众的好朋友，党联系群众的纽带，卫生部门的好帮手，学校培养人才的一支重要力量"。

几年来武汉红会始终坚持以人道主义为宗旨，充分发挥自己所特有的卫生救护和社会福利群众团体的优势，把着力点放在当好政府助手的基点上，大胆开拓、勇于进取，在积极扩大红会组织、广泛开展卫生救护和社会福利工作、加强对红十字青少年的培养教育、为海峡两岸同胞牵线搭桥等方面做了大量的工作，通过这些丰富多彩的全方位的活动，使红十字的影响日益深入人心。我们认为，红会的作用靠开展活动来体现，红会的地位靠做出实绩来认同。

第一、建立健全各级机构，不断扩大红会组织。健全而规范的组织机构，覆盖面广泛的基层组织和众多的会员群众是开展红会活动的组织

135

保证，也是发挥群团组织优势的基础。我市红十字组织近几年发展很快，覆盖面之广、会员人数之多在我市红会发展史上是空前的。市、区（县）两级红会基本上做到机构、人员、经费三落实，各级红会组织逐步向工作有计划、考核有目标、实施有方案的方向发展。几年来，武汉市红会先后制定了"武汉市红十字会组织规程""武汉市学校红十字工作考核标准""区县红会目标考核百分制标准""红十字基金会管理条例""红十字急救员标准""会员会费收缴和管理条例"等一系列规章制度，使我市红十字工作迈上了新的台阶。全市一千多个基层组织，二十八万会员遍及城乡各行各业，这些与群众有着密切联系的基层组织和广大会员常年不断的、默默无闻的在各自的工作岗位上，宣传卫生知识、防病治病、扶危济困，每年都做了数以万计的好事，办了许多有关部门顾不上、来不及办的实事，涌现了一大批优秀的红十字工作者，在群众中获得了良好的反映，他们不愧为群众的"好朋友"，这种联系群众的广泛性、全面性是任何其他群众组织所无法比拟的。

第二、广泛开展敬老助残、扶危济困的社会服务活动。中国红十字会是一个有悠久历史和光荣传统的为群众谋福利的社团组织。她以人道主义为宗旨，以救死扶伤、扶危济困、敬老助残、助人为乐为己任，她经常教育自己的会员，一定要牢记宗旨，发扬无私奉献精神，为群众做好事办实事。武汉市红会从一开始就十分注意从为群众办实事入手，做一些力所能及的、有关部门顾不上管不过来的好事和实事，逐步建立起红十字系统的服务网络。现在已经在全市形成了服务网络，一是建立了遍及全市的"三定一包"服务小组。即定人、定时、定内容，对一户孤寡老残或烈军属实行包干服务，全市有五千多名会员和红十字青少年采取小组承包或"一条龙"服务方式为散在社会的一千多名孤残人生活服务。包括家庭护理、代买米买煤、洗衣缝被、送医送药、节日慰问，形成了一个全市性的服务网络。二是积极主动参与救灾扶贫工作，市会每年从所兴办的经济实体上缴利润中拿出十余万元用于扶贫救灾等福利活动。如已经连续办了四年的每年春节前夕为散在社会的孤寡老人赠送"三个三"（肉、鱼、蛋各三斤），为孤儿院、育幼院的孤儿送"压岁钱"和节日礼品。每次都有各级领导参加的这些大规模的赠送慰问活动，总是牵动着全市群众的心，很多人都说"如今真是孤老不孤，还是社会主义好"！每当老人和孩子手捧红会送来的钱物，总是口口声声感激党、感激政府。一九八六年以来我们还多次深入老苏区，了解苏区人民的疾病，在苏区文教事业、儿童保健、五保老人、卫生饮水等方面，都办了一些实事，红十字工作者把党的温暖和关怀送到苏区人民的心里。此外，各级红会组织还主动参与救灾工作。仅一九九〇年，我市红会就为我市武昌县、黄陂县、新洲县及省内外的一些地区分别送去了衣服四十余万件、救灾款七万余元，及时解决了当地群众的燃眉之急。

（从）一九八五年开始，武汉红会先后办起了"红十字药材公司""红十字采血站""门诊部""针织厂"等九个经济实体，这些经济实体六年来为红十字基金会积累了一百多万元资金，为红会开展福利工作提供了资金来源，去年建立的"扶贫备灾仓库"更为社会救灾增添了后劲。红十字会从事的这些福利活动，与政府大面积的工作无法相比，但它确实使成千上万的群众受益。有些政府部门包不下来而群众又求解决的事，红会会员主动去帮助便得以解决，红会工作中有许许多多催人泪下的小故事，常常起着激励人们更加团结、更加奋进的作用。更重要的是，它倡导了一种关心他人、乐于奉献的良好风尚，密切了党群关系，增强了党和政府的凝聚力，起到了党联系群众的纽带和桥梁作用。这种作用寓于红会活动之中，它像涓涓细流，渗透在群众的心田，有一次我市市委一位领导看到基层红会开展的活动后，即兴题词："真心善事善办，帮民扶危济困；自强自尊自信，为党立传树碑"，横联"大有所为"。

第三、开展卫生救护训练，群众性救护网络正在形成。卫生救护工作是红十字会的传统业务，这几年红会救护训练由于实行条块结合，有计划地按行业归口，使训练工作更加落到实处。一九九〇年，我市拉开了对十多万驾驶员的急救培训序幕。在硚口、江岸两个区举办培训班68期，受训司机二万多人。通过训练，不仅为学员传授了急救保健知识，同时将红会的影响传遍了千家万户。另外乡村公路沿线和城区四级急救网络的建设也正在形成。汉沙公路在我市汉阳县辖段的七个急救站，已经开始为过往的车辆和行人进行救护服务；硚口区四级急救网络的巩固和发展，为及时抢救生命赢得了时间。里弄门栋急救员小组的工作已经在部分城区开展，居委会红十字卫生站和门栋急救员，每天都在为左邻右舍的伤病员进行小伤小病防治服务；十九支厂矿企业的救护队正在生产第一线为生产、为工人的健康与安全做出贡献。全市性的急救网络正朝着联片联网的方向发展。红会通过这样大规模的救护训练，这种全民性的自救互救服务活动，已经向人们显示了这个组织的特有作用。由于多年的坚持，各级红会组织训练了一大批能防能治、善于宣传群众、动员群众的卫生骨干，他们活跃在各个角落，成为卫生部门各项工作的得力助手、成为传播卫生知识的重要力量，也是急重病人身边的"第一卫士"，红十字会以这种专有的业务向社会展示了自身救死扶伤的人道主义宗旨，成为卫生行政部门的好帮手。

此外，红会在学校的工作也是十分活跃的。武汉红会在学校的红十字青少年会员达 12 万多人，通过组织他们开展活动，提高了学生智力，增长了学生才干，强化了奉献精神，对于青少年起到了特殊的教育作用，深受学校老师、学生家长和同学们的欢迎和爱戴。至于对台工作中发挥的促进祖国统一的作用，已经是全社会有目共睹之事了。

对以上这些活动所起的作用，可以用我市红会会长、副市长高顺龄同志所归纳的八个方面来加以概括："对于密切党群关系起了纽带的作用，对于增强党和政府的凝聚力起了引力的作用，对于促进安定团结、建立稳定社会机制起着推进作用；对于建立新型人际关系，促进社会文明起着强化作用；对于建立社会保障体系，起着不可取代的补充作用；对于建立卫生急救网络起着打基础的作用；对于青少年的全面发展起着特殊的教育作用；对于计划生育国策的实施起着综合治理的促进作用"。

综上所述，我们可以清楚地看到红十字会是各级政府的得力助手，在社会主义国家同样起着别人不可替代的特殊作用，它所进行的一切活动完全符合社会主义国家一切从人民利益出发的原则，完全符合党关于依靠群众、密切联系群众的要求，红十字活动开展得越有力，人民群众越是热爱党、热爱社会主义；红十字精神越是得到弘扬，人民群众的文明素质越会得到提高。在中国这样一个人口众多、幅员辽阔的大国，政府永远不可能把群众的事全包下来，必须依靠各具职能的群众团体来发挥作用，才能把中国的事情办好。红十字事业是大有可为的，任何悲观的论点、无所作为的论点，都是错误的。只要我们从事红十字工作的干部有为红十字事业献身的精神，怀着满腔的热情，坚忍不拔地去开拓我们的事业，相信这一崇高的事业一定会在我们社会主义祖国得到更多的理解和支持，红十字精神一定会弘扬光大。

武汉市红十字会

一九九一年元月

原件藏湖北省北省红十字会档案室，档号：1991－D－006

少数民族地区开展红十字工作的几点体会

——鄂西自治州红十字会

我州红十字会结合鄂西少数民族山区的特点和我会工作晚的实际，在狠抓基层组织建设的同时，加强红十字医疗队的建设，把抗灾救灾工作作为开展山区红十字会工作的突破口，为各族人民群众树立起看得见、摸得着的红十字形象。如今"红十字"在鄂西土家苗寨已越来越为各族兄弟姐妹熟悉和敬仰。

我会在开展以上活动中，主要做法是加强了三个宣传，实行了三个结合，取得了三个效果。

一、三个宣传

（1）向领导宣传。"红十字工作搞得好不好，关键在领导，领导重视得够不够先是宣传透不透"。这是红会干部的共同经验。我会重视"开发领导"的工作，特别是在中国红十字会第五次代表大会（以下简称"五大"）精神的鼓舞和省红会及时召开的三届三次理事（扩大）会议精神激励下，我会干部振奋精神，克服人员少、经费紧张的困难，挤出经费大量翻印"五大"材料送到州、县市党政领导及各理事手中；同时召开全州红十字会工作会议；换届选举，产生第二届理事会理事，调整充实理事会成员，落实了专职秘书长。通过宣传，使各位领导和理事认识到，理事在红会的作用，不只是挂个名，还得真正理起事来。在去年我州大规模纪念"五·八"活动中，州政府副州长、红会会长李贵生等领导同志亲临现场慰问、指导工作，他们深有感触：红会这个组织确实是政府的好助手，为提高山区人民的素质、治穷治愚、开发建设鄂西也需要红十字会的力量，应该把此项工作纳入政府议事日程。常务副会长、州卫生局局长傅锦瑜同志重视红会工作，不仅把它列入全年卫生工作要点之一，而且亲自领导红会干部学习贯彻"五大"精神。同时采取"见会插一脚"的方法，对上抓紧时机，汇报红会工作；到基层利用一切机会向各级领导宣传红会，强调各级红会要积极主动协助政府参与抗灾救灾工作，以实际行动赢得全社会的理解和支持。

（2）向社会宣传。红十字会在社会上早有盛名，人们也知道红会是为群众办好事的组织，但在有的单位注重经济效益的今天，红会的许多活动也会遇到一些阻力，比如说红会为帮助和发动群众开展自救互救、

139

自助互助等宣传培训活动时，有的人认为没有这个必要，甚至极少数同志还说上街义诊影响市容、借房屋搞培训要收房租等，难以得到社会的支持和配合，给红会工作带来了一定的困难。针对这些情况，我们采取多种形式，利用报纸、广播、图片、电视广泛地向社会宣传，说明红会是以服务、奉献、扶助等精神为宗旨，使社会加深了对红会的认识，得到了社会的普遍拥护。在去年"五·八"世界红十字日纪念活动时，我会上街义诊，有的单位主动为我们腾出了场地，借来椅子，还送来热腾腾的开水；当人们看到一些名老医生都佩戴红十字袖章走出医院大门，上街义诊时，群众纷纷赞叹："这个组织好，难得，原来只能在电视里见到的，在我们山旮旯里也见到了"。

（3）基层宣传。我州各县市红会大部分是在近年内建立起来的，为充分发挥基层红会的力量，使基层红会干部熟悉会务知识，深刻领会"四大""五大"精神，我会在经费紧缺的情况下，仍为基层红会订阅红十字宣传手册；选派干部赴省参加各种学习培训班。为把工作做得深入细致，红会干部经常深入基层调查，与基层干部共同努力，解决实际问题。

二、三个结合

（1）结合州情，找到开展山区红会工作的突破口。我州是典型的"老、少、边、山、穷"地区，地域宽广气候复杂，暴雨、洪涝、冰雹、大风、干旱等自然灾害发生频繁，每年大约有 250 万亩耕地、230 万农村人口不同程度地遭受各种自然灾害的袭击，由灾害直接造成的经济损失平均每年在 1.5 亿元以上，给山区人民造成了巨大的灾难，严重影响了山区经济建设的发展。灾害和贫困一直困扰着山区各族人民，面对山区人民的痛苦和损失，党和政府重视救灾工作，我会本着人道主义宗旨，从州情出发，密切配合政府开展救灾工作，在救灾活动中全面推动我州红十字会工作。

（2）与卫生部门结合，加强红十字医疗队建设。我会在经济基础薄弱的情况下，全力与卫生部门结合，发挥卫生系统红十字会组织的优势，加强了红十字医疗队的建设，由 1989 年的 4 个红十字医疗队增加到现在的 16 个。医疗队由灵活精干、医疗技术水平高、责任心强的红十字会员组成，在发生紧急重大伤病事故或自然灾害时能及时赴现场抢救伤员，安置群众开展灾后防疫治病，在没有受灾或者灾情较轻的地区，广泛深入地发动救灾募捐。如去年，我州持续 83 天的特大干旱，造成水源干涸，致使不少地方人畜饮水极为困难，部分地区痢疾等肠道传染病暴发流行，我会立即行动起来，号召全州各级红十字组织积极主动配合政府把抗灾救灾作为一场硬仗来打，充分发扬红十字精神，为政府分忧、动员社会力量，帮助群众渡过了难关。如，恩施市屯堡区是痢疾流行的重灾区之一，我会闻讯后立即派出州直及恩施市红十字医疗队送医送药到该区，直到治好了患者，又捐赠了一批预防治疗药品才离开山寨。由于严重旱情、林焦草枯，火灾也频繁发生，如去年9月10日上午，长江巫峡口岸大面山发生火灾。巴东县红十字会副会长、卫生局副局长邹建根同志听到警报后立即抽调红十字医疗队，高举会旗奔赴火场，进行现场救护，减轻了人员伤亡程度……

（3）与民政部门结合，及时了解灾情，为灾民送温暖。为了改变山区的贫困面貌，党和政府把抗旱救灾工作当作头等大事抓，我会领导高度重视，主动参与救灾，不仅仅是为政府分忧，为群众解难，同时作为宣传红会、扩大红会影响的重要途径和机会。我们与民政部门联系，在红会干部紧缺的情况下，抽出卫生局干部，密切配合民政局深入到饮水最困难的灾区，调查灾情，把掌握的灾情及时向上级汇报，同时积极响应州委、州政府的号召，配合民政部门为灾区人民募捐，我会近千名会员积极捐款共筹集资金1.5万元，同时动员全社会力量，不到一周时间，全州共捐资40多万元，用于重灾户解决饮水困难，把党的温暖带给了灾区人民。

三、三个效果

（1）得到了各级领导的重视和支持。通过宣传救灾和红十字医疗队的行动，使各级领导对红会有了新的认识，促进了我州红会组织的发展和其它工作的开展。如我州红会在落实专干后不到一年的时间，全州所辖六县二市全部建会，宣恩、巴东、来凤等县政府在财政困难、编制紧张的情况下，仍努力为红会解决编制和经费问题，并选择配备红会专干，为其工作的开展奠定了基础。同时得到上级红会的支持，在去年干旱时，我州分管红会工作的政府秘书长孙理祥同志亲自部署红会参与抗灾救灾的工作，帮助协调与电视台联系，免费为红十字会录制录相带。省红会叶丽珠秘书长、袁竟主任，不辞辛苦，顶着酷暑，翻山越岭来到我们鄂西灾区调查灾情并深入到与湖南交界的来凤县等具体指导组建和帮助落实编制、经费等问题，省会领导的到来，对我会是一个很大的鞭策和鼓舞，有力地促进了我会工作的开展。

（2）社会效益大为提高。我会在社会主义"两个文明"建设中，在"救死扶伤、扶危济困、敬老助残、助人为乐"等方面，发扬了红十字精神，尤其是红十字医疗队的行动，使灾区人民的生活及时得以安定，灾害留下的创伤及时得到医治，为山区人民树立了看得见、摸得着的红十字形象。如州医院红十字医疗队不仅灾情时抢先在前，还多次利用节假日，由副会长、党委书记李济同志带队到边远贫困山区义诊，到福利院为孤寡老人定期免费体检，建立健康档案，不但为孤寡老人检查了身体上的毛病，更重要的是，给他们送去党的温暖，抚平了他们心灵上的创伤。如红十字会员张冬平、李正香等人长期照顾身患空洞型肺结核合并肺癌的一位孤寡老人黄月英，到家里给老人看病、送药、打针、倒茶倒水，把药喂到老人嘴里，不仅从生活上关心老人，还从精神上鼓励，打消了老人多次想自杀的念头，使老人顽强地活下来，老人逢人便说："要不是党派来的好人我这条老命早就没有了。"周围的群众也很感动说："你们这样关心一个孤寡老人，现在的社会真是好。"红十字医疗队的行动，得到了社会的普遍称赞

（3）推动我州红会工作进入一个新阶段。在开展红会工作中，我会能正视面临的困难和（与）先进红会的差距，克服了悲观畏难情绪，找到了开展贫困地区红会工作的突破口，狠抓了红十字医疗队的建设，积极参与抗灾救灾，从而开创了我州红会工作的新局面。现在不仅全州六县二市全部建会，基层红会组织由1989年的13个发展到现在的107个，会员人数由1989年的1420人增加到20700人，而且大部分县市争取到经费，红十字青少年工作的开展，驾驶员的卫生救护训练等工作正在我州蓬勃进行。

我州红十字会工作在过去的一年里，取得了一些成绩，但离总会、省会的要求，离党和政府的期望，与各兄弟红会相比，相距甚远，我们的很多工作才开始起步，组织机构的健全任务重大，各基层组织的发展也很不平衡，红会经费无固定来源，限制了红会活动的开展。我会将在"五大"精神的指引下，继续克服困难、振奋精神、满怀信心，为建设具有中国特色的红十字事业努力，再努力！

一九九一年三月

原件藏湖北省北省红十字会档案室，档号：1991－D－006

随州市红十字会抓住重点转移　建好农村红会

我市位于湖北省西北部，在桐柏山、大洪山之间，炎帝神农氏诞生

之地，曾侯乙编钟驰名中外，堪称古乐之乡、旅游之胜地。总面积6900平方公里，全市所辖8个乡、22个镇，4个城区办事处、1个国营农场，计983个行政村、47个居委会，总人口143多万人，其中农业人口122多万人，占85%以上，现有耕地面积150多万亩，农村人均年收入近700元。汉丹铁路、汉十公路横贯我市中部，交通十分方便。

我市红十字会组建于1987年5月，到1989年底，全市已有16个乡、镇及33个行政村先后建立了红会，这些红会组织当时完全挂靠在乡、镇卫生院和村卫生室。在建会过程中，一是建会前没有进行广泛的宣传和发动工作，群众对这个名词一无所知。二是建会时没有举行任何仪式，群众不知道当地已建了红会。三是领导机构不健全，只有会长，没有理事。四是建会后基本上没有开展活动，红会实质上已成为卫生部门的一个附属及虚设的机构。

一九九〇年，襄樊市红会根据中国红十字总会和省红十字会关于做好农村红会工作试点的精神，确定我市为农村红十字工作试点市，要求我们在工作中做出成绩，探索一条新路子。元月份，我市红会工作的重点由城市转向农村。我们在一年的工作中，以宣传工作为先导，以组织建设为重点，以开展活动为根本，确立了"工作有班子、实施有计划、发展有规划、督促有检查、效果有评价"的农村红会发展战略，并取得了一定成效。截止一九九〇年底，全市8个乡、22个镇、4个城区办事处、1个国营农场，所有医、药、卫生单位，驻随五大厂矿，政府十大战线中的五大战线已全部建立了红会组织，142个管理区建会率达100%，47个居民委员会，建会42个，占89.36%；983个行政村，建会956个，占97.25%；在638所应建红会的高、中、小学、中专、技校中，现已建会632所，占99.5%（有500余所学校属村红会领导，未单独建会，所以没有做统计）。市商委战线在粮食局办点，取得了成功的经验，该局机关和在市直所属17个二级单位全部建会并配合行业中心工作开展了各项活动。全市在1439787的总人口中，发展会员（含红十字青少年）124399人，占8.64%。1个经济实体（市红十字会医疗卫生服务站）、1个红十字会医院、1个红十字会血站（血站目前设在红十字会医院内）。

在农村如何建会？对我市红会来说确是一个新问题，因当时红会几乎没有什么地位，更谈不上知名度，红会面临的是一无地位、二无钱、三无车子、四无权，既没有现成的经验可取，也没有固定的模式可套。我们感到担子重、压力大。为了开创我市农村红会工作的新局面，市红会领导没有等、观、望，在襄樊市红十字工作会议结束后，及时召开了全市红会常务理事会，在会议上，市红会常务副会长、卫生局长杨诚同志强调指出："各级红会领导及红会办的同志要抓住重点转移，把工作的中心转向农村，要深入基层、深入群众，搞好调查研究，多做实事，把这项工作看成是加强党和群众血肉联系的一个重要组成部分。"要求我们边建立组织、边发展会员、边开展活动。市人大副主任、市红会副会长方家礼同志提出了"一年建会、二年提高、三年巩固、四年发展、五年添花的工作目标"。我们根据领导的意见和本地的实际情况，制定了发展农村红会组织的具体措施，并在实践中不断地得到了完善。

一、政府支持是前提

国务委员李铁映同志代表党中央、国务院在中国红十字会第五次全国代表大会上指出："各地政府有责任积极支持红十字会的工作。"在农村红会组建工作中，我市红会领导积极主动地向市委常委汇报开展农村红会工作的打算，红会办事机构人员编制及经费列支等问题，市委常委在听取了市红会工作汇报后当场表示，红十字会拿出一九九〇年工作计划，市委批转；红会办公室人员编制由两个增到四人；红会活动经费由市财政部分列支。在取得市委、市政府的支持后，我们及时地开展了农村红会组建工作。一九九〇年二月九日，市委办公室、市政府办公室以文件转发了市红十字会一九九〇年红十字工作实施方案，并要求各地及各部门通力协作，保证红会工作的顺利开展。二月十八日，召开了全市红十字工作会议，市委、市人大、市政府、市政协的领导同志出席了会议，并作了重要讲话。会议总结了近两年来的工作，提出了今后的工作任务。要求各乡镇红会尽快地调整和充实理事会成员，积极建立和发展管理区及村级红会组织；未成立红会的乡镇，要充分做好乡镇红会的筹建工作，争取尽快建会。

二、领导重视是关键

我市的红会工作能逐步得到社会的认识、理解和支持重要的一条是领导重视，他们不断经常地过问、指导红会工作，而且事必躬亲、言传身带。老红军、老专员、现襄樊市红会名誉会长秦志维同志经常带领襄樊市红会的领导同志来我市检查指导红会工作。他们深入基层，找干部、群众座谈、了解情况，宣传红会的宗旨、性质和任务，对我市红会工作中所取得的成绩总是给予充分的肯定、表扬和推广。对于我们工作中的不足，耐心地给予指导，提出改进的意见和要求。市委书记杨宝生同志多次过问红会工作。一九九〇年六月八日，他在高城镇检查工作时，同市红会检查工作的同志在一起，在听取全市红十字工作汇报后，明确地对市红会的同志提出了四条意见：一是要加强领导、健全组织，在巩固的基础上促发展；二是要开展活动扩大影响；三是要加强培训普及知识；四是要发挥作用，搞好"两个文明"建设，并嘱咐有困难找他。市长李文烈同志在全市工作会议上，把红会工作作为一个重要内容，在讲话中做了强调。市人大副主任、市红会副会长方家礼同志每到一地必过问红会工作。他在尚市（镇）考察传染病法贯彻情况时，得知尚市镇在红会工作中"以红会为龙头、狠抓基层办医"的情况后，对他们的做法给予了肯定。这个镇所辖的三十三个行政村全部建会后，让村红会抓合作医疗的恢复发展和管理，很受群众欢迎。他们的经验在全市进行了推广。

我市红会工作主要依托于卫生部门。卫生局党组把这项工作纳入了重要的议事日程，在工作中投入了大量的人力、物力。市红会常务副会长、卫生局长杨诚同志把卫生工作和红会工作放在同等的砝码上，在抓全面工作上，他总是亲自定盘子、出点子、摸路子，经常带领市红会办的同志深入基层、调查研究、抓点跑面、掌握平衡，为红会工作呕心沥血、默默无闻地奉献着，使我市的红会工作在崎岖的山路上起步，并逐渐拓垦出宽阔的路基。

市委顾问、市红会名誉会长常东昌（原省农会副主席）、范振全（原市委副书记）、杨想来（原副县长）等老同志更是热爱红十字事业。他们经常深入乡镇检查指导红十字工作，哪个地方有难度他们便出现在哪里，他们德高望重、革命事业心强，是我市红会的主要"靠山"。

三、办好试点是保证

村级红会怎么建？理事会由哪些人组成？有什么具体的内容和要求？这些问题只有通过试点并在取得成功经验的基础上才能对全市的农村红会工作提出具体的指导性的意见，因此，我们首先在唐镇开展了试点工作。

（1）组建村级红会。为了便于组建后的村红会开展工作，我们以现行的行政村为单位建立村级红会组织。村红会理事会由村长、民兵连长、小学校长、妇联主任、乡村医生等五人组成，会长由村长担任（不设副会长）。村红会的筹建工作由管理区红会与村委会共同商议，管理区负责召集村干部及生产组长会议，传达市、镇红会工作会议精神及在农村建立红会组织的重要性和必要性。村红会成立时，由村委会召开全

145

村群众大会，管理区红会干部到会讲话。

（2）加强村红会的会务管理工作。村红会成立后，由镇红会统一制作红会牌子、旗帜和公章，设立专门办公室，并做到村红会理事会成员名单、红会工作任务、管理制度、救护队员名单"四上墙"。同时建立会员登记簿、红会活动记录簿、孤寡老人、残疾人登记簿、会员好人好事记载簿。

（3）办好试点、以点带面。在上级红会的指导下，在唐镇党委、政府支持下，经过该镇红会专、兼职干部的努力和不懈工作，唐镇所辖的6个管理区、55个行政村及镇直各单位全部建立了红会组织，发展会员4911人（其中农民会员2436人）。3月16日，市红十字会在唐镇召开了农村红会组建工作现场会，市"四大家"领导率领代表们参观了唐镇、尚市、厉山3个镇的村级红会，唐镇等乡镇红会还向代表们介绍了经验。会后，全市各地农村红会组建工作达到了一个新的高潮。

四、开展活动是根本

中国红十字会是一个重要的群众团体，没有广泛的基层组织和广大的会员队伍就无法开展活动，但如果有了组织而不开展适合群众特点的活动，红会的地位和作用就显示不出来，红会组织就没有生命力。因此，我市红会工作采取了边建立组织、边发展会员、边开展活动的"三边"工作方法。

（1）救死扶伤。这是红会人道主义宗旨的具体体现。为搞好群众性的卫生救护工作，目前我市拥有村级红十字救护队923个，救护队员4615人，在途经随州境内的汉十公路、洪保公路、随信公路建立了三条交通安全线，设立了20个红十字急救站；在市红十字会医院，建立了一个急救中心；各乡镇红会以当地卫生院为依托，积极组织和开展了群众性的卫生救护训练活动。1990年全市已对17731名村电工、建筑工人、卫生员、中小学生和机动车辆驾驶员进行了初（级）卫生救护培训，使学员基本上掌握了止血、包扎、固定、搬运四大卫生救护技术及农药中毒、中暑、溺水、触电等农村常见急性事故现场救护的基本方法。

1990年3月5日，一辆载有40余名乘客的大客车在洪保公路上发生了翻车事故，造成了5人重伤、16人轻伤，洪山镇急救站闻讯后，立即组织救护队员赶赴现场救护，并迅速将处理后的重伤员送往洪山医院，由于抢救及时，使5名重伤员避免了死亡或残废。

4月8日，一辆载有四十余名乘客的大客车在汉十公路的唐镇大桥附近发生了翻车事故，造成一人重伤、十余人轻伤，唐镇大桥红十字会急救站成功地组织了伤员的抢救工作。

（2）扶危济困。我国正处在社会主义初级阶段，人口多、底子薄是我国的客观实际，贫困地区及富裕地区中的贫困户的出现是不可避免的。虽然党和政府已采取了各种措施帮助他们脱贫致富，但党和政府不可能把所有的事情都包揽下来，因此红十字会要发挥拾遗补阙的作用，替政府分忧、为群众解难。1990年全市各地红十字会在抗旱、抗洪中组织红十字医疗队，深入到田间、地头、抢险工地，送医送药、送温暖、防病治病。共组织医疗队22个，队员2301人；义诊7165人次，健康咨询服务2396人，义务体检4659人次。针对洪涝旱灾，部分乡镇红十字会在当地政府同意和领导下，组织了不同形式、不同范围的募捐活动，共募捐人民币2558元，实物价值11676元，粮食2534公斤，解决了重灾户的困难，鼓励和扶持了再生产。全市农村红会共帮助2159个无劳力户助耕、助种、助收9614亩，帮助上千个家庭和个人解决了生活及经济上的特殊困难。

1990年7月18日，柳林镇金家桥村农民毛胜奎一家四口人，因山洪暴发，将四间住房全部冲倒，而他本人又无能力再盖新房，村红会及时向全村会员发起募捐，捐得现款760余元、木材料1.5立方米，民政部门拨来了200元，会员又出义务工给他及时地盖了四间新房，在短短半月内一家人幸福地搬进了新房。

1990年，粮食局红会为贫困乡受灾区捐款48000元、衣服6000件、食票300斤。

1990年4月23日，万店镇龙兴湾村村民孙登勇的父亲、母亲和四岁的儿子不幸被暴徒刺死，孙登勇也被刺成重伤。4月25日，镇红会召开常务理事会议，决定在镇直单位为他发起募捐。5月10日，镇红会将募捐的3200元钱交到孙登勇妻子的手中。

万店镇红石岗村村民郑莉容，丈夫病故，留下3个未成年的孩子，镇红会组织镇直单位的27名会员打着红十字旗帜，帮助她收割麦子7亩多、耕田插秧3亩多地。

万店中学三年级学生彭付祥的父母相继病故，16岁的彭付祥不仅挑起了家庭生活的重担，还要照料年幼的妹妹。他所在的殷店镇对口山村红会会长带领7名会员，帮助他家收割麦子5亩并耕地和插秧。

（3）敬老助残。目前，虽然乡镇一级政府已部分地办起了社会福利院，但是，还有一部分孤寡老人受封建思想等多种因素的影响，而不愿意去福利院。因此，红十字会主要是对社会上散住的孤寡老人、残废人进行生活和社会服务。我市各乡镇红会对散住在当地的 5832 名孤寡残疾人实行了"三定一包"的服务活动。如帮助孤寡老人和残疾人看病拿药、打柴挑水、购物、洗衣等，并为 1000 余名孤寡老人建立了健康档案，每年对他们进行一至二次的义务体检。

高城镇七里塔村残疾青年付本发，几年来，架着两根拐杖，垦荒造林 10 余亩，还精心培育了 5000 多棵树苗。由于他行动不便，树苗几年来未卖出一棵，生活十分困难。1990 年春，镇红会帮助他联系卖出了 3000 多棵树苗，收入 1000 多元。为了帮助他修缮其多年失修、已不能居住的房屋，镇红会向镇直单位的会员和职工发起募捐，为他捐款 1200 元。

草店镇联盟村村民胡天珍，患有小儿麻痹后遗症，家里还有年老的公婆和一个三岁的小孩，全家五口人的生活全靠丈夫一人，生活十分贫寒。胡天珍因病在草店镇卫生院住院时，护士长刘全珍与其它 12 名医护人员主动地为他捐了 15 件衣服、50 斤粮食和 50 元钱。

通过开展各项活动，不仅扩大了红会的社会影响，提高了红会的社会地位，而且促进和巩固了红会的组织建设使群众更加认识、理解和支持红会。位于大洪山革命根据地的群众说，红会就像当年的农会，是帮助咱们老百姓做好事的。

五、加强管理是巩固组织的有力措施

为了巩固组织建设的成果，市红十字会采取了相应的措施，加强对乡镇管理区及村三级红会领导的管理。根据《中国红十字会章程》中的有关规定，结合当地实际情况我们对乡镇管理区及村红会实施了"三级管理"。三级管理就是各级红会在接受同级党委和政府领导的同时，市红会负责管理和指导乡镇红会工作。乡镇红会负责管理和指导管理区红会工作，管理区红会负责管理和指导村红会工作。同时，我们还采取了定性与定量相结合的现代管理办法，制定了基层红会任务指标和考核标准，各乡镇红会根据市红会提出的工作任务指标及考核标准，每半年进行一次自查，年终由市红会组织考核小组进行核查。1990 年底，全市对红会工作进行了一次检查评比，经过全面检查，评出了 11 个先进集体和 11 名先进工作者（都是红会的专、兼职干部）。今年 2 月份，在全市红十字工作会议上进行了表彰和奖励，通过开展检查评比活动，达到了进一步改进和完善农村红会工作方法及各项管理制度之目的。

我们的工作才刚刚起步，与上级红会的要求还相差甚远，许多工作还没有来得及做，在今后的工作中还会出现新情况、遇到新问题，但我们有信心在摸索中前进，在探索中进取。

原件藏湖北省北省红十字会档案室，档号：1991‑D‑006

关于接待德国巴符州红会
三位急救专家的情况报告

　　根据德国巴符州红会与我省红会之间的合作意向，应我方邀请，德国巴符州红会的三位急救专家托马斯·弗格里、约瑟夫·维特‑谢菲尔和费尔勒尔·勒尔于四月三十日至五月十八日来我省对德方资助的潜江急救中心的设备使用情况进行了评估，并举办了两期红会急救人员培训班，随后又沿汉宜线考察了仙桃、沙市、宜昌等地的红会急救工作。中国红十字会总会对外联络部何竞副部长、卫生救护部的洪部长、湖北省卫生厅王斌副厅长、湖北省红十字会副会长、副厅长魏永信、同济医大武忠弼教授、沙市市红会会长、副市长郑基英、宜昌市红会会长、副市长符利民、潜江市市长马荣华等领导分别会见了德国客人。外宾在鄂活动结束时，就其在鄂考察的情况向湖北省卫生厅副厅长王斌、湖北省红会副会长、副厅长魏永信作了坦诚的交谈。

　　一、德国巴符州红会专家在鄂活动的主要内容
　　德国巴符州红会本次派三位专家来访的主要任务之一是就其向潜江市急救中心提供的设备进行验收，并对这批设备的使用情况进行评估。这批设备包括价值80万马克的24部小型接收电台和一部中心控制台、3部奔驰救护车、X光拍片机、快速生化检测仪和多功能急救箱。在潜江验收设备的整个过程中，外宾对现有设备的使用及保养等问题一一察看，对本批设备在使用过程中反映出来的问题，一方面他们尽可能地精灵了详细讲解，另一方面，对一时难以解决的配件问题作了详细记录。据陪同活动的人员观察，这三位专家来访前对本次设备验收工作做了充分准备，他们对每样设备的使用情况都设计了相应的项目记录表。

　　其二，在安排本批外宾在鄂活动的议程中，我方有意请德国专家就院前急救方面的工作举办两期短期急救人员培训班，德国外宾愉快地接受了这一请求。为此，我方安排了15个地市州急救人员共45人分两期接受了培训，每期3天。参加培训的学员反映，经过本次培训，使他们

了解了国外急救工作发展的新消息，开阔了眼界，增强了院前急救的意识。

其三，根据我省红会与德国巴符州红会进一步开展合作的意向，以及我省红会和卫生厅对进一步扩大与德合作的设想，我们安排外宾赴仙桃、沙市、枝江、宜昌和同济医院等地参观、考察了我省三级急救网络的状况。通过这次考察使德方对我省红会的急救组织结构有了一个初步的感性认识。

二、德国专家对我方使用其提供的设备以及其对我红会急救系统考察的信息反馈

（1）通过验收，三位专家认为，德方提供的急救电台在潜江市发挥了较好的作用。他们对潜江市医院能很好地将急救中心控制电台的天线予以安装，以及急救中心控制电台的保养状况甚为满意，表示将对电台在使用过程中，所出现的损坏提供补充。对救护车上损坏了的零配件问题，他们也表示将与奔驰公司驻京办事处联系，以保证提供零配件。但三位专家对德方提供的多功能急救箱的使用情况不太满意，认为我方人员对使用这种急救箱比较生疏，有些地方的这种急救箱甚至从未使用过。对此，我方人员做出了相应的解释。外宾对其所提供的其他设备的使用情况也表示满意。他们对我方医生在设备如此缺乏的情况下做相当复杂的手术表示惊讶，多次表示说，我方医生在手术方面的表现是相当出色的。

为进一步发挥德方提供的设备的使用效率，三位专家不止一次地表示，应送一部分我方懂德文的急救人员赴德国接受3个月至半年的培训。他们还表示，将把这一问题作为考察报告的重要部分向巴符州红会汇报。

（2）外宾通过考察我省红会三级急救网络，对我省急救工作的现状有了一个初步印象。首先，他们对我省有一个完整的急救体系表示赞赏，但同时认为，我省院前急救工作仅仅只是迈出了第一步，急救工作仍停留在院内急救的水平上，他们还认为，从院内急救向院前急救的转变需要大量的急救设备，因此，外宾在沙市和宜昌两地考察时，多次表达了希望促成上述两地医院与巴符州各市医院建立伙伴关系的意向。他们看到了受到德方援助的潜江急救中心与其他地区尚未受援医院在积极条件方面的差距，并愿为促进我方医院改善急救条件作出努力。

外宾在鄂期间，克服了生活上的不适，努力工作，因此受到潜江急救中心医务人员的高度赞扬。

三位专家表示，回德后将对这次来鄂的考察访问情况写出报告，并转达王斌副厅长和魏永信副会长所表示的今后在急救方面扩大合作的意向，客人对访华期间在各地所受到的热情友好的接待表示感谢！

这次德国三位红会急救专家的来访，受到了中国红十字会总会的大力支持和帮助。

湖北省卫生厅　湖北省红十字会

一九九一年六月十五日

原件藏湖北省北省红十字会档案室，档号：1991－C－012

湖北省红十字会救灾工作小结

今年入夏以来，我省连续多次遭遇历史罕见的洪涝灾害后，全省各级红会组织以人道主义为宗旨，充分发挥红会群众性、社会性、国际性的优势，想政府所想，急群众所急，积极配合政府有关部门，在救死扶伤、扶危济困等方面做了大量工作，取得了可喜成绩。

在抗洪救灾中，全省各级红会组织及时了解、汇报灾情，协助卫生部门组织派遣医疗队，深入灾区医治伤病员，开展卫生宣传工作，进行灾民转移、安置工作，大力开展募捐活动，帮助灾民重建家园。特别是在接受和发放救灾物资工作中，各级红会干部在当地政府和卫生部门的领导和支持下，克服人手少、资金缺、任务重、时间长、交通工具无的重重困难，战瘟疫、斗酷暑，晴天一身汗，雨天一身泥，很多同志经常废寝忘食，常常带病坚持工作，星期天不休息，从而保证每批救灾物资都能够及时安全全部发放到灾区群众抽中。从省、地市红会和有关审计、监察部门的检查来看，符合国际红十字组织和总会的要求。到目前为止，尚未发现一起违法现象，受到了省政府有关领导的多次肯定和好评。截至十二月五日，省红会共接受、发放台湾、香港等红十字会捐赠的物资共二十一批，计有大米 6000 吨、饼干等食品 15 集装箱、面粉 4 集装箱及部分零散物资（总重量达 7000 余吨），加上总会下拨的救灾款，总价值近二千万人民币（目前接受工作仍在进行中）。据初步统计，受益者涉及 15 个地市州，71 个县、市、林区，825 个乡镇，2600 万人口。

在进行救灾工作的同时，省红会还会同有关地、市、县红会，在省境内318、107、106国道上开展了红十字安全交通线建设活动，全省共建急救网点289个，培训机动车驾驶员10万人，培训业务骨干及农民急救员2500余人，在抢救车祸事故、农药中毒、外伤以及自救互救活动中，发挥了积极作用，多次受到有关部门和广大群众的好评，得到德国巴符州红会托马斯·费格里等急救专家的赞扬及中国红十字总会领导的肯定。

在各级政府领导的重视和支持下，一年来，我省县以上红会组织加强自身建设，荆州、鄂西、咸宁、兴山、长阳等地县红会明确了办事机构，增加了人员编制，配备了专职干部，全省专职干部人数从1990年的95人增加到148人。但全省尚有32个县市、14个城区未列编，红会干部的职务、职称、聘任问题一直未解决，直接影响了红会干部队伍的稳定。这些都与形势对红会工作的要求差距很大。

一九九一年十二月十二日

原件藏湖北省北省红十字会档案室，档号：1991－C－012

湖北省红十字会一九九一年工作总结

一九九一年，省红十字会在党的十三届七中全会精神指引下，在省委、省政府的直接领导和总会的具体指导下，全面贯彻中国红十字会"五大"和五届二次理事会精神，认真履行人道主义宗旨，在遭受百年未遇的特大洪涝灾害面前，积极组织全省会员全力投入抗洪救灾工作，为灾民解决了一些实际困难；群众性卫生救护工作逐步深化，已开始纳入网络化建设范畴；学校红十字青少年工作日趋活跃，逐步成为学校德育教育的一项重要内容。省红十字会以自己的不懈努力和扎扎实实的工作得到了党和政府的重视，获得了社会上越来越多的人们的理解和支持。

一、赈灾工作成绩显著

在1991年夏季历史罕见的特大洪涝灾害面前，全省各级红会组织以人道主义为宗旨，充分发挥红会群众性、社会性、国际性的优势，主动配合政府有关部门积极投入抗洪救灾工作，为政府分了忧，替群众解了难，受到了社会各界的好评。

（1）主动投入抗洪抢险，积极协助灾民转移。在暴雨肆虐、内洪外涝、江堤告急的危急时刻，各地市红十字会主动组织会员参加抗洪抢险工作。麻城市红十字会组织 150 余名红十字会员参加市区举水河堤的抢险，连续 7 天 7 夜守护在堤上；罗田县红十字会组织 48 个红十字抢险突击队，协助民政部门转移灾民 147 人，为抗洪大军提供医疗服务 41200 余人次；武汉市红十字会及时为护堤解放军官兵送去解暑降温冰棒和饮料，这些工作都受到当地政府的赞扬。

（2）积极配合卫生部门防疫防病，确保大灾之后无大疫。在救灾防病工作中，省红十字会及时下拨了 98.8 万元救灾款用于派遣医疗队，并将海内外捐赠的价值 404.49 万元的药品全部用于灾民治疗。全省各级红十字会协助卫生部门共派遣了有 17284 人参加的 2148 个医疗队奔赴灾区，救治伤病员达 185 万人。医疗队还在灾区开展卫生宣传工作，仅公安县红十字会救灾灾区举办了 300 多次卫生知识讲座，发放卫生宣传资料 1.5 万册，受教育的灾民达 20 多万人次，这些措施有效地控制了灾区传染病的发生和流行，确保了大灾之后无大疫。

（3）广泛积极募捐救灾款物，及时准确发放救灾物资。在特大洪涝灾害面前，我省各级红十字组织在积极组织会员投入抗洪抢险、防疫防病的同时，还及时深入灾区调查了解灾情实况，及时向上级红会汇报，争取支援。中国红十字会总会获悉湖北灾情后，迅速下拨救灾款 325 万元，调拨海内外捐赠的救灾物资价值 1669.724 万元。广东江门市红十字会、青海省红十字会、广州、上海、北京、广东中山市等先后汇出捐款达 12.2 万元。除红十字会系统外，省红会还主动与其它方面联系，直接争取到海内外捐赠的价值 300 多万元的救灾物资。通过各种途径举办义诊、义演、上街劝募等形式募集捐款 397518.04 元，衣物折价 2373160.5 元，粮票 112147.8 斤。十堰市红十字会 7 月 22 日发出《关于开展"我为灾区奉献一份爱"活动的紧急通知》，要求"广大红十字会员积极行动起来，投入到抗洪救灾活动中去，以慷慨解囊的实际行动进一步弘扬红十字人道主义精神"。武汉市组织万名红十字青少年顶烈日、冒酷暑上街劝募，两天收到捐款 12291.61 元。京山县红十字会举办的"风雨同舟，情暖人间"救灾捐赠义演轰动全县，仅三小时收到捐款 13 万余元。

为了保证救灾款物的正确使用，省红会于 3 月 6 日下发了《关于管好用好救灾款物的通知》，并于 8 月 7 日召集部分地市红会秘书长、专职干部根据总会有关救灾工作的规定，讨论管好用好救灾款物的具体措施。要求各级红十字会要注重调查研究，严格发放手续，做到公正、公平、合理、高质量、高速度地完成救灾物资发放任务。

为了督促各级红十字会切实按照总会及捐赠者意图，将救灾物资迅速准确下发到灾民手中，省红会于9月27日下发了《关于对救灾款物发放情况进行检查的通知》。各地市闻风而动。荆州地区红十字会组织全区红会秘书长分四组对每个县的救灾物资发放工作进行了一次交叉检查，及时发现和纠正了发放工作中的一些问题，保证了救灾款物发放工作的正常进行。省红会在各地自查的基础上，于11月底对部分县市的发放情况进行了抽查。抽查结果表明，红会系统下发的物资绝大部分做到了及时发放、及时向捐赠单位反馈，并做到严格纪律、严格发放手续。

在接收和发放救灾物资工作中，各级红十字会干部克服人手少、资金缺、任务重、时间紧、交通工具无的困难，废寝忘食、连续工作，保证了每批救灾物资及时安全的发放到灾民手中，涌现出了许许多多脍炙人口的好人好事。从抗洪救灾一开始，省红会在向各界大力呼吁援助的同时，陆续收到海内外捐助的12个品种、上万吨的救灾物资，他们心往一处想，劲往一处使，严密组织，科学调度，克服了许多难以想象的困难，迅速准确地完成了大批救灾物资的接收与分发任务。宜昌地区红十字会先后三次负责宜昌港3千吨大米的起运及分发到鄂西北灾区县市的组织协调工作，他们主动与宜昌港务局、宜昌市装卸公司和地、市交警大队联系，得到了他们的大力支持，在极短的时间内，保质保量地完成了救灾大米的起运、分发任务。荆州、咸宁、黄冈、孝感等地市因灾情重、救灾工作相对更为繁重，红会干部发扬连续战斗的精神，经常起早摸黑，有时甚至通宵达旦地工作。黄梅县红会副秘书长陶廉青同志一次运送救灾物资时遇车祸撞伤，头部缝了8针，他从手术台上爬起来继续赶到指定地点搬运救灾物资，坚持把救灾物资安全送到灾民手中。

二、组织建设健康发展

（1）在抗洪救灾工作中促进各级红十字会机构逐步健全，编制逐步落实。各级红十字会组织在抗洪救灾中卓有成效的工作得到了社会的公认。省红会抓住这一契机，及时向有关领导汇报工作，阐明红会需要一定的人员保证的重要性，争取政府有关部门的支持。省政府在9月5日第173期政府快报上反映了各级红十字会人员太少的实际困难。省红会及时下发了《关于在救灾工作中加强红会机构建设的通知》，要求"各地在发展基层组织和会员的同时，要重点解决好县以上红会的自身建设问题。凡机构、编制、经费或其中某一项（特别是机构）不落实的地方，应进一步争取政府领导的重视和支持，尽快予以解决，并以正式批文为准"。各地市州红十字会均抓住这一有利时机做工作，如鄂西土家族苗族自治州、宜昌地区、荆州地区红十字会抓住红十字会在抗洪救灾工作中的特殊地位，积极向政府主管领导宣传了红十字会的重要作用，得到了领导的支持。荆州地区红十字会会长、行署副专员刘涛清同志在地区红十字会工作会上明确要求各县、市年内全部解决红会编制。宜昌地委办公室主任亲自打电话敦促有关县市解决红会编制。在主要领导的亲自过问下，鄂西州的 8 个县市、宜昌地区的 9 个县市全部落实了红会干部编制，荆州地区 11 个县市已解决 10 个县市的红会干部编制，黄冈地区也只剩一个市没有解决。截至目前，全省有 78 个县市区以上红十字会配备专职干部编制 165 个，占全省地市县区数的 79.59%，为红十字事业的发展奠定了良好的基础。

（2）基层组织和会员队伍进一步巩固壮大。1991 年的组织发展工作，我们坚持积极、稳步、分类指导的原则，既注意抓好新建县市红会建立基层组织和发展会员的工作，更注意抓好现有基层组织的巩固、提高工作。宜昌县红十字会重视基层红会的质量建设，做到哪里有基层红十字组织，哪里就有红十字活动。如小溪塔镇从党委书记、镇长到炊事员都加入了红会组织，他们按时缴纳会费，积极参加红会活动，人人都为自己能当一名光荣的红十字会员而自豪。随州市红十字会在 1990 年35 个乡镇区全部建会的基础上，提出以"健全组织，巩固提高，开展活动"为 1991 年工作的指导思想，他们以活动促发展，在全面开展群众性卫生救护培训和广泛深入开展社会服务活动的前提下，进一步发展壮大红会组织，在驻随州的五大企业、政府十条战线中的五条战线建立了红会组织。

截至 1991 年 11 月底止，全省基层红十字会以达到 7701 个，会员总数已达到 1069885 人，占全省人口总数的 2.05%。

（3）农村建会工作形势喜人。根据省红会 1991 年工作计划提要继续做好农村红会试点工作的要求，各地市普遍抓了农村建会的试点工作。襄樊市及时总结随州市农村红会工作的试点经验，在随州召开现场会，推广他们大力加强农村红会组织建设、带动各项工作全面发展的经验，促进了全市农村红会工作的发展。截至 11 月底，襄樊市所辖 8 县市有 6 个县市的乡镇建会率达到 100%。不少乡镇红会结合本地实际情况开展红会工作，在群众中反响很好。如黄梅县下新镇红十字会在抗洪救灾的日子里诞生，红会成立后的第一件事就是开展"我向红会献爱心"

的捐助活动，全镇32个单位和个人捐资总数达8520元。他们用这笔钱为遭受龙卷风灾害的渔民高大全解决救灾款100元，为白血病患儿毛权梅送去医药费200元，红十字会扶危济困、助人为乐的行为在当地群众中传为佳话，群众纷纷要求加入红十字会。

三、社会服务工作逐步深入

1991年我省各级红十字会继续开展"三定一包"服务活动，将服务重点对象放在社会上散居的孤老病残及烈军属，武汉市的社会服务工作已逐渐朝网络化方向发展。十堰市红十字会根据以服务为主，以福利为辅的指导思想，本着就近包干，方便活动，有利服务对象的原则，对各基层红会组织的服务点和服务对象进行了调查和明确，对"三定一包"的具体内容和要求，做出了明确的规定各基层红会组织按照分片包干责任要求，定期组织服务小组到服务店开展活动，全市参加服务活动的会员达31713人次。

晚期血吸虫病人抢救基金会经过一年来的努力已募集基金64万多元。其中，荆州地区募集26.8万元，咸宁地区募集10.035万元。通山县红十字会利用义诊、义检等多种形式开展"为抢救晚血病人，请你献一份爱"的募捐活动，通羊三小百余名学生把平时积攒起来的37.79元零用钱捐给了晚血基金会。咸宁地区已拿出部分基金对咸宁市、阳新县的部分晚血病人进行了慰问活动。

四、群众性卫生救护工作朝网络化建设发展

1991年，我省群众性卫生救护工作的重点放在机动车驾驶员卫生救护培训和进一步加强红十字安全交通线建设上。虽然下半年绝大部分地市因救灾工作影响了驾驶员卫生救护培训工作的进度，但从全省总的情况来看，形势仍然是喜人的。截止11月底，全省已培训机动车驾驶员113431人，占驾驶员总数的24.41%；经考试合格，发给急救员证的有109413人，占培训人数的96.46%；配备急救包的有65053人，占培训人数的55.59%。宜昌市红十字会对16916名机动车驾驶员进行卫生救护培训，占驾驶员总数的97.78%。黄石市红十字会对6889名驾驶员进行了救护培训，占全市机动车驾驶员的63.29%。鄂西、郧阳山区驾驶员卫生救护培训工作在先行试点的基础上已普遍开始起步。为检验训练成果，促进驾驶员卫生救护培训向更深层次发展，宜昌地区红十字会与卫生局、公安处、交通局于5月7日联合举办了全区机动车驾驶员卫生急救知识技能竞赛，经过角逐，宜昌县、枝江县、长阳县代表队分别获得一、二、三名。

荆门市红会在开展机动车驾驶员、船舶驾驶员卫生救护培训的基础上，1991年又开展了矿工培训。市红会会同煤化、劳动、卫生（部门）联合下发了关于开展矿工救护训练的文件，成立了救护训练办事机构。全市共训练矿工605人，占矿工总人数的59.5%，凡参加受训的矿工学员均领取了急救员证，同时被吸收为中国红十字会会员。

根据总会提出的经过二、三十年的努力，逐步在全国城乡建设一个群众性卫生救护网络的战略设想，结合我省红会工作由城乡向农村扩展和延伸的大好形势，我们以公路干线城镇、乡村三级卫生保健网为依托，通过重点培训机动车驾驶员、基干民兵、工人、学生等初级急救人员（要求每村培训村民急救员不少于5~7人），强化急救点的建设，已在省境内的318国道、107国道、106国道、襄樊至武当山、通山至九宫山等主要交通干线上初步建立了红十字急救网络，在遇到交通事故或其它意外伤害时，能随时随地予以急救处理，从而达到减少事故造成的伤残和死亡、有效地保护广大人民群众身体健康的目的。

继宜昌市、黄石市开展公民无偿献血活动后，沙市市红十字会去年"五·八"期间发起了全市性的公民无偿献血活动热潮。张道恒市长、郑基英副市长率先献血，千余名群众踊跃报名，经体检合格的118位同志无偿献出了他们的鲜血。

五、红十字青少年队伍日益壮大

根据1990年9月省红会、省教委联合下发的《关于加强学校红十字青少年工作的意见》，各地市普遍加强了对学校红十字青少年工作的领导，绝大部分地市成立了红十字青少年工作委员会，红十字青少年的活动也日趋活跃。武汉市举办了第二届红十字青少年亨利·杜南杯作文、绘画竞赛，决出了30名优胜者，表彰了学校红会工作"十佳"集体和"十佳"个人。宜昌市红十字青少年夏令营举办的会务、卫生救护知识百题竞赛和《我参加了红十字青少年夏令营》征文竞赛，融知识性和趣味性于一体，使青少年在活泼愉快的气氛中受到了红会知识的教育。在全国青少年《居安思危》绘画作品和竞赛中，武汉市第十六中学唐怡同学获二等奖；宜昌市和武汉市分别有两名同学获优秀奖。全省举办各种类型的红十字青少年夏令营共292期，21834名红十字青少年参加了夏令营活动；举办各种智力竞赛558次，丰富了学校第二课堂的教学内容。目前，我省在校红十字青少年数已达399187人，占全省会员总数的37.31%，已成为我省红十字队伍中一支不可忽视的力量。

六、台务和外事工作有新的进展

今年全省共受理两岸寻人表格和申请245起，查到结果97起，协助处理台胞其它事件104起。宜昌县红十字会在春耕时节为全县11户台属贫困户送去急需的化肥和春耕物资，受到台属们的交口称赞。罗田县红十字会在百年未遇的洪涝灾害面前，充分利用红会的特殊地位，主动与142位罗田籍"三胞"（港、澳、台）联系，通报灾情和家乡人民奋力抗灾所取得的成绩，同时注意做好回乡探亲"三胞"的接待工作，经过努力，共收到"三胞"捐款67460美元、人民币2800元。枝城市红十字会收到台胞袁联杰先生捐赠的一辆丰田12座旅游车。

5月份，德国巴登·符腾堡州红十字会三位急救专家，对其援助的潜江市红十字急救中心进行了实地考察、评估，参观了318国道沿线的部分红十字急救站、点，表达了进一步扩大合作的意向。

七、宣传工作日趋活跃

我们坚持宣传工作面向基层、面向群众、面向社会的原则，通过各种渠道，不断拓宽宣传阵地，取得了较好的社会效应。

"五八"期间，省红会印发"五八"宣传专刊1万份，及时下发到县市，系统介绍了国际人道主义法及红十字标志的正确使用，宣传红会在保护战争受害者和自然灾害受害者活动中的权利、义务和原则。省红会、省卫生厅、省医学会联合举办武汉地区16家医疗单位庆祝"五八""五一二"文艺晚会，热情讴歌人道、友爱与和平，热情颂扬红十字精神与护理工作的圣洁和崇高。鄂州市红会与护理学会联合举办的以弘扬"无私奉献"为主题的文艺晚会获得全场观众的阵阵掌声，市委、市人大、市政府、市政协、市委宣传部的主要领导都参加了这一活动。鄂州市副市长、市红会会长朱曙霞5月7日发表广播电视讲话，要求红会工作要以党的十三届七中全会精神为指南，大力宣传我国政府热爱和平、反对战争的正义形象，尽职尽责做好自身工作；各级政府要加强对红会工作的领导，切实帮助解决红会工作中的实际困难和问题；卫生、民政、教育、财政等部门都要大力关心和支持红会工作，为加速我国社会主义精神文明和物质文明建设，为创建有中国特色的红十字事业做出更大贡献。仙桃市红会在《仙桃市报》开辟专版，系统介绍红十字会的起源和红十字日的来历，宣传红十字的宗旨、性质和任务等内容，取得了良好的效果。

除"五八"期间的大规模宣传外，各地红会每开展一项活动都注意把宣传工作放在首位。发放救灾物资时，我们大张旗鼓地宣传红会的人道主义宗旨，宣传红会的国际性、群众性、社会性，做到救灾物资发放到哪里，红会标语、宣传栏就出现在哪里，大大提高了红会的知名度。

据统计，全省电视报道红会活动458次，电台广播743次，报纸杂志报道740次，各级红会组织共出简报1053期，举办宣传栏8981期。

1991年，我省红会工作在坚持"一个重点，两个网络"建设方面取得了一些成绩，这是各级党政领导关心支持，全体红会干部奋力拼搏的结果。但也应该看到我们的工作还存在很多的不足，部分县市至今仍无红会干部编制，直接影响救灾物资的发放、反馈工作；因救灾任务繁重且时间较长，致使原定的部分工作（如驾驶员培训）和活动没有按原计划执行。在新的一年里，我们要进一步发挥党和政府的助手作用，大力弘扬红十字无私奉献精神，团结一致，同心同德，为发展和壮大我们的红十字事业贡献力量。

原件藏湖北省北省红十字会档案室，档号：1992－Y－014

湖北省红十字会在中国红十字会
五届三次理事扩大会议上的交流材料

红会干部在救灾中经受了考验 红会机构在救灾中加强了建设

一九九一年，湖北省气候异常，灾害频繁发生，曾先后四次遭受历史同期罕见的暴雨、洪涝灾害，特别是六月下旬至七月中上旬的特大暴雨灾害给全省城乡经济造成了惨重损失。据统计，此次受灾县（市）达67个（全省共70个县市），其中重灾县（市）41个；受灾人口2600万，其中重灾民600万；受灾粮田3100万亩，其中绝收田820万亩；倒塌房屋40余万间，房屋倒光4.48万户，倒房万户以上的县（市）16个，全省因灾直接经济损失105亿元。

灾情发生后，湖北省红十字会在省委、省政府的领导下，充分发挥红会群众性、社会性、国际性的优势，发动全省各级红十字会主动配合政府有关部门积极投入抗洪救灾工作，为政府分了忧，为群众解了难，受到了社会各界的好评。

一

灾情就是命令，洪水就是战场。在暴雨肆虐、内洪外涝、江堤告急的危急时刻，各地市县红十字会主动组织会员参加抗洪抢险工作。如麻城市红会组织150余名会员参加市区举水河堤的抢险，连续7天7夜守护在堤上；罗田县红会组织48个红十字抢险突击队，协助民政部门转移灾民147人，为抗洪大军提供医疗服务41200余人次。

在救灾防病工作中，省红十字会及时将总会拨给的100万元用于派遣医疗队，将海内外捐赠的价值400余万元的药品全部用于灾民治疗，同时还用总会拨款190万元帮助受灾严重的175个乡镇卫生院购置了部分急救医疗设备。全省各级红会协助卫生部门共派遣了有17284名会员参加的2148支医疗队奔赴灾区，治疗病人185万人，接受预防措施的群众达156万人次，落实预防措施的村达9970个。各医疗队还在灾区开展卫生宣传工作，仅公安县红会就在灾区举办了300多次卫生知识讲座，发放卫生宣传资料1.5万册，受教育的灾民达20余万人次，这些措施有效地控制了灾区传染病的发生和流行，确保了大灾之后无大疫。

在特大洪涝灾害面前，我省各级红十字会在积极组织会员投入抗洪抢险、防疫治病的同时，还多次深入灾区了解灾情，及时间上级红会汇报，争取支持。总会获悉湖北灾情后，先后下拨救灾款325万元，调拨海内外捐赠物资价值1700余万元；上海市、广州市、北京市、中山市、江门市、青海省等红十字会向我省捐款12万余元，香港"送暖行动"及国内部分厂家捐资价值约285万元。据初步统计，这些物资下发到全省14个地市州1个林区，67个县市1125个乡镇，受益群众达到3000万人口。

我省各级红十字会还通过各种途径举办义诊、义演、上街劝募等形式募集救灾款物。十堰市红会7月22日发出《关于开展"我为灾区奉献一份爱"活动的紧急通知》，要求"广大红十字会员积极行动起来，投入到抗洪救灾活动中去，以慷慨解囊的实际行动进一步弘扬红十字人道主义精神"。京山县红会举办的"风雨同舟，情暖人间"救灾捐赠义演曾轰动全县，仅3个小时就收到捐款13万余元。通过上述活动，全省各级红会共募得捐款397518.04元、粮票112147.8斤，衣物折款2372160.5元。

二

在此次救灾工作中，我们始终坚持独立接收、独立发放原则，全部救灾款物的使用均由红十字会自主处理，较好地保持和体现了红十字特色。省红会接收每批救灾物资后，均根据灾情轻重、有无红会编制及专干、红会工作开展得好坏等情况拿出分配方案，经分管领导同意后即通过地市州红会、县市红会、乡镇红会这一渠道层层下发，直到灾民手中，并在村组张榜公布。凡乡镇未成立红会组织者，则由乡镇救灾办公室负责发放，所在县市红会派员监督。但遇数量较大的物资如台湾大米的发放，省红会及各地市县红会均事先向本级政府进行了汇报和请示，这样既较好地解决了政府在救灾工作中的统筹协调问题，又及时地解决了红会所面临的车辆及物资困难。

在发放过程中，我们始终坚持两条：一是及时，即及时发放，及时向捐赠单位反馈；二是严格，即严格纪律，严格发放手续。凡红会接收的物资一律造册登记，逐级完善领取手续；凡受益群众一律签名留印，县乡政府汇总盖章。为此，省红会先后于8月6日、9月27日下发了《关于管好用好救灾款物的通知》《关于对救灾款物发放情况进行检查的通知》，8月7日召开了部分地市红会秘书长工作会议，专门讨论制定了救灾款物发放的原则、程序及手续等具体措施，从而为做到公平、公正、合理、高质量、高速度地完成救灾物资的发放任务奠定了良好的基础。各地市先后召开了县市红会秘书长工作会议、物资发放登记材料汇总会议，开展逐级检查活动。荆州地区红会还组织全区各县市红会秘书长分四组对每个县的物资发放情况进行了一次交叉检查，及时发现和纠正了发放工作中的一些问题，保证了救灾款物发放工作的顺利进行，省红会在各地自查的基础上，于1991年11月底对部分县市的发放情况进行了抽查。抽查结果表明，红会系统下发物资的渠道是畅通的，红会干部是廉洁奉公、遵纪守法的，干部群众是信任的。钟祥县丰乐镇卫星村社教工作队组长陈朋说："我们非常感谢各级红十字会的无私援助，它为我们开展社教工作增添了活教材，无数村民都激动地说，还是共产党好，还是社会主义好。"省审计局经全面审计后，所下的结论是：省红十字会在人员少、时间紧、要求高的情况下，能迅速、全部把物资分发下去，做到了手续完备，发放及时、严格，工作做得是好的，收到很好的社会效果。省政府领导对此表示满意。

在接收和发放救灾物资工作中，我省各级红会干部克服重重困难，战高温，斗酷暑，晴天一身汗，雨天一身泥，很多同志经常废寝忘食，连续工作，保证了每批救灾物资都及时安全地发到灾民手中。省红会的七名同志以身作则，经常星期天不休息，有的多次带病坚持工作，累计二十六批、七千余吨的物资都经他们的手，分别从机场、车站、港口接运和分发下去，即使在救灾最紧张的时候，每天3至4个地方同时进行，也没有借调一名工作人员、雇请一个临时工来帮忙。宜昌地区红会先后三次负责宜昌港三千吨大米的起运及分发到全省部分灾区县市的组织协调工作，时间紧，任务艰巨，他们动员地区卫生局从局长到一般工作人员全力以赴全体上阵，主动与有关部门联系，在地区行署、港务局、装卸公司、交警大队的大力支持下，用极短的时间保质保量地完成了任务。荆州地区红会副秘书长孙伟、咸宁地区红会副秘书长柯剑等同志每次都是亲自押车到数百里外的武汉市接运物资，经常起早摸黑，有时甚至通宵达旦地工作，连续几天几夜不休息。黄梅县红会副秘书长陶廉青同志一次运送救灾物资时遇车祸撞伤，头部缝了8针，他从手术台上起来后又赶到指定地点，继续投入到搬运、分发救灾物资的战斗中去。

三

我省所属15个地市州、1个林区和70个县（市）以及部分乡镇均有红会组织，部分县市配备了专职干部，为这次抗洪救灾工作提供了组织保证，各级红会干部经受了严峻考验，得到了锻炼和提高，而红会机构建设也在这次抗洪救灾中得到了加强，红会基层组织和红十字事业均得到了发展。省红会抓住红十字会卓有成效的工作得到社会的进一步理解和支持的这一有利契机，及时向省政府领导汇报工作，阐明红会工作需要一定人员保证的重要性，争取政府有关部门的支持。省政府在9月5日第173期专送省委正、副书记，省政府正、副省长阅示的《政府快报》上反映了我省各级红十字会人员太少的实际困难。鉴于地市县红会在过去成立时多无当地编委明确行文设立红十字会办公室的实际情况，省红会及时下发了《关于在救灾工作中加强红会机构建设的通知》，要求"各地在发展组织和会员的同时，要重点解决好县以上红会的自身建设问题。凡机构、编制、经费或其中某一项（特别是机构）不落实的地方，应进一步争取政府领导的重视和支持，尽快予以解决，并以正式批文为准"。各地市州红会均抓住红会在救灾工作中的特殊地位和作用，向政府领导汇报，得到了重视和支持。如荆州地区红会会长、行署副专员刘涛清同志在全区红十字会理事扩大会上特别要求各县市年内应全部明确红会办事机构，解决红会编制和专干问题；宜昌地委办公室正、副主任分别打电话敦促有关县市解决红会编制；鄂西自治州州委书记亲自在州红会要求明确机构、解决干部指数的报告上批示，等等。在当地党政领导的过问下，鄂西自治州的8个县（市）、宜昌地区的9个县（市）全部明确了办事机构，落实了红会干部编制，荆州地区11个县（市）

也解决了 10 个。孝感地区红会配备了专职副局级副会长，宜昌市红会干部编制由 1 名增加到 5 名，鄂西自治州、五峰县等地红会过去长期未予解决的活动经费已正式纳入当地财政预算，从而较好地解决了过去县以上红会有组织（红十字会）、无机构（办公室），或有人员、无编制、无经费的问题。截至 1991 年底，全省 15 个地、市、州，98 个县、市、区红会办公室共配备专职干部编制 165 人，比 1990 年增加 67 人；基层红会组织达到 7701 个，比 1991 年增加 1184 个；会员总数达到 1069885 人，占全省总人口的 2.05%，从而为红十字事业的进一步发展奠定了良好的基础。

湖北省红十字会

一九九二年二月

原件藏湖北省北省红十字会档案室，档号：1992 - D - 007

湖北省红十字会九二年救灾工作报告

鄂红字〔1992〕第 20 号

中国红十字会总会社会福利部：

自今年三月份以来，湖北省各地陆续发生暴雨、龙卷风、冰雹等多种自然灾害，损失严重。截至九月底，全省共有 42 个县（市）、921 个乡（镇）受灾。据不完全统计，倒塌民房 45644 间，损坏民房 126856 间（其中倒光户 3829 户 13865 人）；因灾死亡 85 人，伤 4767 人（其中重伤 1368 人）；农田被毁 1535 万亩，损失粮食 614000 万公斤；以及损坏公路、桥梁、通讯设施等，共折款 81336 万元。其灾害特点为：

（1）呈散在性，每次续集数个县市，此起彼伏，交错出现。

（2）部分地方多次受灾，局部地区呈毁灭性。如黄梅县，4 月 21 日、4 月 29 日，连续两次受到特大暴雨、龙卷风袭击，风力 9～12 级，持续时间 20～30 分钟，倒塌房屋 10959 间，损坏房屋 40156 间，其中倒光户 9148 户，当场死亡 10 人，伤 411 人，其中重伤 117 人，全县累计直接经济损失 5282 万元，其中群众 3931 万元。

（3）旱涝夹击，防不胜防。全省普遍严重干旱，郧阳地区尤烈。全区持续干旱两个多月，五分之二的农田未种上粮食，已种的 85% 也干枯死亡，6866 万人、584 万头大牲畜饮水十分困难。7 月 9 日、15 日、20 日、

22日、29日及8月12日，又多次受到龙卷风、冰雹（最大直径5厘米）袭击，共死亡7人、重伤144人、倒塌民房943间、损坏民房12334间，其中倒光户166户，仅群众个人直接经济损失就达4598.8万元。

（4）群众承受力差。由于去年湖北为全国三个重灾省之一，大部分地区的农业生产、群众生活尚未完全恢复，接着又遇到了今年的灾害打击，救灾工作比较困难。然而也因有了去年的救灾经验，各地受灾后，群众想到的首先是红十字会，干部报灾也同时报给红十字会。

省红十字会接到各地灾情后，一面及时向总会汇报，一面积极组织救灾工作。全省先后共购买31.1万元的药品发到地、县，组织红十字医疗队102支，预防和医治病人146864人次。

附：

（1）发给各地救灾药品数（计31.1万元）：

荆州地区	8.6万	宜昌市	1.1万
黄冈地区	2.3万	襄樊市	1.2万
咸宁地区	0.8万	荆门市	1.5万
孝感地区	2.1万	黄石市	0.5万
郧阳地区	5.8万	鄂州市	0.5万
鄂西州	5.5万	十堰市	0.5万
神农架林区	0.2万	沙市市	0.5万

（2）捐赠江西省、福建省红会救灾款物各5000元（计1万元）。

湖北省红十字会

一九九二年十月四日

原件藏湖北省北省红十字会档案室，档号：1992－Y－014

湖北省红十字会关于学习、宣传《中华人民共和国红十字会法》的小结

鄂红字〔1994〕第08号

中国红十字会总会：

《中华人民共和国红十字会法》颁布实施后，根据中国红十字会总

会的有关文件精神，按照要把学习、宣传《红十字会法》作为当前和今后一段时期红会工作的首要任务的要求，我省各级红会迅速行动起来，在全省范围内掀起一个学习、宣传《红十字会法》的高潮，现将有关情况报告如下：

一、统一要求，高度重视

省红十字会专职副会长范维盛参加总会在京举行的新闻发布会以后，将会议的盛况和总会的有关要求向省会的通知作了转达。省红会根据我省的实际情况，下发了《关于学习、宣传〈中华人民共和国红十字会法〉的通知》（鄂红字〔1993〕第24号），就如何学习宣传《红十字会法》作了统一部署，文件要求各级红会组织和广大会员要认真学习，广泛宣传《红十字会法》；结合本地实际，制定切实可行的计划，集中人力物力，动员一切可以动员的力量，向社会广泛宣传《红十字会法》，为《红十字会法》的贯彻实施打下良好的群众基础。省红十字会于十一月下旬在孝感市举办了由各地、市、州及部分县市红会秘书长共60多人参加的学习《红十字会法》骨干培训班，传达总会有关精神；收看了新闻发布会的录像，收听了全国人大法工委和国务院法制局有关《红十字会法》的辅导报告，逐条逐句地学习了法律条文。大家表示要把学习的内容带回去，迅速在本地区掀起一个学习、宣传《红十字会法》的高潮。培训班上省红会还将翻印的10000册《红十字会法》发给了学员。荆州等地市还选送了部分骨干参加全国人大法工委在京举办的《红十字会法》培训班。

二、举行座谈，广泛宣传

1994年元月4日，湖北省人大教科文卫委员会、湖北省宣传部、湖北省红十字会在武昌联合召开了宣传贯彻《红十字会法》座谈会，会议由省人大常委会副主任、省红十字会名誉会长梁淑芬主持，省政府副省长、省红十字会会长韩南鹏在会上作了重要讲话，来自省人大法工委、省政府法制办、省政府办公厅、省编委、省财政厅、省卫生厅、省工商局及《湖北日报》社、湖北电视台、湖北人民广播电台等单位的30余名代表参加了座谈。代表们在讲话时指出，《红十字会法》的颁布，标志着中国红十字事业进入了法制化的轨道，体现了党和政府对红十字工作的高度重视，各级政府和红十字工作者应带头学好法律条文，宣传部门和新闻界的同志要广泛宣传，政府的有关部分，特别是红会的理事部门，应依法解决好红会的机构、编制、干部配备等问题，将红会的经费列入财政预算，支持红会独立自主地开展工作，并尽快纠正滥用红十字标志的现象。宜昌、黄冈等地市也召开了由政府各部门、社会各界和新闻单位参加的座谈会，向社会各界广泛宣传了《红十字会法》的主要内容和重要意义。

三、讲求实效，形式多样

为了使《红十字会法》的学习宣传活动深入持久，取得较好的实效，我省各地红会采取了丰富多彩的为广大人民群众喜闻乐见的宣传形式。十堰市的《红十字会法》宣传员打着宣传标语，佩带会徽，拿着宣传资料，走向街头，向社会群众宣讲《红十字会法》，散发宣传资料15000份，接受宣传的群众达50000人次；武汉市开展了《红十字法》宣传月活动，宣传月期间，市红会会长高顺龄、市政府副市长李昌禄、市红会秘书长赵迎庆等领导走街串巷，宣传《红十字会法》，慰问了孤寡老人和勇斗劫匪的陈信荣，看望了麻风病院的111名病人和儿童福利院的200多位小朋友；宜昌市利用三家市电视台进行了为期一周的《红十字会法》的标语宣传和庆贺点歌，并组织经过培训的红十字青少年保健医生，佩带红十字袖章参加元旦万人长跑和沿途现场救护工作，还将6000余份宣传资料散发给了群众。

四、成效显著，不断深入

通过四个月的《红十字会法》的学习宣传活动，使我省各级政府领导、社会各界人士和广大人民群众对《红十字会法》的内容有了初步的了解，对红十字事业有了更进一步的认识；武装了全省各级红会干部的思想，提高了红会干部的业务素质，增强了他们做好本职工作的紧迫感和责任心；扩大了红会在社会上的影响，为红会在今后的工作中依法履行职责，解决实际问题，创造了良好的社会环境；省红十字会就尽快制定我省《红十字会法》的实施办法向省政府打了专题报告；到目前为止，我省宣传贯彻《红十字会法》的活动正在全省范围内逐步深入展开，1994年我省将结合庆祝中国红十字会成立90周年，国际红十字运动开展130周年的活动，把学习、宣传、贯彻《红十字会法》的活动更加引向深入，抓出成效，为我省红十字事业沿着法制化轨道健康发展，开创我省红十字工作新局面打下坚实的基础。

湖北省红十字会

一九九四年二月二十六日

原件藏湖北省北省红十字会档案室，档号：1994－C－019

崇阳县红会工作调研情况汇报

五月下旬，我们按照省红会"起草《湖北省实施〈红十字会法〉办法》调研提纲"要求，对我县红会工作进行了认真的调查，现将调研情况报告如下：

一、基本情况

崇阳红会建于一九八六年九月，现有基层红会组织 26 个、6500 名会员，其中团体会员 2000 人，在卫生教育、矿山企业、交通等行业发展了红会组织。县红会定编 2 人，属事业编制，挂靠县卫生局，未定级，配备专职干部 1 名，设立了办公室，在理事会的领导下负责日常工作。常务理事会由会长，常务副会长、副会长和正、副秘书长共 7 人组成，目前未设名誉会长职务。

二、业务工作

崇阳县红会成立以来，遵循人道主义宗旨，在自然灾害和突发事件中，开展防病救灾、救死护伤、现场卫生救护；开展卫生急救和防病知识培训，先后开展了驾驶员、矿山企业工人卫生救护培训；在本县境内106 国道干线和事故多发地段建立了急救站，开展了急救业务，在参与献血工作方面，协同医疗单位开展了公民义务献血宣传、动员工作，县红会未建血站。

三、经费与财产

我县红会经费的主要来源：红会会员交纳的会费、卫生救护培训收入、接受国内外组织捐赠的款物。县红会有专门办公场所，兴办经济实体 1 个，即红十字会药（血）库，经济实体独立核算，自负盈亏，未向红会交纳管理费，固定资产归卫生部门所有。在卫生、教育部门开展过募捐活动，募捐规模小。在处理突发事件和自然灾害过程中，红会人员及物资的交通费主要由县红会解决，县红会在运送、发放救灾物资时，其交通费由受益单位（村）负担，在执行救助任务时，可以享受优先通行权和免税待遇。县红十字会对于接受的捐赠物资和设备拥有独立的处分权和使用权，县政府对县红会经费使用情况进行审计、监督。

四、亟待解决的几个问题

（1）滥用红十字标志问题。医疗药品生产、经营行业、医疗卫生单位、个体诊所、药店、街道张贴的医疗广告，红十字标志无处不有，清理滥用红十字标志难度较大：一是人们对红十字标志的使用、标明作用和保护作用模糊、误解，滥用红十字标志现象较普遍；二是滥用红十字标志的侵权行为未能引起政府的重视；三是红十字会对滥用红十字标志提出制止，拒绝停止使用的提请政府处理，回避了诉讼程序，处罚也不容易，无专门法来制止。

（2）红会机构级别与人员列编问题。县红十字会是中国红十字会的一个地方组织，具有社会团体的独立法人地位，县红会要依法履行职责，独立自主地开展工作，首先要解决红会机构和人员编制问题。

（3）红会活动经费问题。县政府在工作上积极支持红会开展与人道主义有关的活动。如在驾驶员、矿山企业工人卫生救护培训等方面下发了通知，召开了协调会，但对红十字会没有给予资助，红会经费县财政未进行单列预算，红会工作受到了一定的影响。

（崇阳县红十字会编《红十字工作简报》第 1 期，1995 年 5 月 27 日）

原件藏咸宁市红十字会档案室，档号：226－W－1－030－009－013A

关于我市红十字会1995年度
工作检查情况的汇报

荆红字〔1996〕4 号

省红十字会：

我市红十字会1995年度工作检查已于去年11月底结束，这次检查得到了各级政府和红十字组织的重视和支持，取得了圆满成功，现将有关检查情况向省红会作专题汇报。（汇报材料附后）

如有不妥，请示。

湖北省荆沙市红十字会
一九九六年元月一日

关于我市1995年度年终工作检查情况的汇报

湖北省红十字会：

我市红会按照1995年初制定的目标管理实施细则，于1995年11月

23—28 日在王树型专职副会长、市卫生局任红副局长带领下一行 14 人分别对长江片（松滋、公安、石首、监利、洪湖）、汉江片（钟祥、京山）的 4 县、3 市、2 区（荆州、江陵区）和五三农场进行了年终工作检查，现将有关检查情况汇报如下：

一、指导思想和检查方法

1995 年是荆沙建市后的第一年，荆沙建市后，使荆沙市跨进了全国 42 个大城市的行列。荆沙建市初，各项工作千头万绪，而首当其冲的是建立健全，理顺各种关系，重新认识市情，制定发展规划。市红会虽然在年初根据省红会有关实行目标管理的要求，制定并下发了本市的年度目标管理细则，但执行情况如何，我们心里并没有多大的谱，因此，今年年终检查，采取了必要的灵活性。

（1）坚持以年初制定的目标管理实施细则为标准，但不死扣标准，不公布考核分数，不排名次。

（2）坚持以调查研究为主，通过检查达到摸清情况，疏通关系，听取各方面意见，调整市红会 1996 年工作目标的目的。

（3）坚持以正面宣传《中华人民共和国红十字会法》（以下简称《红会法》）为主。这次检查由于没有大的领导参加，所以我们不能以执法者的身份出现。在检查中要多讲我国红十字事业的大好形势和发展趋势，尽可能地传递省内外信息，交流家门口的经验，以求鼓舞士气、振奋精神、共同开拓。对各地存在的问题、差距或矛盾不回避，从正面和地方商议，共同探讨克服困难的途径和办法。

（4）这次检查组的成员有一半来自县、市、区，为充分发挥他们的积极性，经研究决定两个检查组的组长均由县市红会负责人担任，市红会主要领导同志只是在交换意见时就有关具体问题提出自己的看法和希望。这样，就避免了市红会包揽一切的传统做法。

（5）这次检查的形式，仍然是听、看、议。即集中听汇报，分组看资料和实地考察，然后汇总情况，交换意见。检查力求做到"两简一紧"，即接待从简，汇报从简，检查时间要抓紧，基本上每地一天（包括来往途中）。必要时可利用晚上时间进行。

二、检查情况和存在的问题

1995 年，荆沙市各县、市、区红会工作均有不同程度的进展。主要表现：加大了《红会法》宣传的力度，各地从办骨干培训班入手，带动一片。据统计，全市全年共有 81 人次的领导讲话，发工作简报 52 期，出墙报、黑板报 48 期，出动宣传车 41 台次，散发宣传资料 8.5 万份。

通过广泛宣传，提高了红会在社会上的知名度；各县（市）人大、政府对红会的"三列"给予了新重视，特别是京山县政府已将红会会费纳入财政预算，政府 1995 年给红会拨款数居全市首位；全市红会组织建设有了新发展，部分县市在巩固稳定城区和乡镇的同时，还向村级延伸。1995 年共发展会员 2.5 万人，发展团体会员单位 69 个；团体会员单位交纳会费率达到 90% 以上；卫生救护工作开始由交警系统向城建系统扩展；救灾工作进一步做到规范化、制度化，□道线上的急救点、站工作正常；红十字青少年工作进展较快，1995 年又有 9 所大、中、小学建立了红会组织。有 800 多名红十字青少年参加了总会组织的"我心中的红十字"征文活动，杨玲同学获得湖北赛区一等奖。此外，各地在社会服务中，逐步扩大了服务领域，为抢救危难和助孤助残还开展了专项社会募捐，（所得）近 8 万元。

在检查中，我们发现各县、市红会都有自己的工作特色，例如：京山县在解决"三列"问题上行动快、收效快；公安县在红十字青少年工作中表现较突出；钟祥市在加强红会工作的领导和支持方面较为出色，市卫生局将红会工作纳入该局"四统一"管理范畴；监利县今年抓住重点，在司机培训上一举成功，变后进为先进；石首市在组织建设和红会办公室建设上做到了资料规范；松滋县在宣传工作上有独到处；洪湖市救灾工作受到政府首肯，在全市总结表彰中，红会与卫生局并列表彰，在全市尚属少见；江陵区红会在组建中首先抓了第三产业，且势头良好；荆州区在组建中已给红会定了编等。

各县、市、区存在的问题大致有：

（1）"三列"绝大多数没有突破，经费列支水平低；

（2）各地红会的领导班子在对待红会工作的认识水平上参差不齐；

（3）红会专职干部的专业知识不足；

（4）在兴办实体上没有进展，有的还没有起步；

（5）无偿献血尚未普遍开展。

三、检查的主要收获

（1）这次年终检查得到了各县、市、区的普遍重视与关注。检查组所到之处，当地政府、人大的主要领导同志都自始至终地参加了检查的全过程。这些领导同志在百忙之中抽出时间认真地和我们一起听汇报，交换意见，对红会工作表现极大的热情与支持。凡他们能够解决的，大多数都能当场拍板。如松滋县人大副主任罗光荣同志得知该县红会年度经费尚未到位时，表示要亲自到县财政局督办、落实（1.5 万元）；罗主任还主动从县人大活动经费为红会资助 8000 元。此外，他还主动请缨 1996 年亲自带队赴内蒙、山东考察。监利县副县长孙秀玉同志在听到我国红会战线上出现的一派生机时，意真情切地说，在红会这个岗位上一定要向云曙碧老太太学习，以优异的业绩争当红会战线上的"女强人"。公安县人大副主任何冬桂同志在听取解决县红会"三列"问题时表态要抓住县机构改革契机，争取给县红会扩编"升格"，她还表示，公安县一定在 1996 年实现无偿献血零的突破。京山县人大副主任刘传利同志在交换意见时说，"京山县红会工作 1996 年的指导思想是四句话，即扩大影响，扩大成绩，深化认识，纵横拓宽"。钟祥市魏金声副市长在交谈时其雄心壮志跃跃欲见，他说，凡是他分管的工作在全市都要创第一，红会工作也不例外。这些领导同志的表态使检查组的成员无不为之动容，它雄辩地证明"得道多助"，以人道主义为己任的红十字事业，必将迎来自己的春天和辉煌。

（2）这次检查中另一个重要收获是使我们清醒地认识到荆沙市红会目前在全省、乃至全国处在什么样的位置，它对调整和规范我市新的一年工作目标和长远规划是第一手资料。我们应该老老实实地承认，荆沙市红会的各项工作目前只能是处在打基础的起步阶段。面对困难，我们决不能气馁，而需要知难而进，向先进地区学习，踏实工作，逐步缩小差距。

四、关于检查的扫尾工作

这次年终检查取得令人满意的效果，是我们始料不及的。为了使检查工作善始善终，回来后我们做了四件事：一是将检查情况向市红会主要领导同志如实汇报；二是经过讨论，下发了检查纪要；三是安排表彰，这次检查虽然不排名次，不公布分数，但总要有个"交代"，我们反复征求各方面的意见，决定在召开首届代表大会期间同时进行表彰；设先进集体奖 1 个，□项奖 5 名，先进个人 14 名；四是印发了"荆沙市红会干部登记表"和问卷调查题，登记、调查对象为各县、区红会会长、副会长、秘书长和红会专、兼职干部。两表正在陆续收回，从已收回的问卷调查中，各地对这次检查均给予了肯定（答"确有促进"的占 85%，答"有所触动"的占 15%，答"夸夸其谈，不解决问题"和"白忙一场、劳民伤财"的为 0）特别值得我们欣慰的是在回答"打算在 1996 年度为当地红会办实事的程度"时，只有一份圈了"还没有明确轮廓不能放空炮"外，其余均表示要为当地红会办 2 ~ 3 件实事。

五、对省红会的三点建议

通过年终检查发现，各县市红会存在的问题除个别带有地方性以外，很大一部分带有普遍性和全国性。这些问题的解决，要依赖于全国和全省的大气候。因此，在这里，我们谨向省红会提出以下三点建议，仅供参考。

（1）省红会要加大对全省地、市、州红会的具体指导力度。要尽快出台我省的"红会法实施细则"。

（2）1996年度全省红会工作要有两种准备和安排。一是希望总会有大动作出台，另一种是如总会仍然没有什么"新招"，各地势必仍然要走"八仙过海"的老路，那湖北省就要立足于本省实际，走自己的路，求自己的"仙"，就要调动全省广大红会干部和百万会员群起而求"仙"。我们坚信，只要全省上下齐心，终有一天会感动"上帝"的。

（3）荆沙建市后已步入全国大城市的行列，我市红会工作和我省大城市武汉相比，差距太大，底子太薄，因此，希望省红会多予以关心和扶持。

原件藏湖北省北省红十字会档案室，档号：1996－D－011

湖北省红十字会一九九五年工作总结

鄂红字〔1996〕5号

各地、市、州红十字会：

一九九五年是湖北省红十字会"立足实际、扎实工作、承上启下、努力推进"的一年，是我省红会各项业务不断发展，自身实力不断壮大的一年。在过去的一年中，湖北省红十字会的10000多个基层组织和150万红会会员，密切围绕建设有中国特色的红十字事业这个大目标，结合我省社会经济发展实际，顺应社会保障制度改革，顺应社会发展对人道主义救助行为的渴求，按照《中华人民共和国红十字会法》（以下简称《红十字会法》）所赋予的各项社会职能，紧紧抓住湖北省红十字会三届七次理事会提出的工作要点，依法建会，依法兴会，脚踏实地为政府排忧解难，替群众解难，在我省物质文明和精神文明建设中作出了贡献。

一、依法建会、依法兴会，推动我省红十字事业步入法制化、规范化轨道

在实际工作中，我们深刻感受到，红十字事业要得到较快发展，红

十字会的各项职能要得到充分发挥，必须有一套与《红十字会法》相配套的地方性法规体系作保障。为此，在3月份召开的湖北省红十字会三届七次理事会上，做出了加快《湖北省实施〈中华人民共和国红十字会法〉办法》起草工作的决定、6月份系统内立法起草小组在摸底调查、集思广益、征询意见的基础上形成初稿，并已与省人大和政府法制办取得联系，争取尽早进入立法程序。

武汉市红十字会的立法工作取得了突飞猛进的发展，他们在广泛调查研究、实现重点突破的前提下，历经两年努力，完成了地方性法则的制定工作，《武汉市实施〈中华人民共和国红十字会法〉办法》已获省人大通过，正式颁布实施，开创了地市级红肢（会）立法的先河，也为武汉市红会的发展创造了许多优惠政策和较好的外部环境。

各地红会在认真学习《红十字会法》的基础上，加大了宣传贯彻《红十字会法》的力度。黄冈地区红会抓住红会参与救灾工作取得显著成效的机遇，争取各级政府对红会工作的重视，促成了大部分县级红会办事机构"三列"问题的顺利解决。荆沙市红会也利用地、市合并，实现优势互补，较好完成了办事机构的重组，并在年底开展了红会工作巡回大检查，推进□区红会工作上新台阶。

二、求真务实、奋力开拓，广泛开展人道主义救助工作，为湖北的振兴崛起再立新功

我省各级红会组织始终把备灾救灾工作作为大事来抓，以此来扩大红十字会的社会影响，提高群众对红十字工作的认识。

今年入夏以来，我省大范围内发生多种自然灾害，受灾人口达1179.9万人、其中重灾民128万人、受伤10069人，死亡317人，因灾造成640多万人缺粮，120多万人无家可归，直接经济损失达23亿（元）。

灾情发生后，黄冈、咸宁、十堰、恩施、襄樊、神农架等灾区红会的各级组织，迅速行动，按照《中国红十字会参与自然灾害救助原则》的规定，先后组织了395个医疗赈济工作组奔赴抗灾第一线，开展紧急救助工作，医治灾民37万余人，组织社会捐款55万元，募集衣物价值200万元。

与此同时，省红十字会及时将湖北省的灾情上报中国红十字会总会，积极争取多方援助。红十字会与红新月会国际联合会、香港红十字会、荷兰红十字会和中国红十字会总会对湖北红会的救灾工作也极为关注，多次派遣赈灾代表深入我省重灾区考察灾情，指导救灾工作，并对

工作汇报

我省红会的救灾工作给予了大力支持。

截至 11 月底，红十字会与红新月会国际联合会、香港红十字会、德国政府、美国驻华使馆、香港"血浓于水"、台湾红十字组织和中国红十字会总会先后向我省捐赠了价值 600 多万元的救灾大米、棉被、衣服。湖北红会系统在各级卫生、粮食、交通部门的配合下，以最快速度将救灾物资分发到灾区，使 19 万灾民受益。

为更好地体现红十字组织"保护最易受损人群的生命和健康"的职责，省会在积极参与自然灾害救助的同时，还广泛开展了多种形式的社会救助活动。襄樊、咸宁红会继续加强国道沿线的红十字急救站点的建设和行业卫生救护培训；荆沙、潜江、孝感、仙桃等地红会还开展了建筑行业的新的培训业务；"5·8"期间，为迎接联合国第四次世界妇女大会在北京召开，呼应"人人享有尊严——尊重妇女"的主题，省红会、省妇联、省卫生厅联合在全省各地开展了向老、少、边、穷地区妇女"送温暖，献爱心"活动，省人大副主任、省红会名誉会长梁淑芬，省政府副省长、省红会会长韩南鹏分别带领省直"送温暖，献爱心"小组，到大悟、红安等革命老区为妇女免费义诊、送医送药。鄂州、天门也举行了类似活动。

省红会还为省人大和省卫生厅"小康点"的建设和荆沙市红会解决蔡涛同学药费提供了物质援助。

三、开拓视野、主动接轨，努力提高红会干部自身素质

为培养造就一批锐意进取、无私奉献的红会专职干部队伍，省红会采取集中轮训、外派进修等形式培养红会干部队伍理论素质和业务技能。今年 6 月在中国红十字会湖北备灾救灾中心，来自全省 17 个地市红会的专职干部，认真听取了省红会秘书长传达的中国红十字会六届二次理事会精神，明确了中国红十字会今后一个时期的主要工作，用新时期有中国特色的红十字理论武装头脑。

为进一步推动我省的无偿献血工作，在黄石、荆门、随州红会已参与地方性血液工作和黄石李明旷、宜昌张经林获全国无偿献血金杯奖基础上，省红会派员参加了由总会组织的到日本学习血液事业管理技术的研修班，为我省红会稳步突进血液工作打下了良好基础。

今年我省还多次派人参加以卫生救护训练、红十字基本知识和人道主义法为主要内容的全国性和区域性的学习班，使我省红会干部的整体理论素质有了一个明显提高。

在具体工作的操作上，我省各级红会抱着尽早与国际惯例接轨的愿

望，按照国际联合会和中国红十字会总会的有关规定，高标准严要求，使各项业务工作上水平、上档次，在报灾、核灾、救灾物资的接收、分发、反馈等方面，咸宁、黄冈、荆沙、宜昌、十堰等地市红会，全部按新程序、新表格执行，既使上级红会尽快知道灾区情况，又使救灾物资尽早按要求发放到灾民手中，同时也使我省红会今年救灾物资的发放工作顺利通过了国家审计署的专项审计，并为明年按国际惯例进行审计打下了良好的基础。

中国红十字会湖北备灾救灾中心，继续按照"社会效益第一，服务灾区优先"的指导思想和《中国红十字会备灾救灾中心建设与管理暂行规定》，加强了"中心"各项工作的科学化、制度化建设，较好完成了总会、省会交办的备灾救灾、接待培训任务，今年累计加工生产棉被17000床，转运分发救灾物资600多万元。

四、拓宽渠道，加强交流，充分发挥红会组织自身特点

根据红十字的七项基本原则，我们拓宽各种渠道，加大对外宣传力度，加深了与境外红会组织的交流。今年4月，我们成功地接待了德国红会秘书长罗梅尔一行的来鄂访问，促成了对"中心"一期工程的验收；5月份，省红会会长韩南鹏顺访德国红会，就下一步湖北红会与德国红会，特别是德国巴登—符腾堡红会的交流与合作达成共识。

遵照中央对台政策，着眼于团结台湾人民，着眼于祖国的和平统一大业，受中国红十字会总会委托，我省红会在宜昌市园（圆）满举办了"1995海峡两岸红十字青少年夏令营"。为此，宜昌市政府、宜昌市红会付出了辛勤的劳动，在海峡两岸造成了较好的社会影响，受到了各界人士的一致好评。各地还根据青少年特点开展了丰富多彩的红十字青少年活动，我省有175万红十字青少年参加了由红十字国际委员会驻东亚办事处、香港红十字会、中国红十字会举办"我心中的红十字绘画征文比赛"，并有孝感市实验小学获得举办单位颁发的组织奖。

我们还在今年与泰国红十字会实现了双边红会专职干部的互访学习，巩固了与香港红会、香港"血浓于水"的友谊，密切了与国际联合会、荷兰红会的交往，同时在对外交往过程中锻炼了队伍，增长了才干。

回顾过去，我们倍感欣慰；展望未来，我们充满信心。在今后的工作中，我们要加大《红十字会法》的宣传贯彻力度，加强有中国特色的红十字理论体系的研究，增强与理事的联系，进一步发挥理事部门的作用，在省委、省政府的关心支持下，按照湖北省"九五"社会经济总体

发展目标，充分发挥自身特点和优势，搞好自身的内涵建设，加速地方性法规建设和各地红会办事机构"三列"问题解决，为湖北省振兴崛起作出更大贡献。

一九九六年二月二十六日

原件藏湖北省北省红十字会档案室，档号：1996－Y－024

湖北省红十字会一九九六年工作总结

鄂红字〔1996〕44 号

各地、市、州红十字会：

今年以来，全省各级红十字组织，在总会和省委、省政府的亲切关怀、正确领导下，认真贯彻落实总会六届三次理事会的精神，紧紧围绕积极投身社会主义精神文明建设，发挥职能作用、促进社会发展这两项基本任务，自觉地服从和服务于全省的"两个文明"建设，动员、组织广大会员和志愿工作者为我省"九五"计划的实现做贡献，在开局之年取得了各项事业蓬勃发展，自身实力不断增强，业务工作全面进位的可喜成绩。

一、齐心协力，奋力救灾，在抵御历史罕见的特大自然灾害斗争中，展现红十字的风采

今年进入汛期之后，全省先后发生九次强降雨过程雨量集中，范围广、强度大。降雨量与历史同期相比，大于1980、1991 年，接近严重渍涝的 1954 年，长江及其干支流发生了历史上罕见的特大洪涝灾害，造成了数十万群众被洪水围困或转移，重及特重灾民达 160 万人，直接经济损失 152 亿。灾情出现之后，全省红十字会组织和广大会员，迅速行动起来，奔赴抗洪抢险防疫的第一线。一方面服从指挥，听从安排，严防死守，做到人在堤在，水涨堤高，以极大的热情和昂扬的斗志固守大江大堤，毫不退让；另一方面克服自身受灾带来的诸多困难，响应省委、省政府的号召，"举全省之力，送四方温暖"，主动出击，做到现场报灾，准确核灾，及时救灾。广大红会干部大力弘扬"扶危济困，无私奉献"的人道主义精神，想灾区人民之所想，急灾民之所急，全力以赴展开了赈灾救援工作。省红会在向中国红十字总会报灾的同时，紧急从中国红十字会湖北备灾救灾中心调拨了价值达 412 万元的救灾帐篷、衣

服、药品、粮食支持灾区人民的抗洪斗争。各级红会组织先后派遣了红十字医疗队236支，免费诊治灾民14万人次，安置转移灾民5万余人，消毒水井、水塘2500余处，直接受益人口达53万。身处灾区的红会组织和广大专职干部，更是身先士卒，忘我工作。为了保证临时安置在大堤、围垸的灾民防灾灭病工作落到实处，石首、洪湖、嘉鱼等地红会建立了"五个一"的责任制；即每一处灾民落实一名红会干部负总责，每户灾民配备一口消毒缸，水退之后搞好一次消杀灭，组织一支医疗队进行巡回诊治，每位灾民送一张防病须知；为实现"大灾之后无大疫"的目标发挥了十分积极的作用。

我省的灾情得到了总会和社会各界的支持与关注。一方有难，八方支援。总会先后三次派员来我省指导工作、慰问灾民并会同国际联合会，展开了对我省的国际救援活动。总会秘书长李长明同志，亲赴石首小河口重灾区，现场指导基层红会干部做好灾民的安置、帮助解决灾民的吃、住、防疫等方面存在的实际问题。（在）应急阶段，总会共下拨救灾款物408万元，有力地支援了我省抗灾工作。在"人道、博爱、奉献"精神的感召下，我省社会各界也纷纷伸出了援助之手，潜江制药厂通过省红会向灾区人民捐赠了30万元的药品，为抗洪救灾捐款捐药、除害灭病，开了风气之先，带动了一大批医药界的同仁慷慨解囊。全省红会系统今年共筹集救灾款物703万元。省红会在开展赈灾救助工作的同时，注意了基层红会救灾工作的内涵建设，突出抓了救灾程序的规范化管理和分发救灾物资的制度化建设；保证捐赠者意愿的实现，使一款一物都能落实到灾民手中。今年我省救灾审计工作全面与国际接轨，成为中国红会首批通过国际审计的省份，维护了国家声誉。省备灾救灾中心，牢记"社会效益第一，服务灾区优先"的宗旨，面临紧张而繁重的救灾工作，毫不松懈，主动请战，主动捐献，主动服务；在救灾款暂时出现断档时，动员职工拿出建房集资款，先行垫付，保证了救灾物资及时发运。"中心"全年共接转加工救灾物资折款142万元人民币。

红会的救灾工作赢得了各级政府的赞扬和社会的广泛称誉，全省一批红会专职干部立功受奖，省红会也被授予抗洪救灾集体三等功。这些都大大地提高了红会组织的社会影响，展示了自己的风采。

二、深化认识，带头实干，一步一个脚印地朝着实现"两个转变"的目标迈进，努力开创全省红十字事业蓬勃发展的新局面

一九九六年是全省恢复红会组织建设十年的重要时期，结合全省十年来发展的实际状况，在省委、省政府的关怀下，我们在一九九六年突

出抓了省红会自身的组织建设和地方性法规的制订。此举，为实现全省红会工作开创新局面，打下了坚实的基础。

（1）五月，在精心组织、统筹安排的基础上，在隆重热烈的气氛之中召开了全省第四次会员代表大会。大会确立了今后五年总的指导思想和目标，这就是：坚持用建设有中国特色的社会主义理论作指导，围绕建设有中国特色红十字事业大目标，充分发挥红会组织在建设社会主义精神文明和促进社会保障体制完善中的作用；启动红十字敬老爱幼自愿服务组织、无偿捐血先进城市、红十字青少年示范学校、全省备灾赈济体系和群众性现场救护网络为主要内容的五大"博爱工程"建设，扎扎实实地开创我省红十字事业的新局面。

通过会员大会的召开，进一步完善了省红会的组织机构建设，郑重聘请了贾志杰同志出任名誉会长，鼓午（舞）了全省红会干部的斗志。同时，依法和章程，调整充实了理事会，建立了常务理事会，设置了常务副会长，规范了会务工作。通过会员大会的召开，大大地宣传、动员了各级党委、政府及社会各界，许多地方乘大会召开的东风，纷纷出台了一系列好的政策和措施来加强红会工作。如：荆州市贯彻会议精神及时，使市级红会班子迅速调整、充实、到位；在总结以往工作经验的基础上，广泛建立理事成员单位分工负责制，明确各自职责，划分工作任务，有的放矢地推动红会事业发展，成效显著。襄樊、咸宁、随州、仙桃等地也及时争取领导关注，主动提建议、拿方案、抢机遇，先后都召开了会员大会，有力地推动了自身的建设。通过会员大会的召开，还极大地调动广大基层专干的积极性，增强了"热爱红十字事业，奉献一份爱心"的职业信念。我们与省人事厅联合表彰了 65 名先进个人和 17 个先进集体，并为获先进个人的同志制订了退休后奖励工资政策。通过会员大会的召开，我们提出了全省红会事业到本（20）世纪末的奋斗目标，取得了实现"两个转变"，坚持依法兴会，拼搏实干进位的思想统一，初步形成了上下一心干事业的氛围和信心。

（2）九月，我们加快了红会法《实施办法》的立法工作进程。依法治省、依法管理社会事务，既是依法治国方针的具体贯彻，又是红十字事业更快发展，发挥更大作用的实际需要。在红会法贯彻三年中，我省红会事业步入了快速发展的新阶段，然而，客观上也存在着不少制约红会事业更快发展的因素，需要通过地方立法予以解决。从年初《实施办法》列入人大审议日程之日起，我们便十分精心地组织了一系列推动立法进程加快的活动。先后两次组织有关方面的专家和领导进行省内外的考察和调研，促使草案不断完善并写出特色；先后印制二集共约一万余册，计十万余字的立法参考资料，广泛宣传红会知识，宣传国际惯例，宣传相关政策，努力达成共识；先后三次召开座谈会、协调会，据理力争，突出操作性、地方特色和政策保障三大重点，科学调整，准确表述，保证了"办法"制订应达到的主要目标的实现，使此项法规的作用明显增强。现在出台的《湖北省实施〈中华人民共和国红十字会法〉办法》，既能体现大法的精神，又突出了地方特色，为全省红会事业的发展创造了更好的法制环境。与此同时，我们加大了执法工作的力度，考虑到红会干部是参照公务员实行管理这一客观实际，在取得人大和政府领导支持的前提下，突出抓了行政执法主体资格的争取工作。按照省人大和省政府的要求，我们认真进行了系统内执法主体资格认定、清查、审核工作，初步确定了全省县以上专职执法人员180名，并抓紧进行了个人资格审定和颁发证件的准备工作，为一九九七年在进行全员岗位培训的基础上，正式持证执法创造了先决条件。

（3）十二月，为了推动全省红会系统"双基"建设的活动进一步深化，使内部管理朝规范化、科学化、系统化方向发展，省红会在总结前几年实施目标管理进行自查自纠工作的基础上吸收外省的好经验，集中人力、精力和时间，在全省十六个地市间进行了工作目标管理考评工作。检查采取一听、二看、三查、四评的方法，对各地组织建设、卫生救护、社会救助、宣传工作、无偿献血、红十字青少年、志愿工作者活动等项内容，实行量化评分。武汉红十字会根据省红十字会提出的发展实业、壮大实力的要求，加强了对下属企业的管理，所属公司每年为市红会开展"博爱在江城"和与苏区"手拉手"活动提供经费近30万元；黄石市大冶钢厂红十字会开展的炉前工"四大"技术培训，开创了产业工人卫生救护培训之先河；荆门市、随州市加强对红十字会血站的管理，积极推行无偿献血制度，争创无偿献血先进城市，全省一年中新增15965余人次参加无偿献血；襄樊市、孝感市、鄂州市、恩施州等地红十字会协助政府积极开展备灾救灾工作，既解决了灾民生活困难，又扩大了红十字会的社会影响；荆州市、十堰市、黄冈市、宜昌市、天门市红十字会的工作受到当地政府的高度重视，较好地解决了"三列"中的难点问题，基本实现了财政列支、机构列编、人员列位。各地红十字会也在搞好各项业务工作的同时，加强了红十字会的组织建设和内部管理，努力为红十字会依法独立自主地开展工作创造条件，打下基础；仙桃市红十字会根据青少年特点，利用红领巾广播站、黑板报、红十字卫生箱等形式广泛宣传人道主义精神；潜江市红十字会急救中心利用德国红十字会捐赠的先进设备，既广泛开展了群众性的卫生救护培训，又积极开展卫生医疗急救服务，受到社会各界好评。

通过历时10天的检查活动，既对近几年湖北省各地红会工作的好经验、好做法有了全面了解，又对当前加快湖北省红十字事业发展存在的矛盾和问题进行了调研；既为各地红十字会提供了相互交流、相互学习的机会，又为各地红十字会下一步的发展打下了基础、找准了目标。同时，评选出了武汉、仙桃、荆州、宜昌、荆门等市为最佳红会；十堰、随州、天门、咸宁、黄冈、恩施等地市为示范红会；襄樊、孝感、潜江、黄石、鄂州等地市为达标红会（林区未检查）。

（4）年底，按照壮大自身实力、发展红会实业的总要求，对所属的经济实体进行了年终总结、政策兑现和完成经营目标情况的检查等项工作。一九九六年，针对原公司存在的实际问题，我们认真地清理了债权、债务，客观地分析了原因，在充分准备的基础上，按照"三改一加强"，即"改革、改造、改制，加强管理"这一中央提出的搞活企业的总方针，对原公司采取了"更名、转制、重新组建领导班子"等措施。先后辞、清退原公司职工14名，调离二名；清偿债务48万元，依法达成协议或判决债务纠纷五起，重新组建了公司班子。新法人到位后，能团结广大职工，开拓进取，全面实现销售1910万，并清偿原公司老债务30万元。为了硬化公司管理，我们还加强了公司主要领导和职工队伍的建设，相应建立了各个职能部门和党的组织，强化了质量控制、库房实物管理、成本核算和电子计算机的运动等项工作，初步拟定了服务承诺制的实施方案，建立了员工的人事管理制度，努力推动企业管理向更高层次迈进，促使企业在激烈的市场竞争条件下，树立讲质量、讲信誉、讲奉献、讲效益的新形象。

（5）红会工作包容量大、接触面广，客观上要求我们的干部不断提高素质，完善知识、能力结构，力争从工作质量和效率上与国内乃至国际先进水平靠拢。一年来，省红会围绕"工作创一流，全国争进位"的奋斗目标，大力倡导"团结、实干、学习、高效"的工作作风，层层建立责任制，个个落实岗位责任；我们先后组织全体同志学习现代化科学知识、计算机知识、社会主义市场经济理论和外语四门功课；同时，推荐四名同志在职攻读硕士学位以提高工作能力。一九九六年我们还更新换代了计算机，申请进入了互联网，为运用国际互联网展开救灾活动打下了物质基础。这些措施的出台大大地推进了专职干部学业务、练本领、做贡献风气的形成。

新的一年已经到来，新年意味着新的开端、新的希望。在温故之中，我们深深感到全省红会工作尚处于艰难的爬坡阶段，部份（分）县（市）红会"三列"问题的解决仍要付出努力，全省绝大部份（分）地方红十字会自身实力差，工作的基础条件和基层工作都比较薄弱，专职干部队伍素质的提高，任务繁重。我们决心在九七年里，继续发扬"团结拼搏，实干进位"的湖北红会精神，加大各项工作落实的力度，在基层建设和基础工作上狠下功夫，以实际行动迎接党的十五大的召开！

一九九六年十二月三十一日

原件藏湖北省北省红十字会档案室，档号：1996－Y－024

湖北省红十字会基本情况

湖北省红十字运动源于 1916 年，距今已有八十一年的历史，截止一九九六年底，全省 101 个县（市）、区已全部成立了红十字会组织，共配备专职红会干部 181 人，建立基层红十字组织 9700 个，已发展会员150 余万人（其中青少年会员 79 万余人）。全省红会组织的稳步发展为我省红十字事业奠定了坚实的基础。

一、加强国际人道主义法的传播，促进我省红会事业步入法制化轨道

我省红十字会自恢复建设以来，坚持把依法建会，依法兴会作为中心任务和头等大事来抓，大力宣传、贯彻《红十字会法》。全省各级红会组织投入了大量的人力物力，抓住种种契机，采取多种形式，面向社会各界，广泛宣传，提高全社会红十字意识。采取专题讨论，脱产轮训的方法，重点抓了在各级红会中任职的政府领导和专职红会干部的学习工作，到一九九六年我省已制订了《湖北省实施〈中华人民共和国红十字会法〉办法》，使我省红会工作的法律保障水平明显提高。

二、依法履行职责，努力推进红会各项业务工作的开展

（1）救灾备灾工作。我省是一个自然灾害频繁、多灾并发的省份，尤其是防汛工作历来受到全社会关注。全省各级红会组织面对重大灾情，增强主动参与意识，形成快速反应能力；发挥红会组织群众性、社会性的优势，在抢（抢）险救济，抗灾防疫，安置灾民，恢复灾区生活

方面作了大量工作；红会的报灾、核灾、救灾网络已在全省形成体系，基本上做到了现场报灾，迅速核灾，积极救灾。据不完全统计，十年中累计向灾区发放救灾款物 5100 余万元，受益人数达 3000 余万人。在国际联合会和总会的援助下，我省还在孝感市兴建了中国红十字会湖北备灾救灾中心，该"中心"自一九九三年投入营运后，已形成救灾物资的采办、加工、转运的功能，对我省以及中南地区的备灾救灾网络建设发挥了重要作用。

（2）卫生救护工作。我省红十字会组织从事卫生救护工作坚持"服务群众，保护生命，简明实用，各具特色"的方针，重点加强了社区预防保健网和群众性自救互救网络建设，为延伸三级医疗网，发挥红会卫生工作的现场性、群众性的优势作出了有益的探索。全省机动车驾驶员卫生救护训练累计培训驾驶员 137 万人次，配备急救器材 170 多万件（套）。省红会还在试点工作取得成效的基础上，重点在境内 316、107、106 三条国道线上建立了红十字安全急救网络。同时利用国外捐款，在潜江市建成了具有现代化通讯设施的急救网络，有力地推动了红十字区域性救护工作的发展。

（3）积极参与输血事业，稳步推进无偿献血。全省各级红会每年都组织开展大规模的无偿献血的宣传活动；广泛普及血液知识和无偿献血的目的和意义，宣传和动员社会知名人士参与无偿献血活动。截止一九九五年底，全省已建立 5 座红十字血站。全省无偿捐血活动已有了一个好的势头，有多人获得全国无偿献血金杯奖。

（4）红十字青少年活动丰富多彩、形式多样。全省学校红十字会工作紧紧围绕"志愿服务，奉献一片爱心"的主题，通过多种形式的活动，陶冶了青少年的道德情操，丰富了课外生活，弘扬了人道主义精神。

（5）广泛开展海内外交往，日益扩大影响。十年间我省红十字会组织积极开展与各国红十字会和港、澳、台红十字组织的友好交流，省红会目前已与十几个国家和地区红会组织建立了稳定的交流渠道。

湖北省红十字会

原件藏湖北省北省红十字会档案室，档号：1997－Y－027

开展志愿服务活动，弘扬红十字精神

——宜昌五中红十字工作经验

宜昌市五中红十字会于 1987 年在宜昌市教育系统第一个建立红十字会组织以来，以人道主义精神为宗旨，把红十字会的工作纳入学校德育教育之中，从小培养青少年学生救死扶伤、扶危济困、敬老助残、关心他人的高尚品德，继承中华民族传统美德。

在红十字会的组织下，开展了各种教育活动，涌现出了一大批青少年志愿工作者，志愿服务的项目也极为广泛，我会多次受到上级红十字会和社会各界的高度赞扬。

宜昌市五中红十字会的组织机构健全，开展红十字会的各种活动有计划安排、有实施方案、有总结表彰，红十字会的活动得到了学校领导、教师的大力支持，广大红十字青少年的积极参与。

我们学习红十字会的历史和会务知识，通过会务知识竞赛，办报出刊，配合"五·八"世界红十字日纪念活动，由校内走向社会，扩大了教育面和影响面，使红十字的精神深入人心。

自 1987 年以来，每年的春节前夕，我校红十字会慰问团，年年参与宜昌市红十字会到社会福利院、到那些需要帮助的人（中去），向孤寡老人进行慰问活动，每次都为他（她）们做面对面的文艺演出，帮助生活料理，使孤寡老人们享受人世间的温馨和欢乐，安度晚年。

从 1988 年开始，我们在广大红十字青少年中开展用自己节省的零花钱，志愿参加各种捐赠活动奉献那些需要帮助的人们。我们组织义卖活动，将所有收入全部捐给"88 国际体育援助计划"，对红十字青少年进行了国际主义教育；开展了多次的为各类灾害的救灾捐赠，为他们送衣、送物、送款；开展向贫困山区的同龄人捐赠衣服、书籍、文具和入学杂费，向贫困山区的青少年献爱心，开展为校内患白血病、因伤住院同学的捐赠医药费，使他（她）们得到及时的治疗；开展为残缺家庭的子女送温暖等等活动，培养红十字青少年关心他人、助人为乐的高尚美德，弘扬了红十字的人道主义精神。

在宜昌市红十字会的大力支持下，我校红十字会首创"红十字青少年卫生保健站"，坚持开展学习各项急救技术、心肺复苏和常见病的预防活动，使红十字青少年掌握急救知识，时刻准备为那些需要帮助的人

183

服务。

宜昌市五中红十字会开展志愿服务活动，正在向纵深方面发展，将爱撒向人间，让红十字的人道主义精神永存。

宜昌市五中红十字会

一九九六年六月

原件藏湖北省北省红十字会档案室，档号：1996-D-011

武昌水果湖中学高中部红十字会工作点滴

我校红十字会成立于一九八五年六月十五日。十余年来，我们根据上级红会的要求，贯彻落实中国红十字会的宗旨，在历届会长（校长）的直接领导和支持下，做出了一定的成绩，受到了市、区红会的多次表彰，红会已在学校成为人们尊敬和羡慕的团体组织。

一、社会服务，充分体现了会员的助人为乐和奉献精神

从一九八五年我校红会成立的那天起，一直在帮助孤寡老人邓奶奶和胡奶奶。邓奶奶左眼失明，一直过着孤独的生活，虽然拿政府救济，有一定生活保障，但精神上十分凄苦。当我们几十个会员第一次走进邓奶奶家，帮助她打扫房间、买米、提水、看病治疗时，她突然觉得福从天降。从此她像变了一个人，精神愉快，见人乐呵呵的，现年七十九岁，身体还挺硬朗。胡奶奶是街道民政科介绍给我们红会的，也是孤苦伶仃，而且类风湿病长年折磨她，手指挛缩，活动受限。当我们第一次送去温暖，表明红十字会的心愿时，她激动地流着眼泪只重复着一句话："这么好的老师，这么好的学生！"十余年来，我们帮助两位奶奶，不管是炎热的酷暑，还是风雪交加的寒冬，每逢节假日送去慰问品，并送医送药上门，帮助买米、买菜、送衣、送被、送捐款，每年四次以上，从未间断过。十年来，会员送温暖献爱心必不可少，成了常规活动，一届传一届。更有趣的是，这两位奶奶原素不相识，在红会的帮助中，而今成了好朋友。一个七十九岁，一个八十二岁，经常步行几里路，互相串门，谈心里话，胜似亲人。

红十字会就是一座联系党群关系的桥梁，通过这些活动，使党在人民群众心目中更有威信，使她们觉得，只有在中国共产党领导下的中国，孤寡老人不孤，晚年生活幸福。通过常年不懈地坚持做这些活动，

使红十字青少年养成了尊敬老人、助人为乐、扶危济困、积德行善的优良品质。

二、国际交流，增加了相互间的了解，促进和平与友谊

一九八六年三月，由中国红十字会牵线搭桥，组织了一次国际优秀作文互换活动。当时我校红会精选出两篇优秀作文送到中国红十字会，其中《忘不了帮助孤寡老人邓奶奶》一文被选中，将张雪琼同学的优秀作文寄往新西兰西部高中，新西兰西部高中红十字会的《爱好和平的红十字会》的作文与我们交换，从而建立了姊妹学校。从一九八六年至今，我们保持友好通信往来，每逢圣诞节，我校红十字会的会员们纷纷寄去圣诞礼物，寄去中国美丽的山水画、国画、盆景等漂亮挂历，被挂在新西兰西部高中最醒目的地方。他们来信说："这些漂亮的挂历吸引着无数师生赞不绝口，这些活动成了他们非常珍贵的礼物，感谢你们的深情厚谊。"学生会员经常与之通信，使他们陶醉在世界和平与祥和的友谊气氛中。

新西兰西部高中的联系人莱纳德·门齐女士，是一个社会活动家、慈善家，她常去美国、非洲参加救助孤儿活动，给我们邮来不少活动照、纪念邮票、校历等多种纪念品，我们互相交流的礼品达二百多件。通过交往，使我们不仅了解到异国国情，学生受教育的程度，更使我们两校建立了真挚的友谊。

武昌市武昌水果湖中学高中部红十字会
一九九六年六月

原件藏湖北省北省红十字会档案室，档号：1996－D－011

夯实理论基础，传播人道精神

——湖北省国际人道主义法及红十字基本知识传播工作汇报

为认真开展红十字国际人道主义法及基本知识传播工作，完成总会与红十字国际委员会关于在 1998—2001 年间开展传播工作的合作计划，我省近年来多次派人参加了全国性的培训，并于今年七月中旬在神农架举办了一期 60 多人的专职干部培训班，为全省各地培训了一批传播骨干和师资。截至 11 月份，全省 17 个地级市（含直辖市）中的 13 个市和部分县（市）完成了传播培训任务，这 13 个市是：武汉、黄石、咸

宁、仙桃、襄樊、孝感、黄冈、荆州、十堰、神农架林区、潜江、随州。因工作推迟在 12 月底完成的有宜昌、鄂州、天门和恩施州。全省培训总人数 4000 人次，培训对象有：地方领导、部门领导、专兼职红十字会干部、团体会员单位负责人、志愿工作者、大专院校的学生和红十字青少年；培训采取授课、讲解、观看录像或图片、案例分析、试卷测试及讨论等方式进行；全省共印发各种宣传手册、资料 5000 多份。通过培训进一步提高了省、地和部分县（市）专兼职干部以及各层级人员对国际人道主义法和红十字基本知识的理解和认识，增强了红十字工作的信心。主要有以下特点和体会：

一、领导重视，抓好骨干培训是基础

根据总会与红十字国际委员会的传播工作合作计划，省红十字会非常重视这项工作，今年（正月）初九制订了工作计划并下发各地红十字会，要求各地在抓好骨干培训的同时搞好传播工作。省红十字会先后选送 10 多人次参加了全国区域性的培训。7 月中旬，在神农架举办了为期四天的红十字会专职干部培训班，为全省各地培训了 60 多名传播骨干和师资。9 月下旬下发了《关于进一步做好国际人道主义法及红十字基本知识的传播工作的通知》（鄂红字〈2000〉第 6 号），对已完成第一阶段培训任务的市提出了向深层次传播、扩大传播对象的要求，对尚未开展培训工作的地级市提出了在今年底完成培训任务并以文字形式将培训时间、地点、内容、参加人员、使用资料的传播工作方式上报省红十字会的规定。"通知"提出，将根据全省各地开展传播工作的实际情况进行检查评估，对传播工作做的（得）较好的和有特点的市红十字会进行表扬和鼓励；对工作开展较差的市提出通报批评的要求。通知下发后，全省各地的领导和专职干部更加重视这项工作。如武汉市在市级红十字会举办专兼职干部培训班的基础上，各区级红十字会也先后举办了培训班。洪湖市市委、市政府、市人大和市政协"四大家"领导和有关部门负责人都亲自参加市里的培训。随州市以政府文件的形式下发培训通知等。培训工作得到了全省各地多个部门的支持，特别是领导们的重视，同时也锻炼了一批传播工作的骨干和师资，抓住了搞好传播工作的基础。

二、形式多样地开展传播工作是关键

中国红十字会总会为传播工作专门编写了统一的教材并规定了教学内容。教材内容丰富，涉及知识面广，要完成包括国际人道主义法、红十字运动基本原则及国际红十字运动和中国红十字会的基本知识，以及传播工作的方法和技巧等教学内容并非易事。因此,我们根据总会工作计划的要求,结合湖北实际,要求各地针对不同层次的需求积极开展传播工作。一是所有市以上红十字会各级组织的工作人员,特别是秘书长必须熟悉和掌握红十字运动基本知识,必须在本地培训期间能讲解1—2课。如省红十字会冯芊秘书长、袁竞副秘书长在全省骨干培训期间亲自带头讲课,各市也是一样,秘书长们纷纷走上讲台进行授课。二是如果学员对象中领导者较多,则以就红十字运动的各主题作概括介绍,以提纲方式讲授并辅以投影片和教材。如荆州的洪湖市,该市"四大家"领导、有关部门及会员130多人参加学习时就采取此种方式。三是对大学生采取完整了解、专题探讨的方式,让他们全面认识和探讨有关各主题内容要点与运用情况,并要求积极投稿进行探讨。如武汉市武昌区针对辖区内大学多的特点,在校园内积极开展这项工作,10月21日新武汉大学红十字会在医学院(部)学术报告厅正式举办了校园内红十字周末培训班,各系240多名学生主动报名参加培训,新武汉大学党委副书记郝翔,学工部、后勤保障等部门负责人前来祝贺,郝书记还专门给首期培训班的学员讲述了国际人道主义法与医学生成才的辩证关系等。四是对中小学生则针对他们学习负担重的特点,只注重参加者对学习主题有一概括印象即可。如襄樊市则邀请红十字青少年代表参加培训,并将有关知识编成小册子和基本知识测试题,让他们带回去阅读和做题。

另外,十堰市利用今年10月31日是我国红十字会法颁布实施七周年的时机,在全市范围内组织开展红十字会法宣传周的纪念活动,并借此机会宣传国际人道主义法及红十字基本知识。仙桃市在经济较发达的回族镇办班,参观该镇红十字会工作现场,并组织了红十字知识抢答赛。仙桃电视台、《仙桃日报》对此项活动进行了报道。

三、注重实效,全面带动其它工作是目的

宣传和传播国际人道主义法和红十字的基本知识,其目的在建设中国特色的红十字十事业,实现两个转变和落实三项基本工程。为此,我们要求全省各地充分利用国际人道主义法及红十字基本知识传播的机会,向各级领导宣传和传播《中华人民共和国红十字会法》和建会方略。10月8日,省卫生厅召开专门的厅长办公会议,所有厅长、巡视员和部分处室的主要负责人参加了会议,省红十字会秘书长冯芊同志向厅领导汇报了五年来我省红十字会的主要工作情况和在卫生厅党组的正确领导下所取得的成绩,分析了当前存在的主要问题和今后我省红十字事业发展的设想,同时也向参加会议的各位领导宣传国际人道主义法及红十字基本知识和建会方略，向他们发放了有关资料，收到较好效果。厅党组书记、厅长朱忠华要求全省各级卫生行政部门和厅机关各处室要支持红十字会的工作；红十字会作为从事人道主义工作的社会救助团体，应充分发挥其特殊的职能、政策以及各种资源，依法依章兴办产业，大胆工作，开拓进取，为湖北的红十字事业和卫生事业发展作出新的贡献。

国际人道主义法和红十字基本知识的传播也带动了其它传统性的工作恢复和启动，许多地方将传播工作与卫生救护工作结合在一起进行，收到较好效果。最近省红十字会下发了《省红十字会关于开展卫生救护工作的意见》，要求全省各地积极开展卫生救护常识的宣传和普及工作。赤壁市卫生局下发了《关于加强红十字会工作的通知》，将红十字会工作纳入市局卫生工作主要内容之一，对红十字会基层单位组织建设、会员发展、卫生救护培训、收缴会费、报刊征订、备灾救灾等工作提出了具体要求，并将这些工作量化成考核标准，纳入卫生工作年度考核。宜昌市截至今年8月底已在全市建筑行业办卫生救护培训班13期，学习和考试的人员800人，颁发初级急救员合格证765人，还在市境内的公路沿线上建立了22个急救站和40多个急救点。武汉市武昌区在大专院校办班的第二天就接待了近千名志愿工作者的报名。

四、传播工作有待深层次发展和完善

今年来我们虽然在全省不同层次开展了国际人道主义法和红十字基本知识的传播培训工作，但培训的人数和深度离总会的要求相差甚远，也遇到了许多困难。一是办班经费不足，尽管各级红十字会做了大量工作，拿出了一定经费进行补贴，但培训班办的越多、时间越长，所需经费就越大，而基层红十字会的经济能力有限，以班养班也不堪重负。二是教材篇幅较大，真正要完成总会所规定的教学内容每个班必须要办3～4天时间。三是基层教学器材、场地缺乏，如投影仪、教具等。

我们打算认真总结今年来的传播培训工作，并对此项工作开展较好的市进行表彰和物质鼓励，把这项工作引向深入，让全社会更加了解和支持红十字会事业的发展。

湖北省红十字会

二〇〇〇年十一月一日

原件藏湖北省北省红十字会档案室，档号：WS·2000－Y－Ws－0003

湖北省红十字会2000年工作总结

2000年，湖北省红十字会在省委省政府及总会的关心支持下，以邓小平理论和党的十五大精神为指导，认真贯彻第七次全国会员代表大会精神，坚持依法建会、依法兴会，加大改革力度，结合湖北省实际扎扎实实地工作，较圆满地完成了全年工作计划，取得了一定的成绩。主要工作简要汇报如下：

一、学习贯彻"七大"精神

今年初，总会召开了第七届常务理事会第一次会议，制订了2000年工作计划要点等。为此，我们组织有关人员认真学习领会了会议精神，及时向全省转发了《中国红十字会第七届常务理事会第一次会议纪要》，并结合湖北实际制订了2000年工作计划，明确了今年工作的指导方针和完成的主要任务。

二、组织建设得到加强

（一）理顺管理体制工作正在进行

（1）今年初，我们按中编办字〔1999〕136号文的样式向省编办报送了有关体制改革的方案。

（2）10月8日，我们向卫生厅党组汇报了机构改革的总体思路和推进步骤。

（3）荆州的公安县经编委批准，明确了县红十字会办公室机构级别为副局级，石首市红十字会实现了独立设置。

（4）宜昌县红十字会机构单独建制得到进一步巩固。

（二）专职干部素质和队伍建设得到加强

（1）随着省级政府机构改革方案的实施，充实了省红十字会机关人员4名，在原有的人员基数上增加了60%，工作得到了加强。同时积极支持全省各级红十字会落实参照《国家公务员暂行管理条例》管理的各项工作。

（2）加强了干部培训工作。我们从提高干部的整体素质入手，分级培训，截至今年11月份，对全省100多名专职干部开展了以传播红十字运动基本知识（包括红十字运动发展史、组织机构、基本原则、国际人道主义法、中华人民共和国红十字会法和建设有中国特色红十字事业的基本方略）为主要内容的培训，培训率达98%以上。

（3）组织和会员管理。按照《中国红十字会章程》规定，强化了基层红十字会的工作。部分地市根据工作需要调整了理事会成员，清理调整了一些基层组织并进行了重新登记工作。截至今年11月，全省拥有8700多个基层组织和150多万会员，这些基层组织和会员是我省开展红十字会工作的基本力量。同时全省各级红十字会也加大了会费的收缴力度，增强了红十字会组织的凝聚力。

（4）志愿工作者工作已启动。为加强志愿工作者的组织管理，发挥他们的作用，我们根据《中华人民共和国红十字会法》和《中国红十字会章程》的规定，对志愿工作者的招募、管理方式、活动内容和方法等进行了分析研究，并在武汉市武昌区开始了试点工作。

三、博爱系列社会工程建设及其他业务工作全面开展

（一）救援工程

（1）掌握灾情，及时实施人道主义救助。我省今年部分地区遭受百年罕见的干旱，特别是十堰、襄樊、随州和孝感北部及神农架林区等地区，降雨量异常少，水源严重不足，造成大面积农作物减产或绝收，灾民的生产、生活十分困难。为此，各级红十字会组织发扬1998年、1999年的抗洪精神，深入灾区，核查灾情，配合当地政府帮助灾民抗灾自救。据统计，各地组织并会同卫生部门向灾区派出医疗队190多个，免费投放药品折合人民币75.4万元。省红会截至今年11月，共向总会发出灾情报告11份，向灾区分发救灾物资7批，总价值人民币145.8万元，（其中治疗药品69万元、消杀药品69.9万元、衣物5.8万元、其它0.9万元），受益群众达244492人次。

（2）增强备灾实力，提高救灾效能。为提高我省红十字会救灾应急能力和救助效能，近年来经省会多方呼吁，共募集资金330万元，并争取到当地政府配套资金和相关优惠政策，筹建了宜昌、荆州、咸宁和黄冈四个小型区域性备灾救援中心。这四个中心今年已全部竣工，正式投入使用，这四个中心的建成增强了我省地方备灾的实力，提高了救灾应急能力。

（3）开展募捐活动，强化备灾意识。今年我们下发了《关于开展经常性募集衣物工作的通知》，要求全省有储备能力的市红十字会根据实际情况制定募集方案，积极开展募捐活动。特别是中国红十字会湖北备灾救灾中心和四个小型救援中心所在地的市级红十字会，已把这项工作作为经常性的备灾任务来抓。为配合全省各地更好地开展此项工作，省红十字会已在一定范围内开展了衣物募集活动，并为此制作了"爱心回

馈卡"，截至十一月七日共募集衣物、棉被 4880 件（床）。

（4）加强救灾备灾款物管理，完善各项管理制度。全省各级红十字会对救灾款物的接收、分配、使用的所有环节进行了规范管理并建立了相应的管理制度。今年初，国际普华审计公司、国家审计署先后对我省 1999 年国际联合会救灾援助项目进行了审计，都确认救灾款物使用正当，符合要求和规定，并受到好评。

（二）生命工程

（1）今年 10 月份，我们对部分市红十字会开展卫生救护工作情况进行了调研，拟定了《省红十字会关于开展卫生救护工作的意见》，并报省政府转发，要求全省各地积极开展卫生救护常识的宣传和普及工作。宜昌市在三峡库区兴山、秭归等地举办了 9 期建筑行业安全员卫生救护培训，并颁发了初级急救合格证。赤壁市也举办了 6 期培训班，共培训 465 人。

（2）武汉市今年 3 月 7 日正式接受志愿捐献遗体登录者 171 名，7月 27 日首例遗体捐献在武汉市公证处办理了志愿捐献遗体的公证手续。另有 400 多市民也向市红十字会表达了捐献遗体的愿望，并指定专人负责接待、登录和设置了热线电话。

（3）根据《红十字会法》和《献血法》的规定，我省各地积极参与了无偿献血的社会公益活动。在省人大颁布《湖北省实施〈中华人民共和国献血法〉办法》之际，与省卫生厅医政处联合举办了宣传活动，省人大副主任吴华品，省红会会长韩南鹏等领导纷纷走上街头，看望了无偿献血的群众。会员无偿献血取得了进步，获先进城市奖的有十堰市和黄石市，陶志雄等 5 人获无偿献血杯个人奖。

（三）爱心工程

今年全省各地不同程度地对散居社会的孤、老、病、残人开展了社会服务活动，并结合传统节日和受灾群众的急需，开展了送温暖活动。9 月 10 日，省红十字会与武汉市红十字会在江汉区西北湖广场举办了"共度良宵、同享幸福——武汉市贫困孤寡老人中秋赏月晚会"，对 100 对老人进行了慰问，使贫困孤寡老人过了一个愉快的中秋节。1 月 31 日，恩施州红十字会在"世界防治麻风病日"期间，充分利用广播、电视、报刊等宣传媒体、宣传实现消灭麻风病的历史意义和麻风病防治科普知识，各县（市）红十字会还积极开展了慰问麻风病人及麻风病防治工作者活动。监利县红十字会为该县一中的贫困学生发放了 1 万元人民币的救济金；松滋市红十字会给福利院孤寡老人和贫困山区的特困户送去捐款2000元和价值2万元人民币的物品；孝感市红十字会三次到安陆洗衣机厂慰问贫困病重职工，送去款物折合人民币5000多元，帮助群众安排生活。宜昌市红十字会在春节前夕，全体工作人员在会长、副市长贾庆生的带领下，冒着鹅毛大雪，将5000多元的节日食品和价值5000多元的柜式空调送到市社会福利院，对170多名孤寡老人和130多名孤残儿童进行了慰问；咸宁市红十字会与市老龄委联合下文，在全市范围内开展关爱老年人的健康和心血管健康普查和送医送药活动，5月23日组织了36名专家教授在温泉财贸学校为1500人免费进行健康普查，并赠送了价值9万余元的药品，把"爱心工程"与社区服务工作有机地结合起来等。

总之全省各地在开展"三项工程"建设的同时，都注重了探索和总结"三项工程"的内涵、管理体制、运行机制和发展后劲等，使"三项工程"向着规范化的方向发展。

（四）红十字国际人道主义法及基本知识传播工作

（1）为认真开展红十字国际人道主义法及基本知识传播工作，完成总会与红十字国际委员会关于在1998—2001年间开展传播工作的合作计划，我省近年多次派人参加了全国性的培训，并于今年七月中旬在神农架举办了一期60多人的专职干部培训班，为全省各地培训了一批传播骨干和师资。截至11月份，全省17个地级市（含直管市）中的13个市和部分县（市）完成了传播培训任务，这13个市是：武汉、黄石、咸宁、仙桃、襄樊、孝感、黄冈、荆州、十堰、神农架林区、潜江、随州。因工作推迟在12月底完成的有宜昌、鄂州、天门和恩施州。全省培训总人数4000人次，培训对象有：地方领导、志愿工作者、专兼职红十字会干部、团体会员单位负责人、志愿工作者和红十字青少年；培训采取授课、讲解、观看录像或图片、案例分析、试卷测试及讨论等方式进行；全省共印发各种宣传手册、资料5000多份。通过培训进一步提高了省、地和部分县（市）专兼职干部以及各层次人员对国际人道主义法和红十字基本知识的理解和认识，增强了红十字工作的信心。

（2）领导重视，抓好骨干培训

今年初，省红十字会制订了工作计划并下发各地红十字会，要求各地在抓好骨干培训的同时搞好传播工作。9月下旬下发了《关于进一步做好国际人道主义法及红十字基本知识的传播工作的通知》（鄂红字〈2000〉6号），对已完成第一阶段培训任务的市提出了向深层次传播，扩大传播对象的要求；对尚未开展培训工作的地级市规定了在今年底完成培训任务并要求将文字总结上报省红十字会。通知下发后，全省各地领导和专职兼职干部更加重视这项工作。如武汉市在市级红十字会举办专兼职干部培训的基础上各区级红十字会也先后举办了培训班。洪湖市市委、市政府、市人大和政协"四大家"领导和有关部门负责人都亲自参加市里的培训。随州市以政府文件的形式下发培训通知等。培训工作得到了全省各地多个部门的支持，特别是领导们的重视，同时也锻炼了一批传播工作的骨干和师资，抓住了搞好传播工作的基础。

（3）形式多样的开展传播工作

我们根据总会合作计划的要求，结合湖北实际，要求各地针对不同层次的需求积极开展多种形式的传播工作。一是所有市以上红十字会各级组织的工作人员，特别是秘书长必须熟悉和掌握红十字运动基本知识，必须在本地培训期间能讲解1~2课。如省红十字会冯芋秘书长、袁竞副秘书长在全省骨干培训期间亲自带头讲课，各市也是一样，秘书长们纷纷走上讲台进行授课。二是如果学员对象中领导者较多，则以就红十字运动的各主题作概括介绍，以提纲方式讲授并辅以投影片和教材。三是对大学生采取完整了解，专题探讨的方式，让他们全面认识和探讨有关各主题内容要点与运用情况，并要求积极投稿进行探讨。如武汉市武昌区针对辖区内大学多的特点在校园内积极开展这项工作，10月21日新武汉大学红十字会在医学院（部）学术报告厅正式举办了校园内红十字周末培训班，各系240多学生主动报名参加培训，新武汉大学党委副书记郝翔，学工部、后勤保障部等部门负责人前来祝贺，郝书记还专门给首期培训班的学员讲述了国际人道主义法与医学生成才的辩证关系等。四是针对中小学生学习负担重的特点，只注重参加者对学习主题有一概括印象即可。如襄樊市则邀请红十字青少年代表参加培训，并将有关知识编成小册子和基本知识测试题，让他们带回去阅读和做题。仙桃市在经济较发达的回族镇办班，参观该镇红十字会工作现场，并组织了红十字知识抢答赛，仙桃电视台、《仙桃日报》对此项活动进行了报道等。

（五）红十字青少年工作

今年来我省部分地市与教育部门联系，开展了此项工作。孝感市下发了文件，有计划分期分批地完成了县级城区中小学红十字青少年会员的发展，中小学建会率达85%。5月15日，宜昌市红十字会召开了全市学校红十字会工作会议，对进一步加强学校红十字会工作的领导，促进红十字青少年工作的发展提出了具体要求。

（六）宣传工作

（1）今年来，全省各级红十字会通过新闻媒体和会议采取多种形式大力加强了宣传工作。10月8日，省卫生厅召开专门的厅长办公会议，听取了省红十字会近5年来的工作情况汇报，厅党组所有成员和厅有关处室负责人参加了会议。省红十字会秘书长冯芊同志向他们宣传了党和国家领导人在"七大"上的讲话内容、《红十字会法》、我省红十字事业所取得的成绩以及红十字会在两个文明建设中的作用和社会主义人道主义精神，积极争取厅党组对红十字会工作的支持、保障和监督。十堰市利用今年10月31日是《红十字会法》颁布实施七周年的时机，在全市范围内组织开展了《红十字会法》宣传周纪念活动。恩施州红十字会十分重视宣传工作，创办了《恩施红十字》报，在湖北电视台《新闻空间》和《健康报》《中国红十字报》播放和刊登了"恩施州红十字会献爱心"等新闻，他们撰写的报告文学《创业撑起一片天》在《人民日报》海外版荣获《世纪英才》报告文学大赛一等奖等。

（2）全省大部分市在"5.8"世界红十字日期间积极主动地开展活动。仅仙桃市参加纪念活动的人员达2000多人，服务对象15000余人次，免费用药价值人民币23000元，办刊200多期，发放宣传资料20000余份。市红会名誉副会长在《仙桃日报》发表了题为"积极开展红十字会活动，努力促进学校素质教育"的文章，并组织红十字青少年手举会旗、胸戴会徽、载歌载舞上街游行，宣传红十字精神。

（3）积极做好《中国红十字报》《博爱》杂志一报一刊的征订工作，荆州等4市9县（市）被总会评为先进单位。

（七）事业发展工作

我省红十字会在近年兴办了些经济实体，取得了一定的社会效益和经济效益，为湖北省红十字事业发展奠定了基础，随着市场经济的深入发展，其事业规模和综合效益还有相当大差距，这些实体要想更快的发展，必须走股份制、集团化的路子，使多种经济成分并存。为此，省红十字将原有的一些公司进行了股份制改造和经济实体资产重组，重新组建了湖北省弘康医药有限公司，公司按GSP（药品经营质量管理规范）的要求进行了改造；逐步形成整体规模，使之走向规范化和产业化。

（八）对外交流工作

今年6月4日至14日，以省政府副主席、省红十字会会长韩南鹏为团长，省卫生厅副厅长李建明为副团长的湖北省红十字会访澳代表团一行五人应澳洲红十字会邀请，对澳大利亚红十字会总会、南澳州红十字会分会、南澳州红十字血站、昆士兰州红十字会分会、昆士兰州红十字血站、新南威尔士州红十字会进行了为期 10 天的参观访问。通过参观、座谈等交流活动，加深了相互了解，增进了友谊，开阔了眼界，为今后双方的合作打下了良好的基础。

（九）寻人服务

今年初，我们派专人参加了总会举办的寻人服务工作研讨班。

今年受理红十字通信 11 件，国际寻人 1 人，香港查大陆寻人 1 人，台湾查大陆寻人 1 人，大陆查找台湾 20 人（其中找到 3 人）。

2000 年，在全省红十字会专、兼职干部的努力奋斗下，湖北省红十字工作取得了一定的成绩。但是也存在着很多不足，如：机构改制问题有待加快步伐，红十字会在社会上的知名度还不够高，各级红十字会的实力还不强，宣传工作有待加强等，这些存在的问题有待于今后的发展过程中不断提高和完善。

湖北省红十字会

二〇〇〇年十一月十四日

原件藏湖北省北省红十字会档案室，档号：WS·2000－Y－Wb－0001

湖北省纪念"五·八"
世界红十字活动情况通报

鄂红字〔2001〕25 号

各市、州红十字会：

为认真贯彻落实总会第七届理事会第二次会议精神，根据《关于开展纪念"五·八"世界红十字日活动的通知》要求，"五·八"期间我省各地结合实际，扎扎实实地开展了纪念活动。活动围绕"捐献骨髓、关爱生命、展示人道力量"主题，以医疗义诊、健康咨询、法规宣传、捐献骨髓、无偿献血，义卖义演和募捐为主要形式，取得了显著成效。

据不完全统计：全省"五·八"期间参加活动的各类工作人员 2 万多人，接受义诊和卫生咨询 20 多万人次，自愿捐献骨髓报名者 100 多人，发放各类宣传资料 80 多万份，各种宣传展牌和横幅 5 千多块（条），义卖和募捐 70 多万元。现将我省纪念活动的主要情况通报如下：

一、高度重视，精心策划

今年 5 月 8 日是新世纪第一个世界红十字日。3 月中旬，省红十字在宜昌召开了全省的工作会议，会上对纪念活动方案进行了专题讨论和修改，并进行了动员和布置。3 月 21 日，省红十字会向全省转发了总会关于开展纪念"五·八"活动的通知并提出了具体要求。

全省各地为搞好纪念活动相继召开了所属地区的专题会议，如孝感市召开了市区两级专题会议，统一认识，统一步调，副市长、红会会长赵晓勇，市卫生医药局局长、红会副会长周新安对活动方案进行了认真审查、修改，多次上门与创建办、城管监察、交警、工商、电视台、报社等部门协调。武汉市红十字会为能更好配合省会搞好纪念活动，积极派出专职干部配合工作。

二、形式多样，上下联动

各地针对"五·一"放假时间长、人流量大的特点，结合当地实际，以"捐献骨髓，关爱生命、展示人道力量"为主题，广泛宣传红十字法，红十字精神和宗旨。

5 月 6 日，省红十字会与武汉市红十字会在武汉市人流量最大的洪山广场联合举办了"五·八"纪念活动。湖北省人大常委会副主任吴华品、省政协副主席韩南鹏、省卫生厅和武汉市有关领导参加了活动。武汉市红十字会 300 多名志愿工作者进行义演；武汉大学人民医院（原省人民医院）等 13 家医疗单位的 100 多名专家为群众提供健康咨询和义诊；武汉血液中心两台献血车到现场采血，为捐献骨髓志愿者登记，为中华骨髓库的启动开展了签名活动。解放军某部少校隋继国身患血癌专程从郑州赶到武汉，宣传捐献骨髓的意义，中央电视台《东方时空》栏目组对其进行了跟踪采访。香满楼乳品有限公司、绿世界环保有限公司等 10 多家企业在现场开展了"博爱千万家"的义卖活动，并将义卖款捐给省红会。武昌区水果湖中学的红十字青少年手捧募捐箱进行了献爱心募捐。据统计当天的人流量达到 3 万多人。当天晚上，省红十字会又在武昌洪山礼堂举办了"相聚五·八"的文艺晚会，在汉的部队、武警和群众1000 多人观看了演出。省、市 10 多家新闻单位对活动进行了报道。

荆州市红十字会以举办国际龙舟节为良机，开展了系列纪念活动。一是在《荆州晚报》刊登"荆州红十字光辉映楚天"专刊，市民征订15 万份，向游客发放 20 万份。二是协同有关部门开辟了科技卫生咨询、无偿献血以及义卖募捐活动一条街，组织 64 名专家上街义诊和咨询。三是在沙隆达广场和市中心医院院前组织近千名红十字医务工作者参加义诊和巡回医疗服务，诊治咨询人数达万余人次。

仙桃市红十字会在电台、电视台、报纸上制作了宣传"五·八"的公益性广告。组织部分理事单位和机关人员向困难单位和个人捐赠衣物、药品、农药、化肥等生产物资。组织基层义诊小分队18个，下乡免费义诊4500人次。在市区繁华地段开展义诊和咨询，市直11所医疗单位5月8日免挂号费一天。组织无偿献血100余人，并登记了2名捐赠骨髓及眼角膜的志愿者。

十堰市积极向社会募集2.8万元活动资金，与十堰电视台联合举办"人道杯"红十字法等知识竞赛；开展了纪念"五·八"活动周活动。

咸宁市共组织140个基层团体会员单位和1000多名红十字会员和志愿工作者，200多名医疗专家，为近万名群众义诊，无偿献血19200毫升，发放大量宣传资料近万份，并派人参加省红会纪念活动。

黄石市各级红会组织为社会提供各种服务4600余人次，无偿发放药品价值1.5万余元，发放各种宣传资料5000余份。

襄樊市组织各类医务人员上街为群众义诊17280人次，健康咨询约35000人次，组织红十字青少年慰问了福利院孤寡老人，举办了纪念"五·八"文艺演出。

5月25日，武汉市在全国著名的江汉路步行街举办了"博爱世纪行"募捐活动，募集金额65万余元。

5月8日，"宜昌县人道救助基金万人行"首募式大会在县体育馆召开，县直行政、事业、企业144个单位，城、区9所小学和电大师生2300多人参加了会议，县主要领导参加了会议并带头募捐100元人民币，本次活动共募集8万元。

嘉鱼县的全国人大代表、田野集团总经理周宝生5月8日率集团公司100多名员工义务献血。他说："田野人义务献血，为的是给他人献上一份爱心，同时也是纪念'五·八'世界节日的一点心意。"

截至5月20日，已收到武汉、黄石、鄂州、十堰、襄樊咸宁、仙桃、荆门、随州、潜江等地级市和宜昌县等纪会活动的总结，这些地方都开展了较大规模的纪念活动。

湖北省红十字会

二〇〇一年六月十九日

原件藏湖北省北省红十字会档案室，档号：WS·2001－Y－Wb－0008

湖北省红十字会工作情况汇报

省政府领导：

　　近年来，湖北省红十字会在省委、省政府、省卫生厅和中国红十字会总会的领导和关心支持下，坚持以邓小平理论和党的基本路线为指导，认真贯彻江泽民同志"三个代表"的重要思想，紧紧围绕我省"两个文明"建设的大局，坚持依法建会、依法兴会，做了一些工作，全省红十字事业获得了长足的发展，为湖北省的经济和社会发展作出了一定贡献。下面我从四个方面汇报近年来的主要工作情况和当前工作中的几个问题。

　　一、基本情况

　　湖北省红十字会创立于 1916 年，原称中国红十字会汉口分会。1949年新中国成立后于 1952 年协商改组成湖北省红十字会，1966 年因"文革"被迫停止工作。1985 年湖北省红十字会全面恢复工作。截至 2001年底，全省市、州、县（市）均成立了红十字会组织，拥有 9700 个基层组织和 150 多万会员。全省现有红十字会专职干部总数 151 人，省红十字会机关编制（行政编制）10 人，设"两部一室"。所属二级单位省区域性备灾救灾中心 1 座（编制 7 人，属事业编制）。市级备灾救援中心 4 座。红十字会组织分布于全省城镇、农村、学校和企业，这些机构和基层组织是我省开展红十字工作的基本力量。

　　二、依法建会、依法兴会

　　1993 年 10 月 31 日由第八届全国人民代表大会常务委员会第四次会议通过的《中华人民共和国红十字会法》（以下简称《红十字会法》）确立了依法建会的基本思路和依法兴会的发展方略。近年来，我们正是沿着这条思路结合湖北实际积极而努力地开展工作。

　　为了进一步落实《红十字会法》的要求，加强我省红十字会工作，1996 年 9 月 21 日省人大常委会正式颁布实施了《湖北省实施〈中华人民共和国红十字会法〉办法》（以下简称《办法》），此举有力地推动了《红十字会法》在我省的贯彻实施。1998 年省人大教科文卫委员会对《办法》的贯彻实施进行了执法检查，并在全省范围内开展了清理滥用、误用红十字标志的工作。2001 年 11 月，省人大常委会副主任吴华品带领教科文卫委员会部分领导对武汉市、荆州市贯彻实施情况进行了执法检查。

依据《红十字会法》和《中国红十字会章程》的有关规定，1996年我们召开了第四次会员代表大会，进一步健全了省红十字会领导班子，同时制订了五年工作目标及任务，为我省近年来的工作奠定了基础。2000年，随着政府机构改革方案的实施，省红十字会机关也充实了工作人员，工作得到了加强。此外，我们从提高干部的整体素质入手，分别对全省100多名专职干部进行了以红十字会法和红十字运动基本知识为主要内容的培训，以此增强红十字会组织的凝聚力。

三、依法认真履行职责，全面促进各项工作的开展

近年来全省各级红十字会能履行法定职责，各项工作取得了明显成绩。

1. 救灾工作

掌握灾情，闻灾即动，及时实施人道主义救助。近年来我省红十字会初步形成了现场查灾、准确核灾、及时救灾的快速反应工作格局，为救助全省范围内遭受各种自然灾害的受灾群众，充分发挥红十字会的作用起到了不可忽视的作用。在救灾工作中我们依法开展了多种募捐活动，据不完全统计，从1996年到2001年底省红十字会及各市红十字会从国内外共募集救灾款物折合人民币共1.9亿多元。

特别是1998年我省遭受历史上特大洪涝灾害，全省各级红十字会发扬"人道、博爱、奉献"的红十字精神，投入了大量的人力、物力，进行了大规模地募捐和救助活动，为解决灾区群众的生活困难，抗灾防病和重建家园作出了巨大的贡献。据统计，当年共接受红十字会系统及社会各界捐赠的款物1.4亿元人民币（其中各类药品总价值1个亿），使66个县（市）的3000多万灾民受益；在救灾重建阶段，共筹集资金2502万元，重建乡镇卫生院12所、学校9所、救灾仓库4座，完成水改项目14个，为一批基层医疗机构添置了医疗设备共63台（套）。

2. 备灾工作

加强备灾基地建设，提高救助效能。为提高我省红十字会救灾应急能力，近年来经省红十字会多方呼吁和劝募共筹集资金330多万元，在当地政府的支持下，筹建了荆州、宜昌、咸宁、黄冈、四个省属市级备灾救援中心，目前这四个中心正式投入使用。襄樊、十堰备灾中心也正在进行前期筹建工作。目前全省救灾备灾建设项目总面积达到一万多平方米，初步形成了以总会湖北备灾救灾中心为骨干，以四座省属市级备灾救援中心为支撑的救灾备灾网络，大大增强了全省红十字会的备灾实

工作汇报

力，提高了救助效能。

开展募捐活动，强化备灾意识。2000年，我们启动了以"城市减肥"为主要内容的经常性募集衣物工作，共募集衣物、棉被27.88万件（床），募集善款130万余元。特别是武汉、宜昌、襄樊、荆州等大中型城市的红十字会，已把这项活动作为经常性的备灾任务来抓，逐步形成一种社会风尚。

与此同时，我们还狠抓了备灾、救灾款物管理，完善各项规章制度，探索适应红十字会工作特点的管理方式，做到责任明确，措施到位。全省红十字会系统对救灾款物的采供、接收、分配、使用的所有环节坚持做到：现场发放、公开发榜、完备手续、接受审计；全面规范了红十字会系统的救灾行为。在历年的国际审计公司、国家审计署、地方审计机构对我省救灾援助项目和款物进行的审计中均确认救灾款物使用正当，符合要求和规定，并给予了很好的评价。我会的这项工作赢得了广泛的社会赞誉，也为我们获取新的捐助，树立了良好的社会形象。

3. 群众性卫生救护工作

我会开展群众性初级卫生救护培训工作，是全国起步较早的省份之一，多年来我们重点抓了两个方面的工作：一是在省内国道线上建设急救站（点），强化了针对公路沿线事故现场的院前抢救；二是在全省各地开展了卫生救护知识的宣传和普及工作。重点在电力、煤矿、冶金、旅游、交通、建筑等行业中开展初级卫生救护员培训工作。十年中累计培训红十字救护员100余万人次。2001年初，下发了《省红十字会关于开展卫生救护工作的意见》，要求全省各地积极开展卫生救护常识的宣传和普及工作。年底，转发了总会与14个部局联合下发的《中国红十字会关于广泛深入开展救护工作的意见》通知。各级红十字会开展的此项工作为保护和发展我省生产力作出了贡献。

4. 积极参与社会公益和社会福利工作

我省红十字会多年来坚持对散居社会的孤、老、病、残人开展以"送温暖"为主要内容的服务活动。城市红十字会以"博爱送万家"活动为龙头，累计募集衣物二十余万件，重点扶持贫困家庭、下岗职工；农村红十字会配合进行"三下乡"累计组织近万支医疗队深入基层为群众送医、送药；针对艾滋病人、麻风病人、癌症患者以及器官移植病人等一批特殊人群，分别组织了专门的社团，定期开展健教咨询服务活动。三峡库区移民是比较特殊的人群，省红十字会为支持三峡建设围绕移民的生产、生活安置，重点建设了宜昌救援中心，组织了多项对口帮扶活动。

5. 红十字青少年活动是我省红十字会工作的重要组成部分

在教育部门的支持下，围绕"红十字健康行动""三定一包"（定时、定人、定内容、包服务对象）服务工作，以及创建"红十字示范学校"等主题，不断推进学校红十字青少年活动的深入开展。如武昌区红十字会建立了2000多人的志愿工作者队伍，把服务范围覆盖全区；宜昌市五中开展的红十字健康教育活动使学生在校期间都能掌握一二种自救技术；孝感市红十字会和教委每年让毕业班学生举行"三定一包"活动交接仪式，让红十字精神不断传递，发扬光大。

6. 宣传、推动无偿献血

根据《红十字会法》和《献血法》的规定，我省各地红十字会组织积极参与了无偿献血的推进工作。一是利用多种形式、多层次地宣传无偿献血的知识，推动捐血风尚的形成；二是号召广大会员和专干以身作则，积极参与无偿献血活动；三是推动造血干细胞捐献和遗体捐献工作开展。中华骨髓库湖北省资源分库的前期准备工作已经启动，登录及接收单位也基本确定。武汉市红十字会登录的遗体捐献者已逾1200位，办理捐献2位。与之相配套的立法工作正在进行。四是组织表彰了无偿献血的先进个人和集体。

7. 红十字国际人道法及基本知识传播工作

为认真开展红十字会国际人道法及基本知识传播工作，完成总会与红十字国际委员会在1998—2001年间开展传播工作的合作计划，我省多次派人参加了全国性培训，并为全省各地准备了一批传播骨干和师资。截至去年底，全省17个地级市（含直管市）已完成了传播培训任务。全省培训总人数达4000人次，培训的对象有：地方领导、志愿工作者、专职干部、团体会员单位负责人和红十字青少年，通过培训进一步提高了社会各界人士对国际人道法和红十字基本知识的理解和认识，增加了红十字工作的社会影响力。

8. 加强对外交流，开展国际合作

我省红十字会的国际友好交流与合作，近年来比较活跃，重点对德、澳、美、法、加等国的地方红十字会开展工作，在总会的支持下，先后与二十多个国家的地区红十字会建立了长期稳定的友好关系。与此同时，实施了一系列国际人道主义服务的项目，引进外资9100万元（人民币），建设项目22个。

9. 台湾事务是我会的一项特殊任务

为两岸同胞提供查人服务。开放探亲以来,累计办理查寻个案9135宗,处理来访信函12831件,查寻结果2566宗,处理探亲衍生问题824宗;交流无偿捐血经验和开展两岸红十字青少年交流活动,为今后双方的合作打下了良好的基础。

处理突发事件。2001年6月23日,受"飞燕"台风影响,"广源轮"货船在台湾安平港沉没,船上23名大陆劳务外派船员全部落海。其中湖北籍船员22名、安徽籍1名,19名船员遇难或失踪,4名生还。在"海基会""海协会"暂停交往的情况下,我们通过总会积极与台湾红十字组织取得联系,组织遇难者家属赴台,配合和协助长江航运集团公司处理善后事宜,圆满完成了任务,受到国台办、总会、湖北省台办等有关部门领导的高度评价。

10. 加强机关建设,促进事业发展

我省红十字会机关工作人员按照总会提出的"内练素质、外树形象"的总体要求,切实加强机关的自身建设,注重各项管理措施的落实,努力在提高干部能力上下功夫。会机关两次荣立救灾工作集体二等功,及专职干部中先后有六人次被省政府、总会、省直机关工委等单位和部门评为先进个人。近年来省会机关还加强了自身的硬件建设,已新建办公用房1000平方米,基本实现了办公的信息化,并且初步形成了能适应国际联合会要求的工作环境和配置。

四、加快理顺管理体制工作的进程,努力抓好今年各项任务的落实

一要充分认识红十字巨大的无形资产努力在实践中树立红十字会工作的品牌。

我们在传达七届二次会议精神和彭会长讲话过程中,充分理解会长提出的总体要求,结合我省实际,着力在争取各级党委、政府重视和支持,提高红十字会的社会地位,依法为红十字会工作提供必要的条件和保障,积极投身社会主义两个文明建设,拓宽红十字会工作的领域,探索适应自身特点的管理方式和运行机制等方面,应该成为今后我会工作的重点。要把有悠久的历史、优良的传统、广泛的群众基础、与国际红十字组织很好合作关系的红十字无形资产,转化为巨大的现实资源,需要全体会员尤其是专职干部奋发努力;更需要省政府给予更多的关心和支持。

二要加快理顺体制的步伐为实现新的发展打下坚实的基础。

总会"七大"之前,会领导曾两次来我省就理顺体制问题与有关部

门交换意见，并且要求在政府机构改革的过程中考虑解决。去年四月初彭珮云会长来鄂视察工作时，与省委、省政府的领导一起听取了我会工作情况汇报，并指示尽快理顺省会机关和省会城市红十字会的管理体制，认真贯彻中编委中编办字〔1999〕131号文件精神。5月15日，省编委对省红十字会管理体制和机构编制问题给予了批复：省红十字会"由省卫生厅代管"改为"省政府分管领导联系"。目前，省政府又正式明确了分管联系的领导，这为我省红十字会工作的顺利推进提供了有力的组织领导保证。

当前我会体制理顺过程中尚遗留如下问题有待省政府领导解决：

1. 核定财政基数问题

2001年，我会业务经费预算基数为65万元，但省卫生厅只同意划转23万元，在财政厅社保处的参与下，双方协商多日无果。请省政府尽快予以协调。

2. 办公用房问题

我会现有办公用房120平方米，在省卫生厅办公楼内。近些年来，在省委、省政府及总会的关怀下，我们通过多方争取已基本建成约1000平方米的办公用房（位于水果湖茶港军转小区内）。然而由于我会自身财力有限，尚遗留部分尾款未付，且无力进行必要的装修，目前难以正式投入使用。此外，作为一个新设立的单位，各种办公设施均需添置，故恳请解决我会机关开办费100万元。

3. 省备灾救灾中心管理权属问题

中国红十字会湖北备灾救灾中心（以下简称备灾中心）是一九九二年我省红会争取国际援款，按照总会的统一要求建设的备灾、救灾区域性中心。鉴于当时的实际情况，该中心总投资560万元建设于孝感市城区内。建设完成后，省编委正式明确"备灾中心"为省红会下属事业单位，经费列入省红会正常业务预算。过去，由于省红会隶属于省卫生厅，该"中心"的管理权属一直未正式移交省红会，致使该单位长期处于"三管""三不管"状态：即省卫生厅管其班子任命、省红会管财政预算的拨付，孝感市卫生局管理日常事务。为了解决此问题，中国红十字会总会领导曾多次督办此事，至今未能落实。因此事涉及到孝感市有关部门，恳请省政府帮助我会协调解决。

4. 换届问题

根据红十字会法和《中国红十字会章程》，2002年应召开我省第五次会员代表大会，总结回顾四次会员代表大会以来的工作情况，分析当前存在的问题，部署今后的工作，同时，选举产生新的领导机构。目前我会正按照"打好基础、稳步推进、水到渠成"的总体思路，积极酝酿、筹备。具体事宜专题报告省委、省政府决策。

总会领导彭珮云同志多次强调："有为才有位，有位要更有作为。"为此，我们将一如既往地积极争取省委、省政府的领导，争取有关部门及社会各界支持和信任，依靠我们自身的工作努力，"创业绩、树形象、求发展"。我们要按照江泽民同志"三个代表"的重要思想，认真落实党的十五届六中全会提出的"八个加强、八个反对"的具体要求，切实转变工作作风，结合湖北实际全面推进有中国特色的红十字事业，为我省的两个文明建设做出更大的贡献。

二〇〇二年二月

原件藏湖北省北省红十字会档案室，档号：WS·2001－Y－Wb－0002

公牍选载

武汉市革命委员会关于恢复
中国红十字会武汉分会的报告

武革卫（78）第 98 号

市革委会：

根据国务院国发（78）63 号文件精神，为了发挥红会这个人民卫生团体的作用，恢复武汉红十字会的工作，特提出如下几点意见：

一、红会会长和副会长人选。为了体现代表性，兼顾各个方面，我们建议会长由我局谈太阶同志兼任；副会长由市工会陈玉玺、市妇联徐淑贞、市民政局耿冠文等同志兼任。另请市委组织部、统战部各选配一名长征老红军和知名人士为副会长。

二、红会为了协助卫生部门做好爱国卫生运动、群防群治、输血和战备救护训练（包括在青少年中进行训练）和做好接待外宾参观的各项工作，按照精兵简政的原则，需配备专职干部八名，请市编委按行政编制拨给。

三、红十字会活动恢复后，拟在开放的街道、工厂及郊区公社恢复红会工作，建设一批供外宾参观的开放点。希财政部门每年拨给活动经费 10 万元。

以上报告妥否，请批示。

武汉市革命委员会卫生局

1978 年 6 月 3 日

原件藏武汉市档案馆，档号：XX000071－WS04－0068－0004

关于同意中国红十字会武汉分会人员编制的批复

市卫生局党委：

　　你局武革卫（78）第 98 号报告收悉。经研究，同意中国红十字会武汉分会列行政编制五名，和有关部门合署办公。

　　此复。

中共武汉市委

1978 年 8 月 19 日

原件藏武汉市档案馆，档号：XX000071－WS04－0068－0004

总会给武汉等四市红十字会关于接待
红十字协会输血考察团的通知

红内字〔79〕62 号

北京、上海、武汉、广州红十字会：

　　应中国红十字会的邀请，红十字协会将派五名输血专家于八月份来华考察两周。初步计划参观我国几个输血站，同卫生部输血机构负责人和我会座谈，商讨合作计划。为了做好接待工作，使此次考察访问能收到较好效果，请你会和中心血站密切联系合作，共同做好如下准备工作：

　　一、请按提纲（见附件），准备好输血站向外宾介绍的材料。此材料请于 7 月 10 日前报总会。

　　二、把宣传组织集体义务献血的队伍工作做好，因血源的宣传、动员、组织、管理是考察团需了解的内容之一，也是我们向考察团介绍的重要内容之一。

　　三、做好生产和实验室、房屋的整理和清洁工作，并搞好血站的内外卫生。

　　接待计划另寄。

　　附件：输血站向外宾介绍情况提纲

中国红十字会总会

1979 年 6 月 22 日

附件：

输血站向外宾介绍情况提纲

一、一般情况：1. 何时成立；2. 全站总人数；3. 技术人员概况（分类统计）；4. 科室编制；5. 建筑面积（分生活和业务用房）。

二、献血组织动员：1. 宣传方式；2. 血液来源的几种形式；3. 献血人与全市人口的比例；4. 本市 A、B、O 血型的比例。

三、献血员的体检及标准。

四、采血情况：1. 一次采血量（单位）；2. 保存液；3. 站内与站外采血比例。

五、供血情况：1. 全市用血量；2. 血站供血量；3. 血站与医院供血关系。

六、成分输血及血制品生产情况。

七、开展哪些科研项目。

八、主要设备情况。

九、技术人员培养情况。

十、准备献血宣传资料和科技交流资料（需经当地卫生部门审核）。

十一、今后发展规划（粗线条）。

说明：1. 文字要简练；2. 尽量用图片、图表、数字说明；3. 统计数字最好是历年数字，如果不全，以 1978 年统计为例；4. 资料需要译成英文，没有条件可不译；5. 中文稿在 7 月 10 日前报中国红十字会总会。

原件藏武汉市档案馆，档号：XX000071－WS04－0434－0009

接待红十字会协会考察团访问计划

鄂革外计（79）第 258 号　武革卫字（79）第 234 号

各相关单位：

经批准邀请的红十字会协会输血考察团一行三人将于 8 月 13 日乘 535 班机由上海抵汉，15 日下午乘 374 班级去广州。该团来华访问的主要目的是参观我血站，同我红十字会和卫生部血液计划负责人讨论并愿意协助制定有关训练和合作计划。我们希望通过接触、交谈，拟订与国外的输血技术交流和合作计划，以促进我输血事业向现代化发展。

该团参观血站时，请简要介绍血站输血工作概况及今后的规划设想；请考察团输血专家作学术报告，介绍外国输血工作情况和先进技术，同时可同考察团座谈，着重讨论通过协会和专家帮助我培训输血技术人员，以及交换技术资料、标准品等技术合作问题。请有关单位在接待中应热情友好，在介绍我社会主义等成就时要实事求是。

具体安排如下（略）

湖北省革委会外事办　武汉市革委会卫生局
1979 年 7 月 28 日

原件藏武汉市档案馆，档号：XX000071－WS04－0434－0011

关于武汉市红十字会理事会人选安排的报告

武革卫（79）第 23 号

市革委会：

武汉市红十字会于 1950 年根据中央指示，在中国红十字会的基础上改组成立。原武汉市副市长熊飞及市卫生局局长杨桂生先后兼任会长，副会长由原武汉市卫生局谈太阶副局长、市妇联副主任李冬青（已故）兼任，专职行政编制 20 人。1958 年，红会迁市卫生局办公，人员精简为 10 人。"文化大革命"中，由于林彪、"四人帮"干扰破坏，人员调走，机构拆散，停止活动。

根据国务院国发（78）63 号文件精神，武汉市以武编制（78）47 号文件批准恢复红十字会组织，建立了办事机构。为加强领导，健全领导组织，开展红十字会工作，现将武汉市理事会组织机构人选安排意见报上，请审批：

会　长：邓　垦

副会长：刘建国　谈太阶

理　事：（由各有关区、局等单位主管卫生工作的领导干部担任）

唐　明　兼专职秘书长

黄忠科　江岸区革委会副主任

田克理　江汉区革委会副主任

沈震明　硚口区革委会副主任
许　忠　汉阳区革委会副主任
彭树襄　武昌区革委会副主任
马若龙　青山区革委会副主任
王伯彦　洪山区革委会副主任
姜　斌　市民政局局长
宋　捷　市教育局局长
贺青云　武钢副经理
徐子洲　市工会副主席
杨战兵　团市委副书记
何巧芝　市妇联副主任
王文举　市中心血站主任

武汉市革委会卫生局

1979 年 10 月 20 日

原件藏武汉市档案馆，档号：XX000071－WS04－0106－0013

关于武汉市红十字会理事会成员的通知

各区、县革委会，中央和省属在汉大型企、事业单位，市直各委、办、局：

现将武汉市红十字会理事会组成人员名单通知如下：

会　长：邓垦

副会长：刘建国

秘书长：唐明

理　事：贺青云、姜斌、宋捷、黄忠科、田克理、沈震明、许忠、彭树襄、马若龙、王伯彦、徐子洲、杨战兵、何巧芝、王文举

湖北省武汉市革命委员会

1979 年 11 月 6 日

原件藏武汉市档案馆，档号：XX000071－WS04－0106－0014

武汉市政府关于恢复市红十字会医院的批复

市卫生局：

你局《关于将市十一医院更名为红十字会医院的请示报告》收悉。经研究，批复如下：

为了便于开展外事活动，同意将市十一医院仍恢复为武汉市红十字会医院。武汉市红十字会医院恢复后，领导体制、经费渠道不变。

武汉市人民政府（代章）

1979 年 12 月 6 日

原件藏武汉市档案馆，档号：XX000071－WS04－0106－0012

关于武汉市红十字会和中华医学会武汉分会
合并建立机关党支部委员会的决定

武卫发〔80〕32 号

武汉市红十字会、中华医学会武汉分会：

经研究，同意建立武汉市红十字会和中华医学会武汉分会联合党支部。党支部委员会由唐明、宋振军、张德义等三同志组成，唐明同志任党支部书记。

中共武汉市卫生局委员会

1980 年 5 月 6 日

原件藏武汉市档案馆，档号：XX000071－WS04－0151－0025

关于接待阿尔及利亚红新月会
访华代表团的计划

武红字（80）第 1 号

湖北省外事办公室：

接中国红十字会总会通知，应我红十字会总会邀请，阿尔及利亚红新月会访华代表团一行三人，于1980年6月来华访问两周，6月19日由长沙乘16次特快来武汉，6月19日—20日在武汉参观游览，6月20日乘5306班机去上海。

团长贝拉万系阿尔及利亚红新月会主席，曾参加抗法战争，任过新闻部长等职，社会地位较高。团员巴萨为阿红新月会副主席，布勃里特为阿红新月会办公室主任，代表团由总会副会长王敏和法文翻译杨之千全程陪同。（下略）

武汉市卫生局、武汉市红十字会

1980年6月5日

原件藏武汉市档案馆，档号：XX000071－WS04－0178－0009

关于恢复湖北省红十字会的报告

省编制委员会：

1979年12月，卫生部和中国红十字会总会在上海召开部分省市自治区输血工作座谈会时，卫生（部）部长、中国红十字会会长钱信忠同志提出："没有建立省级红十字会的，应该建立起来。"同时中国红十字会（80）红内字第83号"请恢复省红十字会"文件中指出："你省武汉市，已根据国务院（78）63号文件，恢复市红十字会组织。两年来，在群众卫生工作和红会的国际活动方面，做了一些工作。但由于省红十字会未恢复，对开展工作不利，总会越过省直接和市联系也常感到不便，因此，请你们根据钱信忠同志讲话精神，与有关方面协商，迅速恢复省红十字会，以便加强你省对红十字会工作的领导。"

基于上述情况，我们研究恢复"湖北省红十字会"，下设办公室，拟定事业编制三人，与医政处合署办公。

湖北省卫生局

1981年1月6日

原件藏湖北省北省红十字会档案室，档号：1981－Y－001

武汉市红十字会关于接受侨胞捐款的报告

接中国人民银行湖北省分行通知，转来香港环发街 16 号 6 栋李琼瑶侨胞自愿捐赠人民币 900.60 元，载明给灾胞用。根据国务院国发〔1978〕252 号文（件）规定："必须经过省、市、自治区革命委员会批准方可接受。"特报请批示。我们意见，此款尊重捐赠人意见，接受后，由我会保存，备作武汉市发生灾情时用，并去函捐款侨胞表示感谢。

可否？请指示。

附件：李琼瑶女士的留言

武汉市红十字会

1981 年 2 月 24 日

李琼瑶女士的留言

香港不知有多少亿万身价的人，国家为何不组织一个救灾自动捐款的机构？国内的天灾——水灾、旱灾和地震，不知多少人没饭吃，我想如果有机构收款处，会有很多人捐钱。

姓名：中国红十字会

收款人地址：湖北汉口中国银行分行转

姓名：李琼瑶

汇款人地址：环发街 16 号 6 栋

汇款金额：人民币 900.60 元

附言：给火灾、地震灾胞用

1981 年 2 月 9 日

原件藏湖北省北省红十字会档案室，档号：XX000276 - WS01 - 0010 - 0003

武汉市红十字会致总会关于
李琼瑶女士捐款情况的报告

总会：

1981 年 2 月 15 日，我市会接中国人民银行湖北省分行通知，转来香港环发街 16 号 6 栋李琼瑶侨胞自愿捐赠人民币 900.60 元。接此通知后，根据国务院国发〔1978〕252 号文规定："必须经过省、市、自治区革命委员会批准方可接受。"我们先后到市外办、省外办、市革委会，经上述有关部门批准，于 2 月 28 日接受了这笔捐款。根据捐赠人要求"给火灾、地震灾胞用"的意见，现由我会保存，备作武汉发生灾情时用，并已去函捐款侨胞表示感谢。特此呈报。

武汉市红十字会

1981 年 2 月

原件藏湖北省北省红十字会档案室，档号：XX000276－WS01－0010－0003

武汉市红十字会关于申请增加编制的报告

市人民政府：

今年 2 月 14 日至 17 日，中国红十字会总会在北京召开了三届二次理事会。会议指出：各地红十字会要认真贯彻中央工作会议精神，积极调整红十字会的工作。红会的调整主要是两个方面，一是组织建设方面的调整，凡已建立组织而没有配备专职人员或配备不足的，应积极配备适当数量的专职干部；二是工作任务方面的调整，一方面要把配合政府各部门的工作做好，同时尽可能做一点具有红十字特点的专项业务工作。卫生部钱信忠部长在会议总结中指出：关于编制经费问题，有的省、市已解决，国家财政部、编委答复都在地方，各省市红十字会向地方领导汇报，解决问题。

我会在市人民政府的关怀下，于 1979 年恢复成立起来，在党的三中全会精神指引下，由于卫生部门的重视和支持，工作有了一定的进展。现已恢复成立区红十字会2个、街红十字会1个、居委会红十字卫生站5个、学校红十字会4个、发展团体会员单位29个、团体和个人会员共有15800多人，并恢复了一个红十字医院。这些组织恢复后，发动会员积极配合政府卫生部门，在开展爱国卫生运动、卫生宣传、防病治病，以及培养学校的红十字青少年讲卫生、爱清洁、助人为乐、树立新风尚等方面都做出了积极努力，收到了很好的效果，受到有关部门和群众的欢迎和称赞。但是，我们的工作还远远不能适应新形势发展的需要，有待今后进一步改进和努力。而主要问题是人员编制和经费太少，现编制5人，已恢复成立的区红会，一无编制，二无经费，实际是"空架子"，工作开展中，遇到很多困难。今年任务比刚恢复时要多，外事活动也多。随着工作的开展，深感人员的不足，请政府统筹考虑，再增加编制7人，各区配备1名专职干部，以利工作的开展，特报政府审批。

此外，我会准备在三月中旬召开理事会，会议内容：1. 传达总会会议精神；2. 讨论1980年工作总结和1981年工作任务；3. 增补理事。

武汉市红十字会

1981年3月10日

原件藏湖北省北省红十字会档案室，档号：XX000276－WS01－0003－0001

关于给市红十字会增加编制的请示

武卫（81）第80号

市编委：

今年二月十四日至十七日，中国红十字会在北京召开了三届二次理事会。会议要求，各地红十字会要认真贯彻中央工作会议精神，积极调整红十字会的工作，并指出红会调整主要是两个方面：一是组织建设方面的调整，凡已建立组织而没有配备专职人员或配备不足的，应积极配备适当数量的专职干部；二是工作任务方面的调整，一方面要把配合政府有关方面的工作做好，同时，要逐步开展专项业务工作。卫生部钱信忠部长在会议总结中指出：关于编制经费问题，有的省、市已解决，国家财政部、编委答复都在地方，各省、市红十字会应向地方领导汇报，尽快解决编制。

我市红十字会于 1979 年恢复成立以来，由于市人民政府和有关部门的重视和支持，工作有了一定进展，现已恢复成立区红十字会两个，街红十字会一个，居委会红十字卫生站 5 个，学校红十字会 4 个，发展团体会员单位 29 个，团体和个人会员共有 15800 多人，并恢复了市红十字会医院。这些组织恢复后，发动会员积极配合有关部门开展爱国卫生运动、卫生宣传、防病治病，以及培养学校的红十字青少年讲卫生、爱清洁、助人为乐、树立新风尚等方面做了大量工作，收到了一定成效。但是这仅仅是开始，市红十字会工作还远远不能适应形势的发展。根据红十字总会和中央卫生部的要求，今年市红十字会的任务比以往繁重得多，外事活动要增加，专项业务工作要深入开展。但目前人员编制和经费太少，市红十字会仅有编制 5 人，已恢复得红会，一无编制，二无经费，实际是"空架子"。为此，恳请编委再给市红十字会增加编制 7 人，各区配备一名专职干部，以利工作的开展。

以上报告妥否，请批示。

武汉市卫生局

1981 年 3 月 21 日

原件藏武汉市档案馆，档号：XX000071－WS04－0196－0016

武汉市红十字会 1981 年青少年夏令营活动计划

武红字〔81〕7 号

为了丰富红十字青少年的假期生活，更好地在红十字青少年中开展会务知识教育，启发他们开展红十字会活动的积极性，扩大红十字工作的社会影响，市会准备于七月十三日至七月二十日期间在开展红十字活动的学校，组织一期红十字青少年夏令营活动，现初步计划如下：

人数：100 名（小学以四、五年级为主）

时间：7 月 13 日至 7 月 20 日，约 8 天时间

地址：庐山第一招待所

路程安排：7 月 13 日下午 7 点从汉口 18 码头出发，14 号上午到九江，换乘公共汽车，于当日上午 8 点左右到达庐山；19 号上午离开庐山，当日下午从九江乘坐 4 时的船，至 20 日上午 9 时回汉口。

一、组织及人数安排

由武汉市红十字会主办，名为"武汉市红十字青少年夏令营"。

全市已开展红十字青少年活动的有四所小学、一所中学。从这五所学校中挑选100名优秀的红十字青少年会员参加，其中：满春路小学25人、武昌省实小20人、大兴路小学20人、雷锋二中15人、黄陂路小学20人。工作人员共31人，其中：市会4人、市教育局1人、江汉区2人、江岸区红会3人、市红会医院1人、一元街红会3人（一元街3人中有一位是保健医生）、居委会红十字卫生站1人，教员16名。

二、组织形式

设立夏令营营部，由市红会、市教育局、江岸区红会、江汉区红会、红十字会医院的负责同志组成领导班子，下设营部办公室，设组织、宣传（文体）、生活三个组，学生以班、排、连组成，开展活动，班、排、连分别由学生和老师负责担任班长、排长、连长。

三、活动内容

（1）进行革命传统教育。准备请在庐山休养的老红军和老干部，给红十字青少年讲当年革命时期的故事、革命的作风等，进行革命传统教育。

（2）进行会务和卫生救护知识教育。

（3）学习参观植物园，识别中草药。

（4）开展登山活动。

（5）开展以红十字为内容的文艺节目活动。

四、活动日程初步安排如下

7月13日下午4时，在大兴路小学集中，举行红十字青少年夏令营开营式，当日的晚餐自带干粮，晚餐后开营出发，在汉口18码头乘坐当晚7时去九江的快班船。

7月14日上午7时左右，到九江，换乘汽车，于14日上午8时左右到庐山。

7月14日下午登山，路线：仙人洞、花径。

7月15日远程登山一天，早餐后，7时出发，自带干粮、水壶，在山上吃早餐，至下午回招待所吃晚餐，路线：大天池。

7月16日上午自由活动，参观游览附近风景。下午到庐山友谊俱乐部（下午1时出发），请老革命前辈讲革命传统，表演文艺节目。

7月17日远程登山一天，早餐后出发，自带干粮、水壶，在山上吃午餐，下午回招待所吃饭，路线：含鄱口。

两次上山的干粮由生活组统一安排发给。

7月19日上午离开庐山，当日下午四时左右坐船回武汉。

7月20日上午到汉口，夏令营宣布结束。各校学生各自带回，进行口头小结。

五、活动经费（略）

六、通知广播电台、电视台、《长江日报》社，邀请他们参加

七、要求

（1）各校于6月27日前，将本单位参加这次活动的工作人员及学生的姓名、性别、年龄、职务，以及各校节目计划报市会。

（2）各校带红十字卫生箱一个，内备简单药品。

（3）服装要求整齐一致，男生上穿白衬衣，下穿兰（蓝）裤子；女生上穿白衬衣，下穿裙子，佩戴红十字青少年证章、袖标、红十字太阳帽（太阳帽由市会统一发给，事后收回）。

（4）自带水壶、书包（内装刷牙用具、毛巾、长袖衣一套），尽量做到轻装。

（5）工作人员一律带红十字会章。

武汉市红十字会

1981年6月23日

附件：

红十字夏令营营规

一、一切行动听指挥。

二、为安全起见，夏令营期间的活动一律集体行动。任何人不得随意离开集体。

三、严禁打架、斗殴、制造事端和破坏纪律的行为，开展"五讲""四美"大竞赛，看谁团结最好，看谁最讲风格，看谁最守秩序，看谁最懂礼貌，看谁最讲卫生。

四、搞好个人及室内外卫生，不喝生水，不许随便吃各种瓜果。

五、严格遵守各项活动规定和作息时间，如有违反者，根据情节轻重进行批评教育，必要时停止参加活动。

六、一切活动必须列队，口号雄壮，歌声嘹亮，整齐一致。

七、在夏令营期间，无论工作人员或红十字青少年会员，除病假外，一律不准请假。

八、参加夏令营值班的工作人员和红十字青少年会员，要切实负责当日的起床、开饭、睡觉以及当天各种活动的时间，外出活动由当日总值班的工作人员负责，以吹哨为号，每次列队时要清人数，各连、排、班每天要安排人员轮流值班。

九、建立夜间查铺、清点人数制度。由办公室的负责同志轮流地和当日总值班人员负责。

十、负责后勤饮食的同志，要深入厨房，保障供给，要杜绝食物中毒发生。

原件藏湖北省北省红十字会档案室，档号：XX000276 - WS01 - 0009 - 0001

关于同意市红十字会增加编制
和城区恢复红十字会的批复

市卫生局党委并各城区区委：

市卫生局关于增加市红十字会编制和六个城区恢复红十字会的报告收悉。经研究，批复如下：

一、同意市红十字会行政编制由 5 名调为 6 名，增加行政编制 1 名。

二、同意江岸、江汉、硚口、武昌、汉阳、青山六个区恢复红十字会，工作人员共列事业编制 6 名，每区 1 名；区红十字会与区卫生局合署办公；所需人员从卫生系统现有人员中调剂解决。

此复。

武汉市编制委员会
1981 年 8 月 11 日

原件藏武汉市档案馆，档号：XX000071 - WS04 - 0196 - 0016

对 1981 年 9—11 月间基层红十字
工作的补充意见

武红字〔81〕11 号

1981 年 3 月，武汉市红十字会第二次理事会议，通过了 1981 年度的工作任务。经几个月来的贯彻落实，红十字基层工作在群众性防病治病中、在学校的卫生工作中，都起到了积极作用，收到良好的效果，社会影响很好。为适应形势发展的需要，更好地推动和发展红十字基层工作，在继续贯彻落实1981年度计划的同时，特对9—12月间工作提出以下几点补充意见：

一、巩固、建立各区、街红十字组织

市编委同意并已批准市属各区配备一名红会专职干部。（编制现已下达到各城区）鉴于这种情况，各区已配备的专职干部要积极发挥作用。要求：江岸区和区辖各条街的红会工作，要在现有的基础上巩固、提高。做法上要求抓好二、三个红十字卫生站的巩固提高工作，达到引路、指导全面。江汉区的红会组织早已恢复，但街道工作还未能开展。根据江汉区红会人员及组织情况，要求在9—12月间，对全区所辖各条街进行广泛宣传，把街以下的基层红会组织恢复起来。其他各城区红十字组织机构至今尚未恢复，希望各区、区卫生局的领导给予重视和支持，尽快配备区会专职干部。要求在今年年底，建立区一级红十字会组织机构，并根据需要和可能，再试点开展一二条街或二三个学校红十字组织工作。

二、开展学校红十字青少年工作

红十字青少年工作是红会主要业务之一，也是国际间交流较多的方面。建立学校红十字组织，发展红十字青少年会员，对于培养青少年的卫生习惯和团结友爱、助人为乐的道德风尚，建设社会主义精神文明方面都起着极其重要的作用。为进一步把学校红十字青少年工作做好，要与各级教育部门密切配合，要求在有基础的江岸区和江汉区的所辖中、小学内，在今年9—12月间，分期分批，广泛地把学校红十字青少年工作开展起来。

为便于全市各校红十字工作开展，现将学校红十字青少年组织形式及活动方法暂行规定如下：

（一）市、区属各学校的红十字组织形式统一为"×××校红十字青少年委员会"

（二）方法

（1）建立学校红十字青少年委员会。委员会由5～7人组成，学生委员要占多数，以突出红十字青少年组织的性质。由分管卫生方面的校长或教导主任担任主任委员，由校医或保健老师担任副主任委员，学生委员3～4名。

（2）发展会员。发展会员不限班级、年龄，只要热心红十字工作，有"为他人服务"的精神，自愿报名，均可入会。要求开始在每班发展会员3～5名，以求质量，防止一般化或流于形式。

（3）按年级编成会员小组。推荐一名会员担任小组长，负责联系各班会员，开展工作。

（4）中、小学校保健室（医务室）是红十字青少年活动之家，应备有卫生箱、常用药品、绷带、敷料、各类外用药品、战伤救护用的训练器材，以及剪刀、镜子、梳子、线包、毛巾、肥皂等，供会员活动中用。

（5）拟定校红十字工作计划，制定各项活动制度，进行会务知识、卫生知识及战伤救护训练，开展"为他人服务"活动。

（6）各校在成立校红十字组织或每发展一批会员时，要召开大会，除向全校师生报告校红会工作情况外，并当场向已发展的会员举行佩戴红十字青少年证章仪式，对已发展的会员，要登记入册，由校红十字青少年委员会留存。

（7）各校对热心红十字工作的教职员工均可吸收为红十字会员，成立成年会员小组，并报所辖区会存档。

我市已开展红十字青少年工作的满春路小学、大兴路小学、省实验小学、黄陂路小学、雷锋二中，在现有的基础上，要求进一步建（健）全各项制度，达到巩固提高。

三、结合国际残疾人年，开展社会福利事业

市会将配合有关部门，开展我市现有的第一、二聋哑学校和武汉盲童学校的红十字青少年工作，方法同上。在有条件的街道，拟试办残疾人福利事业，并要求各级红十字组织发动会员，开展照顾老弱病残的社会服务工作，为残疾人做好事。

以上意见，望各级红十字组织及时传达到会员，认真贯彻落实。

武汉市红十字会

1981 年 9 月 17 日

原件藏湖北省北省红十字会档案室，档号：XX000276 - WS01 - 0004 - 0004

武汉市红十字会致总会关于经费问题的函

总会：

关于各级红十字会经费问题，财政部、卫生部、国家编委和总会曾于 1964 年 2 月 8 日发出联合通知，做过规定。1978 年 8 月 16 日，卫生部和总会又发出通知，重申了 1964 年的规定。规定中指出，"各级红十字会的行政经费开支，包括：在编专职人员个人经费、公务费和有关宣传红十字会的性质、任务和作用等会务宣传费，以及发展会员，召开会员会议，开展会员评比竞赛奖励，举办红十字青少年夏令营等会务活动的业务开支，均列入'行政支出'表下党派和人民团体补助费项内开支。"根据这个规定和本会开展工作情况，我们分别于 1979 年和 1980 年底，向武汉市财政局编报了 1980 年和 1981 年度的经费预算，要求从实际出发，审批我们的经费拨款。但市财政局至今仍坚持上级财政部门没有下达红十字会的业务经费指标，只按行政单位标准核算我们 1981 年度个人经费 13000 元。武汉市卫生局财务部门同志比较明确，今年同意给我们 15000 元，作为全年卫生业务活动费，限用于各区、街卫生站的建站补助和零星医药补助费。这样一来，本会需要开展的宣传、会务等项活动没有经费来源。年终拟进行各项评比活动也因经费困难而无法着手。

现在，本市尚未恢复红十字会组织的区、街和各学校即将陆续恢复工作。本会今后的会务活动和宣传等方面将广泛开展，需要的相应活动经费无法解决，为此，请总会与中央有关部门进行协商，帮助解决今后的经费问题。

武汉市红十字会

1981 年 9 月 21 日

原件藏湖北省北省红十字会档案室，档号：XX000276 – WS01 – 0003 – 0004

关于日本朋友野田甚一先生 捐赠衣物发放情况的汇报

总会：

10 月初，我会接总会关于日本朋友野田甚一先生捐赠湖北省水灾灾民衣物 3380 件的通知后，于 10 月 9 日，由我市会接收后开箱清点，共计 3439 件，比实际多出 59 件。

根据总会和捐物专用的原则，我们立即派人了解湖北省去年灾情，先后与省、市民政部门联系，征求发放意见。综合省、市民政局意见，经市红十字会研究决定，衣物发放至湖北省去年受水灾危害较严重的湖北省郧县鲍峡公社2939件，武汉市汉阳县□四公社300件，武汉市汉阳县曲口公社100件，武汉市洪山区天兴□公社100件。

另外，今年春季，我市会经政府部门批准，接收由香港同胞李琼瑶女士发给我市会接收的、向湖北省水灾灾民的捐款900.06元，经市会研究决定，在此次一并发给□四公社650.60元、曲口公社250.00元。

10月27日，武汉市红十字会在汉阳县□四公社召开了（善）款发放大会，汉阳县政府办公室主任胡方莹同志主持会议，市红会唐明同志、汉阳县副县长李德龙同志参加了发放仪式，并讲了话。他们高度地赞扬了野田甚一先生和李琼瑶女士的友好情谊和爱国主义精神。去年受到洪水危害较严重的汉阳县□四公社、曲口公社、洪山区天兴公社、郧县鲍峡公社均派人参加了发放大会，并领取了捐赠的款物。

社员代表们对日本朋友和香港同胞的慷慨捐赠，对他们的友好情谊和爱国的赤子之心深表敬佩和感激，并表示要加倍努力，进一步重整和建设好家园，为国家做出更大的贡献。

对野田甚一先生和李琼瑶女士的友好情谊和爱国精神，我们进行了宣传，武汉市广播电台做了新闻广播，遵照总会要求，我会将发放款物现场做了录像，一式二份，共22张，现一并寄来。

特此报（告）。

附件：关于日本朋友野田甚一、香港同胞李琼瑶捐赠款物发放大会现场录像的简要说明

武汉市红十字会

1981年10月31日

附件：

关于日本朋友野田甚一、香港同胞李琼瑶捐赠款物发放大会现场录像的简要说明

1. 汉阳县政府办公室主任胡方莹同志主持大会
2. 汉阳县副县长李德龙同志讲话
3. 市红十字会秘书长唐明同志讲话
4. 大会时的情景
5. 农民代表讲话

6. 市红十字会秘书长唐明同志代表日本朋友和香港同胞发放捐赠款物

7. 灾民领取捐赠款物时的情景

原件藏湖北省北省红十字会档案室，档号：XX000276－WS01－0010－0005

关于召开全市年终学校红十字工作会议的通知

为交流工作经验，总结 1981 年工作，提出 1982 年工作展望，定于 11 月 11 日上午 8 时，在胜利街 141 号（武汉市红十字会内），召开全市年终学校红十字工作座谈会，时间预计 1 天，请各区、校负责红十字工作的同志，届时出席。座谈内容：

一、红十字工作在学校里的组织情况。

二、学校开展红十字青少年工作，制定有哪些规章制度、工作规划及检查落实情况。

三、在开展学校卫生、防病治病，在"为他人服务"，团结互助，树立社会主义新风尚方面取得哪些成绩，并举例说明。

四、举办过会务知识、卫生知识、战地救护等红十字青少年讲座多少次，红十字校报多少期，收效如何。

五、红十字青少年工作在协助贯彻执行党对学校德、智、体全面发展的教育方针方面起到了哪些作用。

六、1982 年校红十字工作的初步方案。

自带伙食费 3 角，粮票 3 两。

特此通知。

武汉市红十字会

一九八一年十一月四日

原件藏湖北省北省红十字会档案室，档号：XX000276－WS01－0009－0006

关于请求增加武汉市红十字会人员编制的报告

武卫（82）第 158 号

市编委：

你委曾于 1981 年下达武汉市红十字会工作人员编制 6 名，均已配齐。今年根据需要接收安置 1 名转业干部到各单位工作，依据中发（81）89 号文精神，请予以增加该单位一名编制，望批准为盼。

武汉市卫生局

1982 年 6 月 7 日

原件藏武汉市档案馆，档号：XX000071－WS04－0230－0008

关于市红十字会安置军队
转业干部增加编制的批复

市卫生局：

你局武卫（82）第 158 号报告收悉，根据国务院、中央军委（81）18 号精神，同意增加市红十字会安置军队转业干部行政编制 1 名。此复。

武汉市编制委员会

1982 年 7 月 7 日

原件藏武汉市档案馆，档号：XX000071－WS04－0230－0008

关于转发武汉市编委（81）63 号文件的通知

武红会字〔83〕7 号

各区红十字会：

据各区反映，市编委一九八一年批准恢复各区红十字会和专职干部的定编文件未曾见过。为此：现将市编委的上述文件翻印于后，请各区主动向有关领导汇报，争取下步机构改革，人员定编时照此文件执行。

武汉市红十字会

一九八三年三月二十四日

原件藏湖北省北省红十字会档案室，档号：XX000276－WS01－0029－0002

关于同意市红十字会增加编制
和城区恢复红十字会的批复

武编〔81〕63号

市卫生局党委并各城区区委：

市卫生局关于增加市红十字会编制和六个城区恢复红十字会的报告收悉。经研究，批复如下：

一、同意市红十字会行政编制由五名调为六名，增加行政编制一名。

二、同意江岸、江汉、硚口、武昌、汉阳、青山六个区恢复红十字会。工作人员共列事业编制六名，每区一名。区红十字会与区卫生局合署办公，所需人员从卫生系统现有人员中调剂解决。

此复。

武汉市编制委员会

一九八一年八月十一日

原件藏湖北省北省红十字会档案室，档号：XX000276－WS01－0029－0002

接待澳大利亚红十字青少年领导人代表团计划

武红会字（83）第11号

澳大利亚青少年领导人代表团一行四人，应中国红十字会邀请，9月4日抵达北京。在北京、西安、重庆活动后，于9月17日抵汉，（9月）20日12：30分乘CA3511飞机离汉赴南京访问。代表团成员有：

团长安东尼·韦斯哈特先生（澳大利亚红十字会执行委员会委员），团员乔纳松·勃兰奇先生、阿尔玛·勃鲁克斯小姐、马克·赫利先生。

近一两年，中澳两国红十字会合作关系有进一步的发展。1982 年，澳大利亚红十字会曾邀请我青少年领导人 2 人去澳学习访问 3 个月，（他们）受到热情友好接待，这次是澳红会青少年领导人来华进行回访，为了进一步加强中澳两会之间的友谊和合作，要把这次接待工作做好。遵照总会 (83) 红联字第 316 号文件指示精神，特拟订来汉活动安排计划：

一、活动日程安排

9 月 17 日　由市会副会长谈太阶、市红会副秘书长王慧珍、市会办公室副主任鲁子英、翻译刘亚平等，到船码头迎接。

9 月 17 日下午 6：30　陪餐。由市会副会长谈太阶、市红会副秘书长王慧珍、市会办公室副主任鲁子英、翻译刘亚平陪餐。

9 月 18 日　游览。由市红会副秘书长王慧珍、市会办公室副主任鲁子英、翻译刘亚平陪同。游览：东湖风景区、省博物馆、归元寺、大桥等。

9 月 19 日上午 8：00　参观市一中红十字青少年活动（活动安排由市一中红十字青少年委员会拿出计划）。（9 月 19 日）下午 2：30 参观武昌实验小学红十字青少年活动（活动安排由武昌实验小学红十字青少年委员会拿出计划）。活动中，均由市红会副秘书长王慧珍、市会办公室副主任鲁子英陪同。由上述两校红十字青少年委员会主持活动。

9 月 20 日　上午自由活动，12：30 代表团乘 CA3511 离汉赴南京，由市会副会长谈太阶、市会副秘书长王慧珍、市会办公室副主任鲁子英、翻译刘亚平等送行。

二、接待规格

每人住房一间；面包车一辆。

三、费用

按（81）财外字第 436 号文件规定办理。

附件：

1. 湖北省武昌实验小学接待澳大利亚红十字青少年领导人代表团活动计划

2. 澳大利亚红十字会简介

武汉市红十字会
1983 年 8 月 12 日

附件 1：

湖北省武昌实验小学接待澳大利亚
红十字青少年领导人代表团活动计划

接市教育局和市红十字会的通知，1983 年 9 月 19 日下午澳大利亚红十字青少年领导人代表团一行五人来我校参观访问。现将有关接待活动安排如下：

2：30—2：35	少先队鼓乐队，二、三、四、五年级学生在校门口夹道欢迎（郭群老师负责）。
2：35—3：00	在接待室介绍学校概况以及学校红十字青少年委员会活动情况（学校领导和红十字青少年全体委员参加接待，江荣生负责）。
3：00—3：40	在阶梯教室观看文艺表演（李北订、许正、陈丽萍负责），五年级学生参加。
3：40—3：50	参观青少年科技宫活动：（1）生物组（2）无线电组（3）航模组（4）书画组（5）棋类组（吴振国、杜章华、肖作均等负责）。
3：50—4：15	参观健身房活动：（1）观看学校体操队表演（2）观看红十字会员四大技术表演（宋玉梅、宰家杏负责）。
4：30—4：50	参观班级卫生（吕佩霞负责）。
5：00	鼓乐队欢送离校。

备注：

1. 有关接待的后勤工作由总务处负责。
2. 接待过程的活动布置由教导处陈范增、吕佩霞负责。
3. 红十字会四大技术教学请市红会派老师协助宰家杏同志指导。
4. 红十字青少年委员会卫生站和各班卫生角的常规设备添置以及参观接待活动费若干，请市红会拨款补助。
5. 9 月 14 日下午市红会教育局检查接待活动准备工作情况。

附件 2：

澳大利亚红十字会简介

澳大利亚红十字会成立于 1914 年，当时是英国红十字会的一个分会。直到 1927 年，该会才脱离英国红十字会而独立。同年 11 月，得到红十字国际委员会的承认。

二次大战后，澳红会的工作重点逐渐从战地救护转移到输血和各种社会福利活动。

红十字青少年工作是澳红会不可缺少的一个组成部分。青少年会员计有三种：红十字少年、红十字青少年、超龄红十字青年。青少年活动千差万别，综合起来有以下各项内容：

一、学习红十字运动和背景知识。

二、开展基础训练，如家庭护理和急救训练。

三、在学校担任急救巡逻岗。

四、参加本地志愿服务活动，如看望病人和老年人。

五、参加募捐活动。

六、协助有关部门在学校开办灾害救济准备工作的学习班。超令（龄）红十字青少年接受特定训练后，执行所在州分会灾害救济和备灾任务。

七、举办"社会技能学习班""儿童保护训练班"。

新近还开展以下的活动：

一、为青年开拓社会和娱乐园地的活动。

二、为处境困难的青年服务，如为无家可归的青年开办短期住宿中心，使他们能为将来做好安排，不至于露宿室外；在墨尔本市中心区设立流动餐车为无家可归的青年在晚上供应汤、三明治和咖啡。

三、与各国青少年进行短期互访，由澳大利亚政府提供经费。（1982年我派2名青少年领导人赴澳学习三个月，这次澳红会青少年领导人代表团回访，均属此类活动）

四、两年举办一次"贡布雅"（国际青年大会），邀请各国红十字青少年参加。

原件藏湖北省北省红十字会档案室，档号：XX000276－WS01－0016－0003

关于开展 1983 年度评比
先进集体（个人）的通知

武红字（83）第 16 号

各区、街红十字会：

在党的十二大和二中全会精神指引下，在各级党政领导的关怀和中国红十字总会的指导下，广大红十字会员发扬救死扶伤、实行革命的人道主义的精神，在深入开展"五讲四美三热爱"、医疗预防、卫生保健、尊老助残等"两个文明"建设中取得了较大成绩，涌现出一批先进集体和先进个人，为了交流经验，表彰先进，进一步调动各红会组织和广大会员的积极性，努力开创红十字工作的新局面，经市人民政府批准，决定召开武汉市红十字会1983年度表彰大会，要求各级红会认真做好年终总结评比先进的工作，现将有关事项通知如下：

一、指导思想

本年度总结评比先进的工作，要以党的十二大和二中全会精神为指针，加强领导，广泛发动会员认真总结评比，肯定成绩，找出差距，为明年工作奠定良好基础。

二、参加评选对象

先进集体：1983年10月以前成立的红十字会（站）和团体会员单位。

先进个人：成年会员、红十字青少年会员、各级红会专兼职干部。

三、评比条件

先进集体：

（1）领导重视，组织落实，制度健全，工作有计划、有检查、有小结，并较好地完成了上级领导所交代的各项任务。

（2）动员组织广大会员配合有关部门在"两个文明"建设中，充分发挥红十字特点及作用，成绩显著、影响大和对献血工作有贡献者。

（3）积极帮助基层红会组织举办"四项技术""水上救护""卫生保健"等训练，开展卫生知识的宣传，为提高群众卫生知识水平做出突出贡献者。

先进个人：

（1）热心红十字事业，为恢复和发展红会组织、活跃红十字工作做出贡献者；

（2）积极参加红会组织的各项活动和举办的各种训练，并表现突出者；

（3）带头参加"五讲四美三热爱""计划生育宣传月"等活动；

（4）发扬救死扶伤、助人为乐、为群众做好事并有先进事迹者；

（5）积极宣传会务知识、卫生知识、计划生育和献血有一定成绩者。

四、名额分配

区名	先进集体（个）	先进个人（个）
江岸区	19	259
江汉区	11	167
硚口区	2	57
汉阳区	6	60
武昌区	7	84
青山区	4	23

五、评比方法

（1）先进集体，首先由各区组织力量开展总结评比，在此基础上结合平时了解和掌握的情况，提名推荐市会审批。

（2）先进会员，由基层红十字组织根据分配的名额，经全体会员讨论评议产生。经所在地区（单位）分管红会工作的领导审查同意，并由区红会审批。

（3）凡评出的先进集体，要报先进事迹材料一份，先进会员列出花名册（包括姓名、性别、单位、原职务），由区红十字会签署意见，加盖公章于1984年元月底报市红会办公室，表彰大会拟于2月召开。

武汉市红十字会

1983年12月26日

原件藏湖北省北省红十字会档案室，档号：XX000276－WS01－0012－0003

关于进行1984年年终工作检查的通知

各区红会：

1984年即将过去，新的一年又将来临，为肯定成绩，总结经验，互相交流，取长补短，市会决定集中一些时间到各区和基层红会组织了解情况，互相观摩，为年终表彰和今后工作奠定良好的基础，具体意见如下：

一、时间：从本月十九日开始，至二十四日止，每区一天。其顺序是：青山（区）、武昌（区）、汉阳（区）、硚口（区）、江汉（区）、江岸（区）。

二、内容：上午听各区红会汇报，主要是谈全年开展了哪些主要活动及取得的成绩，有哪些经验体会？今后的工作安排？活动经费收支情况？

下午观摩 3~5 个不同类型的基层红会组织（往年看过的这次不再安排）。

三、参加人员：除市会个别理事和有关人员外，各区红会挂职干部和局里分管红会工作的主要领导干部参加，请安排好工作，中间一般不得请假。

望接此通知后，做好安排，各区如有与此活动有冲突者，即时联系。

特此通知。

武汉市红十字会

1984 年 11 月 5 日

原件藏湖北省北省红十字会档案室，档号：XX000276－WS01－0017－0002

关于要求增加市、区红十字会编制及调整机构的请示报告

武红会字〔85〕8 号

市编委：

市红十字会在"文革"前，共有工作人员 20 名，设正、副总干事领导下的总务组、会务组（含组织、宣传）、业务组（含训练）、人事室，有单独的党支部，党务和业务属卫生局领导，人事属市人事局负责。此外，各区还有红会专职干部。

据了解，现北京、天津、上海、西安等大城市的红会，有工作人员 16 至 50 余名，设有办公室、组织部、宣传部、青少年部等，都有专职副会长，建有党组，性质完全独立。

我市红会自 1979 年恢复工作迄今，已在 6 个城区建立了红会，有红十字卫生站 1174 个，发展会员 8 万余人；有 12 所大专院校成立了

红会，目前组织还在日益扩大，而市红会办公室，现只有工作人员 7
名，在一位副秘书长领导下工作，未设其他科室。各区红会也仅有一
名专职干部，属区卫生事业编制，在区局调剂使用，故红会工作得不
到落实。

随着国家经济体制全面改革的发展，红会组织在各行各业中相继建
立，国际交往也逐日增多，现红会编制和结构难以胜任当前的工作，也
很不适应武汉市这一中心城市的形势。为此，要求将市红会编制机构给
予调整，人员应增加到 16 人，设专职副会长一人，秘书长一人，副秘
书长兼办公室主任一人，下设办公室（含行政、总务）五人，组训处
（科）四人（含青少年工作人员），宣传处（科）四人（含小报编辑
室），以加强对全市红会工作的领导，适应今后工作的发展。各区红会
应有一名行政编制干部，另设一名卫生事业编制，共有两名红会专职干
部，才能基本担任起全区范围内的红会工作。

上述报告妥否，请批示。

武汉市红十字会

1985 年 3 月 11 日

原件藏湖北省北省红十字会档案室，档号：XX000276 – WS01 –
0027 – 0002

转发市红十字会《关于为非洲灾民
开展社会募捐活动的报告》

总公司所属各单位：

经国务院批准，中国红十字会发起在今年四、五月间开展一次为援
助非洲旱灾难民的募捐活动。根据市政府办公室武政卫（85）96 号文
件精神，现将市红十字会《关于为非洲灾民开展社会募捐活动的报告》
转发给你们，请贯彻执行。

武汉市冶金工业总公司

1985 年 4 月 27 日

关于为非洲灾民开展社会募捐活动的报告

市人民政府：

根据中国红十字会总会《关于为非洲灾民开展社会募捐活动的通知》精神，结合我市实际情况，特提出如下意见：

一、各区红十字会、各基层红十字组织，在今年5月开展一次为非洲灾民募捐活动，并通过这一活动对广大会员、红十字青少年及群众进行一次爱国主义和国际主义教育。《中国红十字会为援助非洲旱灾难民发起募捐活动宣传提纲》由市红十字会另行印发。

二、这次募捐活动要在自觉自愿基础上进行，不准摊派，不要攀比，自愿量力，不提指标，多少不限。社会各界人士、各企事业单位、红十字会会员和红十字青少年均可自愿捐款。

三、建议市卫生局负责组织全市团体会员单位和医疗卫生部门，在5月份进行一次为非洲灾民的义诊募捐活动；市文化局、体委要在同一时间内，有重点地组织若干场募捐义演义赛。

四、各新闻单位、报社、电台、电视台应积极配合募捐活动，开展多种多样宣传教育活动。

五、这次募捐一律收现金，不收实物，所收捐款统一由我会集中交中国红十字会总会。我会存款账号：人民银行车站路办事处，账号：88—11。全称：武汉市红十字会。

武汉市红十字会
1985 年 4 月 27 日

原件藏武汉市档案馆，档号：XX000052－WS01－0799－0002

关于成立省红十字会的请示报告

省人民政府：

根据四月三十日黄知真省长在我厅报告上的批示："同意成立，人员问题请提出方案来"。为此，我们建议：

一、省红十字会由副省长王利滨同志任会长（因红十字会工作涉外活动较多），省卫生厅金振涛同志任副会长，下设理事若干人（名单附后），设秘书长一人（兼）。

　　二、增配专职干部五人，处理日常工作。即设办公室主任一人，组织培训一人；卫生宣传一人，管理财务、后勤工作两人。

　　三、省红十字会下设办公室在省卫生厅内办公。

　　四、省红十字会的主要任务是：组织发展、接受会员；急救训练；卫生宣传；开展敬老助残活动；组织夏令营；参加或组织国际、国内抗震救灾；负责有关外事接待以及完成政府所交办的一切工作。

　　以上报告妥否，请领导批示。

　　附件：理事人员名单

湖北省卫生厅

一九八五年五月五日

理事人员名单

省民政厅	高均达副厅长
省文化厅	胡美洲副厅长
省医药局	徐瑞根副局长
省计划生育委员会	姜琨（女）副主任
省总工会	常世华（女）副主席
省团委	蒋大国（女）副书记
省妇联	郭琼楼（女）副主任
省农会	张一魁副主席
省外办	吴雁（女）副主任
省侨办	张空凌主任

原件藏湖北省北省红十字会档案室，档号：1985－Y－020

关于召开武汉市红十字会第二届理事会
和第三次代表大会安排

武红会（85）第12号

各区、街道红会：

　　武汉市红十字会自一九七九年恢复工作以来，在上级党、政领导及有关部门大力支持配合下，做了一些工作，取得了一定的成绩。目前全市共有基层红会组织七百余个，会员十万余人。在六个城区和街道、工厂、学校、服务行业及旅游部门都建立了红十字组织并开展各项活动。根据《中国红十字会章程》的规定和我国红十字会第四次全国代表大会精神，结合我市实际需要，经上级有关部门批准，定于一九八六年第一季度召开武汉市红十字会第二届理事会和第三次代表大会。

一、会议议程

（1）审查通过上届理事会的工作报告。

（2）讨论通过《武汉市红十字会组织规程》。

（3）选举三届理事会，并由理事会选举会长、副会长。

（4）颁发荣誉会员奖章证书。

（5）交流红十字工作经验。

二、会议时间

第二届理事会一天，代表大会两天（包括第三届理事会一次会议）。

三、代表产生

代表人数 150 人，加上特邀代表和工作人员不超过 200 人。各区代表名额按会员登记人数比例分配。

四、组织领导

在二届理事会领导下，由市会办公室牵头下设三个组。

组织组：王慧珍　苏启观　周湘荣　沈剑

宣传材料组：鲁子英　骆刚强　冯京铭　彭坤才

会务组：王东芬　陈永翠　李献凤

五、具体要求

十二月底以前做好：

（1）确定下届理事会候选人（组织组）；

（2）起草会议文件（工作报告，组织规程，领导讲话，经验交流材料）（材料组）；

（3）代表名额分配及综合（组织组）；

（4）荣誉会员奖章证书印刷（会务组）；

（5）荣誉会员产生（组织组）。

春节前召开第二届理事会，内容：

（1）通过工作报告；

（2）候选人名单；

（3）荣誉会员审批。

（1986 年）二月份印刷好一切会议需要文件、表格、选票、代表人名单、理事候选人名单、代表证。

（1986 年）三月份或四月份初召开会议。

武汉市红十字会

一九八五年十一月十二日

原件藏湖北省北省红十字会档案室，档号：XX000276 – WS01 – 0028 – 0001

武汉市红十字会颁发荣誉会员奖章奖状暂行办法

武红会〔85〕11 号

一、为表彰和鼓励对发展红十字事业有贡献的各界人士，特制订本办法。

二、凡具备下列条件之一者，颁发荣誉奖章奖状：

（1）以各种实际行动支持红十字事业，成绩显著者，如：担任红十字会会长、区直基层理事以上专职干部，工作满两年以上，并做出工作成绩者；在红十字活动中，有突出贡献的会员和志愿工作者；在举办符合红十字宗旨的社会福利事业中有突出贡献、效果明显者。

（2）热心赞助红十字事业，累计捐款 500 元以上者。

（3）国外人士、港澳同胞向红十字会累计捐款 100 元或捐助物资折价 1000 元以上者。

三、以上人员，如已获总会荣誉会员称号和奖章奖状者，武汉市不再颁发。

四、荣誉会员奖章奖状每年代表大会召开时颁发一次，必要时可临时颁发。

五、颁发手续：经有关部门或各级红十字会组织提名，填写申请表格，经理事会审查（特殊情况由正、副会长审批），授予武汉市红十字会荣誉会员奖章奖状。

六、本办法自公布之日起施行。

武汉市红十字会

1985 年 12 月

原件藏湖北省北省红十字会档案室，档号：XX000276 – WS01 – 0025 – 0012

武汉市红十字会关于增编的申请报告

武红会字〔86〕1 号

市编委：

武汉市红十字会自一九七九年恢复工作以来，在市政府的领导下，在总会、市卫生局的指导帮助下，在各有关部门的大力支持下，组织、业务发展都很快。现在我市已建立红十字组织六百个，会员八万人。业务方面，几年来，不仅为卫生部门培训了各类专业人材（才），而且配合教育、民政部门办了一些诸如学生智力开发、孤残人社会福利以及扶持贫困苏区发展经济、教育、卫生事业等实事，得到社会各界的普遍欢迎。

随着我国政治、经济形势的发展，需要我们出面办的事业越来越多，然而，本会至今定编的人员只有七名（包括司机一名），仍然是刚刚恢复工作时的编制，日常工作往往是顾此失彼，有很多工作该办而无人办。为了适应工作发展需要，请再增加编制人员三至四名。

特此报告。

武汉市红十字会

一九八六年一月二日

原件藏湖北省北省红十字会档案室，档号：XX000276 – WS01 – 0029 – 0001

关于同意市红十字会增加人员编制的批复

武编〔1986〕140 号

市红十字会：

你会关于要求增加市区红十字会人员编制的请示报告收悉。经研究，同意市红十字会增加事业编制三名。

此复。

武汉市编制委员会

一九八六年九月二日

原件藏湖北省北省红十字会档案室，档号：XX000276－WS01－0029－0002

关于同意成立"荆门市红十字会"的批复

荆政办函〔1986〕41号

市卫生局：

你局《关于请示成立荆门市红十字会》的报告收悉。经市政府领导同意，成立"荆门市红十字会"。具体事宜，请你局根据上级有关规定办理。

荆门市人民政府办公室

一九八六年十一月十五日

原载荆门市档案馆藏档案，档号：194－1986－11

湖北省红十字会一九八七年工作计划

鄂红字（86）第9号

根据总会第四次全国代表大会提出的任务，结合我省的具体情况。一九八七年我会工作重点仍然是建立组织、发展会员，并在此基础上做好卫生救护、社会福利、红十字青少年等工作。具体计划如下：

一、继续抓紧组织建设工作

（1）地、市红十字会组织在一九八六年全部恢复的基础上，应切实做到有机构、有专人、有经费、有活动。

（2）每个地区应恢复或建立三个以上的县级红十字会；每个市内卫生系统各单位，大、中、小学，街道居委会均应恢复或建立基层红会，厂矿企业也应建立红会组织。各基层红会应扎扎实实地抓好发展会员工作。

（3）各地、市应在条件较好的单位做收缴会费的试点工作，收缴的会费全部用于开展红十字活动。

二、认真抓好卫生救护训练和红会业务训练工作

（1）一九八七年上半年，省会举办一期心肺复苏师资训练班，为地、市红会培训师资力量。

（2）各地、市红会均应开展心肺复苏训练，可先在卫生部门和其他团体会员单位进行。

（3）各地还可根据具体情况举办其他类型的卫生科普训练班，如老年保健知识学习班等。

（4）省红会上半年举办一期各地、市专职干部业务培训班，下半年组织一次赴兄弟省、市参观学习活动，以提高红会干部的专业素质。

三、做好红十字青少年工作

（1）各级红十字会应把红十字青少年工作摆到重要位置，一九八七年内，中学和50％以上的小学都应成立红十字青少年工作委员会，切实抓好红十字青少年的发展工作。

（2）暑假期间，省会举办一期全省中小学红十字青少年夏令营，各地、市红会也要组织开展一些适合青少年特点的活动。

四、重视发挥红十字志愿工作者的作用

（1）广泛争取社会各界人士支持，吸收一批德高望重的社会名流作为红十字志愿工作者，充分发挥他们的积极性，做好红会工作。

（2）七、八月份举办一期红十字志愿工作者夏令营，以增进友谊，加强与各地红十字志愿工作者的联系。

五、做好社会福利工作

（1）各级红会平时应组织红十字会员为孤寡、残疾人做好事，逢年过节对他们进行慰问，充分体现红十字会的人道主义精神。

（2）积极与有关部门协商，兴办一些服务性事业。

（3）积极准备创办红十字专项事业。

六、努力做好宣传工作，扩大红会的社会影响

（1）利用各种机会、各种渠道向领导、向群众大力宣传红十字会的性质、宗旨和任务，争取领导和群众的支持。

（2）加强与报社、电台、电视台的横向联系，争取新闻、舆论界的支持，扩大红十字会的社会影响。

（3）省会坚持每月出简报，介绍各地红十字会工作开展情况，表扬红十字工作中的好人好事，各地红会也应该利用各种形式宣传和交流开展红十字活动的经验，以推动红十字工作的进一步开展。

（4）编印红十字活动宣传资料若干种。

七、改进机关作风，提高办事效率，加强省会自身建设。

（1）春节前后召开省红会理事会议，贯彻全国工作会议精神，总结一九八六年工作，讨论一九八七年工作计划。

（2）省会干部要坚持深入基层，发现典型并加以推广，及时发现和研究红十字工作中的新动向，为建设具有中国特色的红十字会而努力探索。

八、为明年在我省召开的七省红十字经验交流会做好筹备工作。

九、积极完成总会与当地政府交办的其它任务。

湖北省红十字会

一九八六年十一月二十五日

原件藏湖北省北省红十字会档案室，档号：1986－Y－002

转发《关于在暑期活动中积极组织红十字青少年进行社会调查深入进行四项基本原则教育的通知》的通知

红卫字（87）第6号

各地、市、州红十字会：

现将中国红十字总会《关于在暑期活动中积极组织红十字青少年进行社会调查深入进行四项基本原则教育的通知》转发给你们，请按通知要求，积极开展适合青少年特点的各种活动。

湖北省红十字会

一九八七年四月七日

关于在暑期活动中积极组织
红十字青少年进行社会调查深入进行
四项基本原则教育的通知

（87）红卫字第9号

各省、自治区、直辖市及计划单列市红十字会：

今年以来，党中央连续发出了几个重要文件，就坚持四项基本原则，反对资产阶级自由化，提出了明确的方针、政策和部署。为此，我们希望各地红十字会和教育部门在今年暑期活动中紧紧围绕这个主题，利用举办夏令营、社会服务以及其他适合青少年特点的各种活动时，安排一些社会结构、现象、历史的调查和分析内容，使广大红十字青少年受到一次较深刻的爱国主义、人道主义和共产主义教育。

各地在活动中要注意总结经验，并及时上报，以便交流。

中国红十字会总会

一九八七年三月三十日

原件藏湖北省北省红十字会档案室，档号：1987－Y－004

关于纪念"世界红十字日"和
开展"为了儿童健康"活动月的通知

鄂红字（87）第7号

省直各医院红十字会：

五月八日是国际红十字会与红新月会协会确定的"世界红十字日"。每年的这一天，世界各国红十字会、红新月会都要举办各种纪念活动。今年"世界红十字日"的口号是"为了儿童健康"。为了切实搞好世界红十字日的宣传活动，省红十字会将今年五月一日至六月一日定为"为了儿童健康"活动月，刘学伦会长将于五月八日在省电视台发表电视讲话，《当年今日》的节目也将介绍有关这方面的知识。希望各医院红十字会采取各种形式开展儿童保健咨询、义诊、宣传儿童免疫知识等活动，并请将活动情况报省会。

湖北省红十字会

一九八七年四月二十八日

原件藏湖北省北省红十字会档案室，档号：1987－Y－004

关于与美国俄亥俄州红十字会、
法国洛林地区红十字会结成友好红会的请示

鄂红字（87）第9号

省外事办公室：

随着改革、开放、搞活方针的贯彻执行，各兄弟省、市红十字会充分利用红十字组织的国际性，积极开展多种形式的人民外交，在增进与各国人民的友谊与争取外援方面做了一些有意义的探索。例如北京市、上海市、天津市、浙江省、江西省红十字会分别与美国的旧金山金门分会、西雅图金县分会、康涅狄克州分会、夏威夷州分会、肯尼塔基州路易斯维尔市红十字会结成了友好红十字会，黑龙江省红十字会与日本千叶县红十字会结成了友好红十字会。这些友好红会有的免费为我们培训医务人员，有的捐助急救、输血等先进技术装备，有的甚至帮助援建医院。实践证明，与一些发达国家的地方红十字会建立友好关系的做法有助于我国的"四化"建设。为此，我会特申请通过省外办与美国俄亥俄州、法国洛林地区红十字会结成友好红会，从民间渠道争取外援，为促进我省卫生事业的发展做些工作。

妥否，请批示。

湖北省红十字会

一九八七年四月三十日

原件藏湖北省北省红十字会档案室，档号：1987－Y－004

关于在全省范围内开展为大兴安岭
灾民募捐活动的报告

鄂红字（87）第 11 号

省人民政府：

　　大兴安岭地区特大火灾发生后，国家财富、人民财产遭受重大损失。为了支援灾区军民扑灭大火，为了抢救被烈火灼伤的军民，安置家园被毁的灾民，帮助灾区人民尽快恢复生产和生活，经研究，由省红十字会发起，在全省范围内开展一次救灾募捐活动，通过这次活动在我省进行一次爱国主义、社会主义人道主义教育，促进社会主义精神文明建设，提高各级红十字会组织、广大红十字会员和全省人民为政府分忧、为群众解难的自觉性。

　　为了搞好这次募捐活动，特就有关问题通知如下：

　　（1）从发文之日起至六月底在全省各地广泛开展募捐活动。要动员各机关团体、企事业单位、服务行业和学校、街道等部门和单位，以及广大干部、职工、学生和居民积极参加募捐活动，教育广大红十字会员在募捐活动中起模范带头作用。

　　（2）广泛开展宣传活动，要把这次募捐活动的意义、目的和要求，通过报纸、电台、电视台等途径对人民群众进行宣传教育。各地红十字会要主动与当地宣传部门联络，积极做好这方面的工作。

　　（3）要动员医疗、文化、体育单位在募捐活动中开展义诊、义演、义赛等活动，把所得收入作为捐助款。

　　（4）这次募捐不搞摊派，不提指标，自愿捐助，多少不限，只收现金，不收实物。省直各单位募捐款直接交省红会办公室（省卫生厅内）。各地、市、州红十字会负责辖区内（包含各县，各县由红十字会或卫生局负责收集）募捐款的收集工作，于六月底上交省红会。

　　（5）各地红十字会对募捐款一律开具正式收款收据，并要分别填写团体单位和个人捐助登记表，做好募捐款的财务管理，做到账目清楚。

　　对于捐助较多的团体单位和个人，由省红会发给证书。

　　省红十字会开户银行是武昌工商银行水果湖办事处，账号：89—1016。

以上报告，如无不妥，请批转各地执行。

湖北省红十字会

一九八七年五月十九日

原件藏湖北省北省红十字会档案室，档号：1987－Y－004

关于调整、增补湖北省红十字会理事的请示

湖北省卫生厅党组：

省红会自一九八五年七月恢复工作以来，组织发展迅速，去年全省15个地、市、州全部地恢复或成立了红会，今年又有9个县成立了红会。为了适应红会组织发展的大好形势，扩大理事会的覆盖面，从而更好地领导全省红十字工作，建议调整、增补部分理事，并在适当时机召开理事会，通过新的理事人选。

当否，请批示。

湖北省红十字会办公室

一九八七年六月二十二日

原件藏湖北省北省红十字会档案室，档号：1987－Y－004

关于与西德红十字会巴登·符腾堡州
分会建立姐妹红十字会关系的请示

鄂红字（87）第16号

省外事办公室：

今年七月，中国红十字会总会收到西德红十字会会长致中国红十字会会长的来函，其中提到西德的巴登·符腾堡州红十字分会愿与湖北省红十字会结成姐妹红十字会，并在无线电通讯、急救训练等方面开展一些活动。我们认为，这种民间交往有利于我省医疗卫生工作与社会福利事业的发展。为此，我们同意与西德巴登·符腾堡州红十字分会结成姐妹红十字会。

妥否，请批示。

湖北省红十字会

一九八七年八月五日

原件藏湖北省北省红十字会档案室，档号：1987－Y－004

关于举办卫生救护培训师资班的通知

红卫字（87）第 18 号

各地、市、州红十字会：

为了认真贯彻执行中国红十字会总会等八部门《关于开展群众性卫生救护训练的通知》精神，提高我省急救水平，更好地为广大人民群众的健康服务，我会决定举办首期卫生救护培训师资班，现将有关事项通知如下：

一、名额分配及参加人员条件：每地 2 人，要求推荐热爱红十字工作、热心为红十字事业服务，具有主治医师或高年资医师职称，有一定心肺复苏急救知识，能够完成讲授及示范操作者。食宿自理。请将参加人员名单于九月三十日前电报报送至湖医附一门诊部或电话报省红会。

二、学习时间：一九八七年十月六日至十一日，十月五日报到。

三、报到地点：湖北医学院附属第一医院招待所。

（武昌 43 路公共汽车紫阳路站下车，联系人：湖医附一门诊部主任王锦芳）。

湖北省红十字会

一九八七年九月二十三日

原件藏湖北省北省红十字会档案室，档号：1987－Y－004

关于同意由同济医院挂牌"湖北省红十字会第一医院"的批复

鄂红字（87）第 21 号

同济医院：

你院七月十一日送来的《关于由我院挂牌"湖北省红十字会医院"

的申请报告》已收悉。经省卫生厅党组研究，同意由你院挂牌"湖北省红十字会第一医院"。希你们按照《中国红十字会章程》的要求，认真履行红十字会医院的义务，积极开展红十字活动，为发展红十字事业做出贡献。

湖北省红十字会

一九八七年十月十六日

原件藏湖北省北省红十字会档案室，档号：1987－Y－004

关于做好台胞台属查人转信工作的几点意见

鄂红字（87）第22号

各地、市、州对台办公室、红十字会：

台湾当局决定开放台胞到大陆探亲后，海峡两岸间要求查人转信的数量日趋增多，估计今后一段时期内还会大量增加。为了适应形势发展的需要，努力把这项工作做得更好，我们特提出如下意见：

一、查人转信是做好台胞接待工作的具体措施之一，此项工作归口红十字会负责，各地应指派专人负责，及时认真做好。未成立红十字会的县（市），由当地对台办负责。

二、凡台属要求查人者，各地红十字会应让他们填写统一的"寻人表格"一式两份，寄到省红十字会办公室。经中国红十字会总会委托红十字国际委员会驻香港办事处，把"寻人表格"转交台湾红十字会，其结果再按同样途径回报，对已查到下落的台属，可用"红十字通信"按上述途径和亲人联系，并可互寄照片。

三、台湾红十字会转来的"寻人表格"，由省红十字会按提供的线索分寄各地，各地红十字会接函后应会同当地公安等部门尽快处理，并及时上报省红十字会。

四、海峡两岸长期隔绝，骨肉分离，情况错综复杂，除了通过上述办法继续寻找外，还应结合本地的具体实际，充分发挥各级红十字会的作用，搞好和各部门的配合与合作，当好台胞台属的"鸿雁"。

五、开展此项工作所需经费，由各地对台办和红十字会联合向地方财政申请。

中共湖北省委对台工作小组办公室　湖北省红十字会

一九八七年十一月十七日

原件藏湖北省北省红十字会档案室，档号：1987-Y-004

印发《湖北省红十字会
一九八八年工作计划》的通知

鄂红字〔1988〕第 1 号

各地、市、州红十字会：

现将省会一九八八年工作计划印发给你们，望结合本地、市、州情况制定切实可行的计划，使今年的红会工作有一个较大发展。

湖北省红十字会

一九八八年二月五日

湖北省红十字会一九八八年工作计划

我会今年工作将以党的十三大所确定的建设有中国特色的社会主义的基本路线为指导思想，继续落实中国红十字会第四次代表大会所提出的各项任务，以组织发展工作为重点，认真抓好其它各项工作，其工作要点如下：

一、继续大力抓好组织发展工作。县级市今年都要成立红十字会，省辖市的各个区也要力争全部建会。每个地区至少应该有三分之一以上的县成立红十字会，并要抓好一至两个试点县的红十字工作。探讨农村红十字工作的经验，省会准备在明年初召开农村红会工作座谈会。各地红十字会在学校、工厂、商业、旅游、交通、街道等部门应大力发展红十字会基层组织，广泛发展会员，在保证会员质量的前提下，在会员数量上应有一个大的突破，以扩大红会覆盖面。县以上红十字会应努力争取解决编制、经费问题。

二、各地红十字会均要开办心肺复苏及其它卫生知识培训班，力争在旅游、商业、交通等部门都有经过红十字会训练的初级卫生保健人员。条件较好的地、市应有计划地在各系统开展培训，以逐渐形成群众性急救网络。

三、加强对红十字青少年工作的领导，全省市属各校均应成立红十字会。在红十字青少年中加强敬老助残、助人为乐等共产主义道德品质教育，加强卫生科普知识教育，养成红十字青少年爱清洁、讲卫生的好习惯。

暑期省会组织一期夏令营活动，各地、市红会可根据本地情况组织各种不同形式的夏令营活动，使红十字青少年活动逐步趋向知识化、趣味化。

四、社会福利工作，要认真贯彻天津社会福利工作座谈会精神，充分发挥红十字青少年，商业、服务部门红十字会员，居委会红十字会员的作用，搞好对社会上散在的鳏、寡、孤、独、残疾人及烈军属的服务工作，使社会福利工作逐步走向经常化、制度化。

各地可量力而行举办一些专项事业，以解决社会福利工作经费不足的问题。

五、外事活动及对台工作，要继续加强与法国洛林地区红十字会、西德巴登·符腾堡州红十字会和美国俄亥俄州、亚拿巴马州红十字会的联系，争取在一些具体合作项目上达成协议。

认真做好台胞、台属查人转信工作，为加强海峡两岸人民的联系，为祖国统一大业做出贡献。

六、加强宣传工作，充分利用各种宣传手段，扩大红会影响。今年"五·八"国际红十字日的口号是"发展"，总会拟定五月上旬在全国范围内举行大规模红十字周活动。活动内容包括宣传人道主义和亨利·杜南事迹，宣传红会历史及性质、任务，发动会员开展便民利民服务。各地应结合当地情况开展形式多样的宣传活动。

七、完成总会及当地政府交办的其他工作。

八、会务活动：

（1）上半年适当时机召开省红会理事会。

（2）二月底召开省红会工作会议，贯彻总会工作会议精神。

（3）上半年组织部分地、市专职干部赴外地参观学习。

（4）九月份组织检查团赴各地、市检查评比红会工作。

（5）十月份选派部分地、市代表参加七省会议。

（6）十月底召开各地、市秘书长工作会议，总结一九八八年工作。

原件藏湖北省北省红十字会档案室，档号：1988－Y－005

关于同意成立湖北省红十字
卫生福利服务公司的批复

鄂红字〔1988〕第 3 号

湖北省红十字卫生福利服务公司筹备组:

你组关于成立湖北省红十字卫生福利服务公司的申请收悉,经研究决定,同意建立该公司。公司属社会福利事业单位(集体所有制),组织上实行省红十字会领导下的经理负责制,经济上实行独立核算,自负盈亏,为经济实体,具有法人资格,所获利润上缴省红十字会。希依法登记,申请执照,在国家政策、法令范围内进行经营服务活动,办成遵纪守法、对社会有贡献的文明单位。

湖北省红十字会

一九八八年三月十六日

原件藏湖北省北省红十字会档案室,档号:1988 - Y - 005

关于召开一九八八年红十字工作会议的通知

鄂红字〔1988〕第 2 号

各地、市、州红十字会:

为传达贯彻中国红十字会总会工作会议精神,研讨我省今年工作计划,并开展经验交流活动,特定于三月十四、十五日两天在武昌洪山宾馆召开湖北省一九八八年红十字工作会议。现将有关事项通知如下:

一、各地准备经验材料 1~2 份。

二、代表名额,各地 1 名(副会长或秘书长)。

三、报到时间:3 月 13 日。

四、请将代表名单于 3 月 8 日前报我会办公室。

附件:

1. 红十字工作会议日程表

2. 红十字工作会议人员名单

湖北省红十字会

一九八八年三月十六日

附件1：

红十字工作会议日程表

日期	上午	下午	晚上
3月14日	1. 张克文副厅长传达全国红会理事会议精神。 2. 陶在华秘书长传达全国红会工作会议精神、省红会1987年工作总结和1988年工作计划。 3. 照相。	1. 武汉市红会工作经验介绍。 2. 襄樊市红会工作经验介绍。 3. 讨论	
3月15日	1. 学习。 2. 讨论	1. 讨论。 2. 小结。	
3月16日	离会。		

附件2：

红十字工作会议人员名单

单位	姓名	性别	红会职务
武汉市红十字会	王慧珍	女	秘书长
黄石市红十字会	甘标	男	干部
襄樊市红十字会	李禹峰	男	专职干部
十堰市红十字会	王崇虎	男	副秘书长
沙市市红十字会	邓发明	男	副秘书长
宜昌市红十字会	王俊峰	男	副会长
鄂州市红十字会	王俊华	女	干部
荆门市红十字会	李建锋	男	秘书长
黄冈地区红十字会	石中森	女	副会长

单位	姓名	性别	红会职务
黄冈地区红十字会	丁卫	女	专职干部
孝感地区红十字会	彭肃仪	男	秘书长
咸宁地区红十字会	鲁济卿	男	秘书长
荆州地区红十字会	朱欣	男	副会长
郧阳地区红十字会	廖广照	男	秘书长
宜昌地区红十字会	涂德敏	女	科长
鄂西州红十字会	卢先纪	男	科长
湖北省红十字会	张克文	男	副厅长
湖北省红十字会	陶在华	男	秘书长

原件藏湖北省北省红十字会档案室，档号：1988－Y－005

关于湖北省红十字会成立生物制品所
和开办医药器械服务部的批复

鄂卫党字〔1988〕第 1 号

湖北省红十字会办公室：

经省卫生厅党组研究，同意湖北省红十字会关于成立生物制品所和开办医药器械服务部的请示。按有关手续办理。

特此批复。

中共湖北省卫生厅党组
一九八八年四月十四日

原件藏湖北省北省红十字会档案室，档号：1988－Y－005

关于同意成立湖北省红十字中药材公司的批复

鄂红字〔1988〕第 6 号

湖北省红十字中药材公司筹备组：

你组关于成立湖北省红十字中药材公司的申请收悉，经研究决定，

公牍选载

251

同意建立该公司。公司性质属于社会福利单位（集体所有制），组织上实行省红十字会领导下的经理负责制，经济上实行单独核算，自负盈亏，具有法人资格，所获利润上缴省红十字会。希依法登记，申请执照，在国家政策、法令范围内进行经营服务活动。

湖北省红十字会

一九八八年四月十六日

原件藏湖北省北省红十字会档案室，档号：1988－Y－005

湖北省人民政府办公厅转发省红十字会等单位《关于参加一九八八年国际体育援助计划活动请示》的通知

鄂政办发〔1988〕47号

各地区行政公署，各市、州、县人民政府，省政府有关部门：

省人民政府同意省红十字会、外办、教委、广播电视厅、体委《关于参加一九八八年国际体育援助计划活动的请示》。现转发给你们，请结合各地实际情况，认真组织，把这项工作开展好。

湖北省人民政府办公厅

一九八八年四月二十九日

关于参加一九八八年国际体育援助计划活动的请示

省人民政府：

英国"一九八八年国际体育援助计划"理事会发起的世界性儿童福利活动，通过在世界范围内开展中长跑等体育活动，发动募捐，以救济不发达国家的儿童，促进儿童保健事业的开展。该"计划"在上届组织的活动中，共有八十九个国家二千万人参加了体育、文艺等活动，七亿五千万人观看了电视转播，共募款三千五百多万美元，用于援助非洲受灾国家儿童。上届活动，因时间仓促，我国未能参加。

今年，国务院以国函〔1988〕53号文批转了中国红十字会总会、外交部、国家教委、广播影视部、国家体委《关于参加一九八八年国际体育援助计划活动的请示》。为了使这一活动在我省顺利开展，省红十字会与省外办、省教委、省体委、省广播电视厅等有关部门负责同志进行了磋商，现就有关问题请示如下：

一、四月下旬开始至八月，在建立了红十字会的市（区）、县陆续开展十四岁以下中学生和小学高年级学生千米跑活动。有条件的地方，可在"五·八"世界红十字日前后搞一次大型有声势的活动。中小学可以和春季、夏季运动会结合起来进行，也可以与夏令营活动结合进行。省红十字会拟定七、八月份举办一期中小学生千米跑夏令营。

二、九月十一日（星期日，世界性统一活动日）在上述地方开展成年人十公里长跑活动。在武汉举行适当规模的仪式，拟请省政府领导同志出席。

三、整个活动自始至终要开展儿童保健宣传、组织对儿童义务查体诊治等活动。

四、九月份，在上述地方结合群众性长跑活动开展"为了儿童健康"的募捐活动。募捐所得全部用于儿童卫生保健福利事业，不得挪作他用。募捐坚持自愿原则，不搞摊派，不规定募捐指标。整个募捐活动由省红十字会统一组织。

五、为加强对此项活动的领导，由省红十字会以社会团体名义牵头，邀请省教委、省体委、省广播电视厅等部门负责人组成"一九八八年国际体育援助计划"湖北省组织委员会。组委会下设办公室负责具体活动事宜。办公室设在省红十字会，由省教委、省体委和省红十字会抽调干部参加具体工作。活动经费在节约原则下，从募捐款的5%范围内控制使用，募捐结束前，由省红十字会垫支。

六、《湖北日报》社、湖北人民广播电台、湖北电视台等新闻机构，要组织好报道。

以上如无不妥，请批转各地执行。

湖北省红十字会　湖北省外事办公室　湖北省教育委员会
湖北省广播电视厅　湖北省体育运动委员会
一九八八年四月二十二日

原件藏湖北省北省红十字会档案室，档号：1988－Y－005

转发《湖北省"一九八八年国际体育报助计划"组委会募捐方案》的通知

鄂红字〔1988〕第 11 号

各地、市、州红十字会：

《湖北省"一九八八年国际体育援助计划"组委会募捐方案》已在省组委会第一次会议上讨论通过，现转发你们。募捐工作主要归口红十字会负责，请根据本地情况制定具体措施，保证募捐工作的顺利进行。

湖北省红十字会
一九八八年六月三十日

湖北省"一九八八年国际体育援助计划"组委会募捐方案

为贯彻落实国函〔1988〕53 号《国务院关于参加一九八八年国际体育援助计划活动的批复》，以及鄂政办发〔1988〕47 号《省人民政府办公厅转发省红十字会等单位〈关于参加一九八八年国际体育援助计划活动请示〉的通知》精神，特就募捐问题制定具体方案，请参照执行。

一、募捐的统一口号：为了儿童健康。

二、募捐原则：动员捐助，坚持自愿，不搞摊派，款额不限。

三、募捐范围：各机关、团体，企事业单位和个人；外国人及台、港、澳同胞、华侨不主动进行劝募，但自愿捐赠者不拒；中外合资企业可以动员捐助。

四、募捐方式：

（1）募捐活动一律由各级红十字会负责组织。

（2）开展宣传活动，要把这次募捐活动的意义、目的和要求，通过报纸、电台、电视台等途径对人民群众进行宣传教育。各地红十字会要主动与当地宣传部门联系，积极做好这方面工作。

（3）在公共场所设置募捐箱。

（4）发动红十字青少年进行街头劝募（要有显著标志）。

（5）组织义诊、义演、义赛，有条件的地方可以出售有奖入场券。

（6）制作有专门标志和号码的背心或其它日用品、宣传品进行义卖。

（7）邀请书画家义务写字作画，作品标价义售。

（8）在本次体育援助活动场所征集广告，争取捐助。

（9）适合本地区的其它募捐方式。

五、募捐时机的掌握：

（1）国务院批文和省政府办公厅批文下达后，即可接受自愿捐助，并可在工商企业团体开展资助活动。

（2）随着宣传活动的深入，九月份在社会上全面展开募捐活动。

（3）九月底募捐活动基本结束，由红会系统逐级上报并集中捐款。十月底结束募捐收尾工作。

六、捐款的分配及使用：

（1）捐款由各地红会汇总向省会上报数额，然后按一定比例上缴总会30%，省会提留10%，返还地、市、州红会60%。各地、市、州红会返还下级红会多少，根据具体情况自行决定。

（2）所得捐款，除可动用5%以下用于此次活动的公杂开支之外，一律用于儿童卫生保健福利事业。具体项目请各地自定，如果数额较大，也可以建立红会基金，不得挪作它用。

湖北省一九八八国际体育援助计划组委会

一九八八年五月十九日

原件藏湖北省北省红十字会档案室，档号：1988－Y－005

转发《湖北省"一九八八年国际体育援助计划"组委会体育活动方案》的通知

鄂红字〔1988〕第10号

各地、市、州红十字会：

《湖北省"一九八八年国际体育援助计划"组委会体育活动方案》已在省组委会第一次会议上讨论通过。组委会分工此方案由省体委牵头负责执行。

请各地参照中央和省里的办法，由红十字会牵头，邀请教育、体育、广播影视、公安、共青团、妇联等部门负责人和若干知名人士组成组织委员会，并在有关部门抽调人员组成秘书处（或其它临时办事机构）负责具体工作。分工负责，共同努力，将活动开展好。

现将活动方案转发给你们，请结合本地情况参照执行。

湖北省红十字会

一九八八年六月三十日

湖北省"一九八八年国际体育援助计划"组委会体育活动方案

为了积极参加"一九八八年国际体育援助计划"活动，推动和促进全省中、小学和群众体育运动的发展，增强人民体质，特拟定我省参加"一九八八年国际体育援助计划"开展体育活动的实施方案。

一、六至七月份在全省以县（市）、区为单位，广泛开展中小学生千米长跑活动。

（1）各地在开展此项活动中应根据鄂政办发（1988）47号《省人民政府办公厅转发省红十字会等单位关于参加一九八八年国际体育援助计划活动请示的通知》精神，在学生中广泛进行爱国主义、人道主义、健康卫生的宣传教育，推动中、小学体育活动和儿童保健事业的发展。

（2）活动开展的组织规模和方式由各地根据当地情况自行确定。既可统一时间集中进行，也可分散由各校自己组织，还可采取和学生运动会、青少年"达标"测验结合起来，冠以"88体育援助活动"的名义或标以国际统一标志。

（3）开展学生千米长跑活动应注意结合青少年的生理、心理特点，形式多样、生动活泼。原则上可不计运动成绩。

二、在暑假组织全省中小学生体育夏令营。

（1）夏令营冠以援助活动的口号和标志，借以在全省扩大影响。

（2）拟定营期10天，营地设黄冈地区，规模约200人左右。主要开展田径训练，推动学生参加体育锻炼，为国家培养选拔体育后备人才。

三、组织好九月十一日世界活动日的活动。

（1）在全省各地、市、州、林区和具备条件的县（市）组织一次具有一定规模的成人万米长跑活动，不计运动成绩，以宣传"88国际体育援助计划"为主题、为目的。

（2）九月十一日，在武汉组织一次声势较大的成人万米长跑，以配合全世界的统一活动日，届时请省、市领导出席起跑仪式。具体方案由有关部门和省、市体委另定。

（3）各地有关部门应紧密配合，有组织、有计划地发动组织社会各界参加这一活动。

四、请各地、市、州、林区、县（市）结合本地实际拟定活动计划，与本地青少年千米跑和成人万米长跑的形式、规模、参加人数一并汇总，报省"88 国际体育援助计划组委会"秘书处（地址：省红十字会），以便及时向有关方面通报。

原件藏湖北省北省红十字会档案室，档号：1988－Y－005

关于动员学校红十字青少年、共青团员、少先队员积极认购义卖品的通知

鄂红字〔1988〕第 13 号

各地、市、州红十字会、教委、团委：

"一九八八国际体育援助计划"是一次全球性的体育募捐活动，通过这一活动提请全社会都来关心儿童健康，为儿童保健事业筹集资金。对于这次活动，国务院和省政府都非常重视，分别成立了"一九八八国际援助计划"中国组委会和湖北省组委会，并就整个活动安排进行了部署。

为贯彻落实湖北省"一九八八国际体育援助计划"组委会第一次会议关于在募捐过程中开展义卖活动的意见，省红十字会印制了一批标有"88 国际体育援助"标志的手帕进行义卖，希望各地红十字会、教委、团委充分发动学校红十字青少年、共青团员、少先队员踊跃参加义卖活动的认购，以实际行动支持红十字会的人道主义事业，为了儿童健康、为促进世界和平做出贡献。

义卖工作由各级红十字会负责。

附件：关于义卖工作的几点说明

关于义卖工作的几点说明

（1）手帕成本价每条 0.4 元。各地、市、州红十字会按分配数持汇票或现金于 9 月 20 日前来省红十字会购买。

（2）手帕义卖价每条 1 元。所得收入由各地红十字会按募捐款项管理，不得挪作他用。学校红十字会可少量提成，作为义卖活动经费，其

公牍选载

比例由各地红十字会自行决定。

（3）开展宣传工作，要把这次义卖活动的意义、目的和要求通过多种途径对红十字青少年、共青团员、少先队员进行宣传教育，对义卖活动中的好人好事及时宣扬。

湖北省红十字会　湖北省教育委员会　中国共产主义青年团湖北省委员会

一九八八年九月一日

原件藏湖北省北省红十字会档案室，档号：1988－Y－005

省红十字会关于申请免征营业税、所得税的请示

鄂红字〔1988〕第 14 号

省财政厅、税务局：

　　红十字会是卫生救护、社会福利团体，我省红十字会恢复工作不久，由于经费有限，开展工作较困难。按总会章程，红十字会可以兴办社会福利事业，积累资金，用于社会福利事业。全国很多省市早几年就兴办了符合红十字宗旨的福利事业。事实证明各地红会所创办的事业单位，不仅有利于解决社会的需要，扩大红十字会的影响，而且为红十字会开展工作提供了资金，增加了红会工作的活力，多为社会服务。为此，我们兴办了红十字卫生福利服务公司，已分别在工商局和税务局办理了注册手续，主要经营中西药、生物化学制品、医疗器材，批零兼营。公司聘请了离、退休职工、待业青年，并吸收部分残疾人参加工作。

　　鉴于以上情况，特请免征营业税、所得税，当否，请批示。

湖北省红十字会
一九八八年九月六日

原件藏湖北省北省红十字会档案室，档号：1988－Y－005

湖北省红十字会关于接待保加利亚红十字会代表团来访的计划

鄂红字〔1988〕第 15 号

湖北省红十字会第一医院、晴川饭店：

接中国红十字总会红联发（1988）第 346 号文，保加利亚红十字会会长克雷尔·依格那托夫博士（副部级）为团长的保加利亚红十字会代表团一行二人，总会陪同一人于十月十日至十月十二日来我省参观访问。

保加利亚红十字会与我会关系友好，且客人身份较高，请各有关单位本着诚恳、热情的态度，协助做好这次接待工作。具体安排如下：

一、迎送。代表团抵、离汉时，由省红十字会领导前往机场迎送。

二、接待规格。代表团拟住晴川饭店，请备套间一间，单人房间两间，双人房间一间。请省外事车队配备两辆小轿车。

三、会见与宴请。请韩南鹏副省长会见并宴请一次，省外办、省红十字会领导同志参加。

四、陪同。请省外办接待处配英文翻译一名，省红会领导陪同活动。

五、请湖北省红十字会第一医院安排外宾参观红十字会工作。

六、按（81）财外字第 436 号文件第二条规定，代表团和总会陪同人员的食宿交通经费由总会负责开支，以人民币结算。其他费用请省外事办公室从省外事活动经费中开支。

七、请省公安厅负责外宾在汉的安全保卫工作。

八、请机场给予免检礼遇。

湖北省红十字会

一九八八年九月十六日

原件藏湖北省北省红十字会档案室，档号：1988－Y－005

省红十字会关于召开湖北省红十字会
三届二次理事（扩大）会议的通知

鄂红字〔1989〕第2号

各地、市、州红十字会，省红十字会三届理事：

为贯彻中国红十字会四届四次理事（扩大）会议精神，总结工作，讨论一九八九年工作计划，增补理事，经研究决定召开湖北省红十字会三届二次理事（扩大）会。现将有关事宜通知如下：

一、会议时间：一九八九年三月二十二日至二十三日。三月二十一日报到。（在汉理事可于开会当天上午八时三十分前报到。）

二、会议地点：武昌江鹰饭店（武昌中北路31号）。

三、参加会议人员：

（1）省红十字会三届理事。

（2）各地、市、州红十字会负责同志一名，要求红会专职领导或专职干部参加。

四、请各地、市、州红会于三月十五日前将参加会议的理事及代表名单（性别、年龄、工作单位、职务）报省会。因住宿紧张，请不要随意增加名额。

附件：湖北省红十字会第三届理事会理事名单

湖北省红十字会

一九八九年三月六日

附件：

湖北省红十字会第三届理事会理事名单

名誉会长：梁淑芬（女）　省人大副主任

　　　　　林少南（女）　省政协副主席

会　　长：韩南鹏　　　　省人民政府副省长

副 会 长：辛则民　　　　省财政厅副厅长

　　　　　胡金山　　　　省税务局局长

　　　　　吴　雅（女）　省外办副主任

　　　　　高均达　　　　省民政厅副厅长

魏永信	省卫生厅副厅长
范维盛	省红十字会专职副会长

理　　事：（以下按姓氏笔画排列）

王国耀	省委统战部副部长
王涧泉	郧阳地区卫生局副局长、地区红会副会长
王尉林	省教委主任督学
王锡举	十堰市卫生局顾问、市红会专职副会长
石中森（女）	黄冈地区卫生局副局长、地区红会副会长
石慰平（女）	宜昌地区卫生局局长、地区红会副会长
叶丽珠（女）	省红十字会秘书长
阮宝洲	鄂州市副市长、市红会会长
李国唐	武汉铁路分局副局长
李福祥	省工商局顾问
乔德君	湖北医学院副院长
余少轩	咸宁地区行署副专员、地区红会会长
余旦溪（女）	黄石市副市长、市红会会长
杨三爽	团省委副书记
何宏业	省电视台台长、党委书记
陈振华	省商业厅副厅长
吴淑希	鄂西州卫生局副局长、州红会副会长
张空凌	省侨联主席
孙宏顺	同济医大副校长
张德广	沙市市委顾问、市政协主席
郑连光	荆门市卫生局局长、市红会副会长
胡美洲	省文化厅副厅长
段新刚	省军区后勤部副部长
徐　洪	武汉市红会专职副会长
徐瑶根	省医药总公司经理
陶在华	省卫生厅副厅级调研员、保健处处长
郭琼楼（女）	省妇联副主任
常世华（女）	省工会巡视员
符利民	宜昌市副市长、市红会会长
韩光元	襄樊市卫生局局长、市红会副会长
韩秀英（女）	孝感地区卫生局副局长、地区红会副会长

公牍选载

261

熊明轩　　《湖北日报》社政宣科教部主任
樊群芳（女）荆州地区卫生局局长、地区红会副会长

原件藏湖北省北省红十字会档案室，档号：1989－Y－007

湖北省红十字会关于机构设置问题的请示

鄂红字〔1989〕第8号

湖北省卫生厅：

　　根据《中国红十字会章程》和中国红十字会四届四次理事会的要求，随着红十字事业发展和各项工作逐步开展，参照外省及我省红会实际情况，拟在省红十字会内部设立办公室、组训部、宣传部，办理红会日常工作。办公室配备主任、副主任；组训部、宣传部配备部长、副部长等专职负责人。

　　以上请示，请予批示。

湖北省红十字会
一九八九年三月十四日

原件藏湖北省北省红十字会档案室，档号：1989－Y－007

关于撤销湖北省红十字中药材公司的通知

鄂红字〔1989〕第4号

湖北省红十字中药材公司：

　　根据中央和省有关清理整顿公司的文件精神，经研究决定，从四月十五日起撤销你公司，希认真做好善后处理工作。

湖北省红十字会
一九八九年四月三日

原件藏湖北省北省红十字会档案室，档号：1989－Y－007

关于在"五·八"期间开展宣传
与社会服务活动的通知

鄂红字〔1989〕第 5 号

各地、市、州红十字会，省红十字会第一医院、第二医院、协和医院：

今年是中国红十字会成立 85 周年、国际红十字运动 125 周年。省红会决定将五月五日至五月十二日定为全省红十字活动周。希望各地红十字会在活动周期间结合以下内容开展多种形式的纪念活动。

一、开展丰富多彩的宣传活动。以总会提出的"认识红会、理解红会、支持红会"为主题，充分利用板报、宣传栏、橱窗、报纸、电台、电视台等形式和渠道，大力宣传国际红十字运动史、国际人道主义法、会务知识，结合当地的实际，重点宣传在红十字活动中涌现出来的先进典型。

二、开展大规模社会服务活动。发动红十字会员广泛深入地开展为社会上散居的孤老病残和烈军属服务活动。可以组织登门服务、慰问、义诊体检、座谈，组织观看文艺演出，到市郊参观游览等。有条件的地方，可以组织会员制定"三定一包"（定时、定点、定内容，包户）计划，使服务活动逐步做到规范化、网络化。新建会地区要开展对服务对象的调查，根据自己力量，开展社会服务活动。

三、开展收缴会费工作。在"五·八"前后普遍开展一次收缴会费的工作，并形成制度，坚持下去。

请各地将"五·八"活动情况于五月底前报省红会办公室。

湖北省红十字会

一九八九年四月十三日

原件藏湖北省北省红十字会档案室，档号：1989－Y－007

湖北省红十字会关于开展评先活动的通知

鄂红字〔1989〕第 8 号

各地、市、州红十字会：

结合总会今年开展评选先进集体、先进会员和模范志愿工作者活动，我会决定对全省红会工作组织一次检查评比，具体时间另行通知。现将总会《关于评选中国红十字会总会先进集体、先进会员和模范志愿工作者的有关规定》和我会《一九八九年红会工作检查评比标准》发给你们，请结合本地实际情况，认真组织实施。

附件：

1. 关于评选中国红十字会总会先进集体、先进会员和模范志愿工作者的有关规定

2. 一九八九年红会工作检查评比标准

湖北省红十字会

一九八九年四月二十六日

附件1：

关于评选中国红十字会总会先进集体、先进会员和模范志愿工作者的有关规定

根据《中国红十字会章程》第三章第十六条的有关规定，为鼓励表彰先进，调动各级红十字会组织、会员和志愿工作者的积极性，推动红十字事业不断地向前发展，特制定《关于评选中国红十字会总会先进集体、先进会员和模范志愿工作者的有关规定》。

一、评选时间

中国红十字会评选全国先进集体、先进会员和模范志愿工作者的工作每三年进行一次。

二、评选范围

先进集体：建会满一年的地（市、州、盟、区）县（市、区、旗）红十字会及学校、厂矿、街道等。各行业的基层红十字会组织及团体会员单位均在评选范围内。

先进会员：入会满一年的各级红十字会组织中的专兼职工作者、会员（包括红十字青少年及团体单位的个人）均可参加评选。

模范志愿工作者：凡志愿为红十字事业工作者，均可参加评选。

三、名额分配原则和奖励办法

评选当年，总会根据各省（自治区、直辖市）基层组织数和会员数按比例分配名额，各省（自治区、直辖市）向总会报简要事迹。计划单列市的名额亦列入所在省红十字会。

奖励办法：以精神鼓励为主，先进集体发奖状和纪念性奖品；先进

会员、模范志愿工作者发证书和纪念性奖品。奖励证明入档保存。发奖形式由总会定。不论采取何种形式颁奖，都要运用各种宣传工具给予大力宣传表彰。

四、评选方法和要求

各级红十字会要加强对评选工作的领导，按照民主集中制的原则，自下而上评选产生出红十字总会先进集体和个人，本着公开、平等、择优的原则，认真填写登记表并逐级审核，报总会批准。

五、评选条件

1. 先进集体

（1）领导机构健全，有团结的领导班子，日常工作有专人负责（基层应有人分工负责）；

（2）工作有计划、有检查、有总结；

（3）积极发展会员，扩大组织；

（4）有必要的规章制度，活动经常化，在红十字工作中做出显著成绩；

（5）要普遍收缴会费。

2. 先进会员

（1）热爱红十字事业，有奉献精神；

（2）积极宣传红十字宗旨，踊跃参加各项红十字活动，事迹突出；

（3）按期交纳会费。

3. 模范志愿工作者

（1）热心红十字工作；

（2）在救死扶伤、扶危济困、敬老助残、助人为乐方面做出显著成绩。

各省、自治区、直辖市根据以上规定，可结合本地实际情况制定实施细则。

附件2：

一九八九年湖北省红十字会工作检查评比标准

项目	评比内容	单项分	总分
组织发展	领导机构健全，召开一次理事会	10	30
	做到"四有"（有办公地点、编制、人员、经费）	15	
	市辖区（包括郊区）红会达100%，地（市）辖县红会达75%	10	
	基层组织数按市每一万人发展一个，地区每三万人发展一个计算	15	

项目	评比内容	单项分	总分
组织发展	其中，地（市）直属单位红会组织20个	10	30
	地（市）县学校建会率达50%	10	
	会员人数占总人口，市：为1.2%，地区：为0.8%	10	
	1989年发展新会员占总人口的0.8%	10	
	缴纳会费基层单位数及会员人数达80%	10	
卫生救护培训	心肺复苏技术培训100人次	30	15
	按系统（行业）培训达到2个	30	
	四项技术培训500人次	20	
	其它技术培训（中毒、中暑、溺水等）500人次	10	
	一般卫生知识培训5000人次	10	
社会福利	自办一项以上效益好的社会福利事业	20	10
	有能力参加社会救济、救灾活动	40	
	会员（成人）社会服务活动500人次	40	
青少年工作	夏（冬）令营一次	20	10
	智力竞赛一次	20	
	社会服务活动5000人次	20	
	防治常见病（近视、龋齿等）5000人次	20	
	卫生救护训练5000人次	20	
宣传工作	每季度出一期以上简报	15	15
	领导（副会长以上领导）就红会工作公开讲话一次以上	15	
	县级以上报刊、电台、电视台报道红会活动三次以上	15	
	每位理事、每个基层单位一份《中国红十字》杂志	15	
	《中国红十字报》及时发到基层	15	
	"五·八"街头宣传、咨询活动一天以上	15	
	总会举办的各类竞赛、展览被选中作品一件以上	10	
对台工作	有专人负责查人转信工作	50	5
	造册登记、资料齐全，表格合乎要求	50	
其它工作	热情接待兄弟省市来访人员		5
	保质保量完成外事任务		
	完成上级红会交办的任务		

说明：

1. 基层组织包括城市的街道（居委会），农村的乡镇及工厂、矿山、学校（大、中、小学）、机关、服务行业、医药卫生、财贸、社会福利团体会员单位等独立单位。

2. 统计数截止于九月十三日。

3. 统计表格及有关资料齐全。

4. 综合考核平衡时，适当考虑地、市之间的差别。

原件藏湖北省北省红十字会档案室，档号：1989－Y－007

省红十字会关于召开农村红会工作座谈会的通知

鄂红字〔1989〕第 12 号

各地、市、州红十字会：

农村开展红十字工作是我国红十字运动史上的一个新课题。近两年来，我省部分农村已建立了一批红十字组织，今年各地对农村建会工作均在探索，为了交流农村建会工作经验，摸索农村红会工作规律，省红会拟在九月份召开农村红会工作座谈会，现将有关事宜通知如下：

一、会议内容：交流各地建会情况；介绍农村红会工作经验；探讨在农村建会的具体任务、组织形式和活动方式。

二、参加人员：各地、市、州一至两名代表。

三、材料要求：请将交流材料于八月中旬报省红会办公室。

四、开会时间、地点另行通知。

湖北省红十字会

一九八九年七月四日

原件藏湖北省北省红十字会档案室，档号：1989－Y－007

关于我省部分地区遭受特大暴雨、
洪水灾害情况的报告

鄂红字〔1989〕第 17 号

中国红十字会总会：

　　入夏以来，我省大部分地区连降暴雨，山洪暴发，灾情不断，给人民的生命财产造成了重大损失。特别是鄂西土家族自治州，宜昌地区枝城市，襄樊市随州市、枣阳市、襄阳县，荆门市，荆州地区京山县、松滋县、潜江市等地均遭到历史上罕见的特大暴风及洪水袭击。据不完全统计，房屋倒塌 24000 余间，死伤 640 余人，其中死亡 74 人；冲坏农田 62 万余亩，损失粮食 3.4 亿余斤，直接经济损失 25210 万余元。

　　如，鄂西自治州 7 月 8 日至 13 日，遭到百年未遇的特大暴雨和洪水的袭击，特别是恩施市、利川市、巴东县、建始县损失惨重。恩施市城区清江水位高达 420.63 米，流量达 4100 立方米/秒，比解放以来最高水位的 1980 年高出 0.44 米，比防洪警戒水位高出 5.63 米，比 1896 年历史上最高水位 420.75 米仅差 12 厘米。洪水造成地破路垮、□山滑坡、房屋倒塌、粮田毁坏、人畜伤亡、交通受阻、电讯中断、厂矿停产、学校停课，使人民群众的生命安全和财产受到严重威胁。巴东县长江水位 13 日达 96.1 米，超出警戒线 6 米，造成长江封航。据初步统计：全州受灾乡（镇）406 个，占总乡（镇）的 69.5%；村 2324 个，占总村数的 75.6%；户 48.14 万户，占总户数的 66.2%；人 204.81 万，占农业总人口的 63%。全部倒塌的民房 2870 户、7100 间，部分倒塌的 1.1 万户、房屋损坏 16660 间，死 39 人、伤多人，农田受面积 221.96 万亩、完全毁坏 2.31 万亩，损失粮食 1.15 亿斤，直接经济损失 7061.1 万元。

　　宜昌地区枝城市 8 月 7 日上午遭受了百年未遇的山洪，致使堤坝缺口，滑坡几百处，倒塌房屋 5300 多间，近万人无家可归，125 个村的 11 万灾民面临生活困境，造成经济损失达 2489.5 万元（见《湖北日报》8 月 23 日）。

　　灾情发生后，我省各级红会积极组织力量，在人力、物力和财力上都给灾区人民一定的支援。各地红会都组织了医疗队为灾民防病治病、送衣送药。宜昌地区红会副会长、行署副秘书长樊堂荣同志，地区红会副会长、卫生局局长石慰平同志，荆门市红会会长、副市长杜祖森同志，市红会副会长、卫生局局长郑连光同志都亲临灾区，慰问灾民。宜昌地区红会、荆门市红会、随州市红会还组织社会募捐，把钱、物及时送到灾区，送到灾民手中。省红会在资金紧张的情况下，仍从活动经费中拿出3万余元帮助灾区红会组织医疗队，购置药品和食物，以解决燃眉之急。

由于全省受灾面积大，且暴雨、洪水来势凶猛，部分地区危害程度为历史所罕见，其恢复生产、重建家园的任务十分艰巨。为发扬红十字人道主义精神，尽快地帮助无家可归、衣食无着的灾民度（渡）过难关，协助政府做好工作，特请总会在财力、物力等方面给予大力支持。

以上报告，恳请批复。

附件：

1. 鄂西土家族、苗族自治州红十字会《关于我州遭受暴雨、洪水灾害情况的报告》

2. 枝城市红十字会《关于全市遭受特大暴雨灾害的情况报告》

3. 随州市红十字会《关于我市遭受特大山洪暴发受灾情况的报告》

4. 荆门市红十字会《关于我市遭受龙卷风灾害的紧急报告》

湖北省红十字会

一九八九年八月三十日

（注：原档案中未见以上附件）

原件藏湖北省北省红十字会档案室，档号：1989－Y－007

湖北省红十字会转发沙市红十字会等单位《关于对全市机动车辆驾驶人员进行卫生救护训练的通知》的通知

鄂红字〔1989〕第13号

各地、市、州红十字会：

今春以来，我省武汉市、沙市市、襄樊市等地根据中国红十字会总会等十一个部局联合发文精神，已先后开展对机动车辆（汽车、拖拉机、摩托车等）驾驶员及公安、交通干警的卫生救护培训工作，这对于进一步保证行车安全、建立畅通无阻的安全交通线（旅游线）具有十分重要的意义和作用。同时，也为我省开展行业培训工作进行了有益的尝试，走出了一条新路。现将沙市红十字会、沙市市公安局、沙市市卫生局《关于对全市机动车辆驾驶人员进行卫生救护训练的通知》转发给你们，希和有关单位密切配合，积极开展对机动车辆驾驶人员以及按行业、按系统的卫生救护培训工作，并望不断总结经验，及时交流。

湖北省红十字会

一九八九年八月□日

关于对全市机动车辆驾驶人员进行卫生救护训练的通知

全市各单位：

根据《中国红十字会章程》规定和上级红会的要求，沙市市红十字会、沙市市公安局、沙市市卫生局联合决定从今年开始，对我市机动车驾驶员有计划地进行卫生救护训练。

一、训练目的

通过训练，提高驾驶人员对其职业特征及健康状况关系的认识，掌握常见的自我保健措施，学会在灾害事故、突发事故时的救护和自救方法，尽可能地减少伤亡程度。

二、训练内容

（1）人体的一般构造、生理功能，驾驶人员的职业特征。

（2）常见灾害事故的损伤及救护、自救方法（如外伤止血、包扎、骨折的固定及搬运、心肺复苏等）。

（3）常见生活方式对健康及驾驶员的影响（如烟、酒、性生活等）。

三、训练方法

以车辆管理所划片的管理体制进行训练。以中国红十字总会编写的《急救常识》和市红十字会编写的《车辆驾驶人员卫生救护常识》为基本教材进行课堂讲授，辅以课堂示范实习。训练师资由市红十字会派调或聘请，训练场所由车管所联系解决。

四、训练时间及经费

每人接受训练时间初定为两天。本年度对机动车驾驶员的卫生救护训练，在市车辆管理所办理机动车驾驶员年审时同时进行，每人交训练费20元，用于教材、师资、证件印刷、示范实习医疗器械购置及办公费用。

五、考核及发证

训练结束经考核合格后，根据自愿由市红会吸收为沙市红十字会会员，并在会员证上加盖"卫生救护训练合格专章"，不愿参加者另发证件。今后，凡在市车辆管理所办理驾驶证的人员必须同时接受卫生救护训练，否则不予办理。

六、训练机构

由二局一会和部分基层红会共同组成"沙市市机动车驾驶员卫生救护训练领导小组"，下设办公室负责日常工作，办公室设在市车辆管理所内。

附件：沙市市机动车辆驾驶人员卫生救护训练领导小组名单

沙市市公安局　沙市市卫生局

一九八九年八月十五日

沙市市机动车辆驾驶人员卫生救护训练领导小组名单

组　长　刘　珩　副市长、市红会会长
副组长　罗　林　公安局副局长、市红会理事
　　　　张凌宵　卫生局副局长、市红会副会长
　　　　余　科　卫生局副局长、市红会理事
　　　　王乾珠　公安局负责人
　　　　邹嗣富　车辆管理所所长
　　　　邓发明　市公费医疗办主任、市红会秘书长
　　　　李葆真　市红会副秘书长
　　　　应剑红　市一医院红会秘书长
　　　　杨朝发　市二医院红会秘书长
　　　　王俊松　市三医院红会秘书长
　　　　胡辉荣　市四医院红会秘书长
办公室主任　王乾珠
办公室副主任　邹嗣富　李葆真

原件藏湖北省北省红十字会档案室，档号：1989－Y－007

各地"五·八"活动情况简报（节录）

各省、自治区、直辖市红十字会与红新月会：

自1986年5月8日，谭云鹤副会长发表电视书面发言以来，中国红

十字会在世界红十字日期间的纪念活动，一年比一年丰富多彩，一年比一年声势浩大，对推动全国红十字会的工作，起到了不可低估的作用。

现将1989年各地"五·八"活动情况总结发给你们，以便交流经验促进今后工作。

一九八九年红十字活动周情况小结

今年"5·8"活动与去年有明显不同，表现在：

一、开始注重利用当地新闻机构，扩大宣传效果。今年在各地专业新闻单位发表的消息和稿件是去年同时期的6.2倍。

二、基层红会自身的宣传能量在逐渐扩大。今年出动的会员人数、设展牌数和发放宣传品数都比去年有明显增加，有的地方还自己编辑了电视专题片。

三、发展组织和纪念活动相结合。今年活动周期间，发展会员数是去年同期的203％。

四、把培训急救员做（作）为纪念活动的一项内容。今年有七个省、区、市，在活动周期间培训了二万四千五百七十五名红十字急救员。

五、各地已开始注意总结和上报工作，去年有二十一个省、区、直辖市把活动情况上报总会。今年上报总结材料的有二十五个省、区、市。

六、许多新建会和边远地区红会工作蓬勃开展。

居四项主要活动前五名的有：

义诊、咨询、体检：江苏、河南、北京、内蒙、云南
宣传橱窗：河南、山东、黑龙江、湖南、内蒙古
出动会员人数：北京、江西、山东、辽宁、河南
发展会员人数：四川、江西、山东、广东、河南

中国红十字会总会宣传部
一九八九年十一月二日

（注：此文件所附《中国红十字会一九八九年红十字活动周统计表》，列入后文统计图表中。）

中国红十字运动史料选编·湖北专辑三（第十九辑）

原件藏湖北省北省红十字会档案室，档号：1989－D－004

湖北省红十字会关于同意开办
湖北省红十字专家门诊部的批复

鄂红字〔1989〕第 21 号

湖北省红十字专家门诊部筹备组：

　　为弘扬人道主义精神，更好地为社会提供优质医疗服务，经研究同意用省红十字名称开办湖北省红十字专家门诊部，望报请有关主管部门办理批准手续，严格按国家政策办事，遵纪守法，办成对社会、对人民有贡献的医疗文明单位。

湖北省红十字会

一九八八年十一月七日

原件藏湖北省北省红十字会档案室，档号：1989 - Y - 007

关于开展全省机动车驾驶人员
卫生救护训练的通知

鄂红字〔1989〕第 22 号

各地、市、州、县（市）红十字会，公安处、局，卫生局：

　　为落实中国红十字会总会、公安部、卫生部等八部（局、会），湖北省红十字会、省公安厅、省卫生厅等八厅（局、会）《关于开展群众性卫生救护训练的通知》精神，武汉市、沙市市、襄樊市、荆门市红十字会先后配合当地公安、卫生和交通部门，积极开展了机动车驾驶人员的卫生急救培训工作，并取得了一定的成绩和实效。实践证明，对居各类意外伤害之首、已成为社会公害的交通事故，进行现场的、及时的、正确的抢救，对减少事故受害者的伤残和死亡、对社会安定和"四化"建设，均具有十分重要的意义和作用。经研究，决定在我省普遍开展对现有机动车驾驶人员的卫生救护轮训工作，并力争用 2~3 年的时间完成。为保证此项工作顺利进行，现将有关事项通知如下：

　　一、建立机构：各地要加强领导，建立精明强干的办事机构，具体规划和部署本地驾驶人员的急救训练事宜。

二、明确分工：学员的组织、时间的安排及训练场地的落实，由各办事机构、红十字会和公安交警部门共同负责；培训任务（包括师资、教材、教具、证件、考试）由红十字会完成，在工作中应互相配合。

三、培训内容：主要学习心肺复苏术、四大救护技术（止血、包扎、固定、搬运）以及与职业有关的卫生知识，采用一听（听理论知识讲课）、二看（看录像）、三操作（示范学习）的教学方法。

四、发证：经考试合格、并自愿申请被批准为红十字会员者，发给"湖北省红十字会急救员证"（未申请入会者另发"合格证"），并配备"湖北省红十字会急救包"。凡开展培训的地方，经培训取得急救员证或合格证者，可作为年终评比优秀驾驶员的依据之一。

五、培训安排：对现有机动车驾驶员的卫生救护训练，应作为安全联片组的活动内容之一。今后各机动车驾驶员培训学校（班），应将有关卫生救护内容作为必修课完成。

六、经费：培训所需经费及有关成本费的收取，应本着勤俭节约、以班养班的原则，请各地报当地物价部门核批，由驾驶人员所在单位报销。

七、其他：凡已开展驾驶人员培训工作的地方，应相应地制定抢救成功人员的申报评奖制度及复训制度。

湖北省红十字会　湖北省公安厅　湖北省卫生厅
一九八九年十二月二十六日
原件藏湖北省北省红十字会档案室，档号：1989－Y－007

湖北省红十字会关于表彰一九八九年度先进集体和先进会员（模范志愿工作者）的决定

鄂红字〔1990〕第3号

各地、市、州红十字会：

近两年来，我省各级红十字会在当地政府领导下，认真贯彻执行党的十三大精神，围绕建设具有中国特色的红十字会目标，立足改革，解放思想，积极探索，发扬救死扶伤、扶危济困、敬老助残、助人为乐的红十字无私奉献、人道主义精神，涌现出一批先进集体和先进会员。为了总结经验，发扬成绩，推动红十字工作，调动各级红十字会组织、会员和志愿工作者的积极性，决定对在红十字工作中做出成绩的先进集体和会员（志愿工作者）进行表彰。经各地推荐、评议，省红十字会三届二次常务理事会审议通过授予：武汉市红十字会等十四个单位为"一九八九年度湖北省红十字会先进集体"，秦志维等七十三位同志为"一九八九年度湖北省红十字会先进会员（模范志愿工作者）"。

各地红十字会应结合当地实际，积极组织向雷锋同志学习，向先进集体和先进会员（模范志愿工作者）学习，为发展红十字事业，发挥红会在社会主义精神文明和物质文明建设中重要的和独特的积极作用做出新的贡献。

一九八九年度湖北省红十字会先进集体和先进会员（志愿工作者）名单见附表。

湖北省红十字会

一九九〇年二月

一九八九年度湖北省红十字会先进集体、先进会员（模范志愿工作者）名单先进集体

武汉市红十字会　　　　　（评比总分第一名）

襄樊市红十字会　　　　　（评比总分第二名）

十堰市红十字会　　　　　（评比总分第三名）

武汉市红十字会　　　　　（社会福利工作单项第一名）

宜昌地区红十字会　　　　（组织发展工作单项第一名）

黄冈地区红十字会　　　　（宣传工作单项第一名）

沙市市红十字会　　　　　（卫生救护训练工作单项第一名

武汉市红十字会　　　　　（青少年工作单项第一名）

武汉市江岸区红十字会

浠水县红十字会

谷城县红十字会

十堰市二汽二医院红十字会

宜昌地区卫校红十字会

沙市市红十字中心血站

先进会员（模范志愿工作者）

秦志维　　　　韩光元　　　　李禹峰　　　　韩运川

晏洪林	付理德	杨艾兰（女）	李广智
王崇虎	张德广	张凌霄（女）	李葆真
杨嗣润	石慰平（女）	涂德敏（女）	华菁（女）
李建锋	余少轩	柯剑	石中森（女）
夏耘	袁竞（女）	邓红（女）	尤德新
王浚山	李名山	王继贤（女）	王慧珍（女）
苏启观	刘彤	赵敏	陈永翠（女）
张友敏（女）	陈英黔	彭坤才	张铭法
骆灵（女）	路宏昌	董德浩	万玉林
邵德虎	左世良	何定华	陈效先
朱欣	王升平	丁卫（女）	雷明顺
夏自然	余瑶忠	孙一兵	全永成
何建权	王官松	张永太	熊国馨
周祖喜	陈志成	王俊峰	何正先
闻福才	应剑虹	邹嗣富	杨美珍（女）
郭天成	刘克强	张桂香（女）	鲁倩（女）
刘庆明	谢本坤	王雪娥（女）	余峰
袁华美			

原件藏湖北省北省红十字会档案室，档号：1990－Y－009

关于下发《湖北省红十字会一九九〇年工作计划》和《目标管理检查标准》的通知

鄂红字〔1990〕第 4 号

各地、市、州及神农架林区红十字会：

《湖北省红十字会一九九〇年工作计划》和《目标管理检查标准》，经省红会三届三次理事扩大会讨论通过，现下发给你们，望认真研究，切实执行。

附件：

1. 湖北省红十字会一九九〇年工作计划

2. 湖北省红十字会一九九〇年目标管理检查标准

湖北省红十字会

一九九〇年三月二十六日

附件1：

湖北省红十字会一九九〇年工作计划

一九九〇年，我省各级红会组织要在党的十三届五中全会精神的指引下，认真学习，贯彻总会"五大"的各项决议，遵循红十字会的人道主义宗旨，发扬雷锋精神，全心全意为人民服务，努力做好以下工作：

一、组织建设

红会组织建设应采取积极稳步的方针，重点放在基层，既应取积极态度，又要防止片面追求数量。要坚持建一个发挥一个的作用，建一批，巩固一批，以促进红会组织健康地向前发展。

（1）继续抓好理事会制度的建设。地、市、州红会要配备专职秘书长，争取部分配备专职副会长。县（市、区）红会要配备专干。县以上红会都应落实编制和活动经费。

（2）继续抓好尚未建会的县（市、区）的建会工作。九月底前达到县（区）级全部建会。已建会的要做好巩固和健全工作。

（3）每个地区（市、州）红会至少应抓一个县的红会试点工作（试点县的乡镇建会率达80%以上），县红会应抓好乡（镇）村的建会试点工作。

（4）积极稳步地发展组织和扩大会员队伍。卫生、医药、民政、商业、工厂、街道、学校、旅游部门等都要有红十字基层组织。今年计划发展会员10万人。做好团体会员证的发放、个人会员的登记、发证（新会员达100%，老会员进行清理补发）和收缴会费（达50%以上）的工作。

（5）重视基层组织业务活动的开展，把发展组织和开展活动结合起来，把经常性工作同"五·八"纪念活动结合起来。

（6）制定省红会组织规程、收缴会费等管理细则。

二、卫生救护和公民义务献血工作

卫生救护工作要因地制宜，条块结合，块块为主，先从城市搞起。

（1）落实"两厅一会"文件，用三年时间培训完全省机动车驾驶员，已开展这项工作的今年培训数应达到50%～80%，尚未起步的应在年内做好各项准备工作。今年培训总数达20万人次。

（2）抓好两条安全交通线的建设：襄樊—武当山（襄樊、郧阳），武汉—宜昌（武汉、荆州、宜昌）。

（3）抓好其它行业的培训试点工作。（锅炉、电工、煤矿、旅游等）

（4）举办一期卫生救护师资培训班。

（5）加强公民义务献血和无偿献血的宣传动员组织工作。

三、社会福利工作

社会福利工作，要以社会需要为出发点，着重抓好社会服务的覆盖面。由点到面，从面到网，并逐步做到经常化、制度化。

（1）城市街道开展"三定一包"服务活动，农村开展生活服务和助工活动。建立社会服务登记和表扬奖励制度。

（2）积极参与社会救灾。

（3）继续做好兴办事业实体的工作，增进社会效益，筹措活动经费。

四、青少年工作

红十字青少年工作要执行总会与国家教委联合下发的《红十字青少年组织规程》，要不断丰富红十字青少年活动的内容。

（1）继续抓好学校的建会工作，计划单列市市区学校建会数应达到80%以上，其它省辖市的市区学校建会数达到60%以上；已建会的县（市）完小（中心小学）以上学校达到40%以上。

（2）加强对红十字青少年的精神文明教育和会务知识教育，要求学校红十字会继续组织好红十字青少年的社会服务活动，要使人道主义原则与思想品德教育相结合，使卫生救护训练与卫生保健相结合，使社会服务与劳动教育相结合，使红十字青少年活动与学校整体教育相结合。

（3）办好各层次的夏令营。推广自费公助办法，使学生通过夏令营活动能受到人道主义和爱国主义教育，并接受急救训练。省红会举办一期夏令营活动。

五、宣传工作

宣传工作要面向基层、面向群众、面向社会，要拓宽阵地、坚持经常、注重质量、提高效果，特别要注意多向各级领导及有关部门领导汇报，介绍红会情况，以取得了解和支持。

（1）充分利用报刊、电台、电视台等宣传渠道，加强对红十字宗旨、性质、任务的宣传。

（2）坚持每月出一期简报，筹办《湖北红十字报》，大力宣传"五大"提出的方针、任务，推广先进经验，进行工作研究。

（3）国际红十字会提出今年"五·八"活动的主题口号是"保护人类生命和人类尊严"。各地要围绕这个口号，开展好"五·八"活动。

（4）搜集历史资料，编纂《湖北省红十字会大事记》。

（5）印刷部分宣传资料，创作一部宣传我省红会活动的录像带。

（6）组织好《中国红十字》杂志和《中国红十字报》的订阅发行

工作。

六、对台工作

继续做好查人转信工作，提高查到率，积极协助政府处理好探亲衍生的问题，扩大服务范围。

七、外事工作

认真履行与联邦德国巴登·符腾堡州红十字会的友好协议，争取扩大合作范围。

八、拟开展的几项活动

（1）三月份召开理事扩大会。

（2）五月下旬举办专兼职干部学习班。

（3）七月份举办夏令营活动。

（4）组织一次红会干部外出参观学习。

（5）参加七省研讨会。

（6）十一月召开秘书长工作会议。

附件2：

湖北省红十字会一九九〇年目标管理检查标准

项目	目标内容	单项分	总分
组织建设	领导机构健全，开一次理事会	10	30
	做到"四有"（编制、人员、专职秘书长及经费）	15	
	县（市、区）全部建会，落实专干及经费	10	
	农村试点县的乡镇建会率达80%以上	10	
	会员人数占总人口：市达1.5%，地达1%	10	
	1990年发展新会员数占总人口的0.2%	10	
	团体会员证及个人会员证（新发展）发放达100%	15	
	老会员清理、补发（会员证）达80%	10	
	收缴会费：计划单列市达60%，省辖市达60%，地区达40%	10	
卫生救护	机动车驾驶员培训达到总数的1/3	25	15
	其它行业培训达到2个（场均达到1000人次以上）	25	
	建一条安全交通线（地点、组织、制度、培训落实）	25	
	心肺复苏师资培训班一次（50人以上）	15	
	开展"四项技术"及一般卫生知识培训	10	

项目	目标内容	单项分	总分
社会服务	"三定一包"服务：计划单列市达片，省辖市成线，地区建点	30	10
	建立社会服务登记和表扬奖励制度	20	
	积极参与社会救灾活动	20	
	办一个事业实体（生产、科研、服务、经营型均可）	30	
青少年工作	学校建会率：计划单列市达80%以上，省辖市的市区及地直达60%以上，县（市）完小以上学校达40%以上	30	10
	举办夏令营活动一次	15	
	智力竞赛活动一次	15	
	每个红十字青少年参加社会服务活动两次以上	20	
	"四大技术"训练及卫生知识教育达青少年会员的80%以上	20	
宣传工作	每季度出一期以上简报	15	15
	领导（副会长以上）就红会工作公开讲话一次以上	15	
	县级以上报刊、电台、电视台报道红会活动三次以上	15	
	总会报纸、杂志刊登报道当地红会活动的文章两篇以上	15	
	每位理事、每个基层单位达到中国红十字报、刊各一份	15	
	"五·八"街头宣传、咨询活动一天以上	15	
	总会举办的各类竞赛、展览被选中作品一件以上	10	
对台工作	有专人负责查人转信工作	50	5
	造册登记，资料齐全，表格合乎要求	50	
其它工作	热情接待兄弟省市来访人员 保质保量完成外事工作 完成上级红会交办的任务		5

原件藏湖北省北省红十字会档案室，档号：1990－Y－009

省红十字会关于开展"学雷锋，讲奉献，纪念'五·八'国际红十字日"活动的通知

鄂红字〔1990〕第5号

各地、市、州、县、林区红十字会：

经研究，省红十字会决定将5月6日至12日定为"学雷锋，讲奉献，纪念'五·八'国际红十字日活动周"。各地要围绕今年"五·八"的主题口号——"保护人类健康与尊严"，结合轰轰烈烈的学雷锋活动，着重做好以下工作：

一、开展大张旗鼓的宣传活动

（1）宣传红十字会的性质、宗旨和任务以及"五·八"国际红十字日的来历。

（2）宣传健康是人类进步的保障，健康的涵（含）义是人的身体、精神及其与环境关系的完美状态。

（3）宣传"扶危济困""敬老助残"是保护人类尊严的具体体现，施行人道主义是保护人类健康和尊严的重要途径。

二、开展大规模的社会服务活动

（1）为孤老病残人进行生活服务和健康服务。

（2）各红十字挂牌医院均要以"红十字医院"名义开展一天以上的街头义诊、咨询活动。其它团体会员单位及学校红十字会也应组织会员开展相应的社会服务活动。

（3）到灾区和贫困地区进行巡回医疗和服务慰问活动。

（4）对红十字青少年开展学习赖宁、发扬无私奉献精神的教育。把"学雷锋，学赖宁，做好事，作贡献"作为红十字青少年活动的重点内容来抓。

活动周期间，各地可以上列内容为题举办演讲会、作文比赛、画展、板报评比等活动，在会员中树立助人为乐的好风气，使社会更加了解红会、理解红会、支持红会。

活动周结束后，请速将总结材料寄省红会办公室。

湖北省红十字会

一九九〇年四月十一日

原件藏湖北省北省红十字会档案室，档号：1990－C－010

湖北省红十字会关于举办学习
贯彻"五大"精神研讨班的通知

鄂红字〔1990〕第6号

各地、市、州、林区红十字会：

中国红十字会第五次全国代表大会是中国红十字会发展史上一次极为重要的会议，李鹏总理的贺信、李铁映同志的讲话，为我国红十字事业的发展指明了方向；陈敏章会长的讲话、《工作报告》、《五年规划》，则具体地指明了今后红会工作的发展道路。为了更好地贯彻、落实"五大"精神，省红会决定举办县以上专兼职干部研讨班。现将有关事项通知如下：

一、具体内容

1. 学习讨论李鹏总理贺信、李铁映同志重要讲话、陈敏章会长讲话、《工作报告》《五年规划》《中国红十字会章程》；

2. 讨论修改《中国红十字会法》《卫生救护训练大纲》；

3. 研讨全省红会一九九〇年工作。

二、参加对象

地、市、州、县红会专干；部分县（市）红会兼干（一九八九年七月后成立者）。名额分配见附表。

三、报道时间及地点

1. 报道时间：5月20日

2. 会议时间：3天（5月21日—23日）

3. 报到地点：荆门市荆门饭店

学习期间食宿自理。

请各地将参加研讨班人员姓名、性别、职务于5月10日前同时报省红会办公室及荆门市红会办公室。

附：研讨班名额分配表

湖北省红十字会

1990年4月29日

研讨班名额分配表

单位	小计（人）	其中		
		地市州红会专干	县（市）红会专干	县（市）兼干
武汉市	1	1		
沙市市	1	1		
黄石市	4	1		3
襄樊市	9	1	8	
十堰市	3	1		2
宜昌市	2	1		1
荆门市	3	1		2
鄂州市	1	1		
孝感地区	2	1		1
黄冈地区	6	1	4	1
咸宁地区	3	1	1	1
荆州地区	6	1	3	2
宜昌地区	5	1	4	
鄂西州	5	1	1	3
郧阳地区	2	1		1
林区	1	1		

原件藏湖北省北省红十字会档案室，档号：1990－C－010

中国红十字会总会关于选派两人
参加日本输血技术研修班的通知

红卫字〔1990〕第52号

江苏、湖北省红十字会：

应日本红十字会邀请，我会今年将派出两名输血技术人员参加在日本举办的亚太地区输血研修班。根据日本红十字会提出的学员条件，我会决定在北京语言学院举办的"第一届预备出国留学人员英语培训班"中择优选派南京市红十字中心血站孟钵和武汉市红十字中心血站余俊平。为做好出国前的各项准备工作，现将有关事宜通知如下：

一、政审及出国护照请按外交部（83）部领三字第152号文件在当地办理，并务必于5月15日前将日方交填的申请表和提问表寄交总会卫生救护部。本人护照、出国人员简况表和6张免冠护照像请于7月20日前寄交总会卫生救护部。

出国事由：参加日本红十字会举办的亚太地区输血研修班。

前往国家：日本。

停留期限：1990年9月3日至1991年1月1日。

出国任务批件号及日期：外亚函（1990）680号"关于参加亚太地区输血研修班的复函"，1990年4月26日。

二、出国人员制装费、来京集中旅杂费按规定由本人发工资单位发给。

三、学员国际旅费和在国外零用钱由受益单位负责（外汇额度由总会拨给）。在日一切费用由日负担。

四、学员于8月30日到总会集中。如有变动，另行通知。

附件：申请表、提问表、出国人员简况表

中国红十字会总会

一九九〇年四月三十日

（注：原档案中未见上述表格）

原件藏湖北省北省红十字会档案室，档号：1990－C－010

湖北省红十字会关于重报
有关救灾款单据的通知

鄂红字〔1990〕第15号

各有关地、市、州红十字会：

根据中国红十字会总会的要求，为接受国际红十字会与红新月会协会及西德红会代表的审查，请将去年发放大米及派遣医疗队等开支的有关单据（复印件）在八月二十八日前速报省红会。

一、地（市、州）红会接受省红会拨款的收据。

二、地（市、州）红会拨给各县（市）红会救灾款的银行单据。

三、地（市、州）红会或县（市）红会派遣医疗队开支（如购置药品、器械的发票、交通费、补助费的收据等）的有关单据。

四、各县（市）红会接受救灾款的收据。

五、各县（市）红会购粮（大米、苞谷等）发票及收条（钱、粮数）。

六、各县（市）红会在发放救灾粮时用于购置粮袋、交通运输、办公杂支、通讯、劳务、管理等项支出的发票或单据。

七、剩余经费的处理。

上述（一）（二）（三）项由地（市、州）红会报省红会，（四）（五）（六）或（三）项由县（市）红会直接报省红会。

湖北省红十字会

一九九〇年八月二十日

原件藏湖北省北省红十字会档案室，档号：1990－Y－009

湖北省红十字会关于组织红十字安全交通线建设检查的通知

鄂红字〔1990〕第 16 号

武汉市、荆州、宜昌地区红十字会：

根据《湖北省红十字会一九九〇年工作计划》的安排，决定对汉阳县至宜昌县的红十字安全交通线建设进行一次检查，并研究讨论《湖北省红十字会安全交通线建设标准》。现将有关事项通知如下：

一、参加人员：地、市红会秘书长（1 人）。

二、有关县（市）：武汉市汉阳县，荆州地区仙桃市、潜江市、江陵县，宜昌地区宜阳县、枝江县。

三、检查时间：

宜昌县——9 月 11 日

枝江县——9 月 12 日

江陵县——9 月 13 日

潜江市——9 月 14 日

仙桃市——9 月 15 日

汉阳县——9 月 16 日

9 月 10 日到宜昌县红会报道，9 月 17 日在省红会进行总结，并讨论

《湖北省红十字安全交通线建设标准》。

四、检查内容：公路沿线的红会组织建设、卫生救护培训、急救网络建设、社会效益发挥等情况，要求各县（市）有书面汇报材料，包括具体做法、体会及存在的问题等，绘制县（市）境内公路各网点建设示意图，现场检查重点在村一级（红十字急救点）。

五、参加人员食宿自理。

湖北省红十字会

一九九〇年八月二十一日

原件藏湖北省北省红十字会档案室，档号：1990－Y－009

关于加强学校红十字青少年工作的意见

鄂红字〔1990〕第 19 号

各地、市、州、县（市）红十字会、教委：

近几年来，我省学校红十字工作取得了一定的进展和成绩，在教育和培养社会主义新人方面发挥了积极重要的作用。但由于种种原因，全省学校红十字组织发展还极不平衡，工作开展的深度和广度还很不够，特别是农村学校尚属薄弱环节。为了加快学校红十字组织发展的步伐，根据国家教委和中国红十字会总会《学校红十字会工作暂行规定》的要求，结合近几年来我省开展学校红十字工作的实践，现提出加强学校红十字青少年工作的意见，请各地结合自己的实际，贯彻落实。

一、积极发展学校红十字会组织。各地要按照积极、稳步、求实的方针，由城市到农村，在各级各类学校中逐步推开，有计划地发展学校红十字组织，争取到 1994 年底计划单列市市区有条件的学校建会数达80% 以上；其他省辖市市区有条件的学校建会数达到 60% 以上；县实验小学全部建会，乡中心小学以上的学校基本建会。

二、建立健全学校红十字会组织机构。学校红十字会的领导机构是学校红十字会理事会。会长由校级领导担任，副会长和理事长由校有关部门负责人、校医和会员代表担任。理事会闭会期间，由会长、副会长和正、副秘书长组成常务理事会，负责执行代表大会和理事会的决议，并负责日常工作。学校还可根据会员人数，在学生（按年级或班级）中分别建立会员小组。

三、积极发展会员，不断壮大会员队伍。学生和教职员工，由本人自愿申请，愿为红十字事业作贡献，并积极参加活动的，经校红十字会批准均可加入红十字会组织，学生入会者称红十字青少年会员。会员数量可根据学校红十字工作状况和工作基础的不同而有所区别，一般保持在全校学生总数的 15%～25%，会员要按会章缴纳会费。

四、对红十字青少年进行精神文明教育和会务知识教育。校红十字会应根据青少年的特点，积极开展丰富多彩的红十字活动。既要有红十字特点，又要把红十字青少年活动与学校的思想品德教育、健康教育、劳动教育相结合；还要把红十字青少年活动与学校共青团、学生会、少先队等社团活动有机地结合起来，与学校整体教学活动相结合，把对红十字青少年进行的人道主义教育寓于各种红十字活动之中，为加强精神文明建设，全面贯彻党的教育方针，培养有理想、有道德、有文化、有纪律、德智体美劳全面发展的一代新人服务。

五、加强对红十字青少年进行卫生保健和卫生救护知识的学习。小学要着重培养青少年良好的卫生习惯、学习一般小伤小病的处理常识；中学（中专）要对青少年进行青春期卫生知识及预防常见病、多发病的教育，学习掌握意外伤害的初步急救常识；大、专院校除进行卫生救护知识训练外，要积极宣传血液的生理知识和献血的意义，动员和组织会员参加公民义务献血活动。

六、继续组织好红十字青少年开展体现红十字宗旨的救死扶伤、扶危济困、敬老助残、助人为乐的社会服务活动，重点是为散居的孤老病残进行生活服务。社会服务活动要落实"三定一包"（即定人、定时、定服务项目，包一户服务对象），并建立服务活动登记和表扬奖励制度。

七、积极开展夏（冬）令营活动。各级红会应本着少花钱、重实效、就近、就地的原则，按照多层次、多途径、自费公助等方式，举办小型多样、生动有趣的夏（冬）令营，对青少年进行人道主义、集体主义、爱国主义和国家主义的教育。

八、各级教育、行政部门和学校要加强对红十字会工作的领导，要把红十字会工作纳入工作计划和学校评估内容之一，定期研究、部署、检查和考核。教育行政部门和学校对学校红十字会的活动经费应酌情予以补助。

湖北省红十字会　湖北省教育委员会

一九九〇年八月三十一日

原件藏湖北省北省红十字会档案室，档号：1990－C－010

公牍选载

湖北省红十字会关于贷款建立
荆州地区红十字会血站的请示

鄂红字〔1990〕第 23 号

中国红十字会总会：

　　湖北荆州地区位于鄂中南，地处江汉平原，是全国著名的粮棉生产基地。全区辖 5 市 6 县，总人口达 1100 余万。辖区内乃荆楚故地，荆州古城为三国重镇，旅游资源十分丰富，且自然环境优越，交通条件良好，工业居全省第二位，卫生事业欣欣向荣。但由于多种原因，地区血站一直没有建立起来，输血工作"三统一"难于执行，公民义务（无偿）献血无法开展。荆州地区红十字会自 1986 年成立以来，就争取尽快扭转这一被动局面，早日建起血站。经省红会多次实地考察，目前该区红十字会建站条件基本成熟。一是地区卫生局报批、地区行署已同意建立"荆州地区红十字会血站"，其利润主要用于发展本区红十字事业（20% 上交红十字会）。二是技术力量雄厚，仪器设备尚有一定基础。省卫生厅原已批"地区血站"这个机构，但一直放在地区人民医院作为一个科室，主要为本院服务。现地区卫生局已同意将其原班人马拉出，并进行充实加强。三是周期短、见效快。该会有房屋数十间，只要稍加装修，增添必要的设备即可开展工作。四是该区经济条件优越，血源充足，是我省开展义务（无偿）献血工作的理想试点单位。鉴于此，特请总会贷款 20 万元，以便尽早建站和开展工作。

　　当否，请批示。

湖北省红十字会

一九九〇年十一月七日

原件藏湖北省北省红十字会档案室，档号：1990－Y－009

湖北省红十字会关于印发《湖北省红十字
安全交通线建设标准（试行）》的通知

鄂红字〔1990〕第 24 号

各地、市、州、县（市）、林区红十字会：

　　为了更好地保障人民群众的身体健康，根据省红会三届三次理事会提出的 1990 年要"抓好为两条交通线安全交通旅游服务的群众性急救网络建设"的要求，我们在试点经验的基础上，组织部分地、市红会秘书长进行调查研究，讨论制定了《湖北省红十字安全交通线建设标准（试行）》，现印发给你们，请结合本地实际情况认真开展这一工作。在执行过程中，希注意总结经验，以便进一步完善。

　　附：1. 湖北省红十字安全交通线建设标准（试行）
　　　　2. 红十字急救网点工作职责范围
　　　　3. 急救人员岗位责任

湖北省红十字会

一九九○年十一月七日

附1

湖北省红十字安全交通线建设标准（试行）

　　第一条　为履行人道主义宗旨和救死扶伤义务，有效地保护人民群众的身体健康，及时做好公路沿线交通事故的现场抢救工作，最大限度地减少伤残和死亡，制定本标准。

　　第二条　红十字安全交通线建设坚持有效、实用的原则，符合卫生救护训练工作现场性、初级性、群众性的特点。

　　第三条　红十字会优先训练能够最先到达事故现场的人员，包括红十字会员、工人、农民、教师、驾驶员、事故报告点的工作人员及交通警察等。

　　第四条　训练内容以四大救护技术（止血、包扎、固定、搬运）、心脏复苏术（徒手操作）为主，并掌握中毒、溺水等有关的急症抢救技术。

　　第五条　县（市）红十字会做到四有：即有编制、有专干、有经费、有活动。

　　第六条　乡（镇）、村有红十字组织（理事会健全及专人负责），有红十字会员。

　　第七条　三级急救网络分别为：红十字急救中心（县、市医院内）、红十字急救站（乡、镇卫生院内）、红十字急救点（卫生室及事故报告点内）。红十字安全交通线建设重点是加强急救点的建设，一级以村卫生室为依托，每村培训农民急救员不少于 5~7 人。

　　第八条　两站、点距离应根据实际情况（如地理位置、人口因素等）而定，一般以 3~5 公里为宜。

第九条　急救网络建设的具体要求：

（1）组织落实：成立急救小组，要求领导负责，人员到位（由经过急救训练的红十字会员组成，一般要求中心有 7~11 人，站有 5~7 人，点有 3~5 人）。

（2）技术落实：经过有关急救知识及技能的强化训练，建立急救工作程序，增强急救意识，做到先救后送，边救边送。

急救点——初级急救员应能正确掌握四大救护技术、心肺复苏术以及中毒、中暑、触电、溺水等常见急症的抢救技能，帮助伤员尽快脱离现场，迅速安全地送往就近的急救站或医疗单位。

急救站——除了掌握现场初级急救技术外，还应具备较熟练的急救专业技能，如一般创伤的手术处理及有关生命支持的（即 D. E. F 措施）药物治疗常识。

急救中心——具有较熟练的专业知识和急救操作技能，能进行较复杂的外科手术，对全县（市）急救系统具有指导能力。

（3）设备落实：

急救点——配备现场急救装备，包括初级急救箱（内装三角巾、止血带、绷带、碘酒、药棉、剪刀、镊子、小夹板等）、长夹板、简易担架等。

急救站——按卫生行政部门关于乡镇卫生院急救室的建设标准落实。

急救中心——按 1988 年省卫生厅《湖北省文明医院检查评比标准》有关要求落实。

（4）通讯、交通落实：

急救点——在现场进行初步处理的同时，应迅速（或派人）就近电话联系有关医疗单位，或拦车送伤员到医院，并注意保护事故现场。

急救站及中心——要求电讯畅通，做到随呼随到，随到随救。

第十条　三级急救网点均具有指导、培训急救人员的责任。即：中心除培训本单位的人员外，还应负责培训站、点的急救人员及交通警察；站除培训本院的人员外，还应负责培训急救点的急救人员和事故报告点的工作人员；点负责培训村民急救员。

第十一条　初级（急救点）急救员经培训考试（考核）合格后，发给"湖北省红十字会急救员证"，作为参加现场急救工作的凭证。

第十二条　三级急救网点的工作职责、抢救程序等规章制度以县

（市）为单位达到规范、统一，并要求上墙。

第十三条　急救工作按卫生事业收费标准收费，初级急救员收取低价劳务费（由卫生院以上医疗单位开收据）。

第十四条　急救箱内药品、器械应及时清点、补充、登记，认真做好抢救记录和总结。

第十五条　急救网点的标牌要求规范、统一、醒目。

第十六条　各县（市）红会每年开展一次有关安全线建设的总结、评比及表彰活动。

附2

红十字急救网点工作职责范围

红十字急救点工作职责范围

一、对现场伤病员具有初步判断能力，提供正确的抢救措施，防止并发症。

二、迅速抢救伤员，包括止血、包扎、固定、搬运处理。（对）心跳、呼吸停止者，给予初级心肺复苏等。

三、在无转诊禁忌症的前提下，及时做好组织伤病员转运上级急救站。

四、做好现场保护，为交警处理提供可靠资料。

红十字急救站工作职责范围

一、处理来院就诊或转运的急症、危重症病人，如外伤及各种急危重症患者。

二、接到意外伤害事故呼救后，应于5~10分钟内出发，并迅速赶到现场。

三、现场急救时，在初级救护基础上作进一步生命支持（即 D. E. F 措施）。

四、病情稳定后作监护运转。

五、熟悉并掌握向急救中心呼救技术。

六、规范填写急救人员报告单。

七、指导并培训初级急救人员和普及卫生救护知识教育。

红十字急救中心工作职责范围

一、对急性生命垂危伤病员具有诊断和治疗能力，能正确使用各种仪器设备以对伤病员进行及时的抢救。

二、接到急救的呼叫后，要迅速到达事故现场对伤病员进行抢救（包括四大救护技术和现场心肺复苏）。

三、具有较熟练的专业知识和急救操作技能，能进行较复杂的外科手术，对全县（市）急救系统具有指导能力。

四、急救人员赶到现场工作时，必须与各级急救人员、公安交警人员、消防人员密切配合，协调工作。

五、急救中心坚持 24 小时值班制，准确迅速地传递信息，做好紧急状况下的车辆人员调度。

附3

急救人员岗位职责

一、树立急救意识，全心全意为伤病员服务，发扬救死扶伤，扶危济困的人道主义精神。

二、具有良好的医德医风，坚守工作岗位，认真履行本级职责，哪里有伤病员，就战斗在哪里。

三、熟练掌握急救基础知识和规范化操作技术，尽可能为患者提供正确的诊疗措施。

四、及时报告上级医疗单位，迅速组织转运，或就地组织抢救和治疗。

原件藏湖北省北省红十字会档案室，档号：1990－Y－009

湖北省外办关于邀请德国
红十字会专家来访报告的批复

鄂政外批〔91〕22 号

省卫生厅：

鄂卫外事（1991）2 号文件收悉。经研究，同意你厅邀请德国红十字会三位专家于一九九一年四月二十日至五月十日来华访问并去我省潜江对德方援助的急救中心进行验收，并商讨扩大合作事宜。其国际旅费及在华期间城市间交通费用由德方自理，在鄂期间食宿、交通费由我方承担，以人民币支付。请即按有关规定做好接待准备工作。

附：德方专家名单

湖北省人民政府外事办公室

一九九一年三月十四日

附

德方专家名单

1. 托马斯·符歌尔

德国路德维希堡区红会医生、医学博士

2. 维尔纳·巴尔

德国红十字会霍姆斯—穆尔区分会费尔巴赫急救站通讯专家

3. 约瑟夫·维尔特—谢夫尔

德国红十字会卡斯鲁区分会急救服务队队长

原件藏湖北省北省红十字会档案室，档号：1991－C－012

湖北省红十字会关于举办卫生
急救知识师资培训班的通知

鄂红字〔1991〕第 4 号

各地、市、州、林区红十字会：

为了很好地在我省开展卫生急救工作，根据鄂卫外〔1991〕13 号文件精神，省红十字会决定在潜江市举办两期师资培训班（每期 3 天），聘请有教学经验的德国专家授课。现将有关事项通知如下：

一、时间：

报到时间：第一期 5 月 3 日；第二期 5 月 7 日。

学习时间：第一期 5 月 4—6 日；第二期 5 月 8—10 日。

二、报到地点：潜江市宾馆。

三、学员条件：医师以上职称、具有一定组织及授课能力的红十字会员或具有一定医学知识的县（市）红十字会专兼职干部。

四、名额分配：见附表（各地不得自行增加名额）。

五、学员食宿自理。

请各地于 4 月 26 日前将学员名单同时报省红会组织训（练）部及

潜江市中心医院急救中心鲁本鳞院长（邮编431000，电话42020）。

附：名额分配表

名额分配表

期数	单位	名额	附注
第一期	荆州地区	9	不包括潜江市
	宜昌地区	8	
	黄冈地区	8	
第二期	十堰市	1	
	荆门市	1	.
	沙市市	1	
	宜昌市	1	
	黄石市	1	
	鄂州市	1	
	襄樊市	7	
	咸宁地区	6	
	孝感地区	2	
	郧阳地区	2	其中丹江口市1人
	鄂西州	2	
	林区	1	

湖北省红十字会

一九九一年四月十五日

原件藏湖北省北省红十字会档案室，档号：1991－C－012

省红会关于举办全省红十字
青少年夏令营的通知

鄂红字〔1991〕第7号

各地、市、州、林区红十字会：

为参加总会即将举办的全国红十字知识竞赛活动，省红会决定举办以红十字知识竞赛为主要内容的全省红十字青少年夏令营，现将有关事项通知如下：

一、时间：7月20日—27日（7月20日15：00时乘125次直快火车，当日13：00时前到省红会报到或在火车南站候车室入口处等候，但须电话告之）。

二、地点：湖南省岳阳市。

三、名额分配及营员条件：每地4人（其中领队1人）。领队必须是红会专职干部或学校教师（红会会员）；学生必须是初中至高一年级范围，红十字青少年积极分子并经基层红会组织竞赛活动选拔的优胜者。

四、活动内容：

（1）红会会务知识及卫生急救知识竞赛；

（2）四大技术及心肺复苏的现场表演及比赛；

（3）介绍本校红十字青少年活动情况；

（4）文艺联欢活动；

（5）参观游览。

五、经费：

（1）本次活动经费由省红会负担；

（2）当地至武昌往返旅差费由各地自理；

（3）活动期间每人每天交伙食费1元，全国粮票1斤。

各地接通知后，请速电话联系参加与否，并于7月5日前报营员名单，不得增加名额，逾期不报名作为自动弃权。凡条件不符或与本次活动无关人员概不接待。

湖北省红十字会

一九九一年六月二十二日

原件藏湖北省北省红十字会档案室，档号：1991－C－012

湖北省红十字会关于管好用好救灾款物的通知

鄂红字〔1991〕第11号

各地、市、州红十字会：

今年的救灾工作是我省红十字会多年来规模最大的一次。为保证救灾款物的正确使用、救灾工作的顺利进行并为将来的审计做好准备，各地要认真严格地执行《中国红十字会自然灾害救灾工作的暂行规定》，纠正过去救灾工作中出现的某些偏差，高质量、高速度地完成这次救灾任务。

为此，现将有关要求通知如下：

一、按照国际红十字组织的原则和我国政府有关部门的规定，各级红十字会要在政府的统筹协调下承担具体任务并独立接收和使用捐赠款物，但不能将款物移交、转赠给其它部门支配。

二、救灾款物的使用要最大限度地使灾民直接受益，重点用于灾民对医疗救护、卫生防疫、水源净化及必要的食品等方面的开支，不得截留挪用，不得用于对社会上某些组织、单位进行补偿性赠送。

三、凡红十字会出钱组织的救灾医疗队等组织，均应以红十字会的名义进行工作；凡红十字会发放的救灾物资均应有明显的红十字标志。要充分利用电视、广播、报纸等广泛宣传红会的救灾工作。

四、为及时向总会汇报，向捐赠单位通报，各地要将每笔救灾款物的使用情况及时报省会。各地红会直接接收的捐赠款物及其使用情况也应随时报省会。全部救灾工作结束后，要及时向省会做出总结报告。

五、救灾款的所有开支要有相应的采买发票和发放物资收据，要做到账目清楚，手续完备。

1. 经省红会发放的救灾款

（1）地市州红会的财务收据；

（2）地市州红会下拨县市的转账支票复印件；

（3）县市红会的财务收据；

（4）如用作灾民的困难补助，应以县市为单位造册登记，受益者签名盖章，基层行政组织盖章；

（5）如购置粮食或食品，应有采买原始发票及发放花名册，并签名盖章，基层行政组织盖章；

（6）如用作购置药品或卫生防疫开支，应有采买发票及使用证明，受益人数等具体材料。

2. 经省红会发放的救灾物资

（1）地市州红会的收据，包括品名、规格、数量、价值等；

（2）地市州红会下发县市的分配表及县市红会的收据；

（3）县市红会造册登记，受益者签名盖章，基层行政单位盖章；

（4）药品的使用，除办理正常交接手续外，医疗队还应开好处方，填写病人日志，工作结束时，交县市红会存档备查。

3. 各地市直接接收的救灾款物，也按上述手续办理

各地在发放救灾款物时，要进行调查研究，做到公正、公平、合理，并张榜公布。

六、各级红会的工作人员要勇于奉献，遵纪守法，严格按章办事。对于救灾款物发放使用中的违法乱纪行为，一经发现，要严肃查处。

湖北省红十字会

一九九一年八月六日

原件藏湖北省北省红十字会档案室，档号：1991－C－012

湖北省红十字会关于催报救灾材料的紧急通知

鄂红字〔1991〕20 号

各地、市、州、林区红十字会：

自八月份以来，省红会接受了大批救灾捐赠物资，其品种之多、数量之大，是我省红会有史以来所没有的。在各级政府的大力支持和红会干部的艰苦努力下，除个别地方、个别品种外，已全部发到灾区群众手中。但由于部分县市红会专职干部不落实，要求上报的材料迟迟不能汇总，与国外捐赠单位和中国红十字会总会的要求差距甚大，这样有损于红十字会的声誉，也影响了全省的红会工作。近日还将下发台湾红会捐赠的大米 2000 吨及其他救灾款物，任务十分艰巨。但目前全省地市州红会仍有一个机构不落实，及一个编制及专干不落实的问题，如此状况很难适应红会工作，特别是当前救灾工作开展的需要。希望能进一步争取当地政府领导的重视和支持，解决红会工作的必备条件。为此，特提出如下要求：

（1）10 月 28 日前带汇总材料到省红会结账（前段时间下发的物资必须发完）；

（2）个别地区红会应尽快解决机构、编制及专干问题；

（3）县市红会应争取至少配备 1 名专干。

凡达不到上述要求者，原则上不再下发救灾款物。

湖北省红十字会

一九九一年十月十九日

原件藏湖北省北省红十字会档案室，档号：1991－C－012

关于申请台湾红十字会援助
我省灾区药品免检的报告

鄂红字〔1991〕第 23 号

省卫生厅：

　　台湾红十字会捐赠我省灾区药品 7 种 16 箱，因药品数量有限，且灾区急需，特申请免检。

湖北省红十字会
一九九一年十二月十二日

原件藏湖北省北省红十字会档案室，档号：1991－C－012

关于中国红十字会湖北救灾备灾
中心的工程设想方案

湖北省红十字会：

　　按照中国红十字会总会红福字〔1991〕第 166 号文件精神，现将中国红十字会湖北救灾备灾中心选址孝感市的工程设想方案报上，请审批。

孝感地区红十字会
一九九二年三月十二日

关于中国红十字会湖北救灾备灾中心的设想方案

一、名称及管理

　　救灾备灾中心名称为中国红十字会湖北救灾备灾中心。该中心在中国红十字会总会领导下，由湖北省红十字会负责管理。为便于领导和协调，建议总会派员参加中心的领导（可为兼职）。

　　中心设专职负责人负责日常事务的管理工作。

二、具备的能力和功能

（一）生产功能：能生产救灾中的各种服装。

（二）旧衣服的处理：能对募集的旧衣服进行缝补、洗涤、消毒、整烫，使之更符合卫生要求。

（三）储备功能：可储备适当数量的新衣服及经洗、整等处理后的旧服装、药品、器械及部分方便食品，随时可以调运，具有应急的能力。

（四）快速及时的信息反馈及资料收集：配备相应的通讯及摄录像等设备，努力达到哪里有灾情，就能在现场及早收集有关灾情及红会救灾活动等影像资料，以备向上级组织或国际上反映汇报。

三、任务

根据总会要求，承担国内国际救灾任务。

四、人员

除配备必要的专职管理人员十至十五名外，其余人员采用临时合同工。

五、选址

根据总会红福字（1991）第166号文件确定选址在孝感市，由孝感地区行署将地区木材加工厂转让地区红十字会，为筹建救灾备灾中心使用。

一九九二年三月十二日

原件藏湖北省北省红十字会档案室，档号：1992－Y－013

湖北省红十字会关于"中国红十字会湖北备灾救灾中心"的工程设想预算方案报告

鄂红字〔1992〕6号

中国红十字总会：

总会在我省兴建"中国红十字会湖北备灾救灾中心"（简称"中心"）的有关组织实施意见于二月二十日已上报，现将"中心"的设想预算方案报告如下：

一、投资

"中心"确定选址在孝感市，孝感行署将地区木材加工厂价值47万元的26亩地及2000m^{2}房屋转让给地区红十字会为筹建"中心"使用。

总会通过国际红十字会筹款人民币160万元。

省会自筹人民币10万元。

筹款资金170万元拟用112.3万元将原有2000m²旧房改建成仓库和整修建设部分配套用房，添置必要设备，使"中心"具有必备的功能。余下资金57.7万元拟建1100m²新库。

二、建设内容

投入资金170万元建成后，"中心"建筑面积共3360平方米，其中仓库面积2950m²（改建1850m²，新建1100m²），附属用房410m²。

（一）改建及配套部分

（1）改建仓库面积1850m²（表1），资金28万元；

（2）整修现有办公、业务用房200m²（表1），资金2万元；

（3）新建配套用房210m²（表1），包括锅炉房60m²，汽车库100m²，排污处理站30m²，传达室20m²，共用资金18.8万元；

（4）配套工程设施（表2）：包括供水、供电、道路等，资金39万元；

（5）"中心"设备投资（表3）：资金24.5万元。

（二）新建仓库1100m²（三层），提升机2台（表4-1），资金57.7万元。

三、建设规模建议

考虑到"中心"是为湖南、河南、湖北三省备灾救灾工作服务的，三省地处中原，黄河、长江流域分布广，总人口二亿，占全国总人口17%，面积55.5万平方公里，占全国总面积5.8%，自然灾害经常不断发生，去年特大洪涝灾害，三省均是重灾省份。已有国际筹款160万元人民币，除用于改建部分外，余下款建设新仓库容量还不能适应需要，希望总会能再争取国际募集80万元，将新建的仓库面积扩成2700m²（六层框架结构）（表4-2）。

以上方案初稿，请总会审批定案，以便进行工程设计工作。

附表：中国红十字会湖北备灾救灾中心建设项目投资表（1.2.3.4-1.4-2）

湖北省红十字会

一九九二年三月十四日

中国红十字会湖北备灾救灾中心建设项目投资表

表1

工程项目名称	建筑面积（m²）	单位造价（元）	合计（万元）	备注
现有仓库	1850		28	需修复、更换门窗，屋面翻新，地面抬高，内墙面粉刷
现有办公、业务及生活用房	200		2	室内门窗整修、粉刷
新增大门厅、传达室等	20		10	
锅炉房	60	600	3.6	新增锅炉房
汽车库	100	500	5	按3间车库考虑
排污处理站	30	400	1.2	仅为建筑物，不含处理
小计			49.8	

表2

工程项目名称	建筑面积（m²）	单位造价（元）	合计（万元）	备注
供水、供电			20	包括100KVA变压器、室外电缆及水通、电通、通讯通
道路及下水道工程			6	现有路需修复、增设下水道
过路及安装			5	0.5吨过路及安装
污水处理设备			5	
绿化工程			2	
小计			38	

救灾备灾中心设备投资表

表3

设备名称	数量	单价	金额	备注
宣传设备			100000	
叉车	1	20000	20000	
洗整烫机（全自动）	1	30000	30000	每天可处理200件衣服左右
缝纫机	10	300	3000	
拷边机	2	500	1000	
电脑绣花机	1	55000	55000	
电动裁剪机	1	1500	1500	
手推车	5	500	2500	
办公桌、椅等			32000	
小计			245000	

表4-1

工程 项目名称	建筑面积 （m²）	单位造价 （元）	合计 （万元）	备注
新建仓库	1100	500	55	新建达标仓库为3层框架结构
新仓库用提升机	2台	1.35	2.7	
小计			57.7	按表1、2、3、4-1合计170万元投机合计数

表4-2

工程 项目名称	建筑面积 （m²）	单位造价 （元）	合计 （万元）	备注
新增仓库	2700	500	135	新建达标仓库为6层框架结构
新仓库用提升机	2台	1.35	2.7	
小计			137.7	按表1、2、3、4-2合计250万元投机合计数

原件藏湖北省北省红十字会档案室，档号：1992-Y-013

湖北省红十字会关于修建灾区
饮水设施实施计划的报告

鄂红字〔1992〕第 7 号

中国红十字会总会：

根据总会红福字〔1992〕第 026 号《关于拨发救灾款的通知》的精神，为了保质保量在我省水灾区修建饮水设施，并尽快发挥效益，不断扩大红会影响，经研究，决定在荆州、黄冈、孝感、咸宁等四个重灾区选择 12 个村新建或完善饮水设施，由我省爱卫办协助技术指导工作，现将情况报告如下。

一、选点条件

（1）地区及县（市）红会机构健全，红会专职干部工作得力；

（2）农村改水技术力量较强；

（3）饮水设施建设已列入本年度计划；

（4）工程质量能得到保证，年内投产并发挥效益；

（5）工程资金的主要部分已经落实；

（6）人口相对集中，供水规模较大。

二、实施办法

（1）加强领导：按照上述条件选择定点后，省红十字会与省爱卫办联合下发文件，提出具体要求。省爱卫办负责工程项目质量，保证有关技术指标的落实；省红十字会负责考察、验收工作。

（2）明确责任：省红十字会、省爱卫办将向选点所在的县（市）红会、爱卫办下达任务书，该县（市）红会、爱卫办则与选点的村委会签订协议，确定各点的兴建项目、质量要求、资金投入及投产时间，责任到位，按章办事。

（3）验收拨款：在规定时间内，经联合检查验收合格后，省红十字会在审核有关票据的基础上，通过线（市）红会拨款至各点。

（4）立碑刻字：饮水设施完工后，各水厂均应在厂区或主体工程前立碑或主要配套设备上刻字："台湾红十字会捐款，湖北省红十字会建设"。

三、投资项目

在上述 4 个地区的 8 个县（市）中选取 12 个投资单位（见附表），

其中东方红村等3个点的水厂已建成通水，仅消毒设备而不能及时发挥效益（每点仅需0.7万~0.8万元），另（一）个水厂的主体工程造价分别为4万~12万元（一般建塔3万元，打井2万元，过滤设备3万元）。12个水厂的受益人口共33450人。

附：投资单位有关情况统计表

湖北省红十字会

一九九二年三月二十五日

投资单位有关情况统计表

单位		供水规模（人）	计划投资（万元）	主体工程投资（万元）	自筹（万元）	红会投资（万元）	工艺形式	备注
汉川县	湾潭乡湾潭村	2078	15.0	12.0	8.5	3.5	地表水—过滤—塔	
	马安乡东方红村	3160		0.8		0.8	地表水—过滤消毒—塔	工程已竣工投产，仅缺消毒设备1套
	马安乡前进村	1640		0.7		0.7	地表水—过滤消毒—塔	工程已竣工投产，仅缺消毒设备1套
江陵县	秦市乡潭彩村	1300	12.5	6	5	3	井—塔—除铁	
钟祥县	磷矿镇陈安村	1100	12.5	7.5	4	3.5	井—塔	
潜江市	泽口办事处信心村	2130	12.8	5	7.5	2.7	井—塔	

单位		供水规模（人）	计划投资（万元）	主体工程投资（万元）	自筹（万元）	红会投资（万元）	工艺形式	备注
天门市	多宝镇田院村	2995	13	6.5	8.0	2.5	井—塔	
	侯口办事处凡店村	2750	14	5.7	7.0	2.5	井—塔	
仙桃市	杨木尾镇翻身村	1145	13	7	5	3	井—塔	
嘉鱼县	合镇乡东岭村	2500		3.5	1	2.5	井—过滤消毒	含消毒设备1台
黄州市	路口镇	11000		0.8		0.8	地表水—机供消毒	工程已投产运转（城镇带农村），仅缺消毒设备
	团风镇白鹤林村	1652	13	4	6.5	2.5	井—塔	
合计		33450	105.8	59.5	52.5	28		

原件藏湖北省北省红十字会档案室，档号：1992－Y－013

湖北省红十字会关于拨款
修建农村饮水设施的通知

鄂红字〔1992〕第9号

荆州、黄冈、孝感、咸宁地区红十字会、爱卫办：

最近，中国红十字会总会拨给我省红十字会由台湾红十字会捐赠的一笔款项，指定用于在去年水灾区修建饮水设施。经研究，决定分配给重灾区的8个县（市）。现将有关要求通知如下：

公牍选载

一、选点条件

（1）县（市）红会机构健全，有编制，有专干；

（2）县（市）农村改水技术力量较强；

（3）饮水设施建设已列入本年度计划；

（4）工程质量能得到保证，年内投产并发挥效益；

（5）工程资金的主要部分已落实；

（6）人口相对集中，供水规模较大。

二、实施办法

（1）加强领导：按照上述条件选择定点后，省红会与省爱卫办将对各点的建设提出要求。省、地、县（市）爱卫办负责工程项目质量，保证有关技术指标的落实；省、地、县（市）红会负责考察、验收工作。

（2）明确责任：县（市）红会、爱卫办要充分论证，实地考察，符合条件后，即与选点的村（组）签订合同，确定各点的兴建项目、质量要求、资金投入及投产时间等，指定双方责任人；同时，县（市）红会、爱卫办要向省、地提供详细的可行性报告，包括单位（水厂）申请报告，工程概算与设计、施工图纸，设计及审批文件，自筹资金的证明文件等，并附与村（组）签订的合同书；然后，由省红会、爱卫办下达任务书，予以认可，正式施工。

（3）验收拨款：此款全部用于资助 12 个自来水厂修建主体工程或购置饮水消毒设备（由省指定厂家并同意购发）。水厂在规定时间内建成投产后，按照任务书的内容逐一检查验收合格后，省红会在审核有关票据的基础上，通过县（市）红会拨款至各点。如发现经费使用不当或工程质量与工期得不到保证，任务书的有关指标不能完成，原计划投入的款项则另行安排。

（4）立碑刻字：饮水设施完工后，各水厂均应在厂区或主体工程前立碑（由省统一提前定做）或主要配套设备上刻字："台湾红十字会捐款，湖北省红十字会监建"。

请有关县（市）分管红会或爱卫工作的局长于四月底前携带所需资料到省红会签约。

附：投资单位有关情况统计表

湖北省红十字会　湖北省爱国卫生运动委员会办公室

一九九二年四月十六日

投资单位有关情况统计表

单位		供水规模（人）	计划投资（万元）	主体工程投资（万元）	自筹（万元）	红会投资（万元）	工艺形式	备注
汉川县	湾潭乡湾潭村	2078	15.0	12.0	8.5	3.5	地表水—过滤—塔	
	马安乡东方红村	3160		0.8		0.8	地表水—过滤消毒—塔	工程已竣工投产，仅缺消毒设备1套
	马安乡前进村	1640		0.7		0.7	地表水—过滤消毒—塔	工程已竣工投产，仅缺消毒设备1套
江陵县	秦市乡潭彩村	1300	12.5	6	5	3	井—塔—除铁	
钟祥县	磷矿镇陈安村	1100	12.5	7.5	4	3.5	井—塔	
潜江市	泽口办事处信心村	2130	12.8	5	7.5	2.7	井—塔	
天门市	多宝镇田院村	2995	13	6.5	8.0	2.5	井—塔	
	侯口办事处凡店村	2750	14	5.7	7.0	2.5	井—塔	
仙桃市	杨木尾镇翻身村	1145	13	7	5	3	井—塔	
嘉鱼县	合镇乡东岭村	2500		3.5	1	2.5	井—过滤消毒	含消毒设备1台

单位		供水规模（人）	计划投资（万元）	主体工程投资（万元）	自筹（万元）	红会投资（万元）	工艺形式	备注
黄州市	路口镇	11000		0.8		0.8	地表水—机供消毒	工程已投产运转（城镇带农村），仅缺消毒设备
	总路嘴镇郑家岗村	1320	11.5	9.9	5	2.5	地表水—过滤—塔	
合计		33018	104.3	65.4	51	28		

原件藏湖北省北省红十字会档案室，档号：1992－Y－013

湖北省红十字会转发《关于红十字会机构的管理体制问题》的通知

鄂红字〔1992〕年第 12 号

各地、市、州、林区红十字会：

现将中国红十字会总会《关于红十字会机构的管理体制问题》转发给你们，请积极争取党政及有关部门的支持，较好地解决红会工作"三列位"问题，为我省社会主义两个文明建设做出新贡献。

湖北省红十字会
一九九二年五月二十日

关于红十字机构的管理体制问题

红办字〔1992〕第 68 号

贵州省人民政府：

最近，我会收到贵州省红十字会来信。信中反映贵州省机构编制委员会办公室 1992 年 2 月 20 日致函省政府办公厅，认为根据中发（1991）16 号文件和中组部、民政部等五部联合下发的民社发（1991）8 号文件精神，编制部门不能给红十字会增加行政和事业编制，不拨经费，不定级别。

中国红十字会总会认为，有必要将有关情况作如下说明，并提出我会意见，供省政府和有关部门在处理这一问题时参考。

（1）中国红十字会作为一个具有广泛国际联系和社会影响，致力于群众性自救互救、自助互助工作的社会团体成立至今已 88 年了，是中国历史上成立最早、资格最老的社会团体。显然，红十字会不是新成立的社团，也不同于一般的学会、协会、研究会、基金会等。红十字会在政府领导下，是政府的得力助手，为减轻群众疾苦、替政府分忧、维护社会稳定发展发挥了积极作用。1989 年国家机构编委把红会列为属中央管理的十大社会团体之一，并核定了行政和事业编制及领导职数。最近，国家人事部又重新核定了总会机关的行政和事业编制，并比以前有所增加。

（2）中组部、民政部等 5 部联合下发的民社发〔1991〕8 号《关于全国性的社会团体编制及其有关问题的暂行规定》指出："法律和行政法规另有规定的除外"。中国红十字会是红十字国际组织重要成员（国际联合会现有 150 多个成员国），多数国家红十字会都制订了红十字法，我国港、澳、台地区红会也早已立法。为使中国红十字会沿着法制轨道健康发展，1991 年，我会参照各国红十字会法，结合中国国情，起草了《中华人民共和国红十字法（草案）》，并已在国务院法制局正式立项，全国人大法工委也积极支持这一工作。现在，我会已和国务院法制局、全国人大法工委的负责同志开始进行国内外专案论证。因此，应视红十字会为法律和行政法规另有规定的社团。

（3）希望省、地（市）、县（市）各级政府能象（像）中央有关部

309

门对待总会那样，根据各级红会领导机构实际工作的需要，核定必要的编制和经费。

中国红十字会总会

一九九二年四月二十九日

原件藏湖北省北省红十字会档案室，档号：1992－Y－014

湖北省红十字会关于表彰抗洪救灾
先进集体和先进个人的决定

鄂红字〔1992〕第 10 号

各地、市、州、林区红十字会：

一九九一年，百年罕见的特大洪涝灾害给全省城乡经济和人民生命财产造成了惨重损失。湖北省各级红十字会充分发挥政府助手的作用，及时组织全体会员全力投入到抗洪抢险、防疫防病、募集款物的活动之中。特别是在接收和发放救灾物资工作中，各级红十字会干部克服人手少、资金缺、任务重、时间紧、交通工具无的困难，废寝忘食，连续工作，保证了每批物资都安全及时地发到灾民手中，为帮助全省灾区人民渡过难关、重建家园做出了积极贡献，涌现了一批抗洪救灾的先进集体和先进个人。为了更好地开展红十字工作，为全省"两个文明"建设服务，省红十字会（经省红十字会三届五次理事会议通过）决定对在去年抗洪救灾中做出突出贡献的荆州地区红十字会等 2 个先进集体和樊哲林等 80 名先进个人予以表彰（名单附后）。

希望全省各级红十字会组织和全体红十字会员都要认真向这些先进集体和先进个人学习，牢记红十字人道主义宗旨，遵循"救死扶伤，扶危济困，助人为乐，敬老助残"十六字方针，继续发扬无私奉献精神，积极探索，开拓进取，为建设具有中国特色的红十字事业做出新的贡献。

湖北省红十字会

一九九二年五月二十日

附:

湖北省红十字会抗洪救灾先进集体、先进个人名单

先进集体（20个）	
荆州地区红十字会＊	公安县红十字会＊
仙桃市红十字会	黄冈地区红十字会＊
罗田县红十字会	浠水县红十字会
孝感地区红十字会＊	安陆市红十字会
咸宁地区红十字会＊	通城县红十字会
鄂西州红十字会＊	宣恩县红十字会
宜昌地区红十字会＊	宜昌县红十字会
房县红十字会	武汉市红十字会＊
武汉市青山区红十字会	黄石十四石灰窑区红十字会
鄂州市鄂城区红十字会	荆门市沙洋区红十字会

先进个人（80名）	
樊哲林＊	荆州地区红十字会副会长、卫生局局长
朱欣＊	荆州地区红十字会副会长
孙伟＊	荆州地区红十字会副秘书长
彭兆丽＊	公安县红十字会秘书长、卫生局副局长
周太法＊	松滋县红十字会秘书长
郑忠明＊	潜江市红十字会办公室副主任
邹柏清＊	仙桃市豆河镇红十字会副会长
李开明＊	钟祥县红十字会副秘书长
黄珍详	天门市卫生防疫站结防科副主任
黄红光	京山县红十字会副秘书长
兰树炎	洪湖市红十字会副秘书长
何沛精	江陵县红十字会常务副会长
陈学武	石首市红十字会干部
石中森	黄冈地区红十字会副会长、卫生局副局长
王继贤	黄冈地区红十字会秘书长

先进个人（80名）	
丁卫*	黄冈地区红十字会副秘书长
陶廉青*	黄梅县红十字会副秘书长
吴恒英*	红安县红十字会副会长、卫生局副局长
夏耘*	浠水县红十字会秘书长
樊新旗*	英山县红十字会秘书长
胡续林*	罗田县红十字会办公室副主任
陈栋臣	黄州市红十字会干部
李仁富	蕲春县红十字会秘书长
江淑安	麻城市红十字会常务副会长、卫生局副局长
韩秀英*	孝感地区红十字会副会长、卫生局副局长
彭肃仪*	孝感地区红十字会副会长
丁毅*	孝感地区红十字会副秘书长
穆桂荣	孝感地区人民医院主治医师
戴先详*	安陆市红十字会秘书长
李志华	云梦县红十字会副秘书长
罗桃村	汉川县红十字会副会长、卫生局局长
涂传泗	孝感市红十字会秘书长
余少轩	咸宁地区红十字会会长、副专员
葛庆利*	咸宁地区红十字会秘书长
柯剑*	咸宁地区红十字会副秘书长
熊金华*	咸宁地区红十字会干部
陈敬春*	通山县红十字会干部
张新武*	阳新县红十字会副秘书长
欧阳宁	蒲芹市红十字会秘书长
刘玉则	嘉鱼县红十字会秘书长
陈太英*	鄂西州红十字会秘书长
袁华每	鄂西州药品检验所红十字会秘书长
李济	鄂西州人民医院红十字会会长、院长

先进个人（80名）	
牟炳新 *	宣恩县红十字会副秘书长
杨珣娅	利川县红十字会秘书长
钟为彬	鹤峰县红十字会秘书长
艾军 *	宜昌地区红十字会副秘书长
邢禹江 *	宜昌地区广播电视局副局长兼电视台台长
张先让 *	宜昌县红十字会会长、副县长
熊学金 *	枝江县红十字会秘书长
严心康 *	枝城市红十字会副秘书长
易念德	秭归县红十字会副会长、卫生局局长
冯强	长阳县红十字会副会长、卫生局副局长
胡振东	兴山县卫生局药政股副股长
罗汉宏	当阳县红十字会秘书长
黄树志	远安县红十字会干部
刘景芳	五峰县红十字会干部
王虹 *	郧阳地区红十字会干部
高义生	丹江口市红十字会秘书长
答美珍	鄂州市红十字会秘书长
胡长根	鄂州市华容区红十字会副会长、卫生局局长
李名山 *	大冶县保安镇红十字会副会长兼秘书长
明正汉	大冶县四棵乡红十字会副会长
李建峰 *	荆门市红十字会秘书长
周庆林	荆门市卫生局医政科副科长
方家礼 *	随州市红十字会副会长
曾书玉	谷城县红十字会副会长、卫生局副局长
方烈国	沙市市第二人民医院红十字会会长、院长
廖国放 *	武汉市红十字会副秘书长
苏启观 *	武汉市红十字会办公室主任
缪焱明 *	新洲县红十字会副会长、卫生局副局长

先进个人（80名）	
孙志敏	武昌区红十字会副秘书长
田传家	硚口区红十字会副秘书长
陈永翠	江岸区红十字会干部
夏大鹏＊	省红十字会副秘书长
袁竞＊	省红十字会办公室主任
尤新德＊	省红十字会组训部部长
邓红＊	省红十字会办公室副主任
张惠斌	省红十字会司机

注：凡标有"＊"者，同时为中国红十字会总会表彰的先进。

原件藏湖北省北省红十字会档案室，档号：1992－Y－013

关于 1991 年湖北省红十字会接受
援助款物的使用情况说明

鄂红组函字〔1992〕第 2 号

中国红十字会总会社会福利部：

七月二十五日来函收悉。现将有关情况报告如下：

一、我省审计局是去年十一月二日对我省红会受援救灾款物作阶段性审计后上报审计署的。审计报告是截至一九九一年十月底的救灾款物使用情况。

二、在省审计署审计后，经报省救灾防病领导小组领导研究同意，又拨了 2 万元购买防病医疗队用药；将原计划购买装备灾毁卫生院和红十字安全交通线上的急救站点的设备增加了 123 万元，该项共计 185 万元，设备器械已于一九九二年三月由省红会同意购买发给各地市，用了部分款支付救灾物资运输费。

三、一九九二年三月份，我省向总会上报的《湖北省红十字会救灾工作小结》一文中，其中有一份《湖北省红会接收总会拨款使用情况》是我省去年收总会救灾款后截止一九九二年三月份收支具体情况，现随文附上。以上支出，各地市红会均有收据在省会。

四、今年5—7月份，我省先后有鸿鹄、黄梅、罗田、钟祥、京山、枝江、松滋、公安、应城、广水、安陆、神农架、郧阳地区等20余个县（市）受灾，局部地区损失惨重，有关情况曾向总会报告过两次。我会已将去年结余之救灾款陆续下拨各灾区救济，具体支出小结下次再报。

湖北省红十字会

一九九二年七月二十七日

湖北省红会接收总会拨入救灾款使用情况

一、收入：总会共拨款325万元人民币，1万美元。

（1）3万

（2）90万

（3）1万美元（美国）

（4）170万

（5）62万（中行香港分行、南朝鲜）

二、支出：2928815.99元。

（1）用于派遣疫病防治工作队购买药品99.3万。

荆州地区	23.7万	黄冈地区	18.5瓦
咸宁地区	15.7万	孝感地区	11.3万
宜昌地区	9.8万	郧阳地区	0.3万
鄂西州	8.5万	襄樊市	0.3万
荆门市	3.2万	鄂州市	2.2万
黄石市	2万	沙市市	0.3万
宜昌市	1.5万	十堰市	1.5万
神农架林区	0.5万		

（注：上述地市在其款内用了少量运费支出）

偕同卫生部门组织医疗队2184支，共治疗病人185万人次（国内外捐赠的价值400万元的药品也全部用于灾民治疗）。

（2）用185万元购买急救医疗器械共装备灾毁卫生院和红十字安全交通线上的急救站175个、急救点350个（省红会统一购买分发）。

（3）用于上海、武汉等地救灾物资运费 85815.99 元，已支出 35815.99 元。上海方面尚挂账 5 万元。

三、暂存款：

（1）美元 1 万。

（2）人民币 321184.01 元。

一九九二年三月十日

原件藏湖北省北省红十字会档案室，档号：1992－Y－014

关于中国红十字会湖北备灾救灾中心
迁址孝感开放开发区的请示

鄂红字〔1992〕年第 17 号

中国红十字总会：

七月上旬，我省副省长兼省红十字会会长韩南鹏同志到孝感视察"中心"筹建情况时，孝感地委、行署负责同志在汇报中提出，将"中心"地址迁到孝感开发开放区的建议。韩会长亲自实地考察了原建地址和新迁地址后，认为在开放开发区筹建"中心"更为适宜和有利，同意孝感地委、行署的建议。

第一，"中心"建成后，在兴办实体等方面可享受到引进开放开发区的优惠政策和待遇；

第二，在交通地理位置上，更接近火车站四万吨级新货场和 107 国道运输线以及国际天河机场运输线；

第三，避免了原址木材加工厂有关搬迁中的实际困难。

原经总会商定同意的几条原则不变。一是总会引进德国援助投资基建工程项目和规模不变，在新址兴建"中心"，仍按原总会确定兴建"中心"的有关协议和原则落实；二是孝感行署转让红十字会 147 万固定资产投资不变，其中包括 26 亩土地费 91 万元和 2050 平方米房屋折旧费 56 万元。目前行署已征地 26.5 亩，并由地方筹资 56 万元，加上报总会改造旧仓库投资 30 万元，共 86 万元，兴建平库和加工车间 2050 平方米。三是总会确定的工期不变，目前主楼已动工勘探地层，打桩下脚，保证明年七月竣工，请总会检查验收。

以上请示可否，请批示。

湖北省红十字会

一九九二年八月八日

原件藏湖北省北省红十字会档案室，档号：1992－Y－014

关于成立"中国红十字会湖北备灾救灾中心"的批复

鄂机编〔1992〕82号

省卫生厅：

你厅鄂卫政〔1992〕35号文件收悉。为了适应工作需要，经研究，同意成立中国红十字会湖北备灾救灾中心，为省红十字会直属事业单位，暂定事业编制七人。

湖北省机构编制委员会

一九九二年九月十五日

原件藏湖北省北省红十字会档案室，档号：1992－Y－014

省红十字会关于评选先进集体和先进会员的通知

鄂红字〔1992〕第25号

各地、市、州及林区红十字会：

为充分调动各级红十字会组织和广大会员以及志愿工作者的积极性，推动红十字事业不断向前发展，根据总会关于《中国红十字会评选全国先进集体和先进会员的通知》精神结合我省具体情况，省红十字会拟于年底评选一九九〇至一九九二年全国先进集体、先进会员以及省先进集体、先进会员。现将有关事宜通知如下：

一、评选范围

（1）先进集体：凡建会满两年的地、县级红十字会组织及基层组织（包括团体会员单位）均可参加评选。对建会不满两年，但工作卓有成效的红会组织及团体会员单位可参加评选。

（2）先进会员、模范志愿工作者和优秀专（兼）职干部：凡入会满两年的会员和各级红十字会的专（兼）职干部及志愿工作者均可参加评选。对入会不满两年的会员，但有特殊贡献的可参加评选。

二、评选条件

1. 先进集体

（1）理事会机构健全，每年至少召开一次理事会议，县以上红会有专职干部（基层红会应有人分工负责）。

（2）工作有计划、有检查、有总结。

（3）积极开展红十字会的各项活动，事迹突出。

（4）县以上红会完成机动车驾驶员卫生救护培训占机动车驾驶员总数的1/3以上。

（5）救灾工作成绩突出，手续完备。

（6）普遍收缴会费。

2. 先进会员和模范志愿工作者

热爱红十字事业，有奉献精神；积极参加红十字会的各项活动，事迹突出；每年按期缴纳会费。

3. 优秀专（兼）职干部

热爱红十字事业，有奉献精神；认真贯彻执行红十字会的各项决议；积极组织各项活动，工作成绩显著。

三、先进会员名额比例分配（以地、市、州为单位）

（1）专（兼）职干部占评选名额的30%左右，县级红会专干应占一定比例。

（2）会员（包括志愿工作者）占评选名额的70%左右，其中青少年会员应有一定比例。

四、时间要求

各地接此通知后，抓紧时间进行评选工作。请于十二月五日前将先进集体、先进会员登记表一式三份寄到省红会办公室，以便汇总总评。

附：

1. 先进集体登记表

2. 先进会员（模范志愿工作者、优秀专兼职干部）登记表

湖北省红十字会

一九九二年十月二十日

（注：原档案中未见上述附件）

原件藏湖北省北省红十字会档案室，档号：1992－Y－014

省卫生厅关于"中国红十字会湖北备灾救灾中心"机构编制及管理体制的意见

鄂卫政〔1993〕4号

湖北省红十字会、孝感地区卫生局：

　　根据中国红十字总会红福字〔1991〕第166号文和省机构编制委员会鄂机编〔1992〕082号文件精神，经研究，现就"中国红十字会湖北备灾救灾中心"（简称"中心"）的机构编制及管理体制等问题提出如下意见。

　　一、经省编委批准，同意成立"中国红十字会湖北备灾救灾中心"，为湖北省红十字会直属事业单位，暂定事业编制七人。

　　二、"中心"的党政后勤工作按行政区划委托孝感地区卫生局代管。

　　三、"中心"行政领导职数暂定一正一副，由地区卫生局和红十字会根据干部管理权限推荐提名，报经省红十字会审核后，由省卫生厅批准任免。

　　四、"中心"的一般工作人员由地区卫生局和红十字会在编制员额内调配，并报省红十字会备案。

　　五、"中心"工作人员的工资、福利等经费除应由国家承担的部分由省红十字会划拨外，其余由"中心"自筹解决。

　　附：省编委"关于成立中国红十字会湖北备灾救灾中心的批复"

湖北省卫生厅

一九九三年一月十八日

　　（注：原档案中未见上述附件）

湖北省红十字会关于召开三届六次理事（扩大）会议的通知

鄂红字〔1993〕第1号

省红十字会各理事单位，各地、市、州及林区红十字会：

　　为贯彻中国红十字会五届四次理事会精神，总结我省一九九二年红会工作，表彰红十字会先进集体和先进个人，讨论制定一九九三年工作计划，经研究决定召开省红十字会三届六次理事（扩大）会，现将有关事项通知如下：

一、时间地点：一九九三年二月二十八日到武昌湖北饭店报到（在汉理事可于三月一日上午 8：00 报到）；三月一日上午召开理事扩大会；三月一日下午、三月二日为工作会议（地市州林区卫生局分管领导，红会秘书长参加）。

二、参加人员

1. 省红会理事；

2. 各地市州及林区红会会长；

3. 各地市州及林区卫生局分管红会工作领导一人；

4. 各地市州及林区红会秘书长一人。

因条件有限，请各地不要增加代表名额。

三、请将出席会议代表名单于二月二十二日前报省红会办公室。

湖北省红十字会

一九九三年二月十日

原件藏湖北省北省红十字会档案室，档号：1993－Y－016

湖北省红十字会关于表彰先进集体和先进会员的决定

鄂红字〔1993〕第 6 号

在深化改革开放的新形势下，全省各级红会组织和广大会员，在人道领域里做了大量具有开拓性的工作，取得了显著成绩，涌现出了许多先进集体和模范人物。

根据《中国红十字会章程》第四章第廿四条："对红十字工作做出显著成绩或有模范事迹的会员和志愿工作者，各级红十字会组织应给予表彰和奖励"的规定，为激励斗志，进一步弘扬红十字人道主义奉献精神，省红十字会决定对 19 个先进集体和 103 名先进会员（模范志愿工作者、优秀专职干部）予以表彰（名单附后）。

希望全省各级红十字会组织和红十字会员都要认真向他们学习，继续发扬无私奉献精神，进一步解放思想，抓住时机，大胆创新，为把红十字事业不断推向前进而努力奋斗！

　附：（湖北省红十字会一九九二年）先进集体、先进会员名单

湖北省红十字会

一九九三年三月四日

湖北省红十字会一九九二年先进集体、先进会员名单

先进集体（19个）	
荆州地区红十字会＊	仙桃市红十字会＊
黄冈地区红十字会＊	罗田县红十字会
孝感地区红十字会＊	丹江口市红十字会
巴东县中医院	武汉市红十字会＊
武汉市青山区红十字会＊	鄂州市红十字会
随州市红十字会＊	谷城县红十字会
宜昌市红十字会＊	宜昌县红十字会＊
沙市市红十字会＊	荆门市东宝区红十字会＊
咸宁地区红十字会医药卫生综合服务部＊	黄石市大冶县保安镇红十字会＊
十堰市东风轮胎厂红十字会＊	

先进会员（103个）	
刘涛清＊	荆州地区红十字会会长、行署副专员
孙伟＊	荆州地区红十字会副秘书长
郭秋生＊	仙桃市红十字会志愿工作者、妇幼保健院副院长
黄红光＊	京山县红十字会办公室主任
冯伟	广水市红十字专干
易珩＊	咸宁地区红十字会医药综合服务部经理
汤东泾＊	咸宁市红十字会副会长、卫生局副局长
王海宾＊	蒲圻市红十字会办公室专干
陈敬春＊	通山县红十字会秘书长
吴远科＊	阳新县红十字会常务副会长、卫生局局长
徐锋＊	嘉鱼县红十字会副会长

先进会员（103 个）	
袁庆慰	咸宁地区红十字会理事、电视台台长
陈高旺	通城县红十字会秘书长
王涧泉*	郧阳地区红十字会秘书长、卫生局副局长
庹新江*	郧县红十字会干部、卫生局医政股鼓胀
丁章尧*	房县红十字会专干
田汉江	竹山县红十字会理事、卫生局医政股股长
王生宁	郧西县红十字会干部、卫生局医师
刘枫	竹溪县红十字会专干
陈太英*	鄂西州红十字会副秘书长
李济*	鄂西州红十字会医院院长
王世茂*	来凤县红十字会副秘书长
莫益增	鄂西州红十字会医院办公室主任
杨旬娅	利川市红十字会秘书长
郑文刚	神农架林区红十字会秘书长、卫生局副局长
望西成	神农架林区红十字会专干
孙志敏*	武昌区红十字会专职干部
陈永翠*	江岸区红十字会专干
徐丽*	红纲城小学红十字会小学
余国华*	洪山区武珞路小学小教高级
彭良友*	武汉市公交管理局车管所红十字会志愿工作者、副所长
肖江桥	武汉市汉阳区红十字会副秘书长
许兵*	武汉市前进地区红十字会秘书长
杨剑文*	武汉汉南区人民医院红十字会理事、医务处主任
张锐*	武汉市东西湖区吴家山二小红十字会秘书长
陈英黔*	武汉市乔口区红会、副主任医师
聂启正*	汉阳县卫生局办公室主任、红会秘书长
彭厚泽	武昌县卫生局工会主席、红会副秘书长
周法初	武汉黄陂县红十字会专干

先进会员（103 个）	
程绍鹏	新洲县红十字会专干
秦志维*	襄樊市红十字会名誉会长、志愿工作者
汪跃*	襄樊市红十（字）会秘书长
李文烈*	随州市红十字会名誉会长、政府市长
姚天明*	随州市红十字会秘书长
刘明国*	襄樊市卫校青少年会员
潘世先*	襄阳县朱集卫生院红十字会副会长
柴春显*	老河口红十字会副会长、卫生局副局长
张道发*	南漳县红十字会副会长、卫生局局长
赵光庆*	枣阳县红十字会副会长、卫生局副局长
曾玉书*	谷城县红十字会副会长、卫生局副局长
王道光	宜城县红十字会副会长、卫生局副局长
王浚山*	宜昌市红十字会副会长、政府副秘书长
石慰平*	宜昌市红十字会副会长、卫生局局长
杨嗣润*	宜昌市红十字会副会长
曾庆华*	宜昌市红十字会理事、红十字西陵医院院长
陈志诚*	宜昌市五中红十字会会长、副校长
郭媛*	宜昌市西陵区献福路小学青少年会员
杨文金*	宜昌县红十字会理事、红十字中心血站站长
熊学金*	枝江县红十字会专职秘书长
韩必森*	当阳市红十字会副会长、卫生局局长
肖璐露*	枝城市陆城第一小学青少年会员
冯强	长阳县红十字会秘书长、卫生局副局长
蔡克长*	黄石市红十字会办公室专干
张桂香*	黄石卫校学生科长、校红会会长
谢邦龙*	大冶钢厂防治科主任、厂红会秘书长
罗电吉	黄石市石灰窑区红十字会副秘书长
冯盛华	大冶县卫生局局长、红会副会长

先进会员（103 个）	
王传海 *	十堰市一中主任、志愿工作者
樊豫青 *	十堰市东汽公司五中医师、红会秘书长
李战和 *	十堰市红十字会办公室专干
田永锟 *	沙市市第三人民医院院长、院红会会长
查桂清 *	沙市市第四医院党委书记、院红会名誉会长
王世荣 *	沙市市教委青少年科技站副站长、红会副会长
李建锋 *	荆门市红十字会秘书长
陈安珍 *	荆门东宝区红十字会秘书长
麻耀煊 *	鄂州市红十字会常务副会长
陈滇平	鄂城区红十字会副会长
项雁峰	鄂州市红十字会秘书长
叶丽珠 *	省红十字会秘书长

注：凡标有"＊"者，同时为中国红十字会总会表彰的先进。

原件藏湖北省北省红十字会档案室，档号：1993－Y－016

关于组织好今年"五·八"活动的意见

鄂红字〔1993〕第 8 号

各地、市、州及林区红十字会：

今年"五·八"世界红十字日的主题口号是"人人享有尊严"。各地红会要根据今年的工作重点，结合本地的实际情况，认真开展宣传活动，以达到扩大红会影响，开拓工作新局面的目的。根据总会的有关精神，结合我省的具体情况，特提出以下意见，供各地参照执行。

一、组织今年"五·八"活动总的原则是：从实际出发，讲求实效，不拘形式，结合工作，突出重点，力求创新。

二、在宣传内容上，应突出宣传红会是国际性的人道主义救助和社会服务团体；宣传近年来红十字会在人道领域工作中的新进展。

根据我国的具体情况，对"人人享有尊严"这一口号不宜突出宣传，在介绍国际红十字运动时一般提到即可。总会宣传拟定了一些宣传口号（见附件）供各地参考使用。

三、"五·八"活动时间，可会同有关部门联合开展无偿献血的宣传活动，争取今年我省无偿献血人数有一个新的突破。

四、有条件的地方，可在"五·八"期间开展募捐活动，建立红十字基金。争取做到以后每年"五·八"都能开展募捐，为红十字事业的发展，为社会救济筹集资金。募捐经费的使用应严格按照有关规定，并向全社会公布使用结果。

五、各地应于 6 月 10 日前将"五·八"活动的总结上报省红会办公室。今年总结的内容不做统一报表，应突出反映活动的主要特色及其新做法、新经验和取得的实效。

附件：1993 年世界红十字日宣传口号（供参考）

湖北省红十字会
一九九三年三月十六日

1993 年世界红十字日宣传口号（供参考）

1. 纪念"五·八"世界红十字日
2. 中国红十字会是国际性的人道主义救助和社会服务团体
3. 备灾救灾为人民
4. 群策群力，防病治病
5. 加快无偿献血的步伐，改变我国血液事业落后面貌
6. 为保护人的生命健康而奉献
7. 红十字——人道精神的象征
8. 红十字——扶危济困的标志
9. 发展红十字事业，为精神文明建设服务
10. 中国需要红十字

原件藏湖北省北省红十字会档案室，档号：1993－C－017

红十字会与红新月会国际联合会行动局副局长玛格丽特·瓦尔斯特姆女士一行访鄂接待计划

鄂红字〔1993〕第 9 号

孝感地区红十字会、武汉市红十字会：

应中国红十字会总会邀请，红十字会与红新月会国际联合会行动局副局长玛格丽特·瓦尔斯特姆（Margareta Wahlstrom）女士、红十字会与红新月会亚太部官员曹嵩先生及德国红十字会国际部项目官员海尔穆特·基尔贝尔先生一行三人在总会赈济部部长刘德旺、国际部干部王丽琼陪同下将于 1993 年 5 月 14 日至 16 日来我省进行工作访问。

此次访问目的是：视察中国红十字会湖北备灾救灾中心项目实施情况。

具体接待安排如下：

一、玛格丽特一行抵离汉时，由省红十字会领导前往机场迎送。

二、在汉期间，省红十字会领导会见并宴请一次，在孝感时，请地区红会领导配餐一次。

三、省红十字会副会长涂用宏、秘书长叶丽珠全程陪同。

四、外宾在华食、宿、交通费按（81）财外字第 436 号文件第二条规定由总会负责开支，总会陪同费由总会负责开支，省红会陪同费由省红会开支，各地陪同费用各地自理，均以人民币结算。

湖北省红十字会

一九九三年五月七日

原件藏湖北省北省红十字会档案室，档号：1993 - C - 017

关于解决建设中国红十字会湖北备灾救灾中心资金的申请

省计委：

该"中心"从备灾救灾的需要出发，按物质的储存、采办、分发、加工、转运以及担负培训、通讯联络等多功能综合性仓库而进行精心设计，统筹规划，分步实施。土建工程于 1992 年 9 月 17 日破土动工，现已完成的项目有：

（1）建围墙 480.2 米。

（2）建排水沟 184.7 米。

（3）安装 200KVA 变压器一台及低压配电输送。

（4）凿 350 毫米×120 米深水井一口，安装 30 吨无塔供水器及主管道铺设。

（5）回填土方 3000 立方米，铺设预制水泥块路面 500 平方米。

（6）建平房 800 平方米，其中配电房 240 平方米，临时设施 560 平方米。

（7）主楼工程除少量装饰工程扫尾外，预计 6 月底可全部竣工。

二、工程预算及资金情况

（1）主楼土建工程预算：

按照设计图纸及承建单位预算，主楼土建工程总造价为 3434451.94 元（见工程预算）

（2）辅助工程及配套设施总预算 83.5 万元（见附表）

（3）资金来源：

红十字会与红新月会国际联合会对"中心"工程预算为 250 万元人民币（其中：中国红十字会总会 60 万元人民币，其他捐赠 30 万元人民币，德国红十字会 56 万马克，折合人民币 220 多万元，省红会投入 10 万元人民币）。

（4）资金投向：主楼竣工按预算需人民币 343 万元，辅助配套设施已开支 67.5 万，资金缺口约有 100 万元左右，主要原因：

A. 按多功能要求，主楼面积较初步设计增加约 1229 平方米。

B. 三材（钢筋、水泥、木材）差价上涨约 50 万元左右。

C. 建筑定额价格调整，综合上升幅度约 11% 以上。

在整个施工过程中，尽管采取不少措施以及灵活变通的办法，资金缺口终难自我消化。目前正从各方面筹措资金，特此恳请省计委予以支持，解决资金缺口，以促进工程圆满完成。

湖北省红十字会

一九九三年六月六日

附表：

辅助工程及配套设施预算

1. 围墙：宽240厘米，高正负零上3.5米，长480.2米，每3.5米有一砖柱。

2. 院外排水沟，宽600厘米，高600厘米，长184.7米（11.3万元）

3. 供电系统：安装200KVA变压器低压配电柜3台，电缆铺设150米（10万元）

4. 供水系统：凿350厘米深120米水井一口，安装30吨无塔供水器，铺设150主水管150米（10万元）

5. 10门电话专线（安装2部）（1.2万元）；

6. 107国道土地补偿，民房拆迁（5万元）；

7. 土方回填：9000m³（15万元）；

8. 道路：（砼路面）（6万元）；

9. 化粪池及污水排放（5万元）；

10. 门房及景点（8万元）；

11. 绿化（2万元）；

12. 设计、质检、勘探、监管（10万元）。

原件藏湖北省北省红十字会档案室，档号：1993 - Y - 016

省红十字会关于同意命名英山县红十字医院的复函

鄂红办函〔1993〕第3号

黄冈地区红十字会：

你会黄地红字（93）第6号《关于命名英山县红十字医院的请示》收悉。经研究同意该医院在完成扩建与获得卫生行政部门正式批文后，命名为英山县红十字医院。

湖北省红十字会

一九九三年六月七日

原件藏湖北省北省红十字会档案室，档号：1993 - Y - 016

转发总会《关于对〈中华人民共和国红十字会法（草案）〉征求意见的通知》的通知

鄂红字〔1993〕第 14 号

各地、市、州红十字会：

现将总会《关于对〈中华人民共和国红十字会法（草案）〉征求意见的通知》转发给你们，请组织有关部门征求意见，并将修改意见于 1993 年 9 月 10 日前报省红会办公室。

湖北省红十字会
一九九三年八月二十日

关于对《中华人民共和国红十字会法（草案）》征求意见的通知

红字〔1993〕第 157 号

各省、自治区、直辖市红十字会（红十字会与红新月会联合会）、中国铁路红十字会：

《中华人民共和国红十字会法（草案）》于一九九三年六月十一日在国务院常务会议上获原则通过，一九九三年八月二十五日全国人大常委会第三次会议将予审议，为使法案在全国人大第四次常委会上（预计 10 月下旬）获顺利通过，全国人大常委会已将红会法草案向各省、自治区、直辖市人大常委会广泛征求意见，各省人大常委会将于近期以各种方式（书面、座谈等）征求意见，请各地积极配合，做好工作，以便更好修改法案。

在征求意见过程中，各省、自治区、直辖市（市）红会要有专门领导负责，尤其注意搜集同红十字事业关系密切、法案内容涉及到的部门以及来自基层熟悉红会工作同志的意见，并充分加以分析整理出精练且符合实际的条款，按各级人大常委会通知的要求汇总。如有情况，可及时与总会联系。

联系人：蓝军

电话：5139938、5124447—102

附件：《中华人民共和国红十字会法（草案）》

中国红十字会总会

一九九三年八月二十四日

中华人民共和国红十字会法（草案）

第一章　总则

第一条　为了保护人的生命和健康，发扬人道主义精神，促进和平进步事业，制定本法。

第二条　中国红十字会是中华人民共和国全国性红十字组织，是从事人道主义工作的社会救助团体。

第三条　中华人民共和国公民，不分民族、种族、性别、职业、宗教信仰、教育程度，凡承认中国红十字会章程并缴纳会费的，都可以参加中国红十字会组织。

第四条　中国红十字会遵循国际红十字和红新月运动确立的基本原则，依照中国参加的日内瓦公约及其附加议定书和中国红十字会章程，独立自主地开展工作。

第五条　中国红十字会根据独立、平等、互相尊重的原则，发展同各国红十字会的友好合作关系。

中国红十字会与中国政府有关部门密切合作，开展活动。

第六条　中国政府对中国红十字会给予支持和资助，保障中国红十字会依法履行职责，并对其活动进行监督。

第七条　中国红十字会使用白底红十字标志。

信奉伊斯兰教的地方，可以使用白底红新月标志。

第二章　组织

第八条　各级红十字会理事会由会员代表大会民主选举产生。

第九条　各级红十字会会员代表大会闭会期间，由理事会执行会员代表大会的决议。

理事会向会员代表大会负责并报告工作，接受其监督。

第十条　中国红十字会设名誉会长、名誉副会长。名誉会长、名誉副会长由中国红十字会总会理事会聘请。

第十一条　国家机关、社会团体、企业事业组织、居民委员会、村民委员会可以建立基层红十字组织。

县级以上行政区域建立地方各级红十字会，根据实际工作需要，可以配备专职工作人员。

全国性行业根据需要可以建立行业红十字会。

全国建立统一的中国红十字会总会。

中国红十字会总会指导地方红十字会和行业红十字会的工作。

第十二条　各级红十字会的组成和选举程序由中国红十字会章程规定。

第十三条　中国红十字会总会、地方各级红十字会、行业红十字会具有社会团体法人资格。

第十四条　红十字会的名称由行政区域名称、行业名称或者单位名称加"红十字会"组成。

第三章　权利与义务

第十五条　中国红十字会履行下列职责：

（一）依照日内瓦公约及其附加议定书的有关规定开展工作；

（二）开展备灾工作；在自然灾害和突发事件中，对伤病人员和其他受害者进行救助；

（三）组织群众参加现场、群众性、初级的卫生救护培训，普及卫生救护和防病知识，参加现场救护；参与输血献血事业，推动无偿献血；开展人体组织器官和遗体捐献的宣传组织工作以及其他人道主义服务活动；

（四）参加国际人道主义救援工作；

（五）开展红十字青少年活动；

（六）宣传国际红十字和红新月运动的原则和国际人道主义法；

（七）开展同各国红十字会和红新月会以及国际红十字组织和其他同人道主义有关组织的交往与合作；

（八）依照国际红十字和红新月运动的基本原则，完成政府委托事宜。

第十六条　中国红十字会在救助活动中，有权处分其拥有的救助物资。

第十七条　战争时期，中国红十字会的人员和物资受日内瓦公约及其附加议定书的保护。

第十八条　在自然灾害和突发事件中，中国红十字会的人员和物资有交通优先通行的权利。

第十九条　中国红十字会用救助的物资和用于公益事业的捐赠物

资，按照国家有关规定享受减税、免税的优惠待遇。

第二十条　中国红十字会可以兴办与其宗旨相符的社会福利事业。

第二十条　中国红十字会享有国家为保障红十字会完成特定任务所提供的除本法第十六条至第二十条以外的其他优惠待遇。

第四章　标志

第二十二条　红十字标志分为保护标志和标明标志两种形式，并分别具有各自特有的作用。

使用红十字保护标志，是为了标志在武装冲突中必须受到尊重和保护的医务人员、宗教人员和设备。

使用红十字标明标志，是为了标示与红十字活动有关的人或者物。

禁止滥用红十字标志。

使用红十字保护标志，应当执行日内瓦公约及其附加议定书的有关规定。

红十字标明标志使用的具体办法，由中国红十字会制定，报国务院批准后施行。

第五章　经费与财产

第二十三条　中国红十字会经费的主要来源：

（一）红十字会会员缴纳的会费；

（二）接收国内外组织和个人的捐赠；

（三）动产和不动产的收入；

（四）人民政府的补助。

红十字会在使用捐赠款物时，应当尊重赠与者的意愿。

第二十四条　中国红十字会为发展红十字事业和进行救助工作，可以开展募捐活动。

第二十五条　中国红十字会建立经费审查监督制度。

中国红十字会的经费使用应当与其宗旨相一致。

中国红十字会对接收的国外捐赠款物，应当建立专项审查监督制度。

中国红十字会经费的来源和使用情况每年向中国红十字会理事会报告。

第二十六条　中国红十字会的经费使用情况依照过国家有关法律、法规的规定，接受人民政府的监督检查。

第二十七条　任何组织和个人不得侵占、挪用和任意调拨中国红十字会的财产和经费。

第六章　法律责任

第二十八条　对于不适当使用红十字标志以及滥用红十字标志的，按照有关法律、法规的规定予以处理。

第二十九条　在自然灾害和突发事件中，以暴力、威胁方法阻碍红十字会人员依法履行职责的，比照刑法第一百五十七条的规定追究刑事责任。

第七章　附则

第三十条　本法第四条中所称"国际红十字和红新月运动确立的基本原则"，是指一九八六年十月日内瓦国际红十字大会第二十五次会议通过的"国际红十字和红新月运动章程"中确立的人道性、公正性、中立性、独立性、志愿服务、统一性和普遍性七项基本原则。

本法第四条中所称"日内瓦公约"，是指中国加入的、于一九四九年八月十二日签署的日内瓦四公约，即：《改善战地武装部队伤病员待遇的日内瓦公约》、《改善海上武装部队伤病员及遇难者待遇的日内瓦公约》、《关于战俘待遇的日内瓦公约》和《关于战时保护平民的日内瓦公约》，但是中国声明保留的条款除外。

本法第四条中所称日内瓦公约"附加议定书"，是指中国加入的、于一九七七年六月八日订立的《一九四九年八月二十日日内瓦四公约关于保护国际性武装冲突受难者的附加议定书》和《一九四九年八月二十日日内瓦四公约关于保护非国际性武装冲突受难者的附加议定书》，但是中国声明保留的条款除外。

第三十一条　本法有关红十字标志使用的规定，适用于红新月标志。

第三十二条　军队使用红十字标志，依照日内瓦公约及其附加议定书的有关规定办理。

第三十三条　中国红十字会章程依照本法制定。

第三十四条　本法自公布之日起施行。

附：《刑法》有关条文

第一百五十七条　以暴力、威胁方法阻碍国家工作人员依法执行职务的，或者拒不执行人民法院已经发生法律效力的判决、裁定的，处以三年以下有期徒刑、拘役、罚金或者剥夺政治权利。

关于《中华人民共和国红十字会法（草案）》修改意见的报告

鄂红办函〔1993〕第 8 号

省人大教科文卫委员会办公室：

接到（1993）鄂人教函第 2 号，关于对《中华人民共和国红十字会法（草案）》征求意见的通知后，我们广泛征求了地市红十字会专职干部的意见，现将有关意见、建议汇报如下：

一、《中华人民共和国红十字会法》的制定和即将出台，标志着我国红十字工作将进入法制化建设和发展的新时期，必将有力地推动中国红十字事业的进程，为我国"两个文明"建设和人类和平进步事业做出更大的贡献。我省红会干部均表示赞同和拥护。

二、对红十字会法（草案）反映比较集中的几个问题

（1）《草案》国内部分一些条款过于原则，可塑性大，不易操作。

（2）《草案》中有关我国政府对红十字事业的支持方面反映不力，如名誉会长应由国家领导人担任，县以上红十字会应明确办事机构的专职红会干部，红十字会为筹集社会救助基金而兴办的经济实体应享受减免税优惠待遇等问题均未在《草案》中得到体现。

（3）《草案》法律责任一章概念模糊，如谁执法、谁纠法、谁解释法没有明确。

三、几条修改意见

（1）第五条：删除第二自然段。理由是它是第六条的重复，且内容易使国家社会对中国红十字会的独立性产生误解。

（2）第十条：建议在"由中国红十字会总会理事会聘请"前加"由国家或政府主要领导人担任"。理由：a. 国际通行做法，有利于国际交往；b. 国情需要，能提高红会的知名度，有利于红会开展社会救助工作。

（3）第十一条：删除第二自然段的"根据实际工作需要"，可以修改为"并设置相应办事机构，配备专职工作人员"。理由：a. 社会救助工作面广量大，没有办事机构和专职人员根本无法完成任务；b. "残联"办事机构、专职干部，国家编委明确行文配备到县级，比较"残联"，红会工作内容更广，服务对象更多，更应保证其机构列位，人员

列编。

（4）第十三条：第一款后面加上"其机构、人员列入法定编制"。理由同上条。

（5）第十五条：第三款中"参与输血献血事业"应修改为"管理输血献血事业"。理由是红会组织无偿献血较行政部门更具号召力，由红会管理输血献血事业，将有利于我国无偿献血事业的发展。

（6）第二十条：句末应加上"可申请低息贷款并享受减税、免税的优惠待遇"。理由是红十字会兴办社会福利事业的目的是为救灾、救济积累资金，红会财单力簿（薄），在积累社会救助基金的过程中需要政府给予政策上的支持，且大多数国家都是这样做的。

（7）第二十三条：建议将第四款改为第一款，并修改为"人民政府拨款"。以下条款序号顺推。理由是根据我国国情，会费、捐款均有限，相当长一段时间还得以政府拨款为主要经济来源。

（8）第二十四条：建议在句末加上"有条件的地方红十字会可以建立基金"。理由是可以更广泛地为红十字事业积累资金。

（9）第二十八条：建议在句首冠以"中国红十字会"，在"按照有关法律"前加上"有权"两字。理由是应明确执法者。

（10）第二十九条：建议增加第二款"对于侵占、挪用和任意调拨中国红十字会财产和经费的，比照刑法第一百二十六条规定追究刑事责任"。

（11）建议增加一条作为第三十四条，具体内容是"省、自治区、直辖市人民政府可依照本法和本地实际情况制定实施细则"。将第三十四条改为第三十五条。

一九九三年九月十三日

原件藏湖北省北省红十字会档案室，档号：1993－Y－016

关于请求解决湖北备灾救灾中心开办费的报告

鄂红字〔1993〕第 17 号

总会：

湖北备灾救灾中心在完成"中心"主楼建设及其必备的配套设施后，为尽快发挥"中心"的各种功能，增强"中心"综合实力，促进

"中心"建设与发展，现已采取边运转、边完善、边探索的措施，积极参与赈灾救助，目前已筹建了被服厂开展棉被加工、储存、采办、分发、转运等工作；培训基地已初步形成，有教室、宿舍、食堂，能容60~100人的食宿。同时，我们还利用"中心"的优势，筹办小型经济实体以维持备灾救灾中心的生存，逐步提高自我完善自我发展的能力。

目前"中心"一方面承受着工程缺口与资金的压力，另一方面又必须开拓进取，寻求生存发展的途径，为此，恳请总会给予扶持，解决开办资金叁拾万元，特此报告。

妥否，请批示。

一九九三年九月二十八日

原件藏湖北省北省红十字会档案室，档号：1993－Y－016

湖北省红十字会关于举办
"救灾备灾工作培训班"的通知

鄂红字〔1993〕第 20 号

各地、市、州及林区红十字会：

为贯彻落实中国红十字会救灾备灾工作研讨会精神，交流各地近年来救灾备灾工作经验，探讨新形势下救灾备灾工作的有关问题，全面提高我省红会干部和各级红十字会救灾备灾管理工作水平。经研究决定举办"救灾备灾工作培训班"，现将有关事宜通知如下：

一、时间

一九九三年十一月中旬，会期三天（具体时间另行通知）。

二、地点

孝感市"中国红十字会湖北备灾救灾中心"。

三、参加人员（分配名额见附件一）

（1）各地、市、州及林区红会秘书长一人；

（2）部分县（市）红会分管救灾备灾工作的专职干部。

四、内容

（1）传达中国红十字会救灾备灾工作研讨会精神，学习《红十字与红新月灾害救济原则与条例》《中国红十字会参与自然灾害救济工作的暂行规定》；

（2）交流各地落实鄂红字（1993）第 10 号文和鄂红办函（1993）第 4 号文的经验；

（3）小结一九九三年各地红会工作，拟定一九九四年全省红会工作计划。

五、注意事项

（1）请各地将报名表（附件二）以地、市委单位填好后于十一月六日前报省红十字会办公室（电话：027－724238）。

（2）参加培训班人员食宿费用按标准自理。

附件：1. 救灾备灾培训班名额分配表

　2. 救灾备灾培训班报名表

湖北省红十字会

一九九三年十月十六日

附件 1：救灾备灾培训班名额分配表

单位	名额
武汉市红十字会	4
宜昌市红十字会	4
襄樊市红十字会	4
孝感市红十字会	2
黄石市红十字会	1
沙市市红十字会	1
荆门市红十字会	1
鄂州市红十字会	1
十堰市红十字会	1
荆州地区红十字会	4
咸宁地区红十字会	3
黄冈地区红十字会	4
郧阳地区红十字会	2
恩施自治州红十字会	1
神农架林区红十字会	1

姓名	性别	民族	年龄	单位及职务	备注

注：清真饮食者请在备注栏内说明。

原件藏湖北省北省红十字会档案室，档号：1993－C－017

关于学习、宣传《中华人民共和国红十字会法》的通知

鄂红字〔1993〕第 24 号

各地、市、州及林区红十字会：

《中华人民共和国红十字会法》（以下简称红十字会法）业经第八届全国人民代表大会常务委员会第四次会议审议通过，这是中国红十字会发展史上划时代的事件，结束了中国红十字会没有法的历史，必将使中国红十字事业沿着法制化轨道更加健康地发展。

各级红十字会组织和广大会员都要认真学习，积极宣传红十字会法，深刻认识其重要的现实意义和深远的历史意义。各级红十字会的领导干部要首先带头深入学习红十字会法，不仅要熟悉法律的所有条文，而且要掌握其精神实质，进一步提高对中国红十字事业的认识。同时，各级红十字会要组织全体会员和职员工作者，掀起一个学习红十字会法的热潮，使所有红十字工作者都能够了解法律的基本内容，自觉地依法办事，主动用法律维护红十字会的权益，把红十字工作真正纳入法制的轨道。

一部法律只有得到广大公众的自觉遵守才能真正发挥作用。因此，各级红会组织和全体会员都要做遵守红十字会法的带头人，并以该法为依据，全面规范红十字会工作。对社会上存在的各种违反红十字会法的现象，特别是滥用红十字标志的问题，要积极做工作，尽快予以纠正。

学习和宣传红十字会法是当前和今后一个时期的中心工作。省红十字会决定在年底以前就红十字会法的学习宣传做好以下四项工作：

（1）11 月下旬举办"学习《中华人民共和国红十字会法》培训班"；

（2）组织部分地、市、县红会专职干部参加由全国人大法工委举办

的《中华人民共和国红十字会法》研讨班；

（3）召开一次邀请新闻界参加的宣传红十字会法的座谈会；

（4）翻印《中华人民共和国红十字会法》、征订《中华人民共和国红十字会法注释义》，下发到县以上红十字会。

各地红会接到本通知以后，要结合本地实际，制定切实可行的计划，集中人力、财力，动员一切可以动员的社会力量，宣传红十字会法。要密切配合宣传部门，充分利用新闻媒体，向社会广泛宣传红十字法，努力使红十字会法家喻户晓，为红十字会法的贯彻实施打下良好的群众基础。地（市）红会在一九九四年一月底以前将各地学习、宣传、贯彻红十字会法的情况汇总后书面报告省红会。

一九九三年十一月十六日

原件藏湖北省北省红十字会档案室，档号：1993－C－017

关于组织参加《红十字会法》研讨班的通知

鄂红办函〔1993〕第 11 号

各地、市、州及林区红十字会：

为使各地更好地学习、宣传、贯彻红十字会法，提高各级红十字会干部的法律素质，在便于组织管理的前提下，省红会研究决定，由各地、市、州及林区红会组织本地区红会专职干部参加全国人大法工委举办的《红十字会法》研讨班。请各地在安排好年底各项工作的同时，认真周密地组织好此次活动。研讨班的有关事宜请直接与中国改革与发展丛书编辑部李实同志联系，并将参加研讨班人员名单抄报省红会。

附：《红十字会法》研讨班通知

湖北省红十字会办公室
一九九三年十一月十六日

《红十字会法》研讨班通知

全国人大常委会八届四次会议在十月下旬即将审议通过《中华人民共和国红十字会法》。这是我国国家最高权力机关通过的第一部红十字会法。为了宣传贯彻红十字会法，保证法律的实施，全国人大常委会法制工作委员会国家法行政法室举办红十字会法研讨班，由参加起草、修改审定法律的同志讲授，具体工作由中国改革与发展丛书编辑部承担。

一、主讲人

张春生　全国人大常委会法工委国家法行政法室　主任

张世诚　全国人大常委会法工委国家法行政法室　处长

王岩　国务院法制局　处长

蓝军　中国红十字会总会　部长

二、主要讲授内容

1. 红十字会法的立法指导思想

2. 红十字会的组织建设

3. 红十字会的职责

4. 红十字会标志

5. 国外红十字会运动及立法介绍

三、招生对象

各级红十字会工作人员、地方人大常委会工作人员。

四、学习时间

每期十天，学员根据自己具体情况，进行报名，分期培训。第一期：12月6日报道；第二期：12月18日报道。（请在报名表中注明参加第几期研讨班）

五、报名须知

在收到通知后20日内，请将报名表及报名费每人20元寄到编辑部。收到报名费后，即发入学通知，报到时交学费200元。

六、其他

住宿及返程车票统一安排，费用自理。

邮局汇款及通信地址请用我部专用信箱：北京市第630信箱　李实收　邮编：100010

办公地址：北京市国子监15号首都图书馆院内　电话：5231929

全国人大法工委国家法行政法室　中国改革与发展丛书编辑部

1993年10月

请将报名表填好后沿虚线剪下连同报名费务必按下述地址寄回，以免丢失。

回信地址：北京市第630信箱　李实收　邮政编码：100010

第（　）期报名表

姓名	性别	年龄	民族	职务	工作单位及 详细通讯地址	邮政 编码	联系 电话

原件藏湖北省北省红十字会档案室，档号：1993－C－017

省红十字会关于制定《湖北省实施
〈中华人民共和国红十字会法〉办法》的请示

鄂红字〔1994〕1 号

省人民政府：

　　《中华人民共和国红十字会法》（以下简称《红十字会法》）1993 年 10 月 31 日经中华人民共和国第八届全国人民代表大会常务委员会第四次会议审议通过，由国家主席江泽民签发第十四号主席令，于 1993 年 10 月 31 日起公布实施。

　　为更好地贯彻实施《红十字会法》，建议结合我省实际情况，尽快制定《湖北省实施〈中华人民共和国红十字会法〉办法》，并请纳入我省 1994 年立法计划。

　　当妥，请批复。

湖北省红十字会

一九九四年元月八日

原件藏湖北省北省红十字会档案室，档号：1994－Y－018

关于工资改革中红十字会是否
应该列入机关改革范围的请示

鄂红字〔1994〕第 6 号

中国红十字会总会：

　　目前正在进行的工资制度改革中，我省红十字会被列入事业单位进行"工改"。与行政机关同级人员相比,省红会工作人员的工资普遍低15～90元。现在,《中华人民共和国红十字会法》已经颁布,且总会已被国务院明确属于"参照国家公务员制度管理的群众团体"。为便于我们向省工改办如实反映情况,请总会把"红十字会属于参照国家公务员制度管理的群众团体"这一精神用文字形式给我们一个批复。

湖北省红十字会

一九九四年一月二十五日

原件藏湖北省北省红十字会档案室,档号:1994－Y－018

关于编制和工资改革等有关情况的复函

湖北省红十字会:

你会鄂红字(1994)第6号文收悉。现将我会与工资改革有关的问题通报如下:

(1)中央直属18个社团:全国总工会、团中央、全国妇联、科技协会、文艺界联合会、作家协会、新闻工作记者协会、台胞联谊会、黄浦(埔)军校同学会、对外友好协会、外交学会、贸促会、国际商会、残疾人联合会、法学会、红十字会总会、宋庆龄基金会、侨联。

(2)中国红十字会总会是中央直属18个社团之一。编制机构改革由中央编委直接负责。中央编委、中组部、人事部已明确中国红十字总会参照公务员条例实行公务员制度。经国务院批准,由人事部负责我会组织实施,1月17日人事部已召集我们开会布置了这项工作。

(3)工资改革。已明确我们按机关行政人员(公务员)进行工资改革。

中国红十字会总会

一九九四年一月二十五日

原件藏湖北省北省红十字会档案室,档号:1994－Y－018

转发民政部《关于对中国文联等社会团体实行免检的通知》的通知

鄂红字〔1994〕第9号

各地、市、州及林区红十字会：

现将民政部《关于对中国文联等社会团体实行免检的通知》转发给你们，请你们按照此文件精神在当地民政机关办理免检事宜。

附：《关于对中国文联等社会团体实行免检的通知》

湖北省红十字会

一九九四年三月四日

关于对中国文联等社会团体实行免检的通知

民社函〔1994〕34号

中国文联等九个团体：

根据《社会团体登记管理条例》中关于登记管理机关对社会团体实行年度检查制度的规定，我部现已开始进行全国性社会团体的年检工作。鉴于中国文学艺术界联合会、中国作家协会、中华全国新闻工作者协会、中国职工思想政治工作研究会、黄埔军校同学会、中华人民对外友好协会、中国人民外交学会、中国红十字会总会、宋庆龄基金会等社团组织领导关系、工作性质和经费来源的实际情况，经研究决定，对上述团体实行免检。

特此通知。

民政部

一九九四年二月一日

原件藏湖北省北省红十字会档案室，档号：1994－Y－018

公牍选载

省红十字会关于接待红十字会与红新月会
国际联合会亚太部官员访鄂的计划

鄂红字〔1994〕第 11 号

中国红十字会湖北备灾救灾中心、孝感市红十字会：

应总会邀请，红十字会与红新月会国家联合会亚太部主管中国项目官员雅沙·奥兰德（YRSA OLANDER，芬兰籍）和亚太部项目官员曹嵩先生（中国籍）将于今年 3 月 10 日至 25 日来华考察备灾救灾工作。外宾在总会社会赈济部副部长黄向东陪同下于 3 月 18 日至 20 日赴我省考察备灾救灾中心的建设、运转、管理情况及存在的问题。具体接待计划如下：

一、外宾抵离鄂时，由省红十字会专职副会长范维盛同志迎送；

二、由省人民政府副省长、省红十字会会长韩南鹏会见并宴请外宾一次，省外事办公室领导参加会见；

三、外宾食宿费自理，总会陪同人员食宿费先由当地垫付后向总会结算；当地陪同人员费用由当地接待单位支付；外宾参观游览门票由接待单位用人民币支付。

湖北省红十字会

一九九四年三月九日

原件藏湖北省北省红十字会档案室，档号：1994 - C - 019

省红十字会关于印发《湖北省红十字会
一九九四年工作要点》及《一九九四年湖北省地、
市、州红十字会目标管理检查要求》的通知

鄂红字〔1994〕17 号

各地、市、州及林区红十字会：

现将《湖北省红十字会一九九四年工作要点》及《一九九四年湖北省地、市、州红十字会目标管理检查要求》打印下发。望按照文件精神，结合各地实际情况，迅速规范部署本地红十字工作，争取今年我省

红会工作再上新台阶。

湖北省红十字会

一九九四年五月三十日

湖北省红十字会一九九四年工作要点

1994 年是我们乘胜追击，深化改革，加快发展至关重要的一年。我省红十字会工作，以深入学习、宣传、贯彻实施红十字会法为中心任务，落实中国红十字会第六次全国会员代表大会精神为主要内容，统筹落实各项业务工作，促进事业发展。

一、学习宣传、贯彻执行《中华人民共和国红十字会法》工作

（1）各级组织及红会干部要反复认真地学习红十字会法。红十字会法的内容涉及面广、含义深刻，要在领会精神实质上下功夫。

（2）通过多种渠道，采取多种形式，结合纪念中国红十字会成立90周年、"5·8"世界红十字日等活动反复宣传，加强普及红十字会法的进程。

（3）省红十字会与立法部门联系，力争尽早出台《湖北省实施〈中华人民共和国红十字会法〉办法》。各地红十字会要充分运用红十字会法，与政府有关部门协商研究，有针对性，有计划地解决面临的困难和实际问题。

二、学习宣传、贯彻落实"六大"精神

（1）积极向当地政府汇报"六大"的主要精神，召开常务理事会研究制定学习宣传、贯彻落实会议精神的方法、步骤及要求，按照"六大"精神，结合本地实际，层层宣传，贯彻落实。

（2）组织各级红十字会工作人员和广大会员及志愿工作者，结合学习红十字会法，认真学习理解新的《中国红十字会章程》，规范内部行为。

（3）省红十字会和各地、市、州红十字会于第四季度初组织人员，深入基层，结合 1994 年目标管理考核要求，对学习、宣传、贯彻、落实"六大"精神的情况，进行一次检查。

三、自身建设和组织发展

（1）改革内部管理体制，各级红十字会与编委等部门协商研究，参照国家公务员制度，对红十字会的机关实行改革与管理。

（2）依据红十字会法建立各级组织，依法落实机构、编制和经费，

完备核批、核定手续。各级专职干部要尽快到位，并相对稳定。

（3）各级红十字会要把干部的培训工作提上议程，不断提高干部素质。

（4）改进工作方法，提高工作效率，完善目标管理责任制。

（5）重视提高红十字会组织及会员质量。在组织发展中坚持以质量求发展，并有选择地进行组织整顿的试点工作，总结试点经验。

四、主要业务工作

（1）备灾救灾工作。积极协助政府做好备灾救灾工作。认真贯彻《中国红十字会备灾救灾中心建设与管理暂行规定》，加强中国红十字会湖北备灾救灾中心的内部管理，完善管理制度，加强各级红会救灾工作程序化、科学化的系列培训，严格按照总会关于救灾工作 17 份表格填写要求，跟踪救灾的实施过程，总结经验，完善手续，提高效率。

（2）卫生救护工作。巩固驾驶员卫生救护培训工作成果，积极开展矿工、电工、建筑工、餐饮人员等行业卫生救护培训，进一步完善公路沿线红十字急救网络的建设，使之在减少伤亡事故中切实发挥作用。

（3）血液事业工作。努力推动全民无偿献血工作，扩大无偿献血的宣传面，注重无偿献血宣传周的实效，规范红十字血站的建设。

（4）加强对红十字青少年工作的领导；坚持量力而行原则，开展社会服务活动；搞好对台和国际联络工作。

五、政策研究与宣传工作

（1）各级红十字会应加强政策、法规理论的研究工作，加大宣传力度，指导红十字事业，扩大红十字会的影响，充实有中国特色的红十字会理论。

（2）通过报告会、座谈会、演讲会等形式，利用多种宣传媒体广泛宣传红十字事业，及时收集通报情况，注重宣传效果。积极征订总会一报一刊，整顿、恢复中国红十字报刊湖北省通讯员网络。

六、扩大经费来源

（1）依据红十字会法第二十条的规定，保证红十字会的生存和正常的活动经费。强化会员的红十字意识，按期缴纳会费；有针对性地组织募捐活动；发挥动产与不动产的优势，组织创收活动；向当地政府申报预算，特殊性活动报请政府有关部门追加活动经费。

（2）继续兴办符合宗旨的社会福利事业和经营性实体。对红十字会直接管理的实体进行一次全面检查，巩固发展社会效益和经济效益好的实体，对毁坏红十字会声誉者视情节轻重解除与其关系或追究其责任。

一九九四年湖北省地、市、州红十字会目标管理检查要求

项目	内容	标准分	考评办法	评分标准
宣传	重点：红会法、章程、"六大"精神			
	1. 报纸、杂志、电视、电台年刊播6次	6	材料备查	1篇1分
	2. 办学习班1000人次/年（十堰、沙市、荆门、鄂州200人/年）	5	报名登记表	1/5人数得1分
	3. 上街宣传咨询100人次/年	3	花名册	20人次1分
	4. 简报6期/年	4	简报备查	3期2分
	5. 依法解决实际问题	2	材料	1件1分
	6. 红会法、章程知识竞赛1000人/年	5	答卷	2000人1分
组织建设	1. 领导机构建设：理事会1次/年	3	材料	召开了的得3分
	2. 办事机构、专干编制、地方财政列支	15	正式批文	1项5分
	3. 配齐专干，相对稳定	2	任命文件	专干到位比例
卫生救护	1. 培训：			
	（1）居民1%	1	花名册	达到比例得全分
	（2）红十字青少年50%	1	花名册	达到比例得全分
	（3）机动车驾驶员初训100%，复训50%	各3	花名册	达到比例得全分
	（4）其它行业（矿工、建筑工、冶炼工、电工、饮食从业人员）10%	5	花名册	达到比例得全分
	（5）乡村医生100%	2	花名册	达到比例得全分
	2. 安全线建设：国线100%，省线2条	各3	查材料，看现场	达到全分
	3. 无偿献血活动	2	材料	开展全分
社会福利	1. 救灾：按总会17张表格要去办理并落实；	5	查表格，看现场	达到要求全分
	2. 兴办1个以上实体并管理好。	10	看现场，查账目	有3份，盈7分，平2分

标准分：宣传25、组织建设23、卫生救护23、社会福利15

项目	内容	标准分	考评办法	评分标准
其他	1. 青少年工作； 2. 台务及接待工作。	4	简报反映	每项工作 未进行者扣 2 分
创特色活动	有创新，有特点，有效果	10	单项总结，实地考核	省红会 认可者可得分
论文	撰写有特色的中国红十字会论文	奖 5～15 分	稿件	总会报刊刊用或 省会认为优良者 一篇奖 5 分

原件藏湖北省北省红十字会档案室，档号：1994－C－019

关于为灾区拨发国际联合会
第一批救灾款的通知

红赈字〔1994〕177 号

湖北省红十字会：

最近，我们一直在关注着你省（市）的灾情发展，并向国际联合会发出了救助呼吁。为解灾区燃眉之急，现决定从国际联合会的第一笔捐款中给你省（市）拨发 73.5 万元人民币的救灾款，分别用 22.5 万元购买消杀灭药品，35 万元购买治疗药品，16 万元购买大米。请按下列要求从速办理：

一、上述救灾物资均有你会在当地自购，各种物资的采购数量要严格按分配款额执行，不得超额；

二、大米须在国营粮食部门采购，每公斤价格不高于 2 元人民币，原则上按每人 15 公斤供给的标准分发；

三、购买药品要在质优价廉及"三证"齐全的药厂或医药公司进行，采购时要货比三家，在保证质量的前提下，尽量压低价格；

四、将采购计划、"三家报价"及选定的供货单位和分配使用计划速报总会，待总会核准后即电话（或传真）通知你会与供货单位签订合同并垫支执行采购计划，同时向你会汇款；

五、所购物资须在外包装上印贴"献给灾区人民的爱红十字标记和红十字会和红新月会国际联合会捐赠"字样，详见附图。

六、印制、包装、运输等费用包含在各类物资的价值总额内，不足部分请当地政府补贴；

七、要做好宣传、分发资料的收集整理工作，并用救灾表格及时向总会反馈接收、分发等有关消息；

八、要重视并及时做好审计的准备工作。

中国红十字会总会

一九九四年八月十九日

（注：原档案中未见附图）

原件藏湖北省北省红十字会档案室，档号：1994－Y－018

省红十字会关于分发救灾大米的通知

鄂红字〔1994〕20 号

各地红十字会：

为帮助灾区人民渡过难关，总会向红十字会与红新月会国际联合会发出了救助呼吁。现在，国际联合会通过总会捐赠给我省灾民一批救灾大米，经研究，决定给你市（地区）分配□吨，请按下列要求从速办理：

一、按分配数在当地国营粮食部门自购，保证质量，每公斤价格不高于1.80元人民币（含包装、运输费），不足部分请当地政府部门补贴；

二、按总会要求，省红会统一制作标志，分发各地张贴在救灾粮袋上；

三、将采购计划、分配使用计划速报省红会办公室；

四、原则上按每人15公斤标准制定好受益灾民花名册，要求地市红会参与发放，省红会将抽查部分地市的发放情况；

五、做好发放救灾粮的宣传和资料收集整理工作，及时上报救灾表格；

六、严肃救灾工作纪律，严禁挪用救灾粮款，重视并做好审计准备工作。

一九九四年八月二十五日

原件藏湖北省北省红十字会档案室，档号：1994－Y－018

关于为湖北省红会拨发联合会
第三笔救灾款的补充通知

红赈字〔1994〕第 249 号

湖北省红十字会：

　　为使你省用好国际联合会第三笔救灾款款，现将有关事宜补充通知如下：

　　一、分给你省的 20 万元大米（面粉）款中，有两笔款分别为110363 元人民币和□元人民币，均系德国红会所捐，要求你会为其单独提供发票（与联合会其它发票分开）和用款报告，报告用中英文□总会后转联合会。

　　二、在你省制定分配计划时，最好将上述两笔款分别用到一个地（市），这样便于回收发票。

　　三、其它细节按《关于为北方七省（市）红会拨发联合会第三笔救灾款的通知》要求办理。

中国红十字会总会

一九九四年十二月十九日

原件藏湖北省北省红十字会档案室，档号：1994－Y－018

关于为北方七省（市）红会
拨发联合会第三笔救灾款的通知

红赈字〔1994〕第 251 号

湖北省红十字会：

　　为进一步支持和援助你省（市）红会的救灾工作，国际联合会又给我会捐赠了第三笔救灾款，现拨发给你省（市）红会大米和面粉款200000 元，棉衣款 240000 元，棉被款 246000 元，运输及行政费 12000元，计 698000 元。具体要求如下：

一、大米或面粉的价格不高于每公斤 2 元人民币，每人按不超于 15 公斤的标准发放；

二、在当地自做棉上衣的价格不得高于 45 元，棉被的价格不得高于 65 元，但须确保质量。若不能自做，由总会代为采购，棉上衣按每人 1 件计，棉被按每床 2 人计；

三、运输、包装和印制标志的费用包括在所购各类物资的总额内，由供货单位负担；

四、在各类物资的外包装上须印贴红十字标志和红十字会与红新月会国际联合会捐赠字样（图案同前）；

五、为尽快收到捐款，请各省（市）红会派人于 12 月 26 日前赴京领取汇票；

六、请将采购、分发计划、"三家报价单"和有关票据及时传寄总会赈济部；

七、在发放救灾物资时，要加强宣传工作，注重宣传效果；

八、要及时做好审计的一切准备工作。

中国红十字会总会

一九九四年十二月十九日

原件藏湖北省北省红十字会档案室，档号：1994 - Y - 018

省红十字会关于红会专职干部
由事业编制转为行政编制的请示

鄂红字〔1995〕6 号

省编制委员会：

根据中国红十字会总会红字（1994）第 057 号文件《关于参照实行国家公务员制的通知》精神，红十字会等 18 个中央管理的全国性社会团体参照实行公务员制度的工作已由国务院正式批准执行。

我省红会专职干部在去年工资改革中已遵照上述精神按行政机关工资级别进行套改。

总会和兄弟省、市红十字会及武汉市红十字会的干部大多属行政编制，部分属事业编制的省红十字会在机构改革中已改为行政编制（如辽宁省）。

为进一步理顺关系，特申请将省红十字会干部编制由事业编制转为行政编制。

当妥，请批示。

附件：

1. 中国红十字会总会红字〔1994〕第 057 号《关于参照实行国家公务员制的通知》

2. 江苏省红十字会关于编制、经费问题的函

3. 天津市编委《关于市红十字会增加编制的批复》。

（注：原档案中未见上述附件）

一九九五年三月二十三日

原件藏湖北省北省红十字会档案室，档号：1995－Y－021

关于开展湖北省第一次基层
红十字会普查工作的通知

鄂红字〔1995〕3 号

各地、市、州、省直管市及林区红十字会：

为准确掌握我省红十字会基层组织现有状况，为制定湖北省红十字会"九五"工作纲要和召开湖北省红十字会第四次会员代表大会提供可靠材料，经研究决定，从 1995 年 4 月 1 日起，在全省范围内开展湖北省第一次基层红十字会普查工作，请你们接此通知后，迅速行动，认真组织，周密细致地搞好此项工作，并按要求填写《湖北省第一次基层红十字会普查表》，于 1995 年 4 月 20 日以前报省红十字会。

附：《湖北省第一次基层红十字会普查表》

一九九五年三月二十三日

湖北省第一次基层红十字会普查表

（机构总数：　）共　页，第　页

机构名称	编制数（行政/事业）	专职干部数	会长姓名	秘书长姓名	联系电话（含区号）	会员总数

单位负责人签名（盖章）：　　　制表人签名（盖章）：

填报单位（盖章）：

填表时间：　年　月　日

填表注意事项：

1. 普查数据截止于 1995 年 3 月 31 日；
2. 机构名称以乡、镇一级（含行业、学校）红十字会为基本统计单位；
3. 编制数以编委文件为准，所有数据均为现在实有数，不含累计数；
4. 普查过程中遇到的新情况，请及时与省红十字会联系。

原件藏湖北省北省红十字会档案室，档号：1995－C－022

关于聘请省委主要领导人担任
湖北省红十字会名誉会长的请示

省委：

　　湖北省红十字会自一九八五年恢复建设至今已逾十年。其间，全国人大于一九九三年十月三十一日通过并颁布实施了《中华人民共和国红十字会法》，这标志着我国红十字会组织，作为一个全国统一的人道主义救助团体，开始步入了法制化的轨道。红十字会法颁布实施，受到了党中央的高度重视。一九九四年四月在中国红十字会第六次全国会员代表大会上，江泽民主席遵循国际惯例，欣然接受了总会的聘请，担任了中国红十字会总会的名誉会长，并在会上发表了重要讲话。此举，再次庄严地表明我国红十字会组织在国际人道主义领域里，将独立负责地承担自己的义务，并为推动世界和平与发展做出自己的贡献。

　　湖北省红十字会恢复十年来，已发展会员 150 万人，县以上已全部建立了专门机构。全省各级红会组织，紧紧围绕红十字会的宗旨，在赈灾救护、血液事业、对台事务、应急行动、对外交往等诸多方面发挥着不可替代的社会职能。一九九一年我省遭遇历史罕见的洪涝灾害时，省红会通过向总会和国际联合会紧急呼吁，先后争取到境外捐款、捐物约2500万元，有力地支援了灾区人民的生活和生产自救，受到了全社会的广泛赞誉。一九九二年我省受总会委托，正式承建"中国红十字会湖北备灾救灾中心"（位于孝感市区内，占地20亩，建筑面积5000平方米）。目前，"中心"已形成加工、储存、转运紧急救灾物资的能力，并作为红十字会系统区域性备灾救灾网络，正式在国际联合会备案。十年间，我省红会共接收境外50000余万元；组织无偿献血1万人次；开展院前急救培训180万人次；为海峡两岸同胞寻亲2000多人次。

根据《中国红十字会章程》规定，今年五月间，我省红会将召开第四次会员代表大会。大会将遵循邓小平同志建设有中国特色的社会主义理论，以学习贯彻红会法为根本任务，总结过去的工作，研究红会组织当前面临的新形势和任务，勾画我省红会事业未来发展的蓝图。同时，重新选举产生新的一届理事会。遵循总会及兄弟省（市）的做法，经三届理事会认真研究通过，我们郑重聘请省委主要领导同志，出任湖北省红十字会名誉会长。

以上请示妥否，请批示。

附：

1. 《中华人民共和国红十字会法》
2. 中国红十字会总会组成名单
3. 江总书记在总会"六大"上的讲话
4. 兄弟省（市）红十字会组成简况
5. 1949年日内瓦公约及其1977年附加议定书的基本原则

（注：原档案中未见以上附件）

湖北省红十字会

一九九五年四月一日

原件藏湖北省北省红十字会档案室，档号：1995－Y－021

关于 1995 年海峡两岸红十字青少年
夏令营活动方案及经费预算的报告

鄂红字〔1995〕13 号

中国红十字会总会：

接红台字（1995）第 064 号文件的精神，现将 1995 年海峡两岸红十字青少年夏令营活动方案及经费预算报告如下，请审核。

一、活动日程安排

1995 年 8 月 7 日

（1）台湾营员下午抵武汉，游览市容，5：30 宴请，7：40 乘"游2"列车赴宜昌（8 日 6：45 抵宜昌）。

（2）大陆营员直接赴宜昌集中。

8 月 8 日

上午：开营式、合影、讲课（红十字运动知识、三峡历史、地理、文化概貌，葛洲坝、长江三峡大坝水电工程概况）

下午：参观葛洲坝工程、三峡大坝模型、中华鲟养殖研究所

晚上：联欢活动

8 月 9 日

7：30 上船（早餐）、8：30 启航，沿途观赏西陵峡、巫峡、瞿塘峡，19：00 抵奉节县码头停靠过夜

8 月 10 日

7：30—10：00 游览白帝城，10：00 启航，12：00 到巫山县城码头，12：30 换小船游小三峡，17：00 返船启航至秭归县停靠过夜

8 月 11 日

7：30 上岸游览屈原庙

返回宜昌，旅游船宴请，在船上联欢过夜

8 月 12 日

6：30 上岸返回宾馆，上午自由活动，下午闭营式，大陆营员疏散返程。

台湾营员 20：40 乘"游1"列车赴武汉。

8 月 13 日

7：39 到汉。上午游览黄鹤楼，下午游览东湖风景区。

8 月 14 日

9：10 乘 CZ3075 航班赴香港。

二、经费预算

总预算：269358 元

分科预算：

（一）交通费：171466 元

（1）"西施号"三星级豪华旅游船租船费 15 万元（含游览三天的全部费用）。

（2）台湾及总会营员往返宜昌车费 15216 元：

台湾：115 元×30 人×2 次＝6900 元，223 元×6 人×2 次＝2676 元（软卧）；

总会及省会：75 元×10 人×2 次＝1500 元；

手续费：45×46 人×2 次＝4140 元。

（3）接送及武汉市游览租车费 6250 元（宜昌 2500 元，武汉：1500 元×2.5 天＝3750 元）。

（二）住宿费：31392 元

武汉：6、7 日

总会：180 元×3 间×1.5 天＝810 元

台湾：180 元×9 间＝1620 元（领队 3 间，学生 6 间）

13 日：180 元×8 间＝1440 元（领队），90 元×15 间＝1350 元（营员）

宜昌：

标准间：248 元×3 间×3 天＝2232 元；

三人间：228 元×35 间×3 天＝23940 元

（三）伙食费：

武汉：100 元×50 人×1 天＝5000 元，1000 元×5 桌＝5000 元（7 日宴请），5 云×50 人×2 瓶＝500 元（饮料）

宜昌：80 元×110 人×3 天＝26400 元，饮料费：1200 元；宴请加餐费，提前到达及未能按时疏散人员进餐费等共算 1 天 8800 元

（四）门票费：6900 元

宜昌：4400 元（含交通费）；武汉：2500 元

（五）会务费：12700 元

（1）照相、摄制录像带 6000 元（武汉 1000 元，宜昌 5000 元）；

（2）联欢晚会、卡拉 OK 场租费 2500 元；

（3）会议室费（开营、闭营）1200 元；

（4）巨幅标语费 1000 元（两幅）；

（5）办公用品、杂支、药品费 2000 元。

一九九五年四月二十七日

关于开展"起草《湖北省实施〈中华人民共和国红十字会法〉办法》调研"工作的通知

鄂红字〔1995〕14 号

各地、市、州及林区红十字会：

1993 年 10 月 31 日，全国人大常委会审议通过了《中华人民共和国红十字会法》，并由国家主席江泽民签署命令正式颁布实施，这是中国红十字运动发展史上的一件大事，从此中国红十字事业步入了法制化轨道。红十字运动是国际范围内的人道主义运动，历经 100 多年发展，已建立了受到世界各国普遍欢迎的人道主义国际法体系。我国作为国际联合会的成员国，已经承诺应将国际法中的有关责任和义务，以国内法的形式予以确认。《中华人民共和国红十字会法》颁布以来，全国各省、市、自治区地方立法的进程明显加快，武汉市的立法工作在我省已率先进展，并取得了明显成绩，省红会三届理事会把我省地方性法规的制定作为今年工作的重点，省人大常委会和省政府法制办也已受理了此项立法工作。为使符合我省各地实际的《湖北省实施〈中华人民共和国红十字会法〉办法》尽早出台，丰富和完善中国红十字会法律体系，经研究决定，从 5 月中旬开始在全省范围内开展起草《湖北省实施〈中华人民共和国红十字会法〉办法》调研工作，现将有关调研事宜通知如下：

一、组织领导

为保证调研工作顺利进行，成立由各地、市、州红十字会专职干部参加的调研工作小组，调研工作小组由以下同志组成：

顾问：范维盛

组长：冯芊

副组长：夏大鹏、袁竞

成员：赵迎庆、杨嗣润、王树型、李建锋、葛庆利、王崇虎、丁

公牍选载

卫、汪跃、桂望兰、陈太英、屈红玲、金仁龙、郑文刚、姚天明、郑忠明、沈明生、陈普成

联络员：邓小川

二、调研方法和步骤

从 5 月中旬开始，各地红会根据工作小组制定的调研提纲，准备出书面的调研汇报材料；5 月底至 6 月中旬，调研工作小组成员分批到本省各地、市进行调研考察；6 月中、下旬，产生初稿并在全省红会秘书长工作会议上征求意见；7 月份，组织有关部门的人员到已制定实施办法的兄弟省、市学习考察；8 月初，产生草案并征求各地和省有关部门意见；8 月底，产生（草案）送审稿，报送省政府法制办；争取 9 月份请省人大教科文卫委员会正式受理。

制定《湖北省实施〈中华人民共和国红十字会法〉办法》是我省红会工作的一件大事，各地红会接此通知后应迅速行动，根据本地实际情况，按照调研提纲认真准备好书面材料，随时迎接工作小组的调研考察。

附：调研提纲

一九九五年五月十一日

调研提纲

1. 本地红会恢复于何时？现有会员数多少？在哪些行业发展了红会组织？

2. 本地红会编制数是多少？是行政编制还是事业编制？是单列还是挂靠？

3. 本地红会组织是否定级？内设机构和专职干部情况？

4. 主要经费来源有哪些渠道？是否已财政单列？预算多少？

5. 是否有专门的办公场所？有哪些固定资产？

6. 常务理事会组成情况怎样？是否有名誉职务？

7. 红会每年主要开展了哪些业务工作？

8. 在哪些行业开展了卫生救护培训工作？

9. 在参与献血工作中起了哪些作用？是否建有属于红会自己的血站？基本情况怎样？

10. 本地滥用红十字标志现象主要发生在哪些行业、部门？是否进行过清理？主要难度在哪里？

11. 本地是否开展过募捐活动？规模如何？

12. 在处理突发事件和自然灾害过程中，红会人员及物资的交通费由哪里解决？是否享有优先通行权和减免税费待遇？

13. 红会兴办了哪几方面的实体？是否每年向红会上缴管理费？

14. 红会对接受的捐赠物资和设备是否拥有独立的处分权和使用权？

15. 政府对红会的支持与资助主要表现在哪几方面？应在哪些方面进一步得到加强？

原件藏湖北省北省红十字会档案室，档号：1995－C－022

关于 1995 年海峡两岸红十字青少年夏令营活动方案的报告

鄂红字〔1995〕15 号

中国红十字会总会：

经多方协调，现将 1995 年海峡两岸红十字青少年夏令营活动方案报告如下，请审核。

一、组织机构

成立 1995 年海峡两岸红十字青少年夏令营组织委员会（以下简称组委会），组委会下设秘书组、会务组、后勤组。组委会成员及各组负责人，建议由以下人员担任：

组委会主任委员：曲折（总会副会长）

副主任委员：孙樵声（省红会副会长、省人民政府办公厅主任）

委员：孙纯良（总会组青部部长）、张希林（总会台务部副部长）、冯芊（省红会秘书长）、符利民（宜昌市红会会长、副市长）、王浚山（宜昌市红会副会长、市人民政府副秘书长）、杨嗣润（宜昌市红会专职副会长）

秘书组组长：张希林

会务组组长：孙纯良

后勤组组长：冯芊

二、活动内容

学习红十字运动知识，组织文娱联欢，参观游览长江三峡名胜古迹。

三、日程安排：1995 年 8 月 7 日

（一）台湾营员下午抵武汉，游览市容，5：30 宴请，7：40 乘"游2"列车赴宜昌（8 日 6：45 抵宜昌）。

（二）大陆营员直接赴宜昌集中。

8 月 8 日

上午：

7：30—9：00 开营式（晴天在滨江公园露天广场，雨天在室内）

7：30 全体营员及少年儿童鼓乐队、仪仗队在宾馆集合后列队前往会场（10 分钟），8：00 正式开营。

议程：

1. 主持人（省红会秘书长冯芊）介绍在主席台就座的夏令营领导和嘉宾；

2. 全体营员唱营歌（乐队伴奏）；

3. 组委会主任向营长（学生营员担任）授营旗；

4. 组委会主任讲话；

5. 宜昌市政府副市长、市红会会长符利民致欢迎词；

6. 营长宣读营员守则；

7. 营员代表讲话；

8. 合影；

9. 开营式结束。

营员列队回宾馆后，在会议厅讲授红十字运动知识、介绍三峡历史、地理、文化知识和葛洲坝、三峡大坝工程概况。

下午：

2：00—5：30 参观葛洲坝、三峡大坝电动模型、葛洲坝电厂、中华鲟养殖研究所。

晚上：

观摩大型土家族婚俗系列舞蹈剧《土里巴人》。

8 月 9 日

7：00 上船，8：00 启航，沿途观赏西陵峡、巫峡、瞿塘峡，18：00 抵奉节县港停宿。晚上在船上举行红十字知识和卫生救护知识抽题有奖竞赛。

8 月 10 日

7：00—10：00 游览白帝城，11：30 抵巫山县港，13：00—18：00 游览小三峡，晚上在巫山县停宿。20：00—22：00 船员与营员联欢

晚会。

8月11日

8:00启航,12:00抵秭归县港,游览屈原庙后返航,18时抵宜昌市港,船长宴请全体营员,20:00—22:00在船上举行"三峡之旅难忘今宵"诗歌朗诵及舞会。

8月12日

6:30上岸返回宾馆,上午自由活动,中午省、市红十字会和宾馆联合举办自助式冷餐文娱宴会,向营员赠送纪念品,下午3:00闭营式。晚餐后,大陆营员疏散返程。台湾营员20:40乘"游1"列车赴武汉。

8月13日

7:39到汉。上午游览黄鹤楼,下午游览东湖风景区。

8月14日

9:10乘CZ03075航班赴香港。

一九九五年六月六日

原件藏湖北省北省红十字会档案室,档号:1995-Y-021

关于举办 1995 年湖北省
红十字青少年夏令营的通知

鄂红字〔1995〕17 号

各地、市、州及省直管市、林区红十字会:

我省"我心中的红十字"绘画、征文评比已揭晓,为奖励优胜者,鼓励更多的青少年踊跃参加红十字青少年活动,丰富红十字知识,我会决定在江西庐山举办 1995 年湖北省红十字青少年夏令营,现将具体事宜通知如下:

一、营员条件:

(1)"我心中的红十字"征文获奖作者;

(2)获组织奖的单位以及荆沙市、黄冈地区、武汉市、恩施州、十堰市红十字会均可派一名同志作为领队参加本次夏令营。(营员具体分布情况见附表)

二、营期:7月17日报道(到),21日离营。

三、报道(到)地点:省红十字会办公室(地址:武汉市东湖路

27号），联系人：邓红。

四、报到前，各地应组织营员学习红十字基本知识、卫生救护知识及安全知识，强调组织纪律性。

五、营员抵、离汉费用自理。

六、请参加夏令营的地、市、州红十字会于7月10日前将夏令营营员名单报省红十字会办公室。

附："我心中的红十字"征文获奖名单及夏令营营员分布表

一九九五年六月十四日

"我心中的红十字"征文获奖名单及夏令营营员分布表

作品名称	作者姓名	学　校
□□的红十字	杨玲玲	公安县□□初级中学二（一）班
我心中的红十字	熊贝妮	武汉市六中高三（三）班
山村一幕	徐海龙	枝城市一中高二（四）班
好人一生平安	陆婷婷	孝感市实验小学五（四）班
灯	曾宪红	枝城市高一中高二
哺人儿女大，真情岁月长	胡克	公安县屠陵中学二（一）班
无名星	蔡利	浠水县望城实验中学三（二）班
红十字药箱	牟德洁	枝城市一中高二（二）班
在和平的日子里	杜倩	宜昌市五中初二（六）班
闯进我心中的红十字	李亚清	恩施医专一九九三级一班
我是红十字会的一员	丁穗	孝感市实验小学五（五）班
我心中的红十字	袁红艳	恩施州护士学校
播种爱心	李勋	武汉市台北路学校
闪光的红十字	李新宇	十堰市第一中学
我心中的太阳——红十字	彭芬	恩施州护士学校
我心中的红十字	蔡福海	浠水县望城实验中学三（一）班
希望与和平	张敏	恩施州护士学校
我心中的红十字	姜红	恩施州护士学校
我心中的红十字	吴少侠	武汉市蔡甸区职业第一高中

作品名称	作者姓名	学　校
为了三十六名旅客的生命	袁琳	恩施医专一九九三级妇幼二班
为了一颗健康的心	段龙军	恩施医专一九九四级一班
希望——记我心中的红十字会	崔应琴	恩施州护士学校

宜昌市红十字会	组织奖
孝感市红十字会	组织奖
仙桃市红十字会	组织奖
宜昌市五中	组织奖
孝感实验小学	组织奖

原件藏湖北省北省红十字会档案室，档号：1995－Y－021

关于孝感备灾救灾中心性质、
产权及管理工作的通知

红赈字〔1995〕第 130 号

湖北省红十字会：

根据《中国红十字会备灾救灾中心建设与管理暂行规定》精神，现将孝感中心性质、产权及管理等问题通知如下：

一、中国红十字会孝感备灾救灾中心是隶属于中国红十字会总会的事业单位，实行自主经营、独立核算、自负盈亏的方针。

二、孝感中心的产权属中国红十字会总会和湖北省红十字会。

三、总会委托你会负责孝感中心的日常管理工作。

（1）中心主要领导的安排，由你会同有关部门协商提出人选，经总会同意后，由你会任免。

（2）建立健全中心的财务制度，遵守国家财经纪律，每半年向总会报告一次财务收支情况，年终提交全年工作总结及下年度工作计划和财务预算。

四、总会与你会拟签订并共同遵守"中心协议书"。

请遵照上述规定并结合你们的实际情况贯彻执行。

中国红十字会总会

一九九五年九月六日

协议书

甲方：中国红十字会总会

乙方：湖北省红十字会

为建好、管好中国红十字会××备灾救灾中心（以下简称"中心"），使其在红十字会备灾救灾工作中发挥积极作用，根据《中国红十字会备灾救灾中心建设与管理暂行规定》的有关精神，经甲、乙双方商定，达成如下协议：

一、甲方的权利和义务

1. 甲方参与乙方对"中心"的指导管理工作。

2. 甲方对"中心"的财务进行核查与审计。

3. 甲方不承担"中心"的债权债务问题。

4. 甲方调入或购入"中心"的物资按甲方要求处理。

5. 甲方视"中心"特殊需求及自身财力状况，对其进行必要的扶持。

二、乙方的权利和义务

1. 乙方负责"中心"的日常管理工作，在坚持仓储、培训为主的原则下，依法进行自主经营活动。

2. 除"中心"主要领导外，乙方负责对其他工作人员的聘用和调动。

3. 乙方对"中心"财务进行监督，每半年向总会报告一次财务收支情况；年终向总会提交全年工作报告及下年度工作计划和财务预算。

4. 乙方募集到"中心"的物资，由其自行处理。

5. 乙方每年从"中心"经营性总收入（职能内收入除外）中提取10%上交甲方用作红十字基金。

三、附则

1. 甲、乙双方互不承担对方的法律责任。

2. 不履行本协议一方，负责赔偿对方损失。

3. 本协议未尽事宜，由双方协商解决。

4. 本协议由双方代表签字后生效。

5. 本协议一式四份，甲、乙双方各执二份。

甲方代表：刘□旺
乙方代表：冯芊

原件藏湖北省北省红十字会档案室，档号：1995－Y－021

省粮食局关于国际红十字会援助
我省灾区救灾大米有关问题的通知

鄂红字〔1995〕第 151 号

有关地、市、州（县）粮食局、红十字会：

鉴于今年我省灾情严重，国际红十字会及省红十字会援助给我省救灾大米 11.6664 万公斤。这批大米分配给灾情比较严重的郧县 1.667 万公斤，郧西 1.3 万公斤，丹江口 0.7 万公斤，房县 0.533 万公斤，竹溪 0.8 万公斤，竹山 1.1667 万公斤，宣恩 1 万公斤，咸丰 1 万（公）斤，宜昌县 1 万公斤，宜昌市点军区 1 万公斤，保康 2 万公斤。粮源品种为"早籼标一"大米，由被援助县（市）粮食局从定购粮开支提供给红十字会。价格按每 50 公斤 95 元，由省粮食局向上述县（市）粮食局结算。统计报表上注明"红十字会救灾粮"，在销售栏内反映。

请各有关县（市）粮食局积极配合红十字会做好有关工作。

一九九五年九月二十九日

原件藏湖北省北省红十字会档案室，档号：1995－Y－021

武汉市红十字会关于春节期间开展
"博爱在江城"活动的通知

武红字〔1995〕16 号

各区、县红会：

一九九六年新春佳节即将来临，为尽可能地让社会散住的孤寡老人，以及社会中处境危难、需要关心、帮助的人，也能过一个祥和、美满的节日，市红会决定元月 16 日至春节期间，开展"博爱在江城"的活动，具体要求如下：

一、各区县红会要在"博爱在江城"活动期间，发动社会各方面力量，有计划地为辖区散住的孤寡老人，以及社会中处境危难需要关心、帮助的人排忧解难，为他们做好事、办实事。

二、全市各医疗团体会员单位在"博爱在江城"活动期间，大力发扬人道主义精神，根据需要与可能，组织专门巡回医疗队伍，对周围的处境危难、需要关心、帮助的人，开展送医送药上门的服务活动。

三、全市各大、中、小学校红十字会要组织红十字青少年，在"博爱在江城"活动期间，广泛开展为"三定一包"户的慰问、服务活动，让红十字青少年在活动中受教育，让孤寡老人在慰问服务活动中享受天伦之乐。

四、"博爱在江城"活动期间，全市各居委会红十字卫生站要集中力量，扎实务实地开展送温暖、献爱心的博爱活动。在活动中对孤寡老人、生活困难户实行三免费服务：即免挂号费、免咨询费、免收小伤小病处置费。届时，市红会将组织一批药品棉被等物资，发放到已完成整顿工作的 35 个红十字卫生站，并要求：

（1）博爱活动期间，已经整顿的 15 个红十字卫生站要以板报、横幅、标语口号等形式，大力宣传红会宗旨、性质、任务，宣传人道主义精神，在辖区内创造热烈的宣传氛围，让市民了解红会、理解红会、支持红会。

（2）博爱活动期间，免费为红十字卫生站辖区内的孤寡老人、儿童、残疾人、军烈属，以及处境危难的妇女、儿童送医送药上门不少于三次。

（3）为辖区内的孤寡老人开展"六个一"活动。即：帮助孤寡老人清洗一次衣被、购买一次年货、打扫一次卫生、布置一次房间、贴一副对联、开一次慰问座谈会。

五、郊区县红会要结合本地区实际情况和市红会分配的春节慰问物资，尽可能地去关怀、帮助辖区内散住的孤寡老人及贫困乡中处境困难的人。

六、各区县红十字会要倡导、发动社会的各方面力量，参与、资助本地区的"博爱在江城"活动；呼吁社会各界有识之士"人人奉献一点爱"，积极参与这次活动，为社会公益慈善事业做出应有的贡献。

七、"博爱在江城"活动是一次充分体现和实践红十字精神的具体行动，市红会将在活动期间，抽查部分红十字卫生站的活动开展情况，望各区县红会根据市红会通知要求积极组织落实，并将活动情况以登记表及书面材料的形式及时报告市红十字会办公室。

特此通知。

武汉市红十字会

一九九五年十二月二十日

原件藏湖北省北省红十字会档案室，档号：1995－Y－021

关于申请将《湖北省实施〈中华人民共和国红十字会法〉办法》列入 1996 年立法规划的报告

鄂红字〔1995〕29 号

省人大教科文卫体委员会：

《中华人民共和国红十字会法》已于一九九三年十月经全国人大八届四次会议通过，并颁布实施，几年来，我省各级红十字会组织尊（遵）循红会法的基本精神，广泛开展了学习、宣传、贯彻、实施红会法的工作，并有力地推动了我省人道主义救助事业的蓬勃发展，呈现出"依法建会，依法兴会"的可喜局面。然而，随着实践的深入，也出现了一些亟待解决的问题。归纳起来，集中反映在如何将红会法已明确的基本原则和精神，结合我省实际，提出具体实施办法的问题上。有鉴于此，我会今年以来，已就地方性法规的起草工作，进行了认真的调查研究，拟从一九九六年起，用一年或更长一点时间，完成实施办法的立法工作。特此申请将《湖北省实施〈中华人民共和国红十字会法〉办法》列入省人大教科文卫体委员会一九九六年立法规划。现将有关情况报告如下：

一、湖北省红十字运动始于一九一六年，解放前在战乱状态下，曾经为救治伤病员、赈济灾民做过一些有利于民众的好事。新中国成立以后，随着中国红十字总会的改组，逐渐沿革成目前的状态。其间，因"文革"极左路线的影响，我省红十字会停办十余年；直至一九八五年才恢复省红十字会的正常工作。我会恢复组织以来，积极开展各项业务活动，推动各地红会组织建设和发展；积极参与中国红十字总会和国际红十字运动的各项活动，并逐步建立起自己的工作体系和基地。目前，我省拥有会员 150 余万，基层组织 1 万余，红十字青少年 50 万。

二、全国三十个省、区、（市）中，先后已有北京、天津、上海、内蒙、黑龙江、江苏、江西完成地方性法规的立法工作。同时，我省的武汉市今年八月已完成立法工作，据此加快省里办法出台也十分必要。

三、制定实施办法是加强我省红十字工作的重要保证。

（1）《中国红十字法》确立的基本原则和法律精神，需要结合我省实际，得到有针对性、操作性的地方立法认可和保护。

（2）我省各级红十字会的地位、社会职责及行使职责拥有的社会保障、经费来源，红十字会与政府有关部门、其它社会组织的关系，红十字自身建设和监督等一系列重要问题尚待地方立法予以明确。

（3）白底红十字标志是国际保护性标志，不仅具有重要国际法确认的意义，而且也是中国红十字会独占的知识产权。然而，我省滥用标志的现象比比皆是，需要运用法律手段予以纠正和纳入法制管理。

（4）作为人道主义救助团体的红十字会，是一种社会公益、社会福利性组织。其活动除得到政府的资助之外，还不断得到海内外热心此项事业的组织和个人的支持。然而，社会对人道主义救助行动的需求与红十字会自身实力很不相称，红十字会兴办实体享受优待已成国际通例，我省通过地方立法将政府支持红十字事业的各种优惠政策予以确认无疑会加快这项事业的健康发展。

四、我会自一九九三年《中国红十字会法》颁布以来，已做了大量的宣传工作，今年以来又在广泛收集整理资料的同时，组成系统内专门工作班子，有计划地开展调研活动，形成初稿。因此，我会愿在省人大教科文卫体委员会的领导下，配合做好法规的立法工作，为推动湖北省红十字事业步入法制化轨道而努力。

特此申请，当否，请审核。

湖北省红十字会

一九九五年十二月二十日

原件藏湖北省北省红十字会档案室，档号：1995－Y－021

关于做好全省红十字会系统先进集体、先进工作者评选表彰工作的通知

鄂红字〔1995〕30号

各地、市、州及林区红十字会、人事局：

十年来，在全省各级党和政府的关心支持下，我省红十字事业蓬勃

发展，在备灾救灾、组织建设、卫生救护、社会服务、无偿献血活动等方面成绩显著，广大红会工作者和红会会员恪守"人道、廉洁"的职业道德，发扬"团结、实干、开拓、高效"的工作作风，为我省精神文明和物质文明建设作出了较大贡献。为进一步调动红会工作者的积极性和创造性，弘扬人道、奉献、博爱精神，推动全省红会事业的健康发展，省红十字会、省人事厅决定于1996年在武昌召开全省红会系统先进集体和先进工作者表彰大会，现将有关事项通知如下：

一、评选范围和名额

（1）先进集体的评选范围是全省红会系统县（含县）以上红会组织和团体会员单位；

（2）先进工作者的评选范围为全省红会系统各级各类单位中的工作人员（含理事和名誉会员等）；

（3）这次全省红会系统将评选出先进集体17个、先进工作者60名，按行政区划差额分配推荐名额；

（4）1993年以来已获全国、全省劳动模范、先进工作者等荣誉称号的，这次不再参加评选。

二、评选条件

（1）全省红会系统先进集体条件：

本地区红会组织机构健全，"三列"解决较好，领导班子能认真执行党的基本路线和《中华人民共和国红十字会法》，清正廉洁，成效显著；工作人员有高尚的职业道德和良好的工作作风，各项业务走在全省前列。

（2）全省红会系统先进工作者条件：

坚持党的基本路线精神，拥护四项基本原则和改革开放政策，遵纪守法，全心全意为人民服务，敬业精神强，在本职工作中积极进取、开拓创新，取得突出成绩，为本地区红会事业发展作出较大贡献。

三、评选的方法和要求

（1）这次评选推荐工作由省红十字会、省人事厅共同组织实施，各地、市、州及林区红十字会、人事局负责本地区的评选、推荐、上报工作。

（2）评选推荐工作要充分发扬民主，自上而下，逐级评选。先进工作者的产生要广泛征求群众意见，并经所在单位领导集体讨论同意后向上一级组织推荐，如被评选推荐者属于各级党委组织部门管理的干部，必须按干部管理权限，报请党委组织部门审核、签署意见后上报。

（3）所推荐的单位和个人，要事先征求当地纪委、监察、审计、计划生育、社会综合治理、卫生等部门的意见，然后由红十字会、人事局共同在呈报表上签署意见后上报，评选工作一定要实事求是、严格把关、确保质量、优中选优。

（4）省红十字会、省人事厅根据各地推荐的人选和单位近几期考核材料，进行综合评审和抽查，最后确定全省红会系统先进集体和先进工作者。

（5）各地、各单位推荐的先进工作者和先进集体需报如下材料：①先进集体、先进工作者呈报表（各一式四份）；②先进工作者汇总表（一式二份）；③先进集体、先进工作者事迹材料打印稿（各一式五份）。

（6）呈报的事迹材料要实事求是、真实可靠、内容充实、重点突出，先进集体的事迹材料限 3000 字内，先进工作者的事迹材料限 2000 字内，一律用第三人称写法，各事迹材料前附 100 字内容摘要。各种材料上报至省红十字会的时间为 1996 年 3 月 10 日以前，逾期不报，视为自动放弃，不按要求填写、手续不全者不予受理。

四、表彰奖励形式

对全省红会系统先进集体和先进工作者的表彰奖励按照精神奖励为主和物质奖励相结合的原则，在 1996 年全省第四次会员代表大会上进行表彰，凡授予全省红会系统先进集体荣誉称号者，颁发奖状并通报表彰；授予全省红会系统先进工作者，颁发奖状、奖品并通报表扬。

五、评选工作的组织领导

这次评选表彰工作，由省红十字会、省人事厅组织领导，省红十字会组训部负责评选的日常工作，联系电话为 027－7824238，邮政编码：430071，联系人：邓小川。

各地、各单位接本通知后要切实加强对此项工作的领导，把评选表彰工作当作促进"两个文明"建设的一项重要工作来抓，精心组织实施。各地红十字会要会同当地人事局确定具体的工作机构和人员，抓紧开展工作，保证评选推荐工作的顺利进行。各地请于 1996 年 1 月 25 日前将联系人名单及电话报省红十字会组训部。

附：

1. 湖北省红十字会系统先进集体呈报表

2. 湖北省红十字会系统先进工作者呈报表

3. 湖北省红十字会系统先进工作者汇总表

4. 湖北省红十字会系统先进集体、先进工作者推荐名额分配表

湖北省红十字会　湖北省人事厅

一九九五年十二月二十六日

（注：原档案中未见附件1—3）。

附件4：

湖北省红十字会系统先进集体、先进工作者推荐名额分配表

地区	集体	个人	地区	集体	个人
武汉市	1	8	孝感市	1	5
黄冈地区	1	8	黄石市	1	2
荆沙市	1	8	荆门市	1	2
宜昌市	1	7	鄂州市	1	2
咸宁地区	1	7	随州市	1	1
十堰市	1	6	天门市	1	1
襄樊市	1	5	恩施州	1	5
仙桃市	1	1	潜江市	1	1
神农架	1	1			

集体：17　　个人：70 名

原件藏湖北省北省红十字会档案室，档号：1995－Y－021

关于急需解决救灾棉被计划棉指示的报告

鄂红字〔1995〕第 31 号

省人民政府：

中国红十字会湖北备灾救灾中心从 1993 年开始接受境外捐赠，承制救灾棉被的加工、储存、分发、运输任务，先后已制作 60000 多套棉被并送往各灾区。但因原料供应渠道不畅，控制产品质量难度增大。

今年该"中心"又已承接湖北灾区 18000 套棉被的生产加工任务（2.5KG/套），（所需）三级正品原棉为保证产品质量、体现"社会效益第一，服务灾区优先"的原则，急需 90000 斤计划棉指标。

特此报告。

一九九五年十二月二十七日
原件藏湖北省北省红十字会档案室，档号：1995－Y－021

湖北省红十字会有关救灾物资验收发放的通知

鄂红组函字〔1996〕1号

各地、市、州及林区红十字会：

1995年我省多种自然灾害频发，各级红会组织按照中国红十字会的有关规定，在积极协助当地政府开展自然灾害的救助、接受境外捐赠、分发救灾物资等方面做了大量工作，受到社会各界的一致好评。春节临近，为确保灾区群众安全过冬，使我省各级红会接收、分发救灾物资更加规范，并为1996年按照国际惯例接受审计打下基础，现将有关事宜通知如下：

（1）国际联合会捐赠我省的第二批棉被，请各地参照湖北省标准（棉絮）DB/4200－W11－01－87标准中□级棉絮质量验收，棉被被套由全棉构成（棉布标准：78×78；36×36）。

（2）严格质量标准，发生质量不合格可拒收物资，并及时与送货单位交涉，省红会联系。

（3）请各级红十字会勿（务）必于2月10日前，按照有关要求，将1995年度省红会下拨的所有救灾物资全部分发落实到灾民手中；救灾物资要用到重灾区、重灾户、重灾民身上，不准截留挪用，不准平均分配，不准优亲厚友，对贪污、挪用、截留、滥用救灾物资的要严加惩处。

（4）物资发放过程中既要注重实效，又要扩大影响，做到分发标准公开，各项手续齐备，并及时向上级红会反馈有关表格、录像和图片资料（各地接受到物资10日内必须将所有资料上报到上一级红会）。

（5）1996年，省红会将按有关规定，对各级红会上年度救灾物资分发落实情况进行抽查。

此通知，望遵照执行。

湖北省红十字会组织训练部
一九九六年一月二日

原件藏湖北省北省红十字会档案室，档号：1996－Y－023

湖北省红十字会一九九六年工作要点

鄂红字〔1996〕4号

各地、市、州红十字会：

1996年，是实施"九五"计划的第一年，做好今年的工作，对于巩固和发展我省红会工作已取得的成果，保持和发挥红会在我省"两个文明"建设的作用都具有十分重要的意义。为此，各级红会组织和全体红会工作者应按照总会六届三次理事会的要求，围绕建设有湖北特色红十字会的目标，抢抓机遇，实干快上，依法建会，依法兴会，以优异成绩迎接全省第四次会员代表大会的召开，使我省红会事业尽快步入正规化、法制化轨道。

一、突出抓好以法制建设为中心的各项基础工作

（一）法制建设

（1）加大学习贯彻《中华人民共和国红十字会法》的力度，加强与人大、政府有关部门的联系，加快配套法规的研讨、论证、制定工作，争取《湖北省实施〈中华人民共和国红十字会法〉办法》尽早出台。

（2）结合实际，促成我省红十字标志使用管理办法的制定，配合人大、政府搞好《中华人民共和国红十字标志使用条例》的执法检查，对我省滥用红十字标志现象进行全面清理。

（二）理论建设

（1）研讨红十字事业与精神文明建设的内在联系，探索红会在社会保障体系中的地位和作用。

（2）调动系统内研究人员和理论骨干的积极性，吸收社会上热心红会事业人士参与，围绕重点课题和有关会议产生一批高水平的文章。

（三）组织建设

（1）为了更好地总结交流湖北红会事业发展经验，分析研究当前的机遇与挑战，确定部署今后一个时期我省的红会工作，搞好理事会的换届选举，各地要配合搞好今年5月将要召开的湖北省红十字会第四次会员代表大会的筹备工作。

（2）抓住机构改革的机遇，主动与有关部门联系，参照国家对公务

公牍选载

员的管理，加强红会干部队伍建设，逐步改善红会干部的年龄、文化、数量结构。

（3）采取各种形式，搞好以红会历史与现状、国际人道主义法、红会专业技能为主要内容的，县以上红会专职干部的培训，提高我省红会队伍的整体素质。

（四）增强经济实力

（1）总结会费收缴经验，按照总会新的会费收缴、使用、管理办法，强化会费收缴工作。

（2）清理整顿红会产业，理顺管理体制，充分发挥其在人道主义工作中的作用。

（3）拓宽经费主渠道，争取政府加大对红会事业的投入，不断培养新的经济增长点。

二、继续抓好以备灾救灾为重点的各项业务工作

（一）备灾救灾

（1）按照总会对救灾工作新的要求，加强对全省红会干部救灾知识和技能的培训，要求各级红会闻灾而动，及时报灾，迅速救灾，准确核灾，提高自救互救能力。

（2）加强中国红十字会湖北备灾救灾中心正规化建设，完善内部管理和经营机制，创造良好的外部发展环境。

（3）在做好本年度救灾工作的同时，搞好去年救灾的善后事宜，参照国际通行做法，调整规范救灾工作的审计，尽快与国际接轨，保证我省救灾工作的良好质量和声誉。

（二）参与社会保障事业

（1）抓好红会志愿工作者队伍建设，充分发挥其在社会保障事业中的作用。

（2）继承发扬"救死扶伤、扶危济困、敬老助残、助人为乐"的方针，在搞好传统服务工作的同时，探索、创办新的公益事业。

（三）卫生救护

（1）总结各地卫生救护工作经验，推动机动车驾驶员的培训工作向制度化、规范化方向发展，把复训工作与抽检工作有机结合起来。

（2）开发建筑、矿山、电力、冶金等行业新的培训领域，减少意外事故对人群的伤害。

（3）结合清理红十字标志的使用情况，对国道沿线红十字急救站点进行整顿，规范管理与标志。

（4）扩展卫生救护范围，参与健康教育，提高全面健康保健意识。

（四）血液事业

（1）参与无偿献血是各级红会组织义不容辞的职责，要大力开展无偿献血的宣传、组织、实施工作，争创无偿献血先进城市，与卫生行政部门密切合作，推动全省无偿献血步入法制化轨道。

（2）积极筹办"湖北省红十字血液中心"，逐步开展非血缘关系骨髓移植供者检索库工作。

（五）红十字青少年

（1）与教育行政主管部门共同加强对红十字青少年的教育和培养，扩大其在各级各类学校中的覆盖面。

（2）加强对红十字青少年会务知识的宣传，提倡讲文明、讲礼貌、助人为乐、勇于奉献的行为，争创红十字青少年示范学校。

（六）舆论宣传

（1）加快宣传网络和通讯员队伍建设，增加宣传投入，提高宣传效能。

（2）"五·八"期间，围绕主题，以《红十字会法》《红十字标志使用条例》为主要内容，联合有关部门，在全省范围内开展一次大规模的宣传和执法检查活动，扩大红会社会影响，树立红会良好形象。

（3）抓好总会"一报一刊"的征订工作，坚决消灭征订工作空白。采取多种形式办好省会简报，增大简报信息量。

（七）港、澳、台事务

（1）积极与政府台务、侨务部门沟通，把握好有关政策，搞好查人转信，参与见证遣返。

（2）增进与香港、澳门红会和台湾红十字组织的双向交流与合作，争取对我省红会事业发展有利的援助项目。

（八）对外交流

（1）增强对外交往意识，加强外事政策和知识学习，提高对外工作水准，强化对外工作全省统一归口管理。

（2）进一步加强与德国、日本、荷兰红会的友谊与合作，扩大与加拿大、意大利、泰国等国红会的了解与交流。

一九九六年工作要点是根据总会六届三次理事会精神对全省工作的整体部署，由于各地情况不一样，事业发展也不平衡，因此各地一定要从实际出发，紧紧围绕法制建设这个中心，配合有关部门搞好立法、执法工作，真正做到依法建会，依法兴会。同时要改进工作方法，调动各方力量，上下联动，互相支持，务求工作实效，促进我省红会工作再上新台阶。

湖北省红十字会

一九九六年三月一日

原件藏湖北省北省红十字会档案室，档号：1996－D－011

关于表彰全省红十字会系统先进集体、先进工作者的决定

鄂红字〔1996〕第 10 号

各地、市、州、县红十字会、人事局：

在省委、省政府领导、关心和支持下，我省红十字事业蓬勃发展，在备灾救灾、组织建设、卫生救护、社会服务、无偿献血等方面成绩显著，广大红十字会工作者恪守"人道、廉洁"的职业道德，发扬"团结、实干、开拓、高效"的工作作风，为我省精神文明和物质文明建设作出了贡献。

为进一步调动红会工作者的积极性和创造性，弘扬人道、奉献、博爱精神，推动全省红会事业的健康发展，经自下而上的评选，最后研究决定对武汉市红十字会等 17 个先进集体和孙志敏等 65 名先进工作者给予表彰（名单附后）。

我们希望这次被表彰的先进集体、先进工作者，要继续谦虚谨慎，再接再厉，为红十字事业再创新成绩。

全省各级红十字会要广泛宣传，认真学习先进集体和先进工作者的事迹。广大红会干部和红会会员要以先进集体和先进工作者为榜样，努力为我省红十字事业的进一步发展作出更大贡献！

湖北省红十字会　湖北省人事厅

一九九六年四月十七日

附：

湖北省红十字会系统先进集体、先进工作者名单

一、先进集体（17 个）

武汉市红十字会	老河口市红十字会	随州市红十字会
黄冈地区红十字会	仙桃市红十字会	天门市红十字会
荆沙市红十字会	孝感市实验小学红十字会	恩施土家族苗族 自治州红十字会
宜昌县红十字会	黄石市红十字会	潜江市红十字会
咸宁地区红十字会	荆门市红十字中心血站	中国红十字会湖北 备灾救灾中心
十堰市红十字会	鄂州市红十字会	

二、先进工作者（65 名）

孙志敏（女）	肖江桥	李献凤（女）	游传应
林清秀（女）	聂启正	冯京铭	丁卫（女）
秦建国	熊明迹	金福安	李仁富
柯妹牛	吴怀森	王树型	刘辉敏（女）
赖光平	张义龙	王启贵	黄红光
李瑞成	石慰平（女）	杨嗣润	艾军（女）
黄建斌	韩毕森	聂祖春	周邦橙
柯剑	肖绪录	万维男	熊跃飞
宋平凡	刘大康	王崇虎	张嘉元
杨启佳	雷清安	汪跃	孔向瑾
鲁德政	曾玉书	陶慧仙（女）	沈民生
望西乘	桂望蓝（女）	梁志忠	陈金堂
黄发明	屈红玲（女）	乐华卿	李建锋
陈家安	赵德儒	陈太英（女）	牟炳新
刘志兵	王世茂	张德贵	范维盛
武忠弼	郑忠明（女）	王水林	郑荣
王浚山			

原件藏湖北省北省红十字会档案室，档号：1996－Y－023

关于召开湖北省红十字会
第四次会员代表大会的通知

鄂红字〔1996〕20号

各地、市、州红十字会：

经省政府同意，湖北省红十字会第四次会员代表大会定于5月24日在武昌召开，现将有关事宜通知如下：

一、会议时间

会期2天，5月23日报到，5月25日离会。

二、参加人员

各地、市、州已上报的正式代表和省红十字会已确认的特邀代表（会议正式代表报到时交会务费200元）。

三、报到地点

武昌东湖路56号（东湖公园正门附近）鹂翠宾馆，宾馆总台电话：7818181－2808。省红十字会会务联系电话：027－7824238。

请各地接此通知后，迅速通知代表按时与会。

一九九六年五月十七日

原件藏湖北省北省红十字会档案室，档号：1996－Y－023

关于下发"湖北省红十字会第四届会长、
常务理事、理事名单"的通知

鄂红字〔1996〕17号

各地、使、州红十字会：

湖北省红十字会第四次会员代表大会，经选举产生了新的一届理事会，并民主选举产生了新的省会领导。现将"湖北省红十字会第四届会长、常务理事、理事名单"下发。

附：

1. 湖北省红十字会第四届名誉会长、名誉副会长、会长、副会长、秘书长、副秘书长名单

2. 常务理事名单（按姓氏笔画为序）
3. 湖北省红十字会第四届理事会理事名单

一九九六年六月十四日
湖北省红十字会

第四届名誉会长、名誉副会长、会长、
副会长、秘书长、副秘书长名单

名誉会长	贾志杰
名誉副会长	林少南、梁淑芬
会长	韩南鹏
副会长	孙樵声、王宗贤、涂用宏（常务）
秘书长	冯芊

常务理事名单（按姓氏笔画为序）

王宗贤	冯芊	孙樵声	邵力平	何世平
陈正森	张怀平	陈余道	吴健安	陈德清
周小重	周顺明	胡道新	涂用宏	袁功学
翁绍许	高顺龄	黄永生	黄国安	韩南鹏

湖北省红十字会第四届理事会理事名单

韩南鹏	孙樵声	陈余道	吴健安
阚成富	昝金华	黄国安	陈德清
黄永生	于雯（女）	谢春光	陈正森
周顺明	袁功学	高举红（女）	刘宏友
朱小莉（女）	李昆麟（女）	王宗贤	涂用宏
王淑芳（女）	周小重	田和平	翁绍许
何世平	张怀平	陈正渠	邵益先

胡道新	邵力平	熊金泽	陈裕平
肖建业	叶丽珠（女）	王祖勤	孙理华
冯芊	夏大鹏	袁竞（女）	高顺龄
胡菊萍（女）	宋德福	吴建国	符利民
王喜华（女）	赵晓勇	邓蓓（女）	朱曙霞（女）
胡荃蓉（女）	佘贻珍（女）	刘作森	雷育武
罗厚泽	程润鑫（女）	袁慧敏（女）	王从政

原件藏湖北省北省红十字会档案室，档号：1996－Y－023

关于下发"湖北省红十字会第四次
会员代表大会领导同志的讲话"的通知

鄂红字〔1996〕21 号

各地、市、州红十字会：

　　现将"湖北省红十字会第四次会员代表大会领导同志的讲话"下发给你们。各地要认真学习、贯彻传达这次会议的精神，结合本地实际，加快推进我省红十字事业。

　　附：

　　1. 省委书记贾志杰同志在湖北省红十字会第四次会员代表大会上的讲话

　　2. 湖北省红十字会会长韩南鹏同志在湖北省红十字会第四次会员大表大会上的工作报告

　　3. 中国红十字会总会副会长孙柏秋在湖北省红十字会第四次会员代表大会上的讲话

　　4. 王宗贤同志在湖北省红十字会第四次会员代表大会上的总结讲话

一九九六年六月十四日

省委书记贾志杰同志
在湖北省红十字会第四次会员代表大会上的讲话

（一九九六年五月二十四日）

同志们：

今天，湖北省红十字会第四次会员代表大会在这里隆重召开是我省红十字运动史上的一件大事。在此，我代表省委向大会表示热烈的祝贺！向积极参加会议的代表并通过你们向广大红十字会专（兼）职干部和150万会员，以及所有为红十字事业做出贡献的人们表示亲切的问候和崇高的敬意！本届理事会聘请我担任名誉会长，我接受这一聘请并表示支持红会开展工作；同时，衷心感谢大家对我的信任。

中国红十字会是一个重要的从事人道主义工作的社会救助团体，按照国际红十字会与红新月会运动的七项基本原则，为社会的稳定和发展做了大量的工作。省红会恢复建设十年，是我省红十字事业快速发展的十年，你们艰苦奋斗，开拓进取，狠抓基础组织建设，积极参与救灾赈济工作，广泛开展群众性卫生救护训练，大力抓好红十字青少年活动，在台湾事务和国际交往中发挥了特殊作用，为我省"两个文明"建设作出了一定贡献，以实际行动赢得了群众的尊敬和支持。江泽民同志指出："红十字事业是一项崇高的社会事业，对建设社会主义物质文明和精神文明有着积极的促进作用……随着改革开放的深化和社会主义市场经济的发展，中国中十字事业的发展前景越来越广阔。希望各级政府和社会各界都要积极支持红十字会的工作。"

我省各级党委、政府要按照江主席指示，高度重视、积极支持红会工作，依法帮助红会解决好办事机构、人员编制、经费预算等工作中的实际问题，为我省红十字会事业的发展创造一个良好的环境；同时，也希望全省各级红会组织和广大会员认真宣传贯彻《中华人民共和国红十字会法》和《中华人民共和国红十字标志使用办法》，履行红十字会的职责，大力倡导"湖北精神"，勤奋工作，勇于奉献，为湖北省"两个文明"建设和红十字事业的发展作出更大的贡献！

最后，祝大会圆满成功！

谢谢大家。

依法建会，依法兴会
加快我省红十字事业发展的步伐
——在湖北省红十字会第四次会员大表大会上的工作报告

韩南鹏

一九九六年五月二十四日

各位代表：

我受三届理事会的委托，向大会作工作报告。请予审议。

十年来工作的回顾

湖北省红十字会自一九八五年恢复建设至今，已经十年了。十年来在邓小平同志建设有中国特色的社会主义理论指引下，紧紧围绕建设有中国特色红十字会的总目标，结合我省实际，抢抓机遇，开拓前进，在各级党委、政府以及社会各界的热情关怀下，会务工作呈现出蓬勃发展的可喜局面，截止一九九五年底全省 101 个县（市）、区已全部成立了红十字组织，共配备专职红会干部 181 人，建立基层红使之组织 9700 个，发展会员 150 余万人（其中青少年会员 79 余万人）。全省红会组织的稳步发展，为我省红十字事业奠定了坚实的基础。

一、依法建会，依法兴会，促进我省红十字事业步入法制化轨道。我省红十字会自恢复建设以来，坚持把依法建会、依法兴会作为中心任务和头等大事来抓，大力宣传、贯彻《红十字会法》。全省各级红会组织投入了大量的人力物力，抓住各种契机，采取多种形式，面向社会各界，广泛宣传，提高全社会红十字意识；我们采取专题讨论，脱产轮训的方法，重点抓好了在各级红会中任职的政府领导和专职红会干部的学习工作，与此同时，有重点地把"三列"问题作为推动依法建会，依法兴会的突破口，促使学习活动不断深入，全省先后有 67 个县、市建立了红会办事机构，在政府的重视和支持下全省已有 6 个县（市）实现了红会机构的单独设置。在依法推动"三列"问题解决的同时，我们努力争取地方人大和政府的支持，加快了与《红十字会法》相配套的地方性法规的出台。武汉市在大量调查研究工作的基础上，结合本市红会事业发展的实际，多方面争取优惠政策，反复协调周边关系，顺利出台了《武汉市实施〈中华人民共和国红十字会法〉办法》，为推动全省红会工作步入法制化轨道起到了示范先导的作用。

二、依法履行职责，努力推进红会各项业务工作的开展，为全省的社会发展和精神文明建设多做贡献。要想有位，必须有为。多年来，我省红十字会作为从事人道主义工作的社会团体，充分发挥社会职能和自身的优势，主动参与我省"两个文明"建设。

——救灾备灾工作成效显著。我省是一个自然灾害频繁，多灾并发的省份，尤其是防汛工作历来受到党中央、国务院的关注和省委、省政府的高度重视。全省各级红会组织面对重大灾情，增强主动参与意识，形成快速反应能力；发挥红会组织群众性、社会性的优势，在抢险救急、抗灾防疫、安置灾民、恢复灾区生产和生活方面作了大量工作。红会的报灾、核灾、救灾网络已在全省形成体系。基本实现了现场报灾、迅速核灾、积极救灾的工作格局。据不完全统计，十年中受益人数达3000余万人。在国际联合会和总会的援助下，我省还在孝感市兴建了中国红十字会湖北备灾救灾中心，该"中心"自一九九三年投入运营后，已基本形成救灾物资的采办、加工、转运的功能，对我省以及中南地区的备灾救灾网络建设发挥了重要作用。

——卫生救护"两网"建设进展顺利。我省红十字会组织从事卫生救护工作，坚持"服务群众，保护生命，简明实用，各具特色"的方针，重点加强了社区预防保健网和群众性自救互救网络的建设；为延伸三级医疗保健网，发挥红会卫生救护工作的现场性、群众性的优势做出了有益的探索。全省机动车驾驶员卫生救护训练累计培训驾驶员137万人次，配备急救器材170多万件（套）。省红会还在试点工作取得成效的基础上，重点在境内318、107、106三条国道线上建立了红十字安全急救网络。同时利用国外捐款，在潜江市建成了具有现代化通讯设施的急救网络，有力地推动了红十字区域性救护工作的发展。

——积极参与输血事业，稳步推进无偿献血。全省各级红会每年都组织开展大规模的无偿献血宣传活动，广泛普及血液知识和无偿献血的目的意义，组织和评选开展无偿献血的人员和干部，宣传和动员社会知名人士参与无偿献血活动，截止一九九五年底，全省已建立5座红十字血站。全省无偿献血活动已有了一个好的势头，并有多人获得全国无偿献血金杯奖。

——红十字青少年活动丰富多彩，形式多样。全省学校红十字会工作紧紧围绕开展"志愿服务，奉献一片爱心"的主题，通过演讲会、征文、绘画比赛、知识竞赛、夏（冬）令营、"三定一包"支援服务队等多种形式，陶冶了青少年的道德情操，丰富了课余生活，弘扬了人道主义精神；全省涌现出宜昌市五中、武昌水果湖中学和孝感实验小学等受到总会表彰的先进集体。

——广泛开展海内外交往，日益扩大影响。十年间，我省红十字会组织积极开展与各国红十字会和港、澳、台红十字组织的友好交流，取得了多项合作成果。如我省红会与德国巴符州红会自八九年以来，每年互派代表团访问，订立了多份交流协议，较好地发挥了民间外交的作用；湖北省红会目前已与十几个国家和地区性红会组织建立了稳定的交流渠道。在维护祖国统一，促进海峡两岸交流方面，我省红会也做了大量的工作，累计收发寻亲信件数千件，出面处理了大量台胞探亲、旅游中的衍生问题。

回顾十年的历程，从整体上看，我们已在"依法建会"的大道上迈出了比较扎实的一步。尽管有些工作的覆盖面还不够广，有些工作还处于探索阶段，只是"星星之火"。但用发展观点来看，今天的"星星之火"完全可以发展成为"燎原之势"，我省红十字事业有着广阔的发展前途。同时，我们也必须清醒地认识到，当前加快发展我省红会事业，还存在一些困难和需要认真研究解决的问题，如"三列"需要逐步落实，工作条件和工作人员的待遇问题，贯彻执行《红十字标志管理办法》等方面存在的问题。这些问题都反映了我们宣传红十字法的广度和深度还很不够，许多人还不了解红十字会的性质、职责、作用和权益。针对这些情况和问题，我们要深入持久地抓好《红会法》和《标志使用办法》的学习宣传，逐步采取措施加以纠正。

今后五年的工作方针和重点

从现在开始到 2000 年，是我国社会主义现代化建设十分关键的五年，也是我省从经济大省向经济强省实现历史性跨越的五年，时代要求我们红十字事业应有更大的进展和建树。

今后五年总的指导思想是：坚持用邓小平同志建设有中国特色的社会主义理论作指导，紧紧围绕建设有中国特色的红十字事业这个大目标，充分发挥红十字组织在建设社会主义精神文明和促进社会保障体制完善中的作用，艰苦奋斗、开拓创新、多办实事、努力为我省的社会发展和精神文明建设做出更多贡献。

关于未来五年的工作设想和一九九六年的具体安排，省红会拟定了一个"2000 年发展规划"和"一九九六年工作要点"已发给大家。我在这里着重从宏观上讲几点意见。

第一，进一步明确发展红十字事业与促进精神文明建设和社会发展的相互关系，确立红十字组织在我省两个文明建设中的基本任务。

红十字运动是人道主义的产物。历经一百三十多年的实践。红十字的内涵可以概括为三点：一是以倡导和弘扬人道主义为基本宗旨；二是以改善易受损害群体的境况为基本目标；三是以坚持人道、公正、中立、独立、统一、普遍性和志愿服务为行动的基本准则。形成了被社会各界及不同历史发展时期均能接受的，专门从事人道主义救助工作的群众团体。在减轻人群灾害，维护社会稳定，促进社会进步等方面发挥着独特作用。红十字会以"人道、博爱、奉献"的思想和"救死扶伤、扶危济困、敬老助残、助人为乐"的行动教育人、感召人、鼓舞人，使人们心灵得到升华、使社会得到净化。它从事的是社会保障中的慈善、服务、救助工作，而体现的则是"仁爱为本""天下为公""己所不欲，忽（勿）施于人"的中华民族传统美德。它从战地救护发端，而逐渐扩展至和平环境下社会保障事业的各个领域。过去，我们进行的备灾救灾、社会服务、群众性卫生救护、推动无偿献血和红十字青少年等工作都体现了这种作用；只是，还没有完全纳入社会发展规划，形成固定的工作任务和渠道。

全国人大八届四次会议通过的《国民经济和社会发展"九五"计划和2010年远景目标》中指出，精神文明建设的根本任务是：培育"四有"公民，提高全民族的思想道德素质和科学文化素质，特别是把提高青少年素质作为工作重点。社会发展的总体要求是：保持社会稳定，推动社会进步，积极促进社会公正、安全、文明、健康发展。我们要依据红十字会法把我会工作与国家"九五"计划紧密联系起来，为促进社会发展和精神文明建设服务。基于以上认识，我们认为"九五"期间我会应在四个方面承担任务和发挥作用，即：

（1）通过发展会员和组织各种活动，对社会进行人道主义宣传教育，弘扬中华民族传统文化中的"仁爱"思想，培养人们爱人助人的道德情操。特别要把提高青少年的道德水准和卫生文明行为作为工作重点。

（2）推进和发展卫生救护工作，参与输血献血工作和推动无偿献血、宣传动员捐献骨髓，参与初级卫生保健和艾滋病的防治，保护人的生命和健康。

（3）参与社会保障体系建设，完善备灾救灾中心（基地），举办一些公益和慈善事业，实施社会服务，帮助那些易受损害的群体改善生活和生存条件。

（4）加强海内外交往，参与国际人道主义救援工作，拓宽交往渠道与范围，增进我会与国际红十字组织和各国红十字会之间以及与港、澳、台红十字组织间的实质性合作。

这四项任务和目标，既是《红会法》赋予的光荣职责，又是需要各级红会组织争取各级政府支持，充分发挥各理事成员单位的作用，逐步形成固定的工作任务。

第二，回顾历史，正视现实，正确处理红十字会与卫生行政部门和各有关部门的关系。

县以上红十字会机构单独设置，既是法律的规定，也是实现上述任务所必需的组织保证。红十字会是一个独立的社会法人实体，这已经《红会法》所确认；同时又是由中央直接管理的十九个特殊群团中的一个；并且是唯一的具有国际性的群团。由于历史原因，至今其机构独立设置问题没有得到根本解决。中国红十字会总会1950年改组后，省红会即宣告成立，当时是独立的群团组织，直接隶属于省政府领导，后改由卫生厅代管。直至六十年代初期以前，我省红十字会机构是单独设置的。"文革"期间，我会工作停顿，各项事业遭受破坏。八十年代初，随着国家的改革开放，我省红会又全面恢复。然而，改组之后制订的会章规定我会为"人民卫生救护团体"，因此，恢复重建时，全省各级红会组织都是在卫生行政部门的帮助下建立起来的，其办事机构逐渐演化成卫生行政部门的职能机构或挂牌单位。这是我国红十字运动在特殊历史条件下形成的一种特殊做法。

这种特殊做法，对于在"文革"后全面恢复地方红十字会组织起了积极的促进作用，然而这种做法与国际惯例和我国制定的《红会法》还没有一致起来，伴随着红十字事业的发展，这一历史遗留的问题，应该逐步加以解决。就我省情况来看，一部分地方红十字会历经多年的发展和努力，在解决好"三列"问题的前提下，已经具备了实现单列的条件，政府应该支持它们独立自主地办好会；并且，在实现这一转变过程中给予支持和帮助。

当前，全省各级红会仍应将积极落实"三列"和努力开拓业务工作领域作为主要努力方向，通过自身的工作争取社会各界和领导的支持和重视。

现在红十字会的机构挂靠在卫生行政部门，这是政府委托给卫生部门的一项重要职责和光荣任务。卫生部门应该从全局着眼，从办大卫生立意，正确处理好两者关系，促进我省红十字事业发展，并创造条件支持红会组织独立自主地开展工作。

第三，要以加快发展我省红十字事业为总要求，积极探索出切实可行的运作机制和模式，发挥好红会组织的社会职能。

《红十字会法》是我们事业发展的法律保障，实现湖北振兴崛起的伟大实践，为加快发展我省红十字事业提供了广阔的空间。

在有中国特色的社会主义制度下，在国家以经济为中心的和平建设时期，如何开展红十字运动和发展红十字事业是一个崭新的课题，要靠我们自己去摸索创造。目前，摆在我们面前的问题很多，例如：怎样把红十字运动的理论与社会科学的理论（伦理学、社会学）结合起来，形成一些新的思想观念，确定红十字事业在社会主义精神文明建设中的地位和作用；县以上红十字会机构怎样同政府有关部门建立起正常的协作机制；卫生救护训练、急救组织如何同卫生行政部门的医疗急救工作和初级卫生保健挂钩；无偿献血工作如何与卫生行政部门举办的血液事业分工；以及备灾救灾、社区服务等项工作如何与民政部门配合等等；尚未建立起规范性的运作模式，许多工作还处于无序的状态，未能充分显示出红十字会的力量和作用。

加快发展我省红十字事业就必须研究和解决这些问题，并使红十字会的工作从拾遗补阙的状态下，逐步营造起系统化、规范化、制度化的运作格局。为此，我们在争取各级党委、政府及有关部门的关心、支持下，要努力办好以下几件实事：一是将我省各级红十字会工作当作促进社会主义精神文明建设的积极因素，纳入到各级政府社会发展、精神文明建设的总体规划之中，予以具体关怀与指导。二是创造条件，促使全省县级以上红会解决"三列"问题，并且支持有条件的地方实现单列。同时，切实发挥好理事会的作用，形成通畅、有效的工作协调机制。三是依据《红会法》和中编办（95）52号通知精神，参照总会机构改革方案，借鉴兄弟省市经验，落实好省会机构该和的"三定"方案，并以此指导全省各级红会机构的改革。四是尽快出台《湖北省实施〈红会法〉办法》使各级政府支持、资助、保障、监督红十字会的工作能够落（到）实处。五是启动志愿服务组织、现场救护网络、备灾赈济体系、无偿捐血先进城市和红十字青少年活动示范学校五大"博爱工程"建设，切实推动我省"两个文明"建设。

各位代表，我省红十字事业正处于开创阶段和打基础时期，前进的道路上还存在不少困难和障碍。然而，当前的形势对于加快我省红十字事业发展的步伐，极为有利，我们要团结一致抢抓机遇、艰苦奋斗、拼搏进取，为全省红十字事业出现新的繁荣而努力奋斗。

中国红十字会总会副会长孙柏秋 在湖北省红十字会第四次会员代表大会上的讲话

（一九九六年五月二十日）

各位领导、各位代表、同志们：

湖北省红十字会第四次会员代表大会今天在这里隆重召开了。我代表中国红十字会总会向大会表示热烈祝贺！向各位代表并通过您们向全省红十字战线上的广大干部、会员和志愿工作者表示亲切的慰问！向为湖北红会事业发展作出突出贡献，在这次会议上受到表彰的 17 个先进集体和 65 个先进个人表示热烈的祝贺！向重视和支持红会工作的湖北省委、省政府和社会各界朋友表示衷心感谢，并致以崇高的敬意！

湖北省红十字会恢复建设十年来，在湖北省委、省政府以及社会各界的热情关怀下，紧紧围绕建设有中国特色红十字会的总目标，抢抓机遇、开拓进取，各项会务工作呈现出蓬勃发展的可喜局面，步于全国先进行列。一是依法建会、依法兴会，使红会事业步入了法制化轨道，《中华人民共和国红十字会法》颁布实施后，湖北省红会把学习宣传贯彻《红会法》作为头等大事，投入了大量人力、物力、抓住各种契机，采取了多种形式向社会各级广泛宣传，并把解决红会"三列"问题作为依法建会，依法兴会的突破口。这一举措，有力提高了全社会的红十字意识和红会地位，有效促进了全省依法建会、依法兴会的进程。据了解，到目前为止，全省 101 个县（市）、区全部成立了红十字组织，共配备专职红会干部 181 人，建立基层红会组织 9700 个，发展会员 150 余万人，有 67 个县、市建立了红会办事机构，有 6 个县（市）实现了红会机构单独设置。武汉市在全国率先出台了《武汉市实施〈中华人民共和国红十字会法〉办法》，《湖北省实施〈红会法〉办法》也已提上了省人大、省政府的议事日程，将于下半年出台。这些都是湖北红会事业发展的基础，也说明湖北红会工作抓得扎实、主动并富有成效。二是依法履行职责，各项会务工作开展取得了显著成绩。十年来，湖北红会充分发挥社会职能和自身的优势，主动参与湖北的"两个文明"建设，取得了令人瞩目的成绩。备灾救灾方面，充分发挥了红会组织群众性、社会性的优势，在抢险救急、抗灾防疫、安置灾民、恢复灾区生产生活等方面做了大量工作。报灾、核灾、救灾网络已在全省初步自成体系。备灾救灾工作有效提高了红会的社会地位。卫生救护工作在发挥红会救护工作的现场性、群众性的优势方面做出了有益的探索。红十字青少年活动丰富多彩、形式多样，通过演讲会、征文、绘画比赛、知识竞赛、夏（冬）令营、"三定一包"、志愿服务队等一系列活动形式，陶冶了青少年的道德情操，丰富了课余生活，弘扬了人道主义精神。在对外交往、积极参与血液事业、稳步推进无偿献血等方面都取得了较好成绩。

总之，湖北红会这些年的工作各方面都取得了好的成绩，为湖北人民做了不少好事、善事、实事，为湖北的"两个文明"建设做出了一定的贡献。在全国有较大的影响，总会是满意的。

当前，中国红十字事业正处在一个加快发展的新时期。随着我国改革开放的不断深化，社会主义市场经济体制的逐步确立，国家政治稳定，经济发展，社会安定，红会在国际、国内生活中的地位日益提高，对红会工作的要求也越来越高。国务院根据中共中央十四届五中全会建议制定，并经全国人大八届四次会议通过的《国民经济和社会发展"九五"计划和 2010 年远景目标》中指出，精神文明建设的根本任务是，培养有理想、有道德、有文化、有纪律的社会主义公民，提高全民族的思想道德素质和科学文化素质，特别是把提高青少年素质（作）为工作重点。社会发展的总体要求是：保持社会稳定，推进社会进步，积极促进社会公正、安全、文明、健康发展。这些内容完全包函（含）了红十字运动的基本精神。总会确定我们红十字会今后几年在为促进社会发展和精神文明建设服务方面主要是在以下四个方面发挥作用。即：1. 通过发展会员和组织各种活动，对社会进行人道主义宣传教育，弘扬中华民族传统文化中的"仁爱"思想，培养人们爱人助人的道德情操，特别是要把提高青少年的道德水准和卫生文明行为作为工作重点。2. 推进和发展卫生救护工作，参与输血献血工作和推动无偿献血，宣传动员捐献骨髓，参与初级卫生保健和艾滋病的防治，保护人的生命和健康。3. 参与社会保障体系，建设和完善备灾救灾中心，举办一些公益和慈善事业。实施社会服务，帮助那些易受损害的群体改善生活和生存条件。4. 加强国际交往，参与国际人道主义救援工作，拓宽交往渠道与范围，增进与国际红十字组织和各国红十字会之间实质性合作。要完成这些工作任务，需要我们付出艰辛的努力。当前的工作，主要是实现两个转变：一是性质、任务的转变，即从"人民卫生救护和社会福利团体"转变为"从事人道主义工作的社会救助团体"；二是组织体制的转变，即从依附、挂靠于卫生行政部门转变为按照国家行政区划建立自身的组织体制。这两个转变是发展有中国特色红十字事业的基础，是依法建会的核心。

红会作为独立的人道主义救助团体，有许许多多、方方面面的工作需要我们去做。具体工作，你们的会领导要作具体安排，我这里就不多讲了。

湖北红会这次代表大会的召开，为湖北红会事业的发展创造了有利条件。希望通过这次会议的召开，我们湖北省委、省政府以及社会各界更加重视支持红会工作，多为红会解决一些实际问题。从今天的会议看，省委书记贾志杰同志在万忙中亲自参加会议，并受聘担任名誉会长，还有许多省领导都来参加会议，这充分说明省领导对红会工作的重视，我相信有这么多领导做后盾，湖北的红会工作一定能够再创辉煌。希望我们全体红十字工作者乘这次会议的东风，发扬你们省委提出的"湖北精神"，扎实工作，开拓创新，为湖北的"两个文明"建设，为湖北红十字事业的发展作出更大的贡献。

最后，预祝大会取得圆满成功！

谢谢大家！

王宗贤同志在省红会四次会员代表大会上的总结讲话

（根据录音整理，未经本人审定）

各位代表：

湖北省红十字会第四次会员代表大会，经过同志们的共同努力，既定议程已全部完成，会议取得了圆满成功。

这次出席会议的会员代表有 191 人，选举产生了由 57 名成员组成的新的一届理事会，并且民主选举产生了新的省会领导。同时，我们还以理事会的名义聘请了新的名誉正、副会长，进一步促进和健全了理事会。会议期间，省委书记贾志杰同志，中国红十字会总会孙柏秋副会长、血液部洪峻岭部长，省人大梁淑芬副主任，省长助理王少阶同志亲自到会，贾书记、孙会长发表了重要讲话，给我们每一位参加会议的同志很大的鼓舞。会议当中同志们就有关问题各抒己见，紧紧围绕如何促进我省红会发展这样一个主题，进行了充分的讨论，会议开得很活跃、很富有成效。

代表们认为：当前全国全省都在实施"九五"计划和 2010 年远景规划的起步阶段，全党上下坚持两手抓，大力加强社会主义精神文明建设，大力弘扬奉献精神，最近，连续向社会推出了多个不同类型的模范事迹，非常感人，弘扬了他们无私奉献的好精神、好作风。我想这样一个大环境来促进我省红十字事业加快发展，提供了很好的契机。韩南鹏会长做的工作报告，主题明确，重点突出，全面回顾了省红会十年走过的历程，对今后的工作明确了奋斗目标，提出了措施和要求；工作报告受到与会同志的一致赞成。会议还听取了省红会关于制定《湖北省实施〈中国红十字会章程〉细则》的说明；省红会赈灾工作财务总报告；与会代表认为：制定细则很有必要，财务报告符合实际，均予以通过，并且通过了相应的决议。

这次会议时间虽短，但是内容很丰富，很重要，在新的时期是一次很重要的承前启后的会议，是红会加强组织建设、大力推进红会业务的发展、规划设想起到了重要的作用。综合同志们的反映，下面我谈谈意见和看法：

一、加快发展我省红十字事业，必须明确红会工作与社会主义精神文明建设的关系，并努力在社会发展的总体规划中，确立自身的社会地位。代表们认为，这次会议确认的在新的历史时期，我们担负的四项基本任务是非常重要，而且十分明确。应该成为各级红十字组织今后一个时期，一段时间我们努力实现的目标，达成这个目标，一是要靠自身努力工作，二是靠政府及社会各界的支持。就红会四项基本任务以及通过红会组织的优势可以进一步开拓和发展的工作来讲，我自己认为，潜力是很大的，我们已经做的和现在还没有做的，完全有可能做的很多事情，需进一步去深化的地方，要靠我们自身努力去开拓、进取，要靠我们通过努力、争取得到政府和社会各界、各级党委的支持，这是相辅相成的，全省红会干部应该增强加快发展、抢抓机遇、无私奉献的奋斗意识，按照"湖北精神"的要求，求真务实，抢前争先，实干快上，促进我省红会的发展。要有创一流、争进位的开拓意识，用自身的形象体现红十字精神，用工作的业绩来取得社会各界对我们的承认，以及政府组织、各级各个单位部门的承认。

二、正确处理关系，形成工作合力，为加快发展提供体制保障。代表们在会议期间对建立和如何建立自主的工作体系更为明确。大家认识到红十字会是一个独立的社团法人，在全国的群团组织当中，具有相当突出的地位，是国家确认19个特殊群团组织，而且带有国际性，具有独立自主的地位。但是目前，我省绝大多数红十字会挂靠卫生行政部门，红会组织都是由当地领导，都有相当规格的组成人员，办事机构多数还是挂靠卫生行政部门，这是历史形成的格局，是政府对卫生行政部门的委托，尽量提供红会自主发展的条件，我们可以从三个方面来加深理解；一是从适应社会主义市场经济条件下，全社会办"大卫生"，卫生行政部门的职能和发展卫生事业的角度，要认清支持红十字事业发展的重要性和必要性。红十字会从事的卫生救护、防灾灭病、无偿捐血。青少年等各项工作既是卫生部的工作领域，同时红会开展这些方面的工作又有自身独特的优势可以发挥，有些工作靠红会出来办，比行政部门更有独特的优势，可以把事情办得更加充分，前不久我到德国访问，德国的急救系统完全是由红会开展。急救网健全的程度，在我们国家来说，是社会发展一定的程度、综合的结果，中国的急救是处于发展中国家水平，彼此之间是相互的关系，而这样一个是由红会来组织的活动，它又与医疗卫生部门紧密地配合，融为一体，是一个很好的组合，从这个角度来看，红会重点开展的工作尽管是卫生部门所承担的一些职务，但是，从它独特的作用来看，可以使卫生行政部门的职责更加充分。基于这种认识，只要我们能够有一个既有分工、又有合作的一种运行机制，相对明确的任务，一定会相得益彰。二是强调"坚持"两手抓，两手都要硬的方针。红会组织的精神在于教育、激励、倡导"人道、博爱、奉献"的文明新风、我们把这样的一种新风，这样的一些精神深入人心，就会促进红会本身以及我们卫生行业行风的建设，卫生系统历来都是红会的团体会员单位，红会倡导的人道主义精神，源于医疗卫生，深为广大医务工作者所接受，并形成了本行业特有职业道德，大力加强红十字会的工作，特别是突出抓好宗旨的宣传教育，以及志愿服务的活动，必将有力地推动卫生行业精神文明建设，促进"讲政治、讲理想、讲纪律、讲奉献"这样一个好的风气形成。三是转变行政职能。当前都在进行"三定"工作，向国家公务员过渡，我们红会组织也是要参照国家公务员制度来执行。我想在这样一个过程当中很重要的一条，就是要转变行政职能，从适应政群分开这样一个改革方向出发，要积极地创造条件，支持各级红十字会组织开展工作。努力解决好红会发展过程中机构、编制、经费等实际问题。卫生部门还应努力地去考虑从实际出发，结合职能转变的需要，主动地委托、大力地推进适合红会特点、性质的事业发展。目的都是为了如何把医疗保健、抢救、救灾防病这样的一些重要工作做好，为我们全省老百姓服务。我们红会工作同卫生部门有这样的密切关系，同时，和其它的很多部门也都有密切关系。我们要想红会工作能够顺利推进，不断开拓进取，就要把如何注重和部门的协调作为一项任务，认真地对待，努力地去做好，就像一部机器相关联关节都是润滑的，这部机器才能运转得好。我想我们各级红会组织如何进一步开展工作，为工作创造更好的条件，这个过程当中要注重协调各方，形成合力，充分发挥好各方面的优势，促进我们红会职能任务的完成。

三、要切实加强红会干部队伍自身的建设，提高队伍素质。红十字会的工作是群众性、服务性、国际性的工作，需要的知识和能力是多方面的，同时更要有无私奉献精神。当前，我省红会事业尚处于初创阶段，各种困难很多，力量还比较弱小，这就必须要求我们的红会干部要实干、苦干、巧干，在总会领导和支持下，我们省红会在灾害的赈济，救灾防病等这些工作方面，确是每当遇见关键时刻，就能冲上去，作用非常大，但是从四项工作任务中，刚才提到的某些方面的工作，我们有所开展，但是，仅仅是开始，如何去深化，如何进一步去开拓，任重道远，需要我们大力推进。要学习总会倡导的"云曙碧"精神，发愤图强，忘我工作。其次，要加强学习，强化培训，不断提高专职干部队伍的整体业务素质和能力。各级红会专干，一方面要学习建设有中国特色的社会主义理论，深化对建设有中国特色红十字事业的认识。我们红十字事业既要和国际惯例接轨，同时，在业务上我们也要结合中国的国情来搞出自己红会工作的特色，要加深这方面的研究，针对新的问题去研究和部署工作，要增强我们红会干部的工作适应性，提高工作质量和效益，另一方面，我们还要努力学习和提高各种业务知识，树立全局的观点，作为各级卫生行业部门，我们要切实支持和帮助红会工作列入重要议事日程，认真地来对待，帮助把好进入关，进一步调整和优化现在红会专职干部的年龄和能力的结构，努力营造一个为红十字干部成长和发展的这样良好环境，加快我省各级红会的发展，多提供各种有效的服务，创造各种机会。

我们的会议就要结束了，大会之后，各地要抓紧结合本地实际传达贯彻这次会议精神，需要重建地方红会的地方要主动争取领导，加快运作步伐；需要换届的地方，也要乘本次会议的东风，迅速加强或健全地方红会组织理事会。会议结束后，大家怀着开创湖北红十字事业新局面的信心将回到各自的岗位，让我们相互祝愿，相互鼓励，为湖北红十字事业的发展和提高而共同努力奋斗！

关于下发"湖北省实施
《中国红十字会章程》细则"的通知

鄂红字〔1996〕18 号

各地、市、州红十字会：

　　湖北省红十字会第四次会员代表大会讨论并通过了"湖北省实施《中国红十字会章程》细则"。现下发给你们试行。

　　附：湖北省实施《中国红十字会章程》细则

一九九六年六月十四日

湖北省实施《中国红十字会章程》细则

一九九六年五月二十四日通过
（湖北省红十字会第四次会员代表大会通过试行）

　　第一条　依据《中国红十字会章程》，结合本省实际，制定本细则。

　　第二条　省、地（市、州）、县（市、区）红十字会是中国红十字会的地方组织（以下简称各级地方红十字会），是从事人道主义的社会救助团体。

　　第三条　各级地方红十字会按照《中华人民共和国红十字会法》及《中国红十字会章程》规定的职责和任务，在同级人民政府的支持、资助、保障和监督下，独立自主地开展与其职责有关的活动。

　　第四条　各级地方红十字会接受上级红十字会的指导，与同级有关部门、团体、企事业单位建立业务关系，同国内兄弟红十字会及境外红十字组织发展友好合作关系。

　　第五条　湖北省红十字会（以下简称省红十字会）会址在武汉。

　　第六条　各级地方红十字会会员代表大会是各级红十字会的最高权力机构。

　　会员代表大会由各级地方红十字会和下级红十字会推选的会员代表，与政府、军队、有关部门、社会团体、企事业单位协商产生的代表及特别邀请的人士组成。

　　会员代表大会的职权：

（一）审查批准理事会的工作报告和工作规划；

（二）制定修改《湖北省实施〈中国红十字会章程〉细则》；

（三）选举红十字会理事会理事；

（四）决定理事会提出的重大问题。

会员代表大会由理事会召集，每五年召开一次，必要时可提前或延期召开。

第七条　各级地方红十字会在会员代表大会闭会期间，理事会负责执行会员代表大会的决议。

理事会职权：

（一）审查批准常务理事会的工作报告、年度计划；

（二）审查红十字会经费来源和使用情况；

（三）根据会长提名，决定秘书长、副秘书长人选；

（四）聘请名誉会长和名誉副会长；

（五）制定修订红十字会的各种原则、条例和办法；

（六）决定其它重大事项。

理事会会议由常务理事会召集，每年召开一次。

第八条　各级地方红十字会在理事会闭会期间，由常务理事会负责会务工作。

常务理事会职权：

（一）审核年度工作总结、工作计划和经费来源及使用情况报告，提交理事会审查核准；

（二）执行会员代表大会和理事会的决议；

（三）审议需更换和增补的理事成员，提交理事会确认；

（四）聘请名誉理事；

（五）决定其它重大事项。

常务理事会会议由会长或常务副会长根据工作需要召开。

常务理事会对理事会负责并接受其监督。

第九条　省红十字会的办事机构挂靠省卫生厅，内设办公室、一部、二部。在会长、常务副会长指导下，秘书长主持日常工作。

省级以下地方红十字会，依法设立办事机构，配备专职工作人员。由常务副会长或秘书长主持日常工作。

第十条　各级地方红十字会根据工作需要，可设立专业工作委员会，各专业委员会主任委员由有关副会长担任。

第十一条　各级地方红十字会要依法取得社会团体法人资格。

第十二条　街道办事处、乡（镇）、机关、学校及企事业单位等成立红十字会基层组织，由单位申请，当地红十字会批准。在基层红十字会组织中建立的红十字会为会员小组。

第十三条　省、地（市、州）、县（市、区）成立行业红十字会，由行业部门申请，上级红十字会批准。

第十四条　会员入会手续按《中国红十字会章程》第二十三条规定办理。

会员应自觉依章缴纳会费，凡连续两年无故不缴纳会费的，视为自动退会。

会员退会，其会员证由发证单位收回。

第十五条　各级地方红十字会吸收热心红十字会事业的人士为志愿工作者，协助红十字会开展工作。

第十六条　各级地方红十字会根据本地情况决定评选先进活动，对红十字工作做出显著成绩的集体、对热心红十字事业并做出显著成绩或有模范事迹的专、兼职干部、会员和志愿工作者给予表彰和奖励。

第十七条　省红十字会对在红十字事业中有突出贡献的志愿工作者和社会各界人士，授予荣誉称号并颁发荣誉证书、证章。

第十八条　红十字会的经费主要来源：

（一）人民政府的拨款；

（二）动产和不动产的收入以及其它事业收入；

（三）开展专项募捐和接受国内外组织和个人捐赠的款物；

（四）红十字会会员缴纳的会费；

（五）基层红十字会和行业红十字会所在单位和部门的资助。

第十九条　各级地方红十字会为发展人道主义救助事业，可依法申报设立基金或基金会开展募捐活动。

第二十条　各级地方红十字会建立和实行经费审查监督制度，对经费收支、财产管理和所办福利事业单位的财务进行审查监督，并对接受捐赠的款物，专项立账。

第二十一条　各级地方红十字会经费的使用情况，接受同级人民政府的检查监督。

第二十二条　省级以下地方红十字会可依据《中国红十字会章程》和本细则，结合本地情况制定实施规程，并报上级红十字会备案。

第二十三条　本细则由省红十字会代表大会通过并报湖北省人民政府和中国红十字会总会备案后施行。

第二十四条　本细则解释权属于省红十字会。

原件藏湖北省北省红十字会档案室，档号：1996－Ｙ－023

关于接待香港红十字会赈灾代表
到我省灾区考察的计划

鄂红字〔1996〕33 号

荆沙市红十字会、黄冈市红十字会：

　　为了支持我省红十字会的救灾工作，了解前阶段香港红十字会捐赠救灾款物的落实情况，经总会同意，香港红十字会国际服务及赈灾主任邹秉熊先生，将于九月十五日至十九日到我省部分灾区实地进行考察。经研究，接待工作具体安排如下：

　　一、赈灾代表抵离鄂时，请当地红十字会有关工作人员迎送。

　　二、赈灾代表食宿自理，省红十字会陪同人员费用由当地红十字会垫付，然后由省红十字会结算。

　　三、赈灾代表在各地考察期间，请当地红十字会认真做好灾情和救灾工作汇报。接收、分发救灾物资的各项手续要完整、清晰。既要使赈灾代表了解我们在救灾活动中所面临的困难，又要树立我省红十字会的良好信誉与形象。

　　四、在各地的具体考察日程，请当地红十字会按省红十字会要求，根据本地实际斟酌安排，组织好车辆及考察路线。

　　五、在接待工作中要严格做到轻车简从，杜绝铺张浪费。注意饮食卫生和交通安全，不安排宴请，不送礼品，接待工作一定不要与救灾工作不协调，以免造成不良影响。

　　六、具体日程：

9 月 15 日

省红十字会有关人员到武汉港接赈灾代表；由武汉赴荆沙石首，宿石首。

9 月 16 日

08：30——考察石首市小河镇灾情和救灾物资分发情况。

11：30——在石首市小河镇午餐。

12：00——返回武汉。

17：00——在武汉晚餐，宿武昌。

9月17日

08：30——赴黄冈市。

11：30——在黄冈午餐。

12：30——到黄冈市团风县考察灾情。

16：30——返回黄冈市，在黄冈市晚餐，宿黄冈市。

9月18日

08：30——赴黄冈市浠水县考察灾情，分发救灾物资。

12：30——在浠水县午餐。

13：30——返回武汉。

17：30——省红十字会领导会见赈灾代表，汇报省红十字会的救灾工作。

18：30——在武汉晚餐，宿武汉。

9月19日

07：30——到天河机场送 CZ3075 航班，赈灾代表返回香港。

一九九六年九月十二日

原件藏湖北省北省红十字会档案室，档号：1996－C－025

关于迅速投入防汛抗灾工作的紧急通知

鄂红字〔1996〕22 号

各地、市、州红十字会：

5月下旬以来，我省大部分县市先后遭受暴雨、龙卷风、冰雹袭击，同时，长江水位涨幅较快，高于1954年同期水位，全省防汛工作已进入实战阶段。省会要求全省各级红十字组织和全体红会会员，紧急行动起来，依法履行职责，迅速投入防汛抗灾工作。

一、应树立防大汛、抗大灾思想，坚持工作岗位，主动与政府有关部门取得联系，严密注视水雨情变化，发生灾情，及时上报。

二、山区、库区、分洪区等灾害易发生区的红会组织，应了解政府的防洪预案，争取社会支持，提高备灾救灾应急能力。

三、灾害发生后，当地红会应深入灾区，配合政府搞好灾民的防病治病、疏散安置工作，掌握灾情第一手资料，填报《自然灾害情况表》

（表1）和《救灾工作计划》（表2），争取做到现场核灾报灾。

四、注重灾情文字、图片、录像资料的收集、整理，为上级红会组织和国际赈灾代表现场核灾做好准备。

五、红会的救灾、报灾工作，应严格按照《中华人民共和国红十字会法》和《中国红十字会参与自然灾害救济工作的暂行规定》执行。

六、所有参加救灾工作的工作人员，均应配戴红十字标志，救灾运输工具及物质包装上也应有明显的红十字标志或捐赠组织的标志。

七、救灾工作中发生的新情况、新问题请及时上报省红会。省会值班传真（027－7824238）。

一九九六年六月二十日

原件藏湖北省北省红十字会档案室，档号：1996－C－025

关于防汛救灾工作中有关注意事项的紧急通知

鄂红字〔1996〕24 号

各地、市、州红十字会：

入汛以来，我省先后发生 9 次大的强降雨过程，导致江河湖库水位猛涨，平原湖区严重渍涝，给人民群众的生命财产造成巨大损失。灾情发生后，全省各级红十字组织迅速行动，全力以赴地开展赈灾救援活动，为保护人民的生命，减轻灾害造成的痛苦做了大量工作。同时，在防汛救灾工作中也出现了一些新情况，现将有关注意事项通知如下：

一、各地报灾应按要求填报新式《救灾工作表》的表（1）、表（2），24 小时内用传真报省红十字会，一般不必写文字材料或专人到省红十字会报灾；

二、省红十字会分配由各地方红十字会就地采办的救灾物资，地方红十字会应与供货单位签订购销合同，所购物资应质优价廉；

三、省红十字会下拨的救灾物资应全部分发到灾民手中，救灾物资要用到重灾区、重灾户、重灾民上，不准截留挪用，对贪污、挪用、滥用救灾物资的要严加惩处；

四、红十字会分发救灾物资应按照《中国红十字会参与自然灾害救济工作的暂行规定》，在卫生部门协助下独立自主进行，既要注重实效，又要扩大影响，做到分发标准公开，各项手续齐全，并及时向上级红十字会反馈有关表格、录像和图片资料；

五、加强宣传报道工作，严格外事纪律，注意内外有别，加强保密工作。

此通知请遵照执行。

一九九六年七月二十六日

（注：原档案中未见《救灾工作表》）

原件藏湖北省北省红十字会档案室，档号：1996－C－025

关于转发总会《关于当前救灾
工作中注意事项的通知》的通知

鄂红字〔1996〕26 号

各地、市、州红十字会：

现将总会《关于当前救灾工作中注意事项的通知》 （红办字〔1996〕第 91 号）转发给你们，请你们严格按照总会通知要求，逐级传达到基层红十字组织，并根据本地实际制定相应的措施，保证我省红十字会的救灾工作高效有序地进行。

一九九六年八月五日

关于当前救灾工作中注意事项的通知

红办字〔1996〕第 91 号

各省、自治区、直辖市红十字会，铁路、武警卫生系统红十字会：

今年七月十一日总会发出了《关于开展救灾工作的通知》，各地、各系统红十字会热烈响应，采取了多种措施积极贯彻落实。近期，我国灾情日渐严峻，特别是湖南、湖北、广西、江苏等省区，继安徽、浙江、贵州、江西后也相继发生严重水灾，红十字会面临的救灾任务十分紧迫繁重。为此，总会救灾工作领导小组在此召开紧急会议，研究部署了下一步救灾工作，并对救灾工作组中应注意的有关事项通知如下：

一、发扬团结互助精神

未受灾及灾情较轻的各级红十字会要向上海市红十字会学习，动员起来，高举友爱互助的旗帜，以各种方式援助重灾地区；灾情重的地区要发扬自力更生、艰苦奋斗的精神，积极开展自救互救。已建立的区域性和省级备灾中心要启动运转，主动工作，积累经验，促使全国红十字会形成一个"一方有难，八方支援，齐心协力，共争胜利"的局面。

二、报灾工作要高效有序

（1）各受灾省（区）红会要全力以赴抗洪救灾，特别是灾情较重的省（区），做好以电话、传真、发函、特快专递等方式向总会汇报灾情、申请援助，尽量减少人员往来，避免人、财、物方面的浪费。

（2）各省属市、地、县、乡、村、（镇）级红十字会不要直接到总会或以书面、电话、传真等形式向总会汇报灾情、申请援助等，应逐级汇报，由省红十字会与总会取得联系。

三、加强救灾工作纪律

（1）严格加强救灾款物的分配、使用、管理方面的纪律。救灾款、物要百分之百的全部用于灾区、灾民，不得以任何借口、任何方式挤占、挪用、截留，做到账物相符，票据齐全，经得起审计和社会监督。

（2）采购救灾物资要严格执行总会近期下发的《采购救灾物资暂行规定》，杜绝采购中的一切不正之风和违法乱纪行为。

（3）各地红十字会不得直接向国际红十字组织、各国红十字会以及台、港、澳地区红十字组织联系、提出援助要求，对外联络工作必须通过总会统一进行。

（4）未经政府有关部门允许，不得随意接受境外记者采访，更不得接受境外记者电话采访。介绍灾情疫情，要和政府管理部门口径一致。

四、充分发挥宣传报道工作的作用

各地红十字会的宣传机构要深入基层，注意搜集宣传红十字会在抗洪救灾中的作用，先进集体、优秀个人的事迹以及国内外捐助款物在救灾中发挥的作用等。各地的救灾报道（文字、图片、录像等）及时传送总会宣传部、报刊社，并注意积累资料。国际救灾代表下灾区视察，各地要突出红十字组织的作用，不要将政府部门与红十字会混为一谈。

五、加大救灾工作中救护及防疫工作的力度

要充分发挥红十字医疗救护机构、各级红十字会团体会员及培训过的非专业救护人员的作用。有关医疗卫生机构及人员要发扬人道主义精神，深入灾区，积极开展现场救护工作，加大救灾中的卫生防疫工作力度，为灾区人民健康贡献力量。

　　各地红十字会接此通知后，立即逐级传达，并根据本地情况，制定响应的措施，以维护红十字会的崇高社会形象，保证红十字会的救灾工作，积极有力地配合政府部门，紧张、有序、高效地搞好1996年救灾工作，在社会保障工作中再立新功。

中国红十字会总会

一九九六年七月廿四日

原件藏湖北省北省红十字会档案室，档号：1996－C－025

关于申请解决捐赠的救灾
物资转运费用的紧急指示

鄂红字〔1996〕29号

省人民政府：

　　入汛以来，我省先后多次大范围地遭受了洪涝、冰雹、山体滑坡等自然灾害，长江及其干、支流出现了历史上罕见的特大洪水，并且造成了严重的人员和财产损失。灾情发生之后，我省红十字会，闻灾而动，及时报灾、准确核灾、迅速救灾，发挥了积极的作用。截至目前，已通过中国红十字会总会发出救灾呼吁四十余份；其中，国际呼吁两份。此举，得到了国际联合会的积极响应，现已收到330余万元的各类救灾物资，并及时运转、发送至全省9个地市。鉴于捐赠的物资数量不断增加，且我会常年预算有限，无力支付各种运杂费，特恳请省政府紧急解决10万元资金，以利我们更好地完成今年抗洪救灾的各项任务。

　　妥否，请批示。

湖北省红十字会

一九九六年八月七日

原件藏湖北省北省红十字会档案室，档号：1996－C－025

关于接收台胞捐款建校的复函

鄂红字〔1996〕32 号

总会台务部：

接红台字〔1996〕第 39 号函后，为实现刘黄秀鹤女士及其夫刘启云先生心愿，我会与黄陂县红十字会及有关部门取得联系，认为该县修建"启云小学"实施方案符合客观实际，切实可行，愿意承接此项任务，并按捐赠者的意愿兴建校舍。

附：

1. 关于黄陂县横店镇兴建"启云小学"实施方案

2. 陂教委〔1996〕18 号"关于同意将横店镇新年小学更名为'启云小学'的批复"

3. 黄陂县横店镇"启云小学"规划平面图

一九九六年九月九日

（注：原档案中未见上述三个附件）

原件藏湖北省北省红十字会档案室，档号：1996 - Y - 024

转发总会《关于严禁以红十字会的名义开展经营和广告的通知》的紧急通知

鄂红字〔1996〕34 号

中国红十字会湖北备灾救灾中心：

现将总会关于严禁以红十字会的名义开展经营和广告活动的《通知》转发给你们，以此通知提出如下具体要求：

一、你单位要严格遵守国家的法律、法规，模范执行《中华人民共和国红十字会法》《中华人民共和国红十字会标志使用办法》以及《湖北省实施〈中华人民共和国红十字会法〉办法》，严格按照总会备灾救灾中心建设管理条例及委托管理协议的要求开展各项业务工作。

二、"中心"不得以"中国红十字会湖北备灾救灾中心"的名义，擅自对外开展合营、合资，或以其资产作为股份，对外投资或融资活动。严禁以"中心"的资产作为抵押，擅自对外举债。严禁将"中心"

主体建筑对外承包或开展与"中心"备灾救灾工作、培训工作相违背的其他经营活动。

三、未经集体研究并报主管部门批准，违反上述各项规定，造成经济损失并影响"中心"的社会形象，要追究直接责任人的责任。

上述意见请认真贯彻执行，如有与本通知不相符合的行为，应及时上报并予以纠正。

湖北省红十字会

一九九六年九月二十七日

关于严禁以红十字会的名义开展经营和广告的通知

红办字〔1996〕第 123 号

总会所属企业、事业单位，各挂靠总会的单位：

近来，各地不断有以红十字会名义出现的商业性质的宣传及广告活动。为了维护红十字会的尊严和声誉，保持红十字会在人民群众中的良好形象，现将有关要求通知如下：

一、各单位要严格遵守国家的法律、法令与政策，特别要模范执行《中华人民共和国红十字会法》、《中华人民共和国红十字会标志使用办法》和《中国红十字会章程》，自觉履行红十字人道主义宗旨，开展合法经营和其它各项业务活动。

二、各级红十字会所办企业在其名称前不得冠以"红十字会"名称，应独立承担"企业法人"的责任。严禁各企、事业单位在经营、广告宣传、产品包装、产品说明书中使用"红十字会""中国红十字会""中国红十字会总会"的名称及字样。不得擅自以"红十字会"或"中国红十字会"及"中国红十字会总会"的名义开展各种商业色彩的活动。

三、不得在商业活动中使用带有"红十字会""中国红十字会""中国红十字会总会"字样的信封和信笺，以免引致误解。

四、对于红十字标志、红十字会会徽的使用，亦按此通知第二、三条精神执行。

请接此通知后，认真清理整顿，如有与本通知不相符，应予纠正。违者追究领导人和责任人的法律责任。

一九九六年九月十八日

原件藏湖北省北省红十字会档案室，档号：1996－C－025

关于认真学习、宣传、贯彻《湖北省实施〈中华人民共和国红十字会法〉办法》的通知

鄂红字〔1996〕37 号

各地、市、州、县（区）红十字会：

《湖北省实施〈中华人民共和国红十字会法〉办法》（以下简称办法）已经省八届人大22次常委会审议通过，并于九月十三日公布实施。这是我省红十字事业发展中的一件大事；是具体贯彻依法治省方针，坚持依法管理各项社会事务，推动红十字事业快速、健康发展，加快社会保障体系建设，保障社会长治久安的重要举措。现就有关问题提出如下要求：

一、认真组织学习、宣传活动，深刻领会法律的精神实质，进一步增强依法建会、依法兴会的自觉性和能动性。《红会法》颁布实施三年多来，我省红十字事业有了长足之进，步入了历史上快速发展的新时期。大量生动的实践经验证明，推动红十字事业步入法制化发展轨道，是各项工作取得成绩、事业勃兴的根本保障。当前我省红十字事业要解决的困难和问题很多，但克服思想障碍，增强依法建会、兴会意识，显得尤为重要。各地在组织学习、宣传活动中，要切实加深对红会性质、任务的认识，把我们的思想从人民卫生救护团体的旧框框中转变到人道主义救助团体的新观念上来，坚定在人道主义工作领域中当好政府的助手、倡导社会文明新风、推进祖国统一和世界和平的社会角色，努力在精神文明建设中发挥作用。学习、宣传活动要注意充分发挥社会舆论工具，展开丰富多彩的活动，充分调动会员和志愿工作者的积极性，注重把开发领导层与广泛宣传群众、宣传社会结合起来；把宣传《办法》的条文与宣传红会的工作和先进人物、先进事迹结合起来；以期达到预期的社会效果。

二、切实搞好《办法》的实施工作，规范红会组织自身的社会行为，依法解决实际工作中存在的困难和问题，努力提高依法办会的水平。有法必依、执法必严、违法必究是法制建设的重要原则。《办法》出台，意味着工作的起步。各地红会组织要抓住《办法》公布实施的机遇，积极争取人大、政府的支持，召开学习、贯彻的座谈会、联席会或理事会；认真研究本地如何贯彻落实的问题，结合本地实际，制定出本

地的实施意见或方案。要有计划、有步骤地解决几个实际工作中的具体问题或困难。在具体操作上，要强化执法的力度、协调的力度和检查的力度。

三、加快事业发展，完善自身建设，推动我省红会工作上台阶。贯彻《办法》的目的是加快事业发展，而且，只有加快事业的发展才能更好、更大地发挥红会组织的社会作用。学法、执法的过程，就是加快发展、完善管理、提高自身素质的过程。各地在学习、贯彻《办法》时，要认真检查、回顾近年来红十字事业发展变化的新情况，对照九十年代纲要提出的要求，明确今后发展目标和重点，省会决定年内组织各地、市、州专干，集中进行一次交叉式互检，观摩学习，调查研究的活动，以此推动贯彻《办法》的工作更加深入。

湖北省红十字会

一九九六年十月八日

原件藏湖北省北省红十字会档案室，档号：1996－Y－024

关于下发《湖北省红十字会工作目标管理考评标准（试行）》通知

鄂红字〔1996〕41 号

各地、市、州红十字会：

为了积极参与社会主义物质文明和精神文明建设，贯彻执行《中华人民共和国红十字会法》和《湖北省实施〈中华人民共和国红十字会法〉办法》，加强红十字会的内部管理，规范我省基层红十字会活动，使管理更加科学化、系统化；省红十字会在总结前几年工作基础上，听取部分地市红十字会建议，吸收外省好的管理经验，根据我省红十字会工作实际，制定了《湖北省红十字会工作目标管理考评标准（试行）》（以下简称《考评标准》），现将《考评标准》下发给你们，希望你们根据各地实际，按照《考评标准》要求，加强红十字会自身建设，开展各项业务工作，发挥红十字会的社会职能，推动我省"两个文明"建设。

从今年开始，省红十字会每年按《考评标准》抽查地、市红十字会的工作，每两年组织地、市红十字会进行交叉检查，检查评选结果与各项奖励措施挂钩，以此推动我省红十字会工作步入法制化轨道，开创我省红十字事业的新局面。

附：《湖北省红十字会工作目标管理考评标准》（试行）

一九九六年十一月十八日

（注：附件见后文"统计表格"）

关于开展全省红十字会目标管理
工作交叉检查活动的通知

鄂红字〔1996〕42 号

各地、市、州红十字会：

为进一步贯彻落实《中华人民共和国红十字会法》，加强对全省各级红十字会的目标管理，检查基层红十字会的工作情况，并为地、市红十字会提供相互学习、相互借鉴、取长补短的机会；经秘书长办公室研究决定，于 1996 年 12 月中、下旬，在全省范围内开展基层红十字会目标管理工作交叉检查活动。现将有关事宜通知如下：

一、主要内容

（1）总结 1996 年各地、市红十字会工作；

（2）学习《湖北省实施〈中华人民共和国红十字会法〉办法》；

（3）红十字会备灾救灾知识培训；

（4）交叉检查各地、市红十字目标管理工作落实情况；

（5）宣布交叉检查结果，布置 1997 年全省红十字会工作。

二、参加人员

各地、市、州红十字会专职秘书长（副秘书长）一人。请各地 11 月 30 日前将参加检查人员名单报省红十字会。

三、活动时间及费用

1996 年 12 月 8 日报到，报到地点：省卫生厅外语培训基地，会务费每人 300 元，住宿及差旅费自理。

四、检查办法

（1）听取地、市、州红十字会关于目标管理工作情况汇报；

（2）查阅相关资料；

（3）就近抽查一个县级以上红十字会；

（4）汇总评分，评审出各地、市、州红十字会的等级。

五、分组情况

第一组：武汉市、十堰市、随州市、神农架林区、襄樊市、省红十字会工作人员一名；

第二组：咸宁地区、荆沙市、孝感市、黄石市、潜江市、仙桃市、天门市、省红十字会工作人员一名；

第三组：宜昌市、荆门市、黄冈市、鄂州市、荆门市、恩施州、省红十字会工作人员一名。

第一组由武汉市任组长，十堰市任副组长；第二组由咸宁地区任组长，荆沙市任副组长；第三组由宜昌市任组长，荆门市任副组长；交叉检查线路和方案由组长、副组长与本组成员协商后报省红十字转会核准，车辆由组长、副组长所在地红十字会提供。

一九九六年十二月十九日

原件藏湖北省北省红十字会档案室，档号：1996-C-025

关于申领行政执法证件有关事宜的通知

鄂红组字〔1997〕1 号

各地、市、州红十字会：

经协商和研究，全省红十字会专职干部在今后的工作中，依法对各地贯彻执行《中华人民共和国红十字会法》、《中华人民共和国红十字标志使用办法》和《湖北省实施〈中华人民共和国红十字会法〉办法》的情况进行监督和管理，红十字会专职干部在履行职责时统一使用湖北省人民政府法制办公室颁发的行政执法证件，根据湖北省人民政府第82号令和省政府办公厅《关于贯彻实施〈湖北省行政执法监督检查暂行规定〉的通知》（鄂政办〔1995〕92 号）的精神，现就申领行政执法证件的有关事宜通知如下：

一、申领范围

各地、市、州红十字会常务副会长、专职副会长、专职秘书长（副秘书长）等专职干部，各县级红十字会专职干部。

二、申领程序

（1）各地、市、州红十字会按照省红十字会确定的申领行政执法证件范围，对申领人员的资格进行严格审查，认真填写《行政执法证件登记表》（一式二份）和《行政执法人员主体资格审核备案表》（一式二份），登记表格中"编号"、"执法类型"和"执法范围"暂不填写。

（2）为使申报工作在 1997 年 1 月底完成，请各地将填报好的表格、每人三张一寸彩色登记照片（登记表上两张照片请各地贴好，另一张制证时用）和每个证件 24 元的工本费，于 1997 年 1 月 15 日前使用特快专递上报省红十字会审核，过时不候。

（3）省政府法制办公室和省红十字会将对行政执法人员进行岗前专业法律知识和执法业务培训，所有执法人员必须经过法律知识和执法业务考试并合格，才能持证执法。

三、监督管理

全省红十字会专职干部持证执法，是我省红十字会依法办会、依法兴会，依法维护红十字标志严肃性的一项重大举措，各级红十字会组织应加强对此项工作的领导，省政府法制办公室和省红十字会对全省红十字会执法工作实施监督管理，今后将针对一些带有普遍性的行政执法问题，采取健全有关法规、规章，提高执法队伍素质，抓好执法证件管理，强化执法监督机制等措施，逐步加经（以）解决和完善。

附：各地、市、州申领行政执法证件名额

一九九七年一月八日

各地、市、州申领行政执法证件名额

地区	名额	地区	名额
武汉市	29	荆州市	11
黄石市	5	天门市	3
黄冈市	21	宜昌市	26
鄂州市	2	十堰市	12
荆门市	7	恩施州	10
襄樊市	13	神农架林区	2
随州市	4	仙桃市	2
孝感市	10	潜江市	2
咸宁地区	11		

原件藏湖北省北省红十字会档案室，档号：1997－C－028

湖北省红十字会一九九七年工作要点

鄂红字〔1997〕1号

　　全省红十字会一九九七年的工作应以总会六届四次理事会议确定的指导思想和主要任务为主导，带动和促进各项业务工作的健康、快速发展；带动和促进基层红会机构自身建设的加强；带动和促进全省各级红会基础工作创优达标，争先进位，不断跃上新的台阶。

　　（一）法制与理论建设

　　（1）主动配合省人大，启动全省红会工作执法检查，促进《实施办法》的贯彻实施。全省各级红会在配合人大展开执法检查工作时，可通过执法情况通报会、座谈会等具体形式，紧密结合本地实际，解决一些具体问题。

　　（2）按照《中华人民共和国红十字标志使用办法》，在全省范围内展开清理滥用红十字标志的专项行动，并完成全省红会专干执法队伍的培训、颁证工作。

　　（3）积极参与总会组织的"中国红十字运动学习□"活动，紧紧围绕红十字会与精神文明建设和□□□业发展与加强基层、基础建设展开调研□□□□的成果。

　　（二）组织建设和骨干队伍培训

　　（1）抓紧落实省会机关"三定"方案，并按照参照管理的要求，进行人员过渡。同时，加紧督促各地红会"三定"工作的落实、到位。

　　（2）整顿基层组织，强化个人和团体会员的会员意识，督促其权利和义务的履行。省会选择2—3个有基础的地方，进行收缴会费为基准，新的会员管理制度的试点工作。

　　（3）抓好全省县级以上红会专干队伍的培训工作。重点学习党的十四届六中全会决议、红十字运动理论、红十字运动相关法律法规、行政执法的有关法律条文、国际国内红十字工作现状及其展望等。培训采取全省统一教材、集中授课、考试测评、评先表彰的方式进行，促使骨干队伍思想理论水平、法制意识和管理能力有显著提高。

　　（4）筹备湖北省红十字志愿工作者协会，总结推广部分地区志愿工作者活动的好经验，为全省普遍开展此项工作奠定基础。

　　（三）备灾、救灾工作

　　（1）按照《中国红十字会备灾中心建设暂行规定》和省会与总会签

订的协议，重点抓好备灾中心的内部管理和功能发挥工作；建立和健全内部规章制度，强化服务职能和全局意识。

（2）探索备灾与救灾结合的有效途径，增强城乡之间自救互救网络的规范与形成，今年重点进行捐献衣物的接收、加工、储藏的试点工作，逐步走出一条以"自救为主，争取外援为辅"的救灾工作新路。

（3）加强救灾款物的管理工作，完成一九九六年救灾款物的国际审计，制定全省救灾工作手册。

（四）卫生救护

（1）在巩固提高原有行业系统卫生救护培训工作基础上，重点扩展建筑工人和农机驾驶员培训。同时，结合本省实际，拟定新的培训大纲和全省统编教材的编审、选定工作。

（2）管理红十字医疗机构，结合红十字标志的授权使用，规范全省红十字医疗机构的社会行为，增强其社会声誉。

（3）争取总会预防艾滋病核心骨干培训项目，积极参与预防艾滋病的社会宣传工作。

（4）组织第三十六届南丁格尔奖章候选人的申报。

（5）积极配合总会，认真组织好香港"行路上北京"步行团湖北段的救援保障工作，扩大红会的社会影响。

（五）推动无偿献血

（1）配合贯彻"中华人民共和国献血法"，积极参与无偿献血的推动工作，主动协助各级政府发展血液事业。

（2）利用"五·八"活动，广泛宣传无偿献血的科学知识和先进人物，促进1~2个城市无偿献血工作达到先进城市的标准。

（3）依靠政府和社会力量，推动我省BMT（骨髓移植）无关供者工作。

（六）红十字青少年

（1）以创建红十字示范学校为突破口，推动学校红会工作上台阶，会同省教委制定示范学校的标准，并在年内完成首批示范学校考评挂牌工作。

（2）组织全省红十字青少年暑期夏令营，并推荐优秀营员参加总会与香港红会联合举办的"迎回归"红十字青少年夏令营活动。

（七）社会救助和服务

（1）各地红会要按照总会六届四次理事会议的部署，把建设红十字博爱系列工程与各项社会救助工作融为一体，重点兴办为老年人和弱智儿童服务的社会公益机构，并开展好为此类人群提供帮助的志愿服务活动。

（2）推广城区办红十字服务站的经验，使之成为在社区保障体系建设中发挥积极作用的重要阵地。

（八）宣传工作

（1）重点加强对大众传播媒体的开发、利用工作，及时准确地宣传红会工作和红十字运动的相关知识，以增强全社会的红十字意识。

（2）健全通讯员队伍，强化队伍建设，组织好年度通讯总结表彰工作。搞好总会报刊发行工作。

（3）申请进入互联网，搞好与总会联通、互传工作，并制订完成省红会电子邮件专页。

（九）事业发展

（1）事业发展是各级红会维持自身发展，发挥社会职能的基础工作，应高度重视，持之以恒地抓好、抓实。

（2）强化实体管理，搞好所属企事业单位的经营工作，坚持依法管理，规范市场行为，增加效益，完善内部运行机制。

（十）香港、台湾事务

（1）各级红十字会要认真组织学习、领会、掌握总会关于香港回归的特别决议，贯彻执行总会关于处理地方分会与香港红会相互关系的具体规定，积极开展与香港红会的友好往来与合作。

（2）继续做好寻人工作，加强与台湾红十字组织的沟通和联系，力争在救灾、血液和青少年事务中，增加交往与合作。

（十一）国际交往

（1）加强全省专职干部国际交往知识的学习和培训，重点抓好国际人道主义法和国际联合会有关文件的学习，提高我会外事工作的水平与能力。

（2）重点接待好德国巴符州红会代表团，争取缔结新的交流协议。同时，扩大与周边其它国家的地方红会的交流。

湖北省红十字会

一九九七年二月十四日

原件藏湖北省北省红十字会档案室，档号：1997 - D - 012

关于湖北红会要求在全国备灾救灾
工作中承担更多任务的请示

鄂红字〔1997〕第 9 号

总会领导：

湖北省红十字会和中国红十字会湖北备灾救灾中心，历经几年的建设和完善，在总会的指导和关怀下，已逐渐形成了一整套救灾物资采办、加工、转运的装备和系统。在被服加工方面，以备灾中心为基地，组建了博爱被服加工厂，形成了年加工棉被 10 万床、衣服 20 万件（套）的生产能力；在药品采购方面，湖北省红十字（会）卫生发展公司，是经国家主管部门批准设立的，具备药品经营资格的批发企业，经营种（类）达 1000 余个，仓储面积逾 4000 平方米，并且拥有一支实干精神强、懂业务、善管理的员工队伍，一九九六年完成销售 5000 万。上述两个实体，都是我省红会直接管理的企、事业单位，各项业务工作均易于监督、便于操作。

此外，湖北省区位居中，承东联西、交通便利、物产丰富、价格相对低廉。这些优势完全可以达到成为全国红会系统救灾物资采办基地的要求。我们郑重地向总会承诺：坚持依法经营、遵章办事，"守合同、讲诚信、重质量"；以"过硬的产品、优质的服务、快捷的发送、便利的结算"为全国红会的备灾救灾工作服务，为总会事业发展的大局做贡献。

附：

1. 中国红十字会湖北备灾救灾中心经营服务承诺
2. 湖北省红十字卫生发展公司经营服务承诺

湖北省红十字会

一九九七年四月二十二日

中国红十字会湖北备灾救灾中心经营服务承诺

中国红十字会湖北备灾救灾中心，是隶属于总会直接管理的全国区域性备灾救灾中心，该"中心"自一九九三年投入运行之后，共采办、加工、转运各类救灾物资 40 万余件（套），价值达 5000 余万元，为中南地区救灾工作的开展，发挥了积极的作用。在总会和联合会的关怀下，目前已形成 1000 平方米的仓储和整套搬运、运输设施。库内水、电、路、消防、防潮、保安、通讯设施具全，能满足医药、粮食、衣被等物资的储备。同时，"中心"还组建了年生产 10 万床棉被、衣服 20 万件（套）的服装厂，也可以为救灾工作服务，我"中心"愿在总会关怀下，在赈灾物资采供方面，做出如下承诺：

一、坚持"社会效益第一，服务灾区优先"的宗旨，努力增强"中心"快速反应能力和自救能力，不断扩大服务半径。

二、省内外救灾物资，坚持"送货上门、免费装卸、包赔包换、跟踪服务"的原则。

三、采办、加工物资，做到质量过硬、规格达标、包装完备、标志明显、公开竞价、回馈社会。

四、"中心"采供、加工物资的合理收益，在征得总会同意后，可以向红十字慈善事业捐赠，并保证完成上交总会救灾基金的份额。

湖北省红十字卫生发展公司经营服务承诺

湖北省红十字卫生发展公司是国家主管部门批准隶属于湖北省红十字会，具备药品经营资格的批发企业，现有员工 50 人，全部经营活动实行微机网络管理，现经营中西成药、化学制剂、中药饮片、滋补保健品逾 1000 个品种，目前已同国内，如华北制药集团、东北制药集团、西南药业、广州白云山制药厂、武汉制药厂等全国上百家大型制药企业建立了良好的合作关系，本公司供药能力强、时间快、质量（有）保证。我们愿在中国红十字总会的指导和关怀下，弘扬"人道、博爱、奉献"精神，参与博爱慈善事业，在赈灾药品采购供应业务上，做出如下承诺：

一、垫付资金，先货后款。本公司的经济实力和融资能力较强，一次性购货在一千万元以内的，可先采购发货，后期分批结算货款。

二、品牌过硬，规格齐全。签订采购合同后，确保品种、规格、厂牌符合要求，质量符合国家药典的标准，并且要求厂方出具质量检验报告。

三、包装完备，标志明显。所购药品，可以按总会的要求包装或重新包装，也可在总会授权下，印制或贴附特殊标志，其工作费均由公司承担。

四、快速采购，发运及时。按照赈灾的特殊时间要求，发挥武汉的地理优势，公司将投入主要的人力、物力快速采购，采用空运、水运、陆运等多种方式，保证从采购到送货至目的地，国内交通便利地区在三天内，边远地区一周内到达。

五、公开竞价，服务社会。所购药品价格可在全国同行业中公开竞价，按薄利的原则，以合理的价格结算，同时，愿将利润的主要部分以捐款、捐物等不同形式，捐赠（给）总会，发展慈善事业。

原件藏湖北省北省红十字会档案室，档号：1997－Y－026

关于总会进行"全国红十字会基层组织、会员普查"和下发"中国红十字会会费收缴与管理办法"的通知

鄂红字〔1997〕第 8 号

各地、市、州红十字会：

总会决定进行一次全国红十字会基层组织、会员的普查工作，以进一步加强各级红十字会的组织建设及发展、会费收缴、会员统计及管理等各项工作。现将"中国红十字会会费收缴与管理办法"下发给你们。各地红十字会应加强领导，明确责任，切实搞好普查工作；加大力度，认真做好会费收缴和会员的统计工作。现将有关事项通知如下：

一、普查时间

普查界定时间为 1997 年 5 月 31 日。各项统计数字截止于该时。

二、普查项目

（1）基层组织（含团体会员单位）数。

（2）会员实有数（含团体会员和青少年会员）。

（3）会费实缴总数和缴纳会费人数。

（4）红十字会专干编制数和实有数。

三、普查方法

发动基层组织，认真统计，逐级上报，按时完成。由各地、市、州红会汇总情况后上报省红会。

四、要求

（1）普查结果在 1997 年 6 月 25 日前报省红会。

（2）会费按下发的"中国红十字会会费收缴与管理办法"的标准和

要求进行收缴。

（3）有关项目按所附"组织发展工作统计表"填写。

附：

1. 中国红十字会会费收缴与管理办法

2. 组织发展工作统计表

一九九七年五月二十九日

（注：原档案中未见上述附件）

原件藏湖北省北省红十字会档案室，档号：1997－Y－026

关于做好1997年赈灾救援准备工作的通知

鄂红字〔1997〕12号

各地、市、州红十字会：

开展救灾的准备工作，在自然灾害和突发事件中，对伤病人员和其他受害者进行救助，既是《中华人民共和国红十字会法》赋予各级红十字组织的首要职责，也是中国红十字会当前和今后一个时期的主要业务工作。我省各级红十字组织在历年的备灾救灾工作中，为减轻各种灾害给人民群众造成的损失和痛苦，帮助灾民恢复生产，重建家园，做了大量其他组织不可替代的工作，受到各级政府和社会各界的一致好评。1997年主汛期即将来临，现将做好今年赈灾救援准备工作的有关事宜通知如下：

（1）全省各级红十字组织，应提高对赈灾救援工作的认识。在防汛救灾期间应成立赈灾救援专班，由红十字会主要领导亲自分管，并制定相关制度，确保红十字会的赈灾救援工作准确、及时、高效。

（2）主动与政府防汛指挥部门和救灾办公室取得联系，在独立自主开展工作的前提下，按照《湖北省救灾防病预案》（鄂卫办发〔1997〕28号）的要求，与政府有关部门搞好赈灾救援的分工协作。

（3）加强对红十字会专职工作人员和志愿工作者救灾专业知识的培训。增强群众救灾防病、自救互救知识和意识，各级红十字会工作人员，特别是红十字会的领导和分管救灾工作的干部，应十分熟悉红十字会参与救灾工作的范围和职责，报灾核灾、卫生救护、物资采办和中转、救灾款物的募集与分发，都应严格按照中国红十字会总会颁布的统一规定进行。

（4）及时总结救灾工作中的一些好的经验和办法，将备灾与救灾工作有机地结合起来，在救灾工作开始之前，各地可根据每年的情况，为灾区群众开展一次募集衣服、药品、可储存食品、救灾器械的工作。募集物资的储备有困难的，可与中国红十字会湖北备灾救灾中心联系。

（5）要继续发扬非灾区支援灾区、轻灾区支援重灾区、城市支援农村的好传统、好作风，充分调动各方面积极性，搞好今年的赈灾救援工作。

（6）加大《中华人民共和国红十字会法》及其配套法规的宣传贯彻力度，争取各级党委、政府对红十字救灾工作的支持，辖区各交通要道、收费站（点）应确保红十字会的救灾人员、车辆、物资优先免费通行。

（7）在救灾工作中应依法维护红十字会的合法权益，对拒绝、阻碍红十字会依法履行职责，侵占、挪用红十字会经费、财产、救助款等的典型事件，要及时通报，并追究其有关人员的责任。

（8）注重救灾工作的宣传，争取社会各界和宣传舆论部门的支持，扩大红十字会的社会影响，搞好救灾资料的收集、整理、上报工作。

此通知请遵照执行。

湖北省红十字会

一九九七年□月□日

原件藏湖北省北省红十字会档案室，档号：1997－D－012

关于请求解决巴东县官渡口镇红十字会急救站建设资金缺口的报告

鄂红字〔1997〕29 号

中国红十字会总会：

湖北省恩施土家族苗族自治州巴东县官渡口镇地处重庆与湖北省交界处，系渝鄂咽喉。

官渡口镇位于黄金水道的长江边，来往船只比较多，经常出现水上交通事故；二〇九国道贯穿全镇，来往车辆多，车祸事故频繁发生；国际旅游点神农溪位于此镇，国内外游客流量大。由于该镇医疗急救站点不健全，且急救设备落后，一旦出现各种事故则无力急救，给人民群众的生命安全带来了一定的影响，同时，也易给国际上造成不良的影响。

为解决黄金水道长江、二〇九国道、国际旅游点的救护问题，更好地服务社会，该县红十字会拟定在官渡口镇建立红十字会急救站，共需资金120万元，现已自筹20万元，尚有100万元资金缺口。由于该县属国家"八·七"扶贫攻坚计划县之一，地方财政拮据，无力投入建设，特请求总会给予解决缺口资金100万元。

特此报告。

一九九七年十二月二十六日

原件藏湖北省北省红十字会档案室，档号：1997－Y－027

关于开展"五·八"纪念宣传活动的通知

鄂红字〔1998〕5号

各地、市、州红十字会及湖北备灾救灾中心、同济医院、协和医院、省人民医院、湖北医学院附属二院：

为搞好今年"五·八"世界红十字日纪念宣传活动，现将有关安排通知如下：

一、主题：集善款，做善事，博爱助人。

二、各地要围绕主题，结合当地中心工作，开展宣传活动。

（1）以备灾救灾中心、仓库、红十字基金为基础开展募捐，组织义演、义卖、义诊等活动。

（2）开展街头宣传、咨询、服务活动，以图文、影视、广播、宣传文艺等形式，宣传红会法，介绍红会的各项工作，弘扬人道主义精神。

（3）开展慰问孤老残及特困者活动，为他们送药、送温暖。

三、结合当地实际，为群众办实事，办好事。大张旗鼓地开展人道博爱系列社会工程（救援工程、生命工程、爱心工程）活动。

四、各地红会应主动向新闻媒体提供活动信息创造采访条件，或与其联合开展宣传活动。

五、今年总会宣传部制作了一批"五·八"主题宣传画，已到省红会，望各地及时领取，认真组织张贴，并于5月底前将"五·八"活动的情况及宣传画张贴使用情况报省红会。

湖北省红十字会

一九九八年四月十四日

原件藏湖北省北省红十字会档案室，档号：1998-D-013

关于做好今年防汛救灾工作的紧急通知

鄂红字〔1998〕第 7 号

各地、市、州、省直管市及神农架林区红十字会，中国红十字会湖北备灾救灾中心：

1998 年汛期将至，根据有关方面预测，今年长江流域发生 1954 年型洪水的可能性极大，同时由于我省堤防设施老化，分蓄洪区调蓄能力下降，为防止在抵御特大型洪水中，发生严重自然灾害，按照省防总电话会议的统一部署，从现在起全省各级红会组织应立即行动起来，进入临战状态，做好今年的防汛救灾工作。

一、"抗灾保平安，防灾保发展"，是省委、省政府防汛救灾的大政方针，红会的各级领导和全体红会工作者，应高度重视当前的防汛救灾工作，坚决克服麻痹厌战思想。各级红会组织应响应省委、省政府的号召，依法履行备灾救灾职责，闻灾而动，扶危济困，积极主动参战，当好政府在人道主义救助领域的助手。

二、各级红会组织要主动与防汛指挥部取得联系，详细了解政府的防汛救灾预案，明确自身职责，制定出切实可行的防汛救灾计划。要实行干部值班和领导带班制，报灾电话和传真要 24 小时开通，做到及时报灾，准确核灾，积极救灾。

三、要对防汛救灾的通讯工具、运输工具、救护和救灾器材进行全面检查，确保工具和设备处于良好应战状态。

中国红十字会湖北备灾救灾中心应做好救灾物资的加工、仓储、转运的准备工作，实行 24 小时干部值班制保证全省和中南地区红十字会救灾工作的高效运行。

四、各地红会组织要立足防灾自救，做好救灾物资的募集储备。灾情发生后，各地红会应发扬"一方有难，八方支援"的光荣传统，积极开展无灾区支援有灾区，轻灾区支援重灾区的自救互救工作。

五、各地的报灾救灾工作程序应严格按照总会有关规定执行。各种表格也应按有关要求填报，报灾应加强红会救灾工作、灾民近况等内容的填报。

省红会救灾值班电话：（027）87824238

传真：（027）87309593　联系人：李荣华

湖北省红十字会

一九九八年六月十日

原件藏湖北省北省红十字会档案室，档号：1998－D－013

关于在全省范围内开展纠正滥用
红十字标志活动的通知

鄂红字〔1998〕第 8 号

各地、市、州、神农架林区红十字会，中国红十字会湖北备灾救灾中心：

两年来，我省各地、各级红十字会积极主动地协助本级人民政府贯彻落实《中华人民共和国红十字标志使用办法》，在宣传和纠正滥用红十字标志方面做了大量工作，使滥用红十字标志的现象逐步减少。

最近，我国医疗机构启用新的标志，这是卫生部等部门贯彻《中华人民共和国红十字会法》和《中华人民共和国红十字标志使用办法》的重大举措，为全面禁止滥用红十字标志提供了有利条件。为此，总会决定：全国各地、各级红十字会应当协助本级人民政府开展一次清理滥用红十字标志的活动。

望你们按照省会的总体安排，结合本地实际，扎扎实实地开展好这一活动。要投入有效的人力、物力，严密组织，争取政府有关职能部门和新闻媒体的支持和参与，营造全面纠正滥用红十字标志的良好的社会氛围。通过本次活动，进一步提高全社会对红十字标志真正含义的认识，增强正确使用红十字标志的自觉性，使红十字标志使用办法得到更好贯彻，取得明显成效。

湖北省红十字会

一九九八年六月十六日

原件藏湖北省北省红十字会档案室，档号：1998－C－030

关于同意武汉市红会设立湖北
武汉红十字备灾救灾中心的批复

鄂红字〔98〕109 号

武汉市红十字会：

你会关于申请设立湖北武汉红十字备灾救灾中心的报告收悉。经领导研究决定同意你会申请，批准设立湖北武汉红十字备灾救灾中心，并作为全省红会系统备灾救灾网络的重要组成部分。望你们坚持为红会事业服务的方向，努力增强备灾能力，提高运转效率，为武汉市红会的备灾救灾工作做出新的贡献。该中心领导关系隶属于武汉市红十字会，业务工作接受省红会指导。

湖北省红十字会

一九九八年六月十九日

原件藏湖北省北省红十字会档案室，档号：1998－Y－029

湖北省红十字会关于贯彻省政府
《关于切实做好救灾捐赠工作有关问题的
紧急通知》的紧急报告

鄂红字〔1998〕12 号

省人民政府：

今年入夏以来，我省连续发生了历史罕见的洪涝灾害，全省红十字会系统按照省委、省政府的统一部署，依照《中华人民共和国红十字会法》和《湖北省实施〈中华人民共和国红十字会法〉办法》的有关规定，协助各级人民政府广泛开展了防汛救灾、防病治病、向全社会和海内外募集救灾款物、分发救灾物资等项工作。截至8月18日，省红十字会已募集救灾款物折合人民币 1561.49 万元，配合政府有关部门向灾区派遣医疗队 7172 支，免费诊治病人 1211426 人次，投放消杀药品 217435 公斤，为实现省委、省政府提出的"防洪保安全，救灾保规划"的目标，做了大量卓有成效的工作，受到了各级政府的充分肯定和社会各界的一致好评。但我会在贯彻省政府鄂政办电〔1998〕76 文的过程中，有如下问题需向省政府领导紧急报告，希望予以解决。

（1）全省各级红十字会的救灾工作是依据国际联合会救灾条例、《中华人民共和国红十字会法》和《湖北省实施〈中华人民共和国红十字会法〉办法》具体组织实施的。而省政府办公厅鄂政办电〔1998〕76号文第一条第一款、第二条第一款和第四条第二款与《中华人民共和国红十字法》第十三条关于"红十字会有权处分其接受的救助物，在处分捐赠款物时，应当尊重捐赠者的意愿"的规定。与《湖北省实施〈中华人民共和国红十字会法〉办法》的第二条的具体要求，以及国际联合会"独立开展救济活动的财会和审计工作"的有关规定相抵触。

（2）在前段的救灾工作中，由于少数地方个别部门缺乏对《中华人民共和国红十字会法》的正确理解，在接受红十字会分发给他们的救灾物资中，已发生了数起将我会物资简单交给当地民政部门处理的现象，导致我会正常物资分发程序混乱，手续无法完备，这严重影响了我省红十字会在全国，乃至国际社会募集救灾款物工作的正常开展。此外，由于有关部门按照政府的鄂政办电〔1998〕76号文执行，致使我会无法正常通过新闻媒介向外公布捐赠电话和捐赠账户，严重地阻碍了我会正常的捐赠活动开展。

（3）红十字会接受国际社会捐助救灾款物的分配程序，已由联合会赈灾条例做出了明确规定，并由国际联合会指定的国际审计事务所审计，其审计方法和程序是按照国际惯例和《中华人民共和国红十字会法》规定进行的。我省少数地方的个别部门越权分发红十字会接受的救灾物资，严重违反了国际联合会和《中华人民共和国红十字会法》的有关条款规定，也给我省灾后接受国际审计造成困难局面，并将直接影响我省在国际社会中的良好形象。多年来，我省红十字会一直秉承国际联合会确定的基本原则，已连续四年顺利通过国际审计，并在国际社会筹措人道主义救援经费方面树立了良好的信誉，同时也得到了中国红十字总会的多次表扬。

鉴于当前一部分地方对省政府文件鄂政办电〔1998〕76号文的错误理解，特恳请省政府领导做出明确批示，并将此件转发给各地及有关部门参阅。

附件：

1.《中华人民共和国红十字会法》

2.《湖北省实施〈中华人民共和国红十字会法〉办法》

3. 联合会和红十字国际委员会联合或独立开展的救济活动的财会和

审计工作

（注：限于篇幅，以上附件内容略去）

湖北省红十字会

一九九八年八月十九日

原件藏湖北省北省红十字会档案室，档号：1998－C－030

关于评选中国红十字会抗洪、
抗震救灾先进集体和先进个人的通知

鄂红字〔1998〕16号

有关地、市、州红十字会及湖北备灾救灾中心：

接总会红办字〔1998〕第178号文通知，为进一步调动红十字会及各级组织、广大专兼职干部、会员献身红十字救灾救助人道主义事业的积极性，推动红十字事业的发展，总会将于今年12月初表彰一批先进集体和先进个人。现将表彰评选的有关内容通知如下：

一、范围

这次表彰是对今年抗洪抗震救灾工作（包括支援灾区的赈济工作）的专项表彰。表彰的重点是抗洪抗震救灾第一线的集体和个人，尤其是（在）抗洪救灾第一线做出显著成绩者。

二、条件

1. 先进集体

（1）在抗洪抗震救灾工作中，认真贯彻《中华人民共和国红十字会法》，依法积极组织社会募捐，独立自主地开展工作，真正起到政府助手作用。

（2）在救灾工作中组织得力、行动迅速、成绩突出。

（3）及时、有效地转运、分发救灾款物，无截留、无挪用，账目清楚、分配合理。

（4）积极支援灾区，充分体现一方有难、八方支援的抗洪精神。

2. 先进个人

（1）在救灾工作中舍生忘死、救助他人，组织灾民自救互救表现突出。

（2）及时报告灾情、疫情，为抗洪抗震救灾献计献策，成绩显著。

（3）在赈济灾区的工作中，积极组织募捐，为灾民提供无私援助。

（4）具备红十字人道、博爱、奉献精神，不怕困难、不畏危险，不计较个人得失，为解除灾区人民的疾苦做出贡献。

三、办法

授予先进集体"中国红十字会抗洪抗震救灾先进集体"称号，颁发奖牌；授予先进个人"中国红十字会抗洪抗震先进个人"称号，颁发"中国红十字会荣誉会员章"和证书。

四、要求

（1）各地、市、州红十字会及湖北备灾救灾中心按要求认真推荐先进集体和先进个人，主管部门认可，由地、市级红十字会报省红会确定。

（2）分配至你会先进集体□名，先进个人□名（见附件）。请务必于十一月十五日前将呈报表报省红会（先传真，原件随寄），要求等额上报，不增补、不更换。逾期不报，视为弃权。

附件：先进集体、先进个人名额分配表

湖北省红十字会

一九九八年十一月十一日

附件：

先进集体、先进个人名额分配表

先进集体（8个）

荆州、黄冈、咸宁、武汉、宜昌、仙桃、省红会、随州

先进个人

孝感中心（湖北省救灾备灾中心）	1名
省红会	3名
荆州	4名
黄冈	3名
咸宁	2名
恩施	1名
仙桃	1名
孝感	1名
武汉	1名
荆州	1名

| 黄石 | 1 名 |
| 宜昌 | 1 名 |

原件藏湖北省北省红十字会档案室，档号：1998－Y－029

转发总会关于推荐第三十七届
南丁格尔奖章候选人的通知

鄂红字〔1998〕18 号

咸宁地区、各市州红十字会：

第三十七次南丁格尔奖章候选人推荐工作现已展开。经与卫生厅会商，本届候选人产生的方式将由各地推荐，省红会会商有关部门，报会领导批准之后汇总向总会申报。鉴于既往推荐过程中，申报材料没能很好地反映申请人在从事人道主义服务工作过程中的突出感人事迹，故本次推荐候选人经省红会确定后，将组织专班，形成推荐意见。

各地及有关单位接此通知后请按总会文件要求，组织好候选人的推荐和申报材料的填报工作，于一九九九年元月五日报省红会，过时不报，视为弃权。

附件：推荐人选名额分配表

湖北省红十字会
一九九八年十一月十八日

推荐人选名额分配表

咸宁地区	1 名
武汉市	1 名
孝感市	1 名
黄冈市	1 名
宜昌市	1 名
荆州市	1 名
襄樊市	1 名
十堰市	1 名
黄石市	1 名

公牍选载

鄂州市	1 名
恩施州	1 名
同济医大	2 名
湖北医科大	2 名
湖北中医学院	1 名
湖北省军区	1 名
湖北省武警总队	1 名

原件藏湖北省北省红十字会档案室，档号：1998－Y－029

关于总会对湖北 1998 年水灾区重灾户 开展春节送温暖特别行动的通知

鄂红字〔1999〕1 号

咸宁地区红十字会：

　　1999 年春节即将来临，为了让灾区群众安度春节，总会决定使用境内外社会捐款 10 万元到我省灾区进行春节送温暖特别行动，这一行动充分体现了党和政府对灾区人民的关怀，也是红十字人道主义精神的具体体现。请接此通知后速与有关部门取得联系，做好各项准备工作，以确保此项活动的顺利进行。现将有关事宜通知如下：

　　一、送温暖对象以户为单位，每户价值标准为 200 元，共 500 户，请你们在嘉鱼县选择两个村进行此项活动。

　　二、发放形式分现场发放和到灾民户家中慰问发放两种。请按照灾害救济条例规定的程序办理物资领取手续。

　　三、代表团抵离时，请当地红会有关人员接送。

　　四、联系当地新闻媒体，做好文字、图片、声像资料的收集和宣传工作。

　　五、请与当地有关部门联系，做好整个活动中的安全保卫工作（需联系警车一辆）。

　　六、接待工作中要注意礼仪从简，不准宴请，注意饮食卫生。

　　附件：日程安排

湖北省红十字会

一九九九年二月一日

日程安排

2月5日（周五）	13：10	MF8416 起飞抵汉
		省红会领导前往机场迎接
	下　午	市内活动
	18：00	晚餐、宿武汉
2月6日（周六）	7：30	代表团出发赴嘉鱼
	9：30	嘉鱼县牌州湾中堡村现场发放
	12：00	赴嘉鱼县牌州湾细湖村与灾民共进午餐
	14：00	慰问细湖村灾民
	16：00	返汉
	18：30	晚餐宿武汉
2月7日（周日）	10：30	送机场乘 CZ3137 赴北京
	14：00	送机场乘 Z2302　赴郑州

原件藏湖北省北省红十字会档案室，档号：1999－D－114

关于报送湖北省红十字会系统
依法治理工作规划的报告

鄂红字〔1999〕6 号

省直机关工委宣传部、省司法厅普法办公室：

根据省直机关工委的要求，我会制定了《湖北省红会系统依法治理工作规划》，现上报。

湖北省红十字会
一九九九年三月十九日

湖北省红会系统依法治理工作规划

为落实党的十五大提出的"依法治国"的战略方针，加强社会主义民主与法制建设，规范红会活动，促进红会事业健康发展，落实依法兴会工作任务，更好地为社会主义"两个文明"建设全面服务，根据省委、省政府关于"依法治省"的部署和要求，结合我省红会工作实际，制定本规划。

一、指导思想和基本目标

依法治国是党中央提出的建设社会主义法治国家的治国方略，是建立社会主义市场经济体制过程中国家管理模式的重大发展，也是必然的和唯一的科学选择。依法治国是我国改革开放和社会主义现代化建设事业跨世纪发展的根本大计，依法治理和管理各项事业是依法治省的重要组成部分。我会是从事人道主义救助工作的社会团体，同时又是国际组织在本地区的代表机构，全省的红会工作和红会事业必须依法治理，必须纳入依法治省的轨道。"九五"期间我们将首先从本系统、本部门做起，把全省红会系统的依法治理工作作为实现依法治省目标的一项支柱来抓。

1. 全省红会系统依法治理工作的指导思想

以邓小平同志建设有中国特色社会主义理论和党的基本路线为指针，认真贯彻落实党的十五大精神和省人大关于加强依法治省的决定，按照省委依法治省规划的部署和安排，以红会法及其配套法规为基础，按照事业发展同依法兴会一起抓的指导思想，依法治理全省的红会工作，使红会事业走上法制化、规范化的轨道。

2. 全省红会系统依法治理工作"九五"期间要达到的基本目标

（1）建立较为完备的全省红会事业法规体系，使全省红会工作和省、地、县红会自身工作的主要方向都做到有法可依、有章可循。

（2）在全省范围内宣传、普及红会事业的法律知识，提高全省各地、社会各界依法保障红会事业发展的法律意识和法制观念。

（3）全省各级红会机构的干部职工要认真学法、自觉守法、主动用法、严格执法，依法办会、依法管理全省红会工作和内部事务。

（4）提高执法水平，改善执法环境。建立全省红会系统执法责任制，使执法程序规范化，执法监督法制化、制度化。

（5）省红会在全省红会系统中积极发挥依法治理的表率作用和带头作用，带动全省红会系统形成依法治理的良好氛围，为全省的经济发展、社会稳定和改革开放创造良好的法制环境。

二、主要任务

1. 深入开展普法教育

切实提高全省红会系统，特别是各级领导干部的法律意识，使每个干部职工学法、知法、懂法、守法，自觉维护国家利益和自身权益。在普法宣传方面重点抓好：

（1）按照"三五"普法规划要求，坚持不懈地抓好法制宣传教育。

按照规划规定的总体目标、主要任务、基本要求和实施方案，采取行之有效的措施，圆满完成普法任务。

（2）在抓好有关法律和各专业法学习宣传的同时，大力学习、宣传、普及红会法及其配套法规知识和《日内瓦公约》。

（3）健全学习制度，落实学习计划。要熟悉与自己主管工作相关的法律、法规，提高法律素质，增强权利与义务观念，增强守法的自觉性，养成平时学法、遇事想法、办事依法的良好习惯。

（4）重点抓好各级领导干部的普法教育。各级干部，特别是处以上领导干部和省、市、县红会部门的领导和执法人员，要带头学习和掌握与自己工作有关的法律法规，提高运用法律手段处理经济、社会事务和管理工作的能力。

2. 加大地方法规执法力度，营造法制环境

结合全省红会工作实际，进一步加大执法工作力度，提高执法工作的水平。"九五"期间制定的《湖北省红会法实施办法》，是根据红会事业发展需要制定的地方法规，使全省的红会工作做到有法可依、有法必依。全省红会系统的各级领导，要按照依法治省的要求，转变领导方法和工作作风，学会使用法律手段管理会务，保证依法治理工作的落实。切实做到依法办会、依法行政、依法管理、依法办事。牢固树立法制权威，不允许任何单位和个人有超越宪法和法律的特权。

3. 加强执法队伍建设

建立高素质的执法队伍是实现高标准治理目标的前提，因此全省红会部门计划要按照有关法律、法规，大力做好执法队伍的组建和执法人员的教育管理、考核和培训，坚持持证上岗，努力提高执法人员的素质和执法水平，建立健全法律服务体系。

三、步骤和要求

按照《湖北省"九五"时期依法治省规划》的要求，全省红会工作依法治理工作分为三个阶段：

1. 准备阶段

1999 年以前为准备阶段，本阶段的主要任务是制定规划，成立依法治理工作领导小组，建立和落实机构。各市、州、县红会也应建立相应的依法治理工作领导小组（可考虑与"三五"普法领导小组合署办公）。

2. 实施阶段

1999 年至 2000 年上半年为实施阶段。本阶段的主要任务是落实任务和方案实施，一是建章建制，推行规范化管理；二是采取措施，实行

目标责任管理，解决会务中的重点问题；三是加强队伍建设，提高执法人员的素质和依法治理的能力；四是及时进行检查指导和经验交流，完善依法治理的各项措施。

3. 验收阶段

2000 年下半年为验收阶段，对各单位依法治理工作进行阶段性验收。总结经验，评选先进集体和先进个人，进行表彰并找出存在问题，研究解决问题的办法，部署下一步依法治理工作任务。

依法治理工作是社会主义市场经济发展的客观要求，是实现"九五"计划和 2010 年远景目标的重要举措。各级领导要高度重视，切实加强对依法治理工作的领导，抓紧抓好抓出成效，营造良好的法制环境，促进红会依法兴会工作健康、稳定地发展。

原件藏湖北省北省红十字会档案室，档号：1999－C－032

省红会关于贯彻城镇医药卫生体制改革有关工作的通知

鄂红字〔2000〕13 号

各市、州红十字会：

根据国务院办公厅转发国务院体改办等八部门《关于城镇医药卫生体制改革的指导意见》（国办发〔2000〕16 号），卫生部等有关部门最近出台了一系列配套政策，其中医疗机构分类管理必然涉及医疗机构产权制度的落实，为了全面贯彻文件精神，确保会产不会流失，现就当前的几项具体工作要求通知如下：

一、医疗卫生体制改革是适应社会主义市场经济体制的一项重大举措。城镇医疗卫生体制改革涉及面广，政策性强，各级红十字会要认真学习改革的配套文件，深刻领会文件精神。在卫生行政部门开展改革试点工作的单位，认真研究出现的新情况，及时总结经验。

二、红十字会要依法维护本会利益，确保会产不流失，要着力研究红会组织如何充分利用现有优势，兴办与红会宗旨相符的社会福利事业和经济实体，在卫生体制改革中为壮大会产规模做出努力。

三、有条件的红十字会可以争取当地政府的支持，在现有卫生资源重新配置时，接受政府划拨的医疗卫生机构，并运用多种经营管理方式促进其发展，充分发挥红十字会在社会福利、社区医疗服务中的作用。

四、各级红十字会要认真进行一次会产的清理、核资工作。在改革中涉及红会对医疗机构投入的资产，药品经营中的收入，兴办其他产业的资产等，要认真进行一次情理，做好监督，不得随意流失。请登记工作以县为单位逐级填报（登记表附后），由各市、州将登记表汇总后寄省红会。上报时间限于 9 月 30 日前。

附：红十字会财产清理登记表

二〇〇〇年八月三日

（注：原档案中未见该表格）

原件藏湖北省北省红十字会档案室，档号：WS·2000－C－Ws－0004

关于开展经常性募集衣物工作的通知

鄂红字〔2000〕16 号

各市、州红十字会、中国红十字会湖北备灾救灾中心：

为了更好地开展社会救助和社会服务工作，提高各地红十字会帮助最易受损害群体的能力，贯彻落实李岚清副总理"城市减肥，救助灾民"的指示精神和总会红二字〔2000〕104 号文的有关要求，经研究决定，在全省大、中型城市的市级红十字会开展经常性募集衣物工作。为做好此项工作，具体要求如下：

一、全省有储备能力的各市、州红十字会要根据自身的实际情况研究制定募集方案，落实责任人，尽快开展募集工作。

二、中国红十字会湖北备灾救灾中心和全省四个小型救援中心所在地的市级红十字会，要把募集工作作为一个经常性的备灾任务来抓，以便不断充实仓库，增强自身的社会救助能力。有条件的城市可在社区内设置永久性"红十字会募集站"。

三、中国红十字会湖北备灾救灾中心和四个小型救援中心要协助该市红十字会做好募集物资的清理、消毒、储存等项工作。

四、募集的物品，在充分尊重捐赠者意愿的基础上，可集中用于本地区的自然灾害、突发事件及贫困人群的救助。省红会可以在全省范围

公牍选载

431

内对募集的衣物进行调配。

五、对不适宜灾区救援的衣物，在征得捐赠者同意后，可在上级红会的指导下组织对募集衣物的义卖活动，义卖收入全部用于发展红十字事业。

六、开展募集工作的市红十字会要制定衣物的管理使用办法，定期向社会公布募集衣物的使用情况。

七、注意总结募集工作的经验，定期向省红十字会上报募集工作的开展情况。

附：

1. 回馈卡样表
2. 接收捐赠物资登记表样表

二〇〇〇年十月八日

（注：原档案中未见上述表格）

原件藏湖北省北省红十字会档案室，档号：WS·2000－C－Wz－0005

关于韩南鹏同志组团访问印度尼西亚的初步方案

鄂红字〔2000〕31 号

省委外事工作领导小组：

省红十字会在省委、省政府的领导下，在中国红十字会总会的大力支持下，多年来，积极开展与境外红十字组织分支机构的友好往来，取得了可喜的成果，发展了与德国巴·符州、加拿大安大略省、澳大利亚南澳洲（等地）红十字会的友好关系，成功地引进外资完成了许多重要合作项目，如利用德国红十字会的资金建设了湖北省备灾救灾中心、潜江市红十字会急救中心等等，取得了可喜成效。

为使人道主义领域的合作更加广泛，进一步促进我省红十字会与世界各地红十字会的交往，开展更加灵活、务实、互利、互惠的友好合作，我会拟组成以省政协副主席、省红十字会会长韩南鹏同志为团长的湖北省红十字会代表团一行五人，于四月中旬对印度尼西亚、马来西亚、菲律宾进行访问，时间 12 天。

经费由代表所在单位负担。

访问目的：

尝试与印度尼西亚、马来西亚、菲律宾等国地方红十字会建立友好合作关系，分享备灾、救灾、卫生救护等方面的成果；争取在以上三国分别开办一所中医门诊。

湖北省红十字会

二〇〇〇年十二月十九日

原件藏湖北省北省红十字会档案室，档号：WS·2000－C－Wb－0006

关于开展"红十字博爱送万家"活动的通知

鄂红字〔2000〕32 号

各市、州、林区红十字会：

今年我省部分地区发生了干旱、暴雨、冰雹等自然灾害，灾区群众的生命财产受到很大损失。各灾区红十字会多方筹措救灾物资，积极开展救助活动，为减轻灾区的损失和解决受灾群众的困难做出了很大努力，但灾害造成的困难目前仍困扰着部分灾区群众。为弘扬红十字人道、博爱、奉献精神，根据中国红十字总会文件要求，湖北省红十字会决定配合总会在 2001 年元旦、春节期间，在全省开展以"红十字博爱送万家"为主题的送温暖活动，此活动拟于元月 11 日启动。现将各地开展活动的有关事项通知如下：

（1）本次活动的主题是："红十字博爱送万家"；

（2）本次活动提倡各地市之间的相互支援；

（3）各地红十字会要积极拓宽渠道，广泛动员社会力量，募集筹措救灾款物，大力开展自救互助活动；

（4）充分发挥媒体作用，加大宣传力度，把红十字会的人道主义行动和灾害救助活动中所发挥的作用向社会广为宣传。

（5）请将本地区送温暖活动的情况汇总后，于 2001 年 2 月 15 日前书面报省红十字会。

二〇〇〇年十二月二十六日

原件藏湖北省北省红十字会档案室，档号：WS·2000－C－Wz－0011

关于印发《湖北省红十字会 2001 年工作计划要点》的通知

鄂红字〔2001〕第 6 号

各市、州红十字会：

现将《湖北省红十字会 2001 年工作计划要点》印发给你们，请结合当地实际认真贯彻执行。各地 2001 年工作计划于 3 月底前报省红十字会。

2001 年 3 月 19 日

湖北省红十字会 2001 年工作计划要点

2001 年，湖北省红十字会要以邓小平理论和党的基本路线为指导，认真学习贯彻中国红十字会第七届理事第二次会议精神，结合湖北实际，全面贯彻红十字会法，依法建会，履行职责，继续落实中国红十字会 2001—2004 年工作规划纲要，加大改革力度，内强素质、外树形象，努力开创工作新局面，为湖北的经济和社会发展服务。

一、广泛深入学习宣传贯彻《中华人民共和国红十字会法》

（1）深入学习红十字会法和《湖北省实施〈中华人民共和国红十字会法〉办法》（以下简称《办法》）及规章。加大宣传红十字会法的力度，在 "5.8" 世界红十字日和红十字会法颁布 8 周年期间，采取多种形式，开展全省性的宣传活动。

（2）争取省人大将《办法》列入 2001 年省人大执法检查计划，在《办法》颁布实施五周年期间，积极配合各级人大对红十字会法和《办法》执行情况进行执法检查。

（3）进一步抓紧制订与红十字会法和《办法》相关的地方规章及规范性文件。省红十字会年内争取 1~2 项政府支持红十字会的政策；各地红十字会也要结合当地实际积极争取政府有关部门 1~2 项支持红十字会的政策或措施。

二、加紧理顺红十字会管理体制工作

（1）认真学习贯彻中央机构编制委员会中编办字〔1999〕131 号文件精神。加强请示汇报，主动与政府有关部门联系协调，推进理顺红十字会管理体制工作。

（2）年内争取完成理顺省级红十字会管理体制。

（3）条件具备的市、州红十字会争取尽早完成理顺管理体制工作；尚不具备条件的，要积极创造条件，加快理顺管理体制工作的步伐。

（4）已完成理顺管理体制的县要积极争取当地政策，巩固和发展自己（的）实力，总结推广成功经验。

三、抓好红十字博爱系列社会工程建设及其它业务工作

（一）备灾、救灾

（1）认真总结备灾、救灾工作经验，严格按照《中国红十字会自然灾害和突发事件救助规则》及《中国红十字会备灾救灾中长期规则》，抓好备灾、救灾工作。自觉接受各级政府监察和审计部门的监督。

（2）做好经常性备救灾工作，有计划的组织开展形式多样的募捐活动。加强红十字备灾物资的储备，提高灾害救助效能，增强灾害发生时的快速反应能力。

（3）适时组织六个小型地区性救援中心讨论并制定一套行之有效的管理办法，加强各中心间的联系与配合，建立协作机制，最大限度地提高资源使用效能。加快襄樊、十堰两市的备灾救灾中心工程项目的筹建步伐。

（4）进一步落实李岚清副总理关于发挥红十字会优势，在大中城市开展经常性的募集衣物工作的指示。

（5）适时组织备灾救灾研讨交流和交叉审计，规范备灾、救灾工作，强化灾情意识，提高救灾的实际操作能力。

（二）大力开展群众性卫生救护知识培训，普及卫生防病知识

（1）认真贯彻全国卫生救护工作会议精神，积极争取省政府下发《关于开展群众性现场救护工作意见》和有关政策。制定卫生救护培训"示范教室"考核标准。探索适应社会主义市场经济，既有社会效益又有经济效益的培训管理体制和运行机制。

（2）出版卫生救护培训教材等系列丛书，规范全省卫生救护培训教材，有条件的市必须配备必要的教具和设备。

（3）集中搞好卫生救护师资培训，提高培训质量，扩展培训内容。实行培训师资上岗资格认可。武汉、宜昌、荆州、咸宁和黄冈市要争创"示范教室"，使培训工作更加规范和统一。

（三）积极开展"送温暖、献爱心"活动

（1）各地要结合实际对社会的孤、老、病、残等脆弱群体开展必要

的社会服务活动。有条件的地方可开办社会养老院等。

（2）有条件的市应积极参与城市社区建设，组织广大红十字青少年，动员志愿工作者开展社区服务活动。

（四）继续深入开展传播人道法及红十字基本知识工作

（1）今年是落实总会与红十字国际委员会传播工作三年合作计划的最后一年，已开展此项工作的市应认真总结去年传播培训的经验，尚未完成的应抓紧时间在年内完成。

（2）有条件的市红十字会可在新闻、教育、文艺界以及红十字青少年中进行传播。

（五）红十字青少年工作

（1）县以上各级红十字会要与当地教育部门联系协商，建立学校红十字工作委员会（已建立的要总结其组织形成、运行机制等方面的经验），指导学校红十字会工作。

（2）各地要配合学校素质教育开展红十字青少年活动，以宣传红十字知识，弘扬人道、博爱、奉献精神。

（3）在全省范围内首次开展"十佳红十字青少年活动"、"红十字示范学校"的评选工作。

（4）与总会，香港、澳门分会取得联系，组织红十字青少年夏令营等活动并赋予新的内容。

（六）推动无偿献血工作

（1）进一步明确红十字会在献血工作中的位置，协助同级政府开展无偿献血的大型宣传活动。

（2）协助总会开展中国造血干细胞（中华骨髓库）捐赠者资料库建设。

四、加强组织建设

（1）在逐步理顺管理体制的同时，要加强各级红十字会机关的建设。修改《湖北省红十字会工作目标综合考评办法》和《工作目标综合考核标准》，做到对地级市红十字会工作既有指导推动作用又有考评和规范管理。选择1~2个市为工作目标综合管理试点市，总结经验，推广全省。

（2）从提高干部队伍的整体素质入手，加强干部队伍的学习和培训工作，适时组织部分市红十字会专职干部到兄弟省市参观学习。

（3）全省各地要认真贯彻《中国红十字会会费管理办法》，加大会费收缴力度，按时、按要求上缴会费。

（4）启动志愿工作者工作，拓宽志愿工作者领域，以武汉市为试点，对红十字会志愿工作者招募、管理方式、活动内容等进行探索，争取成效，总结推广全省。

（5）加大宣传工作力度。

宣传工作要以邓小平理论和党的基本路线为指导，围绕红十字会中心工作进行。重点内容是党的路线方针政策、红十字运动基本知识、红十字会法和"七大"精神。

各地要与新闻界建立密切联系，通过新闻媒体广泛开展宣传工作。努力探索适应社会主义市场经济发展的宣传活动新途径，向社会宣传红十字和红十字事业。

集中精力开展 1～2 次有影响的全省性大型宣传活动。

积极做好 2001 年《中国红十字报》《博爱》杂志的征订工作。

（5）多渠道筹集资金。

依照红十字会法有关规定，积极争取政府的支持和资助，增强经济实力。

依法大力开展募捐活动，选好募捐活动的主题，利用现有政策，争取社会各界的资助。

有条件的地方可以兴办经济实体及符合红十字会宗旨的社会福利事业。

（七）对外交流工作。对外交流工作坚持为省内工作服务的原则，增进与国外、境外及兄弟省市红十字组织的合作与交流。

（八）继续做好查人转信工作。

二〇〇一年三月十九日

原件藏湖北省北省红十字会档案室，档号：WS·2001－Y－Wb－0001

关于省红十字会管理体制理顺
过程中若干具体问题的请示

鄂红字〔2001〕29 号

省政府：

根据中办、国办 2000 年 31 号文件精神，经省委、省政府领导批示，湖北省编委以鄂编发〔2001〕35 号文，正式明确了湖北省红十字会新的领导管理体制，将原由省卫生厅代管改为由省政府分管领导联系。为了使新的领导管理体制顺利到位，保证红会机关工作的正常运行，结合我会目前的实际情况，现将几个具体问题汇报如下：

一、明确省政府分管领导及办公厅归口管理部门

依据《红十字会法》及《湖北省〈实施红会法〉办法》，湖北省红十字会是省政府直接管理的群众团体，其性质是从事人道主义救助工作。主要业务包括：备灾、救灾、社会福利、社会救济以及其它社会慈善事业。作为一个特殊的群众区体，湖北省红十字会将依照《中华人民共和国红十字会法》，遵循会章，努力工作，积极成为政府在人道主义工作领域中的得力助手。为了加强政府对红十字会工作的领导，请省政府尽快明确一位分管领导和办公厅归口联系处室，以利我会汇报请示工作。

二、协调解决我会体制转换过程中的几个具体问题

1. 办公用房问题

我会现有办公用房 120 平方米，在省卫生厅办公楼内。近些年来、在省委、省政府及总会的关怀下，我们通过多方争取已基本建成约 1000 平方米的办公用房（位于水果湖茶港军转小区内）。然而由于我会自身财力有限，尚遗留部分尾款未付，且无力进行必要的装修，目前难以正式使用。此外，作为一个新设立的单位，各种办公设施均需添置，故恳请省政府帮助解决我会机关开办费 100 万元。

2. 供给关系转接问题

我会理顺管理体制后，会机关正常行政业务经费及财产管理隶属部门也相应发生改变（既往全部由卫生厅代管）；如机关干部的工资、福利、医疗以及职工现有住房、车辆等的归口管理问题，也会相应发生异动。为了保证会机关平稳过渡，理顺各方关系，请省政府予以协调。

3. 省备灾救灾中心管理权属问题

中国红十字会湖北备灾救灾中心（以下简称备灾中心）是一九九二年我省红会争取国际援款，按照总会的统一要求建设的备灾、救灾区域性网络的骨干工程。鉴于当时的实际情况，该中心总投资 560 万元建设于孝感市城区内。建设完成后，省编委正式明确"中心"为省红会下属事业单位，经费列入省红会正常业务费预算。过去，由于省红会隶属省卫生部门，该"中心"的管理权属一直未正式移交省红会，致使该单位长期处于"三管""三不管"状态。即省卫生厅管其班子任命、省红会管财政预算的拨付、孝感市卫生局管理日常事务。为了解决此问题，省

卫生厅、省红十字会、中国红十字会总会领导曾多次督办此事，一直未能落实。因此事涉及到孝感市有关部门，恳请省政府帮助我会协调解决。

上述请示妥否，请批示。

湖北省红十字会

二〇〇一年七月四日

原件藏湖北省北省红十字会档案室，档号：WS·2001－Y－Wb－0013

荆门市红十字会关于加强
红十字会会费管理工作的通知

荆红字〔2001〕9号

各县、市、区、农场红十字会，市直团体会员单位：

根据《中华人民共和国红十字会法》和《中国红十字会会费管理办法》等有关精神，结合我市红十字会工作实际，现就在红十字会团体会员单位和个人会员中加强会费收缴工作做如下通知。

（一）提高认识，统一思想，扎实做好会费管理工作

红十字会会员缴纳会费是每个会员应尽的义务，也是红十字会活动经费的主要来源之一。各级红十字会要认真按照《中国红十字会会费管理办法》，把此项工作纳入红会工作议事日程，做好会费收缴宣传教育工作，努力提高会员缴纳的自觉性，切实做好会费收缴工作。

（二）会费管理办法

（1）每年的12月定为缴纳会费日，会费的收缴、使用与管理坚持取之有度、用之得当的原则。

（2）个人会员会费，由各级红十字会组织收缴团体会员单位的会费，由审批发放团体会员证书的红十字会收缴。会费标准为：成人会员年度交纳会费不少于10元；青少年会员年度会费不超过5元；团体会员单位交纳会费按单位职工人数收缴。其中200人以下的年度会费不超过300元；200～500人的年度会费不超过500元；500～1000人的年度会费不超过1000元；1000～2000人的年度会费不超过1500元；2000人以上的年度会费不超过2000元。

（3）各级红十字会团体会员会费收缴率要达到100%，连续两年不交纳会费的应注销会员单位资格。

（三）会费使用要求

（1）各级红十字会收缴的会费用于本级红会的红十字事业发展，开展人道主义救助和红会宣传教育工作，不得挪做他用。

（2）各级红十字会应设立专人负责会费管理工作，建立收支明细账目，年终将会费收支情况向红十字会理事会报告。

（3）各县、市、区、农场红十字会，市直团体会员单位要接受上级红会组织对会费收缴、使用、管理情况进行监督和检查。

原载荆门市档案馆藏档案，档号：194－2001－47

关于明确中国红十字会湖北备灾救灾中心管理体制的请示

鄂红字〔2001〕33号

总会：

中国红十字会湖北备灾救灾中心是在总会领导关怀下，由国际联合会、中国红十字会总会和湖北省红十字会联合建设的区域性备灾救灾中心。该中心九二年底投入试运行之后，即由湖北省编委正式明确为湖北省红十字会的直属事业单位。然而，当时湖北省红十字会自身隶属省卫生厅管理，且该中心又地处孝感市内，故卫生厅将该中心的一部份（分）管理权委托给了孝感市卫生局。自此，就形成了中心"三管"不到位的状况。今年五月，湖北省编委正式明确了湖北省红十字会的管理体制，为顺利解决中心的管理体制问题创造了条件。故此，就有关问题请示如下：

一、中国红十字会湖北备灾救灾中心其产权关系属中国红十字会，日常工作委托湖北省红十字会管理。

二、"中心"法人代表及主要领导成员的调整，必须先征得总会同意后方能任命，其内设机构及人事任免也需报总会相关部门备案。

三、"中心"之非经营性资产必须用于区域性备灾救灾工作，其经营性资产营运的成果总会依据有关规定收取一定比例的占用费。

四、湖北省红十字会负有"中心"资产的保值、增值责任，并按照当地党委政府的要求，切实加强党的建设和日常行政管理。

总会本着从全局出发的原则，创造条件，帮助"中心"进行发展。
上述请示妥否，请批示。

二〇〇一年九月三日

原件藏湖北省北省红十字会档案室，档号：WS·2001－Y－Wb－0015

转发总会《关于在社团机构改革中解决各级红十字会机构设置及理顺管理体制问题》的紧急通知

鄂红字〔2001〕144 号

各市、州红十字会：

我省市、州一级地方机构改革已处关键时期，最近总会下发了《关于在社团机构改革中解决各级红十字会机构设置及理顺管理体制问题的通知》，转发给你们。为了认真落实总会〔2001〕104 号文件的具体要求，结合我省实际情况，现将有关问题紧急通知如下：

一、依据《红十字会法》、中央编委、省编委有关文件规定，地方各级红十字会是独立的、特殊的社团组织，其人员编制列入行政编制序列，实施参照管理，不存在占用其它部门编制问题，即红会人员的编制是单列的。

二、由于历史的原因，市（州）县红十字会设在卫生行政部门，是我省目前红会事业发展过程中需要解决的实际问题，各地应遵照总会（2001）104 号文件的精神，结合本地实际，创造条件逐步解决。省会城市红会应在此次机构改革中，尽快理顺管理体制。

三、由于省红会机构已于今年五月实现独立建制，为了便于今后全省红会业务工作开展，按照省财政厅的指示精神，我会要求市（州）级红会实现业务经费管理与原挂靠单位分离，单独建账、建制。

四、各地在机构改革过程中的具体做法、请及时与省红会办公室联系。

二〇〇一年十一月二十七日

原件藏湖北省北省红十字会档案室，档号：WS·2001－Y－Wb－0017

关于在荆州市一医院建立 999
红十字急救中心的批复

鄂红字〔2001〕45 号

荆州市红十字会：

　　你会关于"在市一医院建立 999 红十字急救中心的请求"收悉。经研究决定，同意在荆州市一医院建立 999 红十字急救中心。

　　请你们与医疗、电□、交通等部门做好协调工作，严格按照医疗机构的管理规定，在设备、技术、人员方面达到救援中心的条件，充分发挥 999 红十字急救中心在医疗救护中的作用，造福于荆州市人民群众。

二○○一年十一月二十九日

原件藏湖北省北省红十字会档案室，档号：WS·2001 - Y - Ws - 0002

统计图表

武汉市红十字会团体会员入会申请表（节录）

武汉市红十字会团体会员入会申请表

单位名称	铁道部大桥工程局汉阳铁路中心医院
单位地址	汉阳墨水湖路
单位红十字会理事会（或领导小组）姓名、职务	
会长或组长	杨继宗　副院长
副会长或副组长	张汉卿　副科长；范振邦　主治医师
理事或领导 小组成员	王福成　主治医师
	薛璇　主治医师
	张志良　主治医师
	宁炳文　主治医师
	魏学良　药师
	张自祥　副主任（后勤）
备注	全院医务人员 204 人

申报单位：铁道部大桥工程局汉阳铁路中心医院

申报日期：1980 年 3 月 7 日

武汉市红十字会团体会员入会申请表

单位名称	武汉市卫生防疫站
单位地址	汉口保卫街 21 号
单位红十字会理事会（或领导小组）姓名、职务	
会长或组长	郭国玖

（续表）

副会长或副组长	孙昌德
理事或领导 小组成员	朱应清
	程世祯、符成功、余吉林
备注	总人数233人

申报单位：武汉市卫生防疫站

申报日期：1980年4月28日

武汉市红十字会团体会员入会申请表

单位名称	中国人民解放军总后第一职工医院
单位地址	武汉市中山大道24号
单位红十字会理事会（或领导小组）姓名、职务	
会长或组长	分会理事长：季□（院长）
副会长或副组长	分会副理事长：栾学（副院长） 欧阳旭（医务处副主任）
理事或领导 小组成员	理事：梁桂英（小儿科主治医师）
	罗佛贤（内科主任）
	何耀鹏（外科主任）
	方湘宁（护理部副主任）
	林有光（耳鼻喉科主治医师）
	李家扬（放射科主任）
	姚洪仪（院务处教导员）
	秘书：柯小环（医疗干事）
备注	全院共有会员526名

申报单位：第一职工医院

申报日期：1980年3月7日

武汉市红十字会团体会员入会申请表

单位名称	湖北省供销社职工医院
单位地址	汉口中山大道（黄陂路口）
单位红十字会理事会（或领导小组）姓名、职务	

会长或组长	刘兆林　副院长
副会长或副组长	无
理事或领导 小组成员	江凤仙　政办副科长
	王崇兴　医教办公室干部（秘书）
备注	职工总人数273人

申报单位：湖北省供销合作社职工医院

申报日期：1980年4月5日

武汉市红十字会团体会员入会申请表

单位名称	第一冶金建设公司职工医院
单位地址	武汉市青山区红□路四十街坊
单位红十字会理事会（或领导小组）姓名、职务	
会长或组长	高国巡
副会长或副组长	陈胜、李业鹏、刘爱莹、谭斌燕
理事或领导 小组成员	曹国杰
	刘龙翔
	喻德林
	杨光高
	翟兴旺
	□文治、宋□□
备注	职工总人数800人

申报单位：第一冶金建设公司职工医院

申报日期：1980年3月19日

武汉市红十字会团体会员入会申请表

单位名称	武汉市中心血站
单位地址	汉口宝丰二路17号
单位红十字会理事会（或领导小组）姓名、职务	
会长或组长	会长：王文举

副会长或副组长	副会长：朴思文
理事或领导 小组成员	理事：代红照
备注	职工总人数 102 人

申报单位：武汉市中心血站

申报日期：（注：此处未填写）

原件藏湖北省北省红十字会档案室，档号：XX000276－WS01－
0001－0024

武汉市红十字会一九八一年
增补和改选理事名单

增补		改选	
单位	姓名	单位	姓名
市人防办主任	孔凡一	市妇联宣传部长	鲁淑媛
市科协科普工作部部长	赵义忠	团市委书记	周德武
市卫生防疫站站长	孙佑民	市教育局副局长	余正明
市爱委会办公室主任	唐茂林	江汉区副区长	蔡□和
市医科所技术顾问	戴维天	硚口区副区长	曾凡治
市计划生育办公室副主任	姚凤阁	汉阳区副区长	宋德本
市文化局副局长	夏菊花	青山区副区长	张树平
		洪山区副区长	吴泽胜

原件藏湖北省北省红十字会档案室，档号：XX000276－WS01－
0002－0004

武汉市红十字会二届二次理事会理事名单

姓名	性别	职务
邓垦	男	市人民政府副市长、市红会会长
刘建国	男	市文明办主任、市红会副会长
谈太阶	男	市卫生局局长、市红会副会长
唐明	女	市红会秘书长
姜斌	女	市民政局局长、市红会理事
余正明	男	市教育局副局长、市红会理事
徐子州	男	市工会副主席、市红会理事
鲁淑媛	女	市妇联宣传部长、市红会理事
周德武	男	团市委书记、市红会理事
夏菊花	女	文化局副局长、市红会理事
孔凡一	男	市人防办副主任、市红会理事
赵义忠	男	市科协科技普及部部长、市红会理事
贺青云	男	武钢副经理、市红会理事
孙佑民	男	市卫生防疫站站长、市红会理事
唐茂林	男	市爱委会办公室主任、市红会理事
戴维天	男	市医科所技术顾问、市红会理事
王文举	男	市中心血站站长、市红会理事
姚凤阁	女	市计划生育办公室副主任、市红会理事
黄忠科	男	江岸区人民政府副区长、市红会理事
蔡子和	男	江汉区人民政府副区长、市红会理事
曾凡治	男	硚口区人民政府副区长、市红会理事
朱德本	男	汉阳区人民政府副区长、市红会理事
彭树襄	男	武昌区人民政府副区长、市红会理事
吴泽胜	男	洪山区人民政府副区长、市红会理事
张树平	男	青山区人民政府副区长、市红会理事

统计图表

原件藏湖北省北省红十字会档案室，档号：XX000276－WS01－0002－0007

447

武汉市红十字会福利费收支情况年报表

分级	工作人员总数	收入款数（元）	补助集体福利事业部分						其他	年度超支或结余情况
			小计	托儿补助费	医药费	慰问病员费	防暑防寒费	计划生育补助		
地市级	9	412	313.35	54	9.04	9.66	80.90	35.75	124	增加98.65元

备注：福利费提取标准：2元，另加财政局全年度200元。

1984 年 3 月 14 日

原件藏武汉市档案馆，档号：XX000071－WS04－0196－0027

各级地方红十字会的机构设置、
人员编制情况统计表

省、自治区、直辖市：湖北省武汉市红十字会

地（市、州、盟、区）数（个）	县（市、旗、区）数（个）	机构设置								现有人数			
		省级			地级			县级		省级		市级	
		单列	挂靠	下属	单列	挂靠	下属	单列	挂靠	下属	红会法颁布前人数	现有人数	红会法颁布前人数	现有人数
1	13						1			13			6	□
备注														

说明：

1. 城市只统计到区、县；没有专职工作人员的各级红十字会，不在"机构设置"统计之列。

2. 机构单列，即红十字会机构已与卫生行政部门分开，单独设立，有相当的级别，能单独配有相当于政府卫生部门领导职务的专职常务或副会长，但红十字会机构相对独立，基本□□，即把红十字会作为当地卫生行政部门的一个处、科、室、股。

3. 人员编制一栏里的现有人数，应填报已经到位的机关职员数，如当地编委批了编制，□□□编制而借用人员数，可另在备注栏里注明。

4. 当地红十字会如有下属事业单位编制者，可在备注栏里注明

5. 机构设置栏省级的下方可划钩，地、县级栏的下方应填具体数字。

（注：此表存放于1986年档案中，但未标明具体填表日期，推测填报于1986年）

原件藏湖北省北省红十字会档案室，档号：XX000276－WS01－0030－0004

武汉市红十字会区、县红十字会 "五有"情况统计表

区县名称	有无编制	专兼职人数	年度经费数额（元）	有无专用办公地点	有无分管领导
江岸区	1人	专兼职各1人	3000	有	有
江汉区	1人	专兼职各1人	未明确	有	有
硚口区	1人	专兼职各1人	3100	有	有
汉阳区	3人	专职3人	3000	有	有
武昌区	1人	专职2人	2000	有	有
青山区	1人	专兼职各1人	3000	有	有
洪山区	1人	专职1人	1000	有	有
东西湖区	有	专职2人	无	有	有

区县名称	有无编制	专兼职人数	年度经费数额（元）	有无专用办公地点	有无分管领导
汉南区	无	兼职1人	无	有	有
黄陂县	无	兼职1人	无	有	有
武昌县	2人	兼职1人	无	有	有
汉阳县	无	兼职1人	1000—2000	有	有
新洲县	无	专职1人	无	有	有

（注：此表存放于1986年档案中，但未标明具体填表日期，推测填报于1986年）

原件藏湖北省北省红十字会档案室，档号：XX000276－WS01－0029－0004

中国红十字会一九八九年
红十字活动周统计表（节录）

省市区名称	出动会员人数	新闻报道次数	设展牌数	印发宣传材料数	培训急救员数	献血人数（人）	义诊、健康咨询、体检数	新建基层组织数	发展会员数	收会费数	便民服务数	接受宣传人数	其它
北京	100000				1430		162943	40	13259	33380	3050		
上海	120								29	300			
江苏	16200		56	10000			380000	45	20000				
安徽	2542	2	230	200			3498					100000	
湖北	1586	3	111	2250		41	45178					15130	

省市区名称	出动会员人数	新闻报道次数	设展牌数	印发宣传材料数	培训急救员数	献血人数（人）	义诊、健康咨询、体检数	新建基层组织数	发展会员数	收会费数	便民服务数	接受宣传人数	其它
湖南	5350	118	398	55850				59	3162	400		102720	捐款7140元

（中国红十字会总会编《红十字国内工作简报》第 12 期，1989 年 11 月 2 日）

原件藏湖北省北省红十字会档案室，档号：1989－D－004

中国红十字会一九九零年
"五·八"活动统计表（节录）

自一九八六年以来，每年的五月八日已成为我国红十字运动中最重要的日子。今年"五·八"是中国红十字会第五次全国代表大会后的第一个"世界红十字日"。各地红十字会把"五大"激发起的热情贯注到纪念活动中去，使几项重要活动的指标都有大幅度增长，充分体现出我国红十字运动的勃勃生机。今年出动的会员人数超过去年同期 13.4%；接受义诊和健康咨询的人数比去年同期增加 3.1%；发放宣传材料比去年同期多 73.6%；献血人数是去年同期的 4.56 倍；社会服务次数是去年同期的 7.42 倍；新闻报道次数是去年同期的 4.12 倍。

省份	出动人数	报道次数	发放宣传材料	义诊、咨询人数	献血	培训急救员数	发展会员	新建组织	社会服务次数	备注
北京市	8323	2		44289					417	为亚运会捐款1000元

省份	出动人数	报道次数	发放宣传材料	义诊、咨询人数	献血	培训急救员数	发展会员	新建组织	社会服务次数	备注
上海	32700			173000	500		1000			
江苏	31443	102	120472	268281		129	2527	13	10885	座谈会、演讲会、报告会222场
安徽	1196			3500	100					
湖北	25582	66	47770	25279	150				764	与电台联系举办"红十字之声"，每周三次，连续四期。
湖南	44928	500	57000	58117		1100	15475	154	1177	

（中国红十字会总会编《红十字国内工作通报》第 10 期，1990 年 7 月 30 日）

原件藏湖北省北省红十字会档案室，档号：1990－D－005

湖北省红十字会三届五次理事
（扩大）会议日程表

时间	内容	主持人
三月七日上午 8：30—11：30	1. 通过省红十字会理事更换、增补名单； 2. 传达中国红十字会五届三次理事扩大会精神； 3. 报告省红十字会1991年工作及1992年工作计划要点； 4. 宣读省红十字会关于表彰抗洪救灾先进集体和先进个人的决定（供审议稿）； 5. 审议报告，通过决定； 6. 会长讲话； 7. 颁奖。	李清泉
三月七日下午 2：00—5：00	1. 工作会议。 2. 讨论计划要点及目标管理检查标准。	叶丽珠
三月八日上午 8：30—11：30	1. 继续讨论。 2. 会议小结。	夏大鹏
三月八日下午	机动	

作息时间：早餐：7：30　　午餐：11：30　　　　晚餐：5：30

会务组

一九九二年三月六日

原件藏湖北省北省红十字会档案室，档号：1992－Y－013

湖北省红十字会三届理事更换名单

根据中国红十字会章程第十条规定："理事出缺时，由理事出缺地区、单位提出人选"。由于1991年人事调动、离休等原因，经理事单位推荐，原三届理事拟更换李清泉等九位同志为省红十字会三届理事会理事。

省卫生厅	魏永信、陶在华理事更换为李清泉（厅长）、涂用宏（副厅长）
省教委	王尉林理事更换为陈德清（专职委员）
省工商局	李伟才理事更换为王淑芳（副局长）
武汉铁路分局	林景生理事更换为邵力平（副局长）
省军区	段新刚理事更换为陈余道（卫生处处长）
黄冈地区	胡荃蓉理事更换为刘敢庭（行署副专员）
孝感地区	韩秀英理事更换为胡定安（行署副专员）
荆门市	郑连光理事更换为黎万九（卫生局局长）

原件藏湖北省北省红十字会档案室，档号：1992－Y－013

湖北省红十字会三届五次理事
（扩大）会议名册

姓名	性别	行政单位、职务	红会职务	备注
梁淑芬	女	省人大副主任	省红会名誉会长	
林少南	女	省政协副主席	省红会名誉会长	
韩南鹏	男	省政府副省长	省红会会长	
孙樵声	男	省政府副秘书长	省红会副会长	
刘瑞林	女	省财政厅副厅长	省红会副会长	
胡金山	男	省税务局局长	省红会副会长	
吴雅	女	省外办副主任	省红会副会长	
高均达	男	省民政厅副厅长	省红会副会长	
李清泉	男	省卫生厅厅长	省红会副会长	
涂用宏	男	省卫生厅副厅长	省红会副会长	
范维盛	男	省红十字会	省红会副会长	
王国耀	男	省台湾事务办公室主任	省红会理事	
王涧泉	男	郧阳地区卫生局副局长	省红会理事、地区红会副会长	
王淑芳	女	省工商局副局长	省红会理事	

姓名	性别	行政单位、职务	红会职务	备注
石慰平	女	宜昌地区卫生局局长	省红会理事、地区红会副会长	
叶丽珠	女	省红十字会	秘书长	
刘敢庭	男	黄冈地区行署副专员	省红会理事、地区红会会长	
□宝洲	男	鄂州市政协副主席	省红会理事、市红会名誉会长	
□绿平	男	省商业厅副厅长	省红会理事	
朱长浩	男	省医药总公司副总经理	省红会理事	
孙德宏	男	同济医大副校长	省红会理事	
李恢樵	男	武汉市卫生局局长	省红会理事、市红会副会长	
乔德君	男	湖北医学院副院长	省红会理事	
余少轩	男	咸宁地区行署专员	省红会理事、地区红会会长	
余旦溪	女	黄石市政府副市长	省红会理事、市红会会长	
杨振敏	男	十堰市政府副市长	省红会理事、市红会会长	
何宏业	男	省电视台台长	省红会理事	
肖建业	男	湖北日报社副总编辑	省红会理事	
张空凌	男	省侨联主席	省红会理事	
张家彦	男	神农架林区卫生局局长	省红会理事、林区红会副会长	
陈德清	男	省教委专职委员	省红会理事	
陈余道	男	省军区卫生处处长	省红会理事	
邵力平	男	武汉铁路分局副局长	省红会理事	
胡定安	男	孝感地区行署副专员级调研员	省红会理事、地区红会会长	
胡美洲	男	省文化厅副厅长	省红会理事	
段辉	男	省公安厅副厅级侦查员	省红会理事	
夏大鹏	男	省红十字会	副秘书长	
郭琼楼	女	省妇联副主席	省红会理事	
常世华	女	省公会巡视员	省红会理事	
符利民	男	宜昌市政府副市长	省红会理事、市红会会长	
韩光元	男	襄樊市卫生局局长	省红会理事、市红会副会长	

统计图表

455

姓名	性别	行政单位、职务	红会职务	备注
傅锦瑜	男	鄂西州卫生局局长	省红会理事、州红会副会长	
樊哲林	男	荆州地区卫生局局长	省红会理事、地区红会副会长	
黎万九	男	荆门市卫生局局长	省红会理事、市红会副会长	
张万英	女	宜昌地区行署副专员	地区红会会长	
艾军	女	宜昌地区红十字会	专职干部	
王汉卿	男	咸宁地区卫生局副局长	地区红会副会长	
柯剑	男	咸宁地区红十字会	副秘书长	
石中森	女	黄冈地区卫生局正局级调研员	地区红会副会长	
丁卫	女	黄冈地区红十字会	副秘书长	
彭肃仪	男	孝感地区红十字会	副会长	
丁毅	男	孝感地区卫生局副科长	副秘书长	
孙伟	男	荆州地区红十字会	副秘书长	
陈太英	女	鄂西州红十字会	秘书长	
王虹	女	郧阳地区红十字会	专职干部	
高顺龄	男	武汉市政府副市长	市红会会长	
王成宇	男	武汉市政府	副秘书长	
王惠珍	女	武汉市红十字会	秘书长	
朱曙霞	女	鄂州市政府副市长	市红会会长	
麻耀萱	男	鄂州市卫生局局长	市红会副会长	
晏美华	女	黄石市卫生局副局长	市红会副会长	
曾珍	女	黄石市红十字会	办公室主任	
王俊峰	男	宜昌市卫生局局长	市红会副会长	
杨嗣润	男	宜昌市红十字会	副会长	
李建峰	男	荆门市红十字会	秘书长	
刘长青	男	十堰市卫生局党委副书记	市红会秘书长	
王崇虎	男	十堰市红十字会	副秘书长兼办公室主任	

姓名	性别	行政单位、职务	红会职务	备注
钱远大	男	襄樊市卫生局副局长	市红会副会长	
柏道坦	男	襄樊市红十字会	秘书长	
张凌霄	女	沙市市卫生局副局长	市红会副会长	
邓发明	男	沙市市卫生局科长	市红会秘书长	
林燕	女	沙市市红十字会	专职干部	
项雁峰	男	鄂州市一医院办副主任	市红会办公室干部	

原件藏湖北省北省红十字会档案室，档号：1992－Y－013

湖北省红十字会工作目标管理考评标准（试行）

表（一）组织建设
（本表总分：20 分）

项目	考核内容	考评办法	评分标准	检查记录	单项得分
1	领导机构健全，每年至少召开一次理事会，形成会议纪要，理事会换届、调整按《中华人民共和国红十字会法》、《湖北省实施〈中华人民共和国红十字会法〉办法》、《中国红十字会章程》要求，并报省会备案。	查阅文件及会议资料。	缺一项扣0.5分。		
2	机构编制，活动经费、专职干部及办公室落实。	查阅正式批文，办公室独立标准间。	缺一项扣0.5分。		
3	基层组织建设和会员登记，会费收缴，乡镇建会95%以上，团体会员发证95%，个人会员发证90%，基层组织会费收缴95%，个人缴纳70%。	查阅批文、登记表、统计表。	缺一项扣0.2分。		

统计图表

项目	考核内容	考评办法	评分标准	检查记录	单项得分
4	政府拨款基数、设备。山区每年5千元，平原每年2万元，照相机、直拨电话各一部，电脑一部，传真机一部，□□模型一部。	看预算文件、实物。	缺一项扣0.1分。		
5	办公室资料归档，内容目录清楚，有专用档案柜，按上级要求呈报各种报表、材料，认真完成上级红会交办的各项任务。	实地考察档案材料。	缺一项扣0.2分。		

表（二）卫生救护

（本表总分：16分）

项目	考核内容	考评办法	评分标准	检查记录	单项得分
1	驾驶员卫生救护培训全面开展并实行规范性管理，初训80%，复训20%，其他行业（矿工、建筑工、冶炼工、电工、饮食、公安系统）的培训工作已经开展，居民培训5%，红十字青少年培训10%，乡村医生培训80%。	查阅文件、制度、花名册、统计表。	初训缺一项扣0.5分，复训缺一项扣0.1分。		
2	安全线建设，辖区内国道线50%建立，省道线达20%，人员装备，工作落实。	查急救网络图、登记表、抽查站、点现场。	缺网络图扣1分，缺制度扣1分，缺公路沿线标志牌（国道每2公里一个，省道每3公里一个）扣1分，没有固定人员、场所设备扣1分。		

表（三）社会救助

（本表总分：18 分）

项目	考核内容	考评办法	评分标准	检查记录	单项得分
1	主动参与社会救济及救灾工作，报灾、核灾、救灾物资分发资料完备，救灾账目清楚，专款专用。	查阅报表、账本、录像、图片资料、统计表。	救灾物资没有归档装订扣1分，没有专账扣1分，缺图片资料扣1分，缺统计表扣1分。		
2	"三定一包"社会服务网点落实，开展多种社会公益活动。	查登记表、活动记录。	没有登记表扣0.5分，没有活动记录扣0.5分，没有制度扣0.5分。		
3	对企业、事业单位的管理。	查管理办法、制度。	没有制度办法扣1分。		

项目	考核内容	考评办法	评分标准	检查记录	单项得分
1	宣传、贯彻《中华人民共和国红十字会法》、《湖北省实施〈中华人民共和国红十字会法〉办法》，每季度办宣传专栏。	查看报刊、电视、录像、订阅收据，纠正滥用红十字标志的情况专题报告。	缺一项扣0.5分。		
2	定期出工作简报。				
3	"5·8"期间纪念活动有一定规模，社会效果好。				
4	新闻报道（报刊、电台、电视台）县（市）级10次，地（市）级3次以上，省（总会）级一次以上。				
5	每位理事和基层组织订阅红十字报刊各一份，完成"一报一刊"的征订指标。				
6	总会组织活动获奖或展览作品达1件以上。				
7	撰写红十字特色理论论文。				

项目	考核内容	考评办法	评分标准	检查记录	单项得分
1	积极宣传，推动无偿献血工作。	查阅无偿献血人员登记表、宣传材料。	缺一项扣1分。		
2	每年都有人参加无偿献血，争创无偿献血先进城市。				
3	加强对红十字血站的管理，管理制度健全。				

表（六）红十字青少年工作
（本表总分：12 分）

项目	考核内容	考评办法	评分标准	检查记录	单项得分
1	红十字青少年工作委员会组织健全，有工作计划和办公室地点。	查阅批文、制度、活动记录。	缺一项扣1分。		
2	乡镇学校建会达 50%，城区学校建会90%。				
3	县、市城区各建一所大、中、小红十字青少年示范学校，按《规程》标准。				
4	开展夏令营、书画展、知识竞赛等有益活动。				

统计图表

461

（本表总分：8 分）

项目	考核内容	考评办法	评分标准	检查记录	单项得分
1	各项接待、查人转信工作，对外交流工作。	查阅登记本，活动记录。	缺一项扣1分。		
2	志愿工作者工作，创办特色活动。				

说明：

1. 考核内容中没有开展活动则本项目不得分，每一项目扣分不产生负分。

2. 等级标准：总分60分以下为未达标红十字会，总分60分以上为达标红十字会，总分75分以上为示范红十字会，总分80分以上为最佳红十字会。

一九九六年十一月十八日

原件藏湖北省北省红十字会档案室，档号：1996－C－025

杂　俎

关于恢复"红十字少年"组织并开展活动案

（政协武汉市第五届委员会提案）

根据红十字武汉分会过去开展这一活动的经验，凡参加"红十字少年"组织的学生，现在大多成为医学或其他科学部门的成员，说明"红十字少年"的成长，不仅具有高度的政治觉悟和思想水平，而且在爱国主义、国际主义和革命人道主义思想的熏陶下，他们在为人类做出贡献的抱负中，具有更较远大的理想和目标。

当前，青少年一代亟需各方面的辅导，红会就原有基础，恢复这项工作，使他们在德智体全面发展的过程中，增加爱国主义、国家主义和革命人道主义思想内容；授以医学、卫生、急救保健等科技知识，使他们从小树立崇高的革命理想和革命道德风尚，并具有高度的科学文化水平和健康水平，为将来参加"四化"建设具备必要条件。

戴维天

1979 年 12 月

原件藏武汉市档案馆，档号：XX000097 - WS02 - 0027 - 0059

武汉市红十字会给李琼瑶女士的回信

李琼瑶女士：

你捐赠给祖国受灾的捐款，折合人民币九百零六角（900.60 元），我会谨代表灾胞，向你致以深切地感谢！

祖国人民在各级政府领导下，正为实现四个现代化（工业现代化、农业现代化、国防现代化和科学技术现代化）而积极努力，艰苦奋斗。

可是，由于祖国地方大，灾情总是不断发生，不是这里涝，就是那里旱。过去的 1980 年，河北旱灾、湖北涝灾，前不久，四川道孚县又发生地震，每年政府花在这个方面的资金，是一笔很大的数字。这就影响"四化"建设资金的积累，拖延建设进度。远离祖国的港澳同胞，时刻惦记着祖国亲人的寒暖，捐赠救灾款，真是雪里送炭，不仅受灾同胞深受其益，感到莫大温暖，间接地也是为祖国"四化"建设出了一把力。一片爱国之诚，使我们深深敬佩，更深深地激励着我们要为祖国建设事业出大力、流大汗。琼瑶女士：让我们齐心协力，共同为祖国的繁荣富强奋斗吧。

你的捐赠款，我们决定遵照您的嘱咐，转为灾胞使用。让我们再一次代表灾胞向你表示感谢！特此向你致以深切的问候，并致敬礼！

湖北省武汉市红十字会

1981 年 2 月 28 日

原件藏湖北省北省红十字会档案室，档号：XX000276 – WS01 –
0010 – 0001

武汉市红十字会提请理事会
研究讨论的几个问题

根据总会三届二次理事会研究讨论的一些带共性的问题，结合武汉市的具体情况，认为下面的几个问题，请理事们议一议，做些研究探讨，求得进一步明确和解决，以利今后工作的开展。

一、红会国内工作的主要任务已明确是配合卫生部门，因此我们在开展工作中，除依靠政府部门的重视和领导，各级卫生部门的大力支持，是我们顺利开展工作的关键。特别是目前各区一无编制，二无经费，困难是很多的。江岸区由于政府和卫生局很重视，他们克服了重重困难，才使红会工作由点到面得到逐步恢复。但对全市来讲，要想恢复，任务是艰巨的，最大的问题是各区没有专职干部，市会人员和经费少，单纯依靠各区卫生部门去开展红会工作，实际上有很多困难，也有阻力，今年已过去半年，除江岸区外，别的区是否开展？开展如何？请各区理事考虑，提出意见。

二、在街道建立红十字卫生站，这是总会和卫生部门明确的指示，是交给红会的一项主要任务。根据江岸区一元街试点经验来看，已恢复建立的红十字卫生站是加强城市基层卫生组织建设的较好组织形式，它是一支专、群结合，能防能治的卫生防疫队伍，但目前亟待解决的问题是卫生院担任地段任务的经费补助尚未得到解决，虽然这笔经费不是由红会解决，但却涉及到全市恢复建立街道红十字卫生站的问题，这是我们在街道开展红十字工作中遇到的实际问题，现在卫生部门正在努力争取解决，我们理事会也应呼吁，要求市领导下决心解决之一问题。

三、总会这次会议明确指出，在有条件的省、市、自治区可以同有关部门协商，尽可能做一点具有红十字会特点的专项任务，可以接受国内外捐助举办社会福利事业，办红十字医院等。武汉能否试验性的开办一两项带有红十字特点的专项事业，请理事们议一议。根据武汉情况，红会原有两幢房子（是红会产权），如能收回，既可解决办公用房，又可考虑福利事业，当然收回房产是个很复杂的问题。能否办得到，还得进一步了解。

四、红十字青少年工作是红会一项重要工作，也是对外活动比较多的一项工作，为加强对这一工作的领导，拟成立"武汉市红十字会学校委员会"，该委员会由市教育局、团市委、市科协、市防疫站、市青少年宫及重点学校有关同志组成。市会负责学校工作的干部也参加委员会，根据北京市的情况，正、副主任分别由市教育局、团市委和市科协有关同志担任，我市是否也应组织，请讨论，能否在这次会议形成决议。

五、根据中国红十字会章程第八条规定："在理事会期间，由会长、副会长和常务理事组成常务理事会，负责执行代表大会和理事会议决议，领导经常工作。"为了加强对日常工作的领导，拟由市教育局余正任、市爱委会唐茂林、市防疫站孙佑民、市医科所戴维天、市中心血站王文举等同志任常务理事，组成常务理事会，特提请理事会讨论通过。

武汉市红十字会

1981 年 6 月 12 日

原件藏湖北省北省红十字会档案室，档号：XX000276－WS01－0002－0015

武汉市红十字会工作人员工资 1982 年年报

市红会年末人数 7 人（其中行政人员 6 人），月工资总额 554.34 元

（其中行政人员工资总额 501.40 元），每人每月平均额 79.19 元（其中行政人员平均每月 83.41 元）。除 6 名行政人员外，有 1 名汽车司机、技工等人员，其工资总额 52.94 元。（注：根据该会 1982 年工资年报表整理）

武汉市红十字会

1982 年 12 月 29 日

原件藏武汉市档案馆，档号：XX000071－WS04－0486－0004

武汉市分会 1985 年党员基本情况

（根据该会 1985 年报表摘录）

党员总计 18 人，正式党员 18 人，其中男 8 人、女 10 人，均为汉族。其中 1937 年 7 月—1945 年 9 月入党的 2 人；1945 年 9 月—1949 年 9 月入党的 2 人；1949 年 10 月—1966 年 4 月入党的 7 人；1966 年 5 月—1976 年 9 月入党的 6 人；1976 年 11 月以后入党的 1 人。

党员中年龄 31～35 岁的 3 人，36～45 岁的 2 人，46～50 岁的 3 人，51～55 岁的 6 人，56～60 岁的 1 人，61 岁以上的 3 人。

现有文化程度：大学 5 人，中专 7 人，高中 3 人，初中 3 人。

现有职工 15 人，其中工人 1 人，专业技术人员 12 人，其他职工 2 人。有离休干部（工人）2 人，退休职工 1 人。

1985 年评选优秀党员 4 人；至年底，申请入党的积极分子 4 人，死亡 1 人；有国家干部 12 人。

武汉市红十字会

1985 年

原件藏武汉市档案馆，档号：XX000071－WS04－0312－0006

宜昌市第五中学红十字会记事：
宜昌市教育系统第一个红十字会成立（节录）

宜昌市教育系统第一个红十字会——宜昌市五中红十字会

成立时间（召开成立大会）：1987 年 12 月 18 日下午 2：30

参加成立大会的人员：全校师生，宜昌市人民政府副市长崔传礼等来宾

参加成立大会时，市教委、市卫生局、副市长等在会上讲话，宜昌三中政教处主任何成秀代表来宾讲话。第一届宜昌市五中红十字会常务理事会名单如下：

会长：陈志成

副会长：孙文泉、刘国英、彭正新

委员：许全儒、朱利萍、高一群、徐浩

宜昌市五中红十字会下设 25 个红十字小组。

（下略）

原载宜昌市第五中学红十字会藏《宜昌市第五中学红十字会记事本》

一九八九年中国红十字会工作先进集体名单（节录）

湖北省

武汉市红十字会

武汉市江岸区红十字会

浠水县红十字会

谷城县红十字会

十堰市二汽二医院红十字会

宜昌地区卫校红十字会

沙市市红十字中心血站

原载于《中国红十字报》1990 年 4 月 5 日

广州市红十字会致湖北省红十字会的慰问信

湖北省红十字会：

惊悉今年贵省遭受严重的自然灾害，我们深感同情和关注，市红十字会员和社会各界人士发扬爱国主义、人道主义和无私奉献精神，积极

杂俎

捐款支援灾区。整个募捐活动由政府统一部署，绝大多数单位和会员的捐款统交民政部门，直接送来我会的不多。为此，谨转赠给贵会捐款1万元，尽点微薄之力，帮助你们救济灾民，以表广州会员的一片心意和深切的问候。请收到捐款后，寄回正式发票，以便理顺财务手续。同时，请将捐献的使用情况、效果和反映回复给我们，最好能有图片资料，以利我们转告热心捐款的单位和社会各界人士，并向社会宣传扩大红会的影响。

我们热切希望灾区人民在党和政府的领导下，在国际、国内的援助下，团结一心，克服困难，早日战胜灾害，重建家园，为建设具有中国特色的社会主义现代化强国而奋斗。

广州市红十字会

一九九一年九月十二日

原件藏湖北省北省红十字会档案室，档号：1991-D-006

西安市红十字会致湖北省红十字会的慰问信

惊悉今夏入梅以来，江苏、浙江、安徽、河南、湖南、湖北、四川等地连降暴雨，洪水成灾，给人民的生命财产带来极大损失。为此，西安市委、市政府号召全市人民发扬"一方有难，八方支援"的共产主义风格，积极开展募捐活动，支援灾区人民。为了救灾工作有组织、有秩序地进行，我们积极协助政府统一宣传组织募捐，所捐钱、粮、物将由政府统一送往灾区。我们仅（谨）向你会并通过你会向灾区人民表示亲切的慰问，祝愿灾区人民在各级政府关怀和支援下取得抗灾救灾的胜利！

西安市红十字会

一九九一年□月□日

原件藏湖北省北省红十字会档案室，档号：1991-D-006

湖北省红十字会参评全国卫生系统
先进集体主要事迹报告

去年，百年未遇的特大洪涝灾害给荆楚大地造成严重损失。湖北省红十字会在省委、省政府的领导下，充分发挥红会群众性、社会性、国际性的优势，发动全省各级红十字会主动配合政府有关部门，积极投入抗洪救灾工作，为政府分了忧，为群众解了难，受到群众的欢迎。

一、积极了解灾情，及时汇报总结，广泛争取支持

面对特大洪涝灾害，省红会多次深入灾区了解灾情，多次电话、传真，并三次派人进京向总会汇报灾情，争取支援，得到总会下拨救灾款325万元，救灾物资价值1800余万元；省红会还主动与国内各方联络，得到香港设内地厂商捐资价值300多万元。截止目前，省红会共接收救灾款物达2500万元。

二、克服人少事多的困难，迅速将救灾物资发放到灾民手中

在去年的抗洪救灾中，工作最繁忙、任务最艰巨、接续时间最长的是接收和发放救灾物资。省红会坚持公平、公正、合理的原则，严格按照救灾程序办事，做到及时发放、及时反馈。省红会办公室七名同志经常加班加点地工作，很多星期六都没有休息，累计37批8000余吨的物资都经他们的手，分别从机场、车站、港口接运和分发下去，即使在救灾最紧张的时候，□3至4个地方同时进行，也没有借调其他人员帮忙。省审计局经当面审计后认为："省红十字会在人员少、时间紧、要求高的情况下，能迅速、全部把物资分发下去，做到了手续齐备，发放及时、严格，工作做□□好□，收到很好的社会效果。"

湖北省红十字会

1992年2月18日

原件藏湖北省北省红十字会档案室，档号：1992-Y-014

湖北省红十字会、湖北省卫生厅
致广东省中山市红十字会的感谢信

广东省中山市红十字会：

在我省去年遭受特大洪涝灾害的情况下，你们发扬"一方有难，八方支援"的精神，为帮助我省灾民渡过难关和灾毁基层医疗卫生机构的恢复、重建，无偿地向我们捐赠十万元人民币，这对我们是一个极大的鼓舞和支持。在此，特向你们致以崇高的敬意和谢忱！我们将认真使用好你们的捐款，努力搞好红十字会工作及基层卫生机构的恢复和重建工作，以实际行动感谢你们的深情厚谊！

湖北省红十字会　湖北省卫生厅

一九九二年二月二十五日

原件藏湖北省北省红十字会档案室，档号：1992－D－007

湖北省红十字会三届五次理事扩大会议程

（一九九二年三月七日上午）

出席今天会议有省红十字会理事，各地、市、州、分管红会工作的负责同志，红会干部共□人，其中省理事□人。

湖北省红十字会三届五次理事扩大会现在开始：

一、通过更换、增补省红十字会三届理事名单。

二、叶丽珠同志传达中国红十字会五届三次理事扩大会精神。

三、范维盛同志报告省红十字会一九九一年工作及一九九二年工作安排。

四、宣读省红十字会关于表彰抗洪救灾先进集体和先进个人的决定。

五、请到会理事及代表对省红十字会一九九一年工作总结和一九九二年工作安排、表彰抗洪救灾先进集体、个人的决定进行审议、讨论。

到会理事、代表对省红会一九九一年工作总结和一九九二年工作安排提出意见和建议，会后请常务理事会做出必要修改。理事们如果同意，请鼓掌通过。

对表彰抗洪救灾的先进集体、个人决定，如果同意，请鼓掌通过。

六、省红十字会会长、省人民政府副省长韩南鹏同志讲话。

七、给抗洪救灾先进集体和先进个人颁奖。

八、湖北省红十字会三届五次理事会闭幕。

原件藏湖北省北省红十字会档案室，档号：1992－Y－013

光荣榜：关于表彰1991年
抗洪救灾先进集体、先进个人的决定（节录）

　　1991年夏季，我国安徽、江苏等十几个省、直辖市先后遭受了百年未遇的特大洪涝灾害。灾情就是命令，各级红会组织、广大会员迅速行动起来，投入了紧张的抗洪救灾斗争。各地红会纷纷向社会发起募捐，接收、转运和分发救灾款物。广大会员全身心地战斗在抗洪救灾第一线，顶烈日、战酷暑，发扬连续作战、不怕困难的作风，夜以继日地忘我工作，很多会员舍己救人，表现了大无畏的气概，充分体现了红十字的人道主义奉献精神，以实际行动替政府分了忧，为灾民解了难，为夺取抗洪救灾斗争的胜利和实现"大灾之后无大疫"做出了重大贡献，涌现出一大批抗洪救灾的先进集体和先进个人。

　　为表彰先进，激励斗志，进一步弘扬红十字人道主义奉献精神，中国红十字会总会决定101个单位为抗洪先进集体，480名同志为抗洪救灾先进个人（名单附后）

　　总会希望表彰的先进集体、先进个人，谦虚谨慎、再接再厉、为红十字事业再创新的成绩。

　　一、先进集体（101个）

湖北省红十字会

湖北省武汉市红十字会

湖北省荆州地区红十字会

湖北省黄冈地区红十字会

湖北省孝感地区红十字会

湖北省咸宁地区红十字会

杂俎

471

湖北省鄂西自治州红十字会

湖北省宜昌地区红十字会

湖北省公安县红十字会

二、先进个人（480 人）

湖北省（41 名）

邓红（女）	尤德新	夏大鹏	袁竞（女）
方家礼	李建锋	李名山	王虹（女）
艾军（女）	严心康	熊学金	张先让
邢禹江	牟炳新（女）	陈太英（女）	朱欣
孙伟	樊哲林	李开明	邹柏青
郑忠明（女）	周太法	彭兆玲（女）	戴先祥
彭肃仪	韩秀英（女）	丁毅	张新武
陈敬春	柯剑	葛庆利	胡续林
樊新旗	夏耘	吴恒英（女）	丁卫
缪焱明	廖国放	苏启观	熊金华
陶廉青			

原载于《中国红十字报》1992 年 3 月 6 日

省红会传达中国红十字会
五届三次理事扩大会精神

叶丽珠

一九九二年三月七日

各位理事、各位同志：

中国红十字会五届三次理事扩大会于二月二十四日至二十八日在吉林长春市召开，我省韩南鹏会长、武汉市红会高顺龄会长、王惠珍秘书长和我四人参加了会议。现向理事、同志们简要汇报会议概况和主要精神。

一、大会概况

中国红十字会总会顾英奇常务副会长、吴常康、孙柏秋副会长、曲折副秘书长出席会议。

国务委员李铁映通过总会对会议表示祝贺。

出席会议的理事和理事代表 64 人，会议代表 151 名，九个省的省领导、卫生部、民政部等中央部委领导出席了会议。

理事会一致通过因工作变动更换王万水等十八名理事。

根据陈敏章会长提议，会议通过免去韩长林总会秘书长职务的决议，由吴常康副会长兼任总会秘书长；通过了胥昌忠任总会副会长，增补了张金成为理事，聘任香港胡郭秀萍女士为名誉理事等人事变动的决议。

大会进行了经验交流，来自全国各地 36 名代表作了发言，我省有关"红十字安全交通线建设"，武汉市有关"社会福利工作"作了发言。安徽省（红会）会长、副省长介绍了安徽红会的抗洪救灾工作，吉林省会长、副省长介绍了吉林省红会开展目标管理工作情况，交流内容丰富生动，与会代表学习了很多好的经验。

（2 月）27 日，常务副会长顾英奇受五届常务理事会的委托，作了题为"开拓进取，艰苦奋斗，努力发展红十字事业"的工作报告。

与会代表对顾副会长的工作报告及 1992 年工作设想进行认真讨论，对红十字工作中一些问题进行了专题研讨。会议期间，代表们参观了长春市古丹家店、二龙泉等一些基层组织。

（2 月）28 日对全国红会系统评出抗洪救灾的 101 个先进集体、480 名先进个人进行了表彰和颁奖。我省共有 9 个集体、48 名个人受到表彰。

二、会议主要精神

顾副会长做工作报告中指示：

（1）一九九一年各级红会组织坚持以组织建设为重点，加快了组织发展，加强了自身建设。截至去年底，全国已拥有 11 万个基层组织和 1510 万红会会员；全国已有 98％地（市）、79％县（市）建会，超过百万会员□有 6 个省市，湖北省是其中之一。组织发展不仅在城市发展，也在农村、部分国家机关和行业陆续建会。红十字工作受到党和政府重视支持，得到社会各界的积极参与和拥护。

（2）中国红十字会全力以赴参与抗洪救灾，为夺取抗洪救灾工作做出了重要的贡献。去年中国红十字会总会经与红十字国际联合会的努力，先后接受了 28 个国家和地区红十字会捐助的救灾款物折合人民币 2.8 亿元，并全部用于灾区，红十字会协调卫生行政部门先后组织了 1.8 万支医疗队，派出 8.7 万名红十字医护人员为灾民服务，为确保大灾之年无大疫和灾区医疗卫生部门、机构重建做出了贡献。

红会的救灾工作多次受到中央和国务院领导同志的表扬，称赞"红

"红十字会是很重要的机构，随着改革开放，它将越来越重要，并发挥着特殊作用，这次救灾防病工作，红十字会的成绩要给予充分肯定。"

（3）在对台事务工作方面取得了重大突破。曲折副秘书长赴台，实现了42年大陆首次派人到台湾办理公务，为改善两岸关系、促进祖国统一起到了良好作用，在国内外产生了积极影响。

（4）红十字在群众自救互救网络建设和群众性社会服务工作中都有新进展，青少年工作、宣传工作、参与输血事业、兴办事业实体、对外联络工作方面出现了可喜局面。在两个文明建设中发挥着特殊作用（报告中第二部分）。

（5）关于一九九二年工作，顾副会长说，红十字会在新的一年里，要根据世界红十字日宣传主题"人道——团结起来共御灾害"开展活动，□对内对外宣传，扩大中国红十字会影响。要协助政府继续做好救灾防病工作，凡红会接收的捐助款物要按捐助者的意愿负责到底，接受国际和海外捐助的省份，一定要按国际惯例做好信息反馈、审计报告，事关国家声誉和中国红会对外的形象（批评了有些省收了捐助款物，迟迟不反馈，使总会无法上报。国际协会有一笔500万瑞士法郎，"因审计报告未送来，余款□来就困难。"）。通过救灾启示，在争取外援时，要立足于自力更生，总会计划在全国兴建七个备灾中心，第二个备灾中心准备建在湖北省，从而逐步加强备灾的实力。进一步制止滥用"红十字"标志的现象，维护"红十字"标志的尊严（1月22日，卫生部与红十字会总会联合发文）。

同时，1992年抓紧红十字的立法工作。目前，修改后的《中华人民共和国红十字会法》以及"立法说明"已经卫生部上报国务院法制局，法制局征求了22个有关部门的意见。1992年总会将与法制局就红会立法问题进行考察论证，使中国红十字事业得到法制保障。

顾英奇副会长最后号召各级红十字组织和广大会员要开拓进取，艰苦奋斗，为努力发展中国红十字事业再立新功。

我的汇报完毕，谢谢大家。

原件藏湖北省北省红十字会档案室，档号：1992－Y－013

国际联合会关于执行"湖北省孝感市救灾、备灾中心"工程协议

一、序言

中国是一个各种灾害多发的国家，中国红十字会最近制订了一个全国备灾计划，包括一个处理灾害的详细区域行动计划，计划的一部分内容是关于在湖北省孝感市建设一个备灾中心，以增强湖北、湖南和河南省红十字会备灾和救灾活动力。

中国红十字会和德国红十字会在许多领域有着长期和密切的合作，包括姊妹分会。为了响应联合会发出的 1992 至 1996 年发展和备灾呼吁，中国红十字会和德国红十字会同意联合实施"湖北省孝感市救灾备灾中心"工程，两国红会分别将湖北省分会和巴登—符腾堡分会纳入这个工程。

二、工程的目的

这个工程的目的是增强中国红十字会在湖北省、湖南省和河南省的备灾和救灾活动。

通过下列活动可达到这个目的：

——在孝感市建立一个备灾中心；

——制订和实施有关三个省的备灾计划（包括培训活动、警戒计划、吸收志愿人员等）；

——加强中国红十字会在三个省的机构和总会的活动；

——与三个省的社团、政府机构和其它非政府组织紧密合作，以建立一个联合、有效的备灾策略。

此外，希望通过实施这项工程，中国红十字会与德国红十字会总会和分会的合作得到加强。

三、实施

1. 合伙人、作用、协调

这项工程的两个主要合作伙伴是中国红十字会作为执行者，德国红十字会作为参加者。两个合伙人将分别受到湖北省分会和巴登—符腾堡州分会的支持并分别照顾两分会的利益。这项工程和两个总会的协调工作由联合会负责。湖北省和巴登—符腾堡州分会于 1989 年签署合作协议。两个红会总会将促使两个分会加强和深化除工程协议之外的姊妹合作关系。

2. 工期

工程的期限为两年，从 1992 年 10 月开始。

3. 通讯网络

两国分会通过两国总会进行通讯联络，两国总会通过联合会联络。

除这项工程外，湖北和巴登—符腾堡州两个姊妹分会有关其它计划或正在进行的项目或活动的通讯联络将经两国总会进行，本文递交联合会。

联合会愿意加强联系并对这项工程的两个主要合作者的利益随时予以适当的考虑。

4. 汇报

联合会将向德国红会（总会和巴登—符腾堡州分会）提供有关整个工程（建筑计划、方案、活动计划、现场协调和预期效果等）的初步详细的简报。

中国红十字会将每隔四个月通过联合会向德国红十字会递交整个工程的进展报告，并在工程第一年的年底递交一个更加详细的中期报告（包括财政状况）。

工程一（旦）完工，中国红十字会将递交最后报告（包括图片、财政报告、效果评论、合作意见等）。

中国红十字会每隔六个月直到工程完工后两年为止，通过联合会向德国红十字会递交孝感备灾中心近期工作情况。

5. 财政

两个合伙人已同意 1991 年 9 月 26 日联合会给德国红会的工程预算说明。

工程总的预算是 2500000 元人民币，资金提供者：

中国红十字总会	600000 元人民币
其他地方捐赠者	300000 元人民币
德国红十字会（总部和巴登—符腾堡州）	1600000 元人民币

如果因兑换比率变化，价格上涨或过程修改而导致整个预算减少，那德国红会的捐款也将减少。反过来，如果工程预算增加，德国红会的捐款也将增加，但最多至 565000 德国马克。

协议一（旦）签署，德国红会将通过联合会给中国红会寄去总捐款的 50%（合 800000 人民币）。另外的 40% 将于 1992 年底收到中国红会的中期报告后寄，其余的款项待收到最后工程报告和最后财政说明后给。所有的汇款将以德国马克付。

不用说，至少10%的德国红会捐款将用于人员培训。

6. 评价

工程开工一年后，中国红十字会、德国红十字会和联合会联合小组将对工程作一个临时评价。工程完工时，所有的工程合作者包括分会将作最后评价。除中国红十字会的最后报告外，评估小组将递交联合评价报告。

德国红十字会（总会和巴登—符腾堡州分会）和联合会代表将出席孝感中心的开业仪式。

四、未来展望

中国红十字会、德国红十字会和联合会表示愿意在工程施工中紧密合作并将在工程完工后继续他们间的合作关系。

德国红十字会

名字：罗梅尔

职务：秘书长

地点：波恩

时间：1992 年 10 月 13 日

中国红十字会

名字：孙柏秋

职务：副会长

地点：北京

时间：1992 年 10 月 31 日

红十字与红新月国际联合会

名字：塔尔博特

职务：联合会亚太部主任

地点：北京

时间：1992 年 11 月 2 日

原件藏湖北省北省红十字会档案室，档号：1992－Y－013

杂俎

477

1992 年中国红十字会全国先进集体、先进会员光荣榜（节录）

全国先进集体（湖北省）

武汉市红十字会

武汉市青山区红十字会

大冶县保安镇红十字会

十堰市东风轮胎厂红十字会

沙市市红十字会

荆门市东宝区红十字会

宜昌市红十字会

宜昌县红十字会

随州市红十字会

孝感地区红十字会

黄岗地区红十字会

咸宁地区红十字会医药卫生综合服务部

荆州地区红十字会

仙桃市红十字会

全国先进会员（湖北省）

孙志敏	陈永翠	徐 丽	余国华
彭良友	肖江桥	许兵	聂启正
杨剑文	张锐	陈英黔	蔡克长
张桂香	谢帮龙	王传海	樊豫青
李战和	田永锟	查桂清	王世荣
张浩	刘涛清	孙伟	黄红光
赖光平	张翼乾	汪维奎	于淑汉
郭秋生	兰树炎	王涧泉	丁章尧
庹新江	王士茂	李济	陈太英
叶丽珠	麻耀煊	陈滇平	彭肃仪
桂望兰	涂同刚	冯木香	叶莉
刘敢庭	王海宾	汤东泾	陈敬春
吴远租	易珩	徐锋	李建锋

陈安珍	熊学金	韩必森	曾庆华
杨文新	陈志诚	石慰平	杨嗣润
王浚山	郭 媛	肖璐露	秦志维
李文烈	汪 跃	刘明国	柴春显
潘世先	张道发	赵广庆	曾玉书
姚天明			

原载于《中国红十字报》1993 年 2 月 12 日

极目楚天舒

——湖北红十字工作巡礼

正是金秋送爽时，记者来到荆楚大地。所到之处，我们看到，湖北省的红十字工作经过各级红会和会员的辛勤努力，已结出累累硕果，显示出我国红会正逐步走向成熟。

广厦庇寒士"八仙女"谱新篇

在孝感 107 国道与 316 国道两条交通大动脉的交汇处，南来北往和东去西行的汽车司机与行人们惊讶地发现：一座现代化的大厦拔地而起，顶部正面巨大的中国红十字会徽在数里之外就能看见，天蓝色的钢化玻璃和顾英奇副会长亲笔所题的"中国红十字会湖北备灾救灾中心"的金字，在阳光下闪闪发光。

这是中国红十字会落实 90 年代战略计划、在国际联合会和援建国红会支持下建立的七座备灾中心之一，也是迄今为止建设速度最快、完成质量最好的一座现代化备灾中心。湖北省副省长、省红会会长韩南鹏亲自抓了这项工程的筹建。据说，因为中心选址在孝感开发区中心最佳位置，有些部门提出了一些苛难的条件，韩会长亲临现场拍板，使工程得以顺利进行，并享受到开发区优惠待遇，减少了一半征地费。孝感地、市领导深入工地，简化手续，减免费用，仅 6 天时间就梯接了高压线路、安装了变压器，完成了供电任务；15 天时间就凿成了深水井，完成了供水工程；其中供电线路一项就节约了几十万元人民币。施工期间，恰逢全国第二届农运会期间，根据要求，孝感全市施工全部停止，唯独中心享受"特殊待遇"，日夜灯火通明，机声隆隆。从破土动工到大厦建成，仅用了一年时间，比预定时间提前了一年！当地群众称中心为"省长工程，孝感速度"。

记者感慨地询问孝感红会同仁，为什么中心建设的如此之快，如此之好？孝感红会副会长褚金南讲了这样一件事：今年春节期间，工地所占地的村领导召集农民开会说，别的工地建材丢失我管不了，谁要是敢偷红会一根木料，我不砍掉他一只手，老天爷也饶不了他！原来，1991年大水灾，孝感地区亦是重灾区，受到红会的救援，红会在老百姓心中留下了深刻印象，他们知道建设这个中心是造福子孙后代、惠及八方生灵的大好事，爱护还爱护不过来呢，何谈破坏！

我开玩笑对孝感红会的秘书长桂望兰说：当年董永卖身葬父感动上苍，降七仙女下凡，"孝感"因此而得名；今日红十字会广施人道博爱而深受百姓拥戴，你可以算是"八仙女"，众人皆笑表赞同，桂小姐因此而被戏称"八仙女"。

当我们站在中心顶层眺望四方时，杜甫那脍炙人口的词句脱口咏吟而出："安得广厦千万间，大庇天下寒士俱欢颜。"我们红十字会的备灾救灾中心，不正是古诗人梦寐以求的庇护灾民的广厦吗！

国道路上的红色生命线

在从武汉市驱车驶往咸宁地区蒲圻市的百里国道上，我们看到每隔一段路就有一块标有红十字急救点或红十字急救站的显著标牌。这些标牌都和公路特用标志牌一样正规明显，并涂有荧光粉，夜间汽车灯光照在上面，闪闪发亮，十分醒目，成为一特有景观。据省红会袁静（竞）副秘书长介绍，目前，湖北境内公路上，175 个救护站、450 个救护点，全部装上了这种由红会和交通部门共同制作的标志牌。

我们随意抽看了蒲圻市的一处红十字急救点和咸宁市一处红十字急救站，原来，这些连点成线的急救点和急救站，都是由当地红十字会专门培训过的乡村医生和乡卫生院组成的。在雷家桥急救点，我们看到由红十字会配备的救急箱包设备齐全，急救员不仅抢救公路事故受伤人员，而且救治溺水、中暑、农药中毒等各类急发病员，湖北群众称之为"国道路上的红色生命线"。德国巴符州红十字会同仁参观了湖北宜昌地区国道线上的急救站（点）后，大加赞赏，认为颇具中国特色，极为出色。

卫生救护是红十字会基础工作之一，湖北省不仅在国道线上建立急救站（点）已规范化，而且在汽车驾驶员、矿井、电业等部门与行业开展了自救互救的培训，使红十字会更广泛和深入地布下了网，扎下了根。俗话说"根深叶茂"，湖北省各级红会如此扎实的工作，其事业能不发展吗？

"不似春光，胜似春光"

在湖北期间，正值《中华人民共和国红十字会法》制定和即将出台期间，全省各级红十字组织和人大对此给予了极为热情的关注。省红会副会长范维盛对我们说：我也可以算是一个"老红会"了，红十字会法的出台表明我国红十字事业走向成熟阶段，进入了法制轨道，我真感到高兴呀！

武汉市人大副主任、市红会会长高顺龄是全国有名的红十字事业热心者，在他任市长期间，武汉市红十字会无论是办经济实体还是其他各项工作都取得了长足的发展。前不久，他受总会邀请赴京参加了红会法草案讨论，一回来，马上召集市人大和政府有关部门与红会一齐讨论制订市红十字法贯彻条例，准备以地方法规的形式将一些具体问题加以解决。大家开玩笑说：老高这一招实在"高"，红会法里一些不可能写得很细的问题如人、财、物，用地方法规一约定就全解决了！我们也感叹：如果全国各地政府领导都能像韩副省长、高副主任这样理解、支持红十字事业，我们的工作就好开展多了！

据省红会叶丽珠秘书长介绍，全省基层组织已达 8599 个，红会会员 127 万。国际联合会的官员库奇女士访问湖北时惊叹道：没想到红十字在我的祖国瑞士发源，却在中国结出这样丰盛的果实，有这样深的基础和这么大的力量，我由衷地为我的祖国、为中国感到骄傲，为红十字事业骄傲。

一路走马观花，来不及去看早就闻名的宜昌、沙市、襄樊、随州、黄石等地有特色的红十字工作。站在楚天台上领略博大浩渺的东湖，登上黄鹤楼观看大武汉三镇的繁荣壮景，感到心胸开阔，深为湖北红十字工作而激动。不由想起已故主席毛泽东那雄浑的诗句："不似春光，胜似春光。"（本报记者　沈默）

原载于《中国红十字报》1993 年 10 月 29 日

杂俎

481

武汉市实施《中华人民共和国
红十字会法》办法（草案修改稿）

第一条　为实施《中华人民共和国红十字会法》（以下简称《红十字会法》），结合本市实际，制定本办法。

第二条　市和区、县红十字会是中国红十字会的地方组织，是从事人道主义工作的社会救助团体，依法取得社会团体法人资格，独立自主地开展工作。

上级红十字会指导下级红十字会的工作。

第三条　市和区、县红十字会独立设置，配备专职工作人员。

第四条　本市公民、法人和其他社会组织，承认中国红十字会章程并缴纳会费的，可以自愿参加红十字会。

红十字会会员应当遵守《红十字会法》和本办法，热心红十字事业，享有会员的权利，履行会员的义务。

第五条　市和区、县红十字会依法产生理事会，并由理事会民主选举会长、副会长，聘请名誉会长和名誉副会长。

第六条　本市红十字会应履行《红十字会法》规定的职责以及下列职责：

（一）宣传贯彻《红十字会法》和有关法律、法规；

（二）在卫生行政部门的统筹与指导下，开展群众性卫生救护、灾后防疫、输血献血等工作；

（三）为开展人道主义救助工作，进行募捐活动，接受捐赠；

（四）兴办与红十字会宗旨相符合的社会福利事业；

（五）依据红十字会章程吸收会员。

第七条　人民政府对红十字会给予支持和资助，保障红十字会依法履行职责，并对其活动进行监督。

全社会都应当关心和支持红十字事业。

红十字会有关活动应接受卫生行政部门和其他有关部门的指导、支持与帮助。

第八条　红十字会经费的主要来源：

（一）红十字会会员按照规定缴纳的会费；

（二）接受国内外组织和个人捐赠的款物；

（三）红十字会的动产、不动产和所属社会福利事业单位上缴的款项；

（四）人民政府的拨款。

前款第（四）项分为红十字行政事业经费和人道主义救助专项经费。行政事业经费由财政部门列入地方财政预算，并根据需要和可能予以增拨。人道主义救助专项经费，由财政部门专户储存，专款专用。

第九条　市和区、县红十字会兴办的与其宗旨相符的社会福利事业单位，人民政府及有关部门应当给予扶持，按照国家有关规定给予减税、免税优惠待遇，并减收、免收登记和管理费用。

市和区、县红十字会参与兴办的中外合资、中外合作的社会福利事业单位进口的设备、物资，海关应当按照国家有关规定办理征税、免税手续。

第十条　本市报刊、电台、电视台等新闻单位应当积极宣传红十字会开展的慈善公益活动。

第十一条　本市红十字会的社会募捐工作由市红十字会统一管理。

市红十字会可以在机场、车站、客运码头、宾馆等公共场所设置募捐箱，进行募捐。

第十二条　企业给予市和区、县红十字会用于红十字事业发展的捐款，经税务部门批准，按税法规定的比例在计税时予以扣除。

第十四条　对市和区、县红十字会接受用于人道主义救助和慈善公益事业的捐赠物资，税务部门应按照国家有关规定给予减税、免税和优先办理手续等优惠待遇。

接受境外无偿援助或者捐赠的物资和设备，享受减免关税优惠的，不得转让或者移作他用。

第十五条　红十字会募捐和接受捐赠的款物，应当建立账目，完备手续；处分款物，应当尊重捐赠者的意愿。

第十六条　为发展本市人道主义救助事业，可以按国家有关规定建立红十字基金或基金会。

第十七条　各级红十字会应对本会及所属社会福利事业单位的经费收支、财产管理进行审查监督。

市和区、县红十字会的经费来源和使用情况，应接受同级人民政府的检查监督。

第十八条　任何组织和个人不得侵占和挪用红十字会的经费和财产。

第十九条　对在红十字事业中做出突出贡献的单位和个人，由市红十字会授予荣誉称号，颁发荣誉证书、证章。

第二十条　街道、乡镇、机关、企业、事业单位和学校依照中国红十字会章程建立的红十字会，是中国红十字会的基层组织，在上级红十字会指导下开展工作。

第二十一条　违反《红十字会法》和本办法的有关规定，按有关法律、法规予以处理。

第二十二条　本办法由市人民政府负责解释。

第二十三条　本办法自公布之日起施行。

原件藏湖北省北省红十字会档案室，档号：1995－C－022

湖北省红十字会一九九五年工作要点（草稿）

我省红会组织自一九八五年恢复至今已逾十年。随着改革的不断深化，开放的不断拓展，全省红会事业已经打下了坚实的基础，呈现出加快发展的新趋势。为了适应社会主义市场经济条件下社会保障体制的进一步改革，学习、借鉴国际上红会组织运作的成功经验，结合我省实际，坚持以邓小平同志建设有中国特色的社会主义理论为指针，以学习、贯彻实施《中华人民共和国红十字会法》为中心任务，突出备灾救灾和群众性卫生救护两个工作重点，依法建会，依法兴会，不断优化红会的外部环境和内部运作机制，努力开创我省红会事业新局面，理应成为全年工作总的指导思想。

一、主要工作任务

（1）继续深入学习、宣传、贯彻《红会法》。各级红会组织要紧紧抓住宣传红十字会的性质、任务这个重点，从普及红会知识、回顾红会历史、介绍国际同行做法、增强红会意识入手，促使《红会法》的宣传更具普遍性和生动性。要充分发挥各种传媒的作用，注意发掘、宣传典型人物和事件，尤其是注意宣传各级党委、政府加强和支持红会事业的新举措和率先垂范的具体行动，使红会法的学习，宣传工作更进一步。同时，省红会将正式组建起草《红会法实施办法》的专班，积极收集资料，深入开展调研，广泛征求意见。多方达成共识，力争年内立项。

（2）抓住时机，认真筹备，隆重召开省红十字会第四次会员代表大会，产生新一届省红会领导班子，进一步完善组织网络和运行机制。部分地、市、州、县因人事变动或行政区划改变造成机构和人员空缺的，要积极向党委、政府汇报，争取早日解决。

（3）参照国家公务员条例，在前段实施"三列"工作的基础上，与我省国家行政机构改革相适应，同步推进总会即将颁发的"三定"方案，进一步加强红会自身建设。同时，各级红会要注重组织发展的质量，大力加强重点行业会员和学校会员的发展工作，不断增强红会组织的吸引力和辐射力。今年下半年，选择适当时机和地点召开一次全省红会组织机构建设经验交流会。

（4）举办备灾救灾培训班，严格救灾程序管理，适应并掌握新的报灾、赈灾统计报表体系，不断总结经验，推广典型，促使这项工作向规范、系统、时效的方向发展，提高全省整体备灾救灾工作管理水平。

（5）省备灾救灾中心是全国红会系统七大区域性备灾救灾体系的重要组成部分，在主体建设完成之后，应切实加强管理，完善领导班子，强化质量信誉观念，充分发挥功能作用，坚持"社会效益第一，服务灾区优先"的原则，工贸结合、"平战"结合、省内外结合，逐步壮大实力，增强备灾救灾能力，努力探索一条有我省特色的备灾救灾中心发展、壮大的新路。

（6）继续抓好全省驾驶员救护培训工作，努力开拓建筑、电力等行业工作人员的初级救护培训的新领域，要切实抓好从小学至大学的学校内卫生救护的培训工作，把它作为我们培训工作的源头认真抓落实。

（7）稳步扎实地参与血液事业，重视红会自身血站的建设，推动无偿献血活动的开展。

（8）红十字青少年活动生动活泼，易于引发社会关注，深受青少年喜爱。各地红会要广泛开展适合青少年特点的相关活动。今年暑期，省红会和有关地市红会要认真完成好总会交办的海峡两岸青少年夏令营活动。

（9）加强总会"一报一刊"的征订发行工作，疏通全省红会系统内信息交流的渠道，紧密各地市（州）县的工作联系。

（10）认真做好台务和外事工作，积极争取国际联合会的援助项目，进一步扩大和加深与德国红会、香港红会、台湾红会的友好关系。

二、具体工作措施

（1）突出重点，带动全盘。今年工作的重点是换届和筹备起草实施红会法的地方性法规，各地红会应明确重点，主动配合，上下联动，形成合力和声势。

（2）立足"抓早、抓紧、抓实"，把握各级党委、政府全盘工作的大局，力争在救灾应急工作中再显红会组织的作用，为政府分忧，为群众解难。

（3）建立目标管理责任制，实行量化管理，组织横向交流检查，督促工作落实。

原件藏湖北省北省红十字会档案室，档号：1995－D－010

湖北省实施《中华人民共和国红十字会法》办法征求意见稿（第二稿）

第一条　为实施《中华人民共和国红十字会法》（以下简称《红十字会法》），根据《红十字会法》，结合本省实际，制定本办法。

第二条　湖北省红十字会（以下简称省红十字会）是中国红十字会的地方组织，是从事人道主义工作的社会救助团体，依照《红十字会法》独立自主地开展工作。

本省地（市、州）、县（市、区）级以上按行政区域建立的地方红十字会，依法取得社会团体法人资格。独立设置办事机构，配备专职工作人员。

第三条　本省公民和社会组织，承认《中国红十字会章程》，并缴纳会费的，可以参加红十字会。

第四条　省、地（市、州）、县（市、区）根据需要可以建立行业红十字会，行业红十字会接受省、地（市、州）、县（市、区）红十字会的指导。

街道办事处、乡（镇）、机关、团体、学校、企业、事业单位和其他社会组织中可以建立基层红十字会，根据实际工作需要配备专职或兼职工作人员。

上级红十字会指导下级红十字会工作。

第五条　各级地方红十字会理事会，由会员代表大会或会员大会民主选举产生。理事会民主选举产生会长和副会长。

省、地（市、州）、县（市、区）红十字会设名誉会长和名誉副会长，由同级红十字会理事会聘请。

第六条　各级地方红十字会根据独立、平等、互相尊重的原则，发展同香港、澳门、台湾等地区红十字会以及外国地方红十字会或红新月会的友好合作关系。

第七条　各级地方红十字会履行下列职责：

（1）宣传、贯彻、执行《红十字会法》及本办法；

（2）为开展人道主义救助活动，进行募捐活动，接受捐赠；

（3）进行初级卫生救护培训，组织群众参加现场救护；

（4）参与血液事业，宣传、组织、实施无偿捐血；

（5）开展红十字青少年活动；

（6）兴办与红十字会宗旨相符合的社会福利事业和经济实体；

（7）依据《中国红十字会章程》吸收会员，发展组织；

（8）根据中国红十字会总会部署，参加国际人道主义救援工作；

（9）依照国际红十字和红新月运动的基本原则，完成同级人民政府和上级红十字会委托事宜。

第八条　各级人民政府对红十字会工作予以支持和资助，保障红十字会（法）依法履行职责，并对其活动进行监督。

全社会都应当关心和支持红十字事业。

第九条　红十字会兴办的与其宗旨相符的社会福利事业，按照国家有关规定享受减税、免税待遇，有关机关行政管理部门减收、免收登记及管理费。

第十条　红十字会接受境外援助或捐赠的物资、设备，海关按照国家规定优先办理有关手续，并依法予以减税、免税待遇。

第十一条　红十字会参与兴办的中外合资、中外合作的社会福利事业单位的进口物资、设备，海关应当按照国家有关规定办理减税、免税手续。

第十二条　企业、个人给予红十字会用于发展红十字事业的捐款，税务部门按税法规定在计税时予以扣除。

第十三条　红十字会接受的款物由红十字会按捐赠者的意愿进行处分，任何组织和个人不得侵占和挪用。

红十字会兴办的或人民政府划归红十字会的社会福利事业单位依法隶属于红十字会管理，其合法财产不受侵犯。

第十四条　执行救助任务并标有红十字标志的人员、物资、交通工具具有优先通行权，并免交通行费；标有红十字标志的人员有优先使用公用通讯工具的权利。

任何组织和个人，不得拒绝、阻碍红十字会工作人员依法履行职责。

在自然灾害和突发事件中，阻碍红十字会工作人员依法履行职责的，依照《红十字会法》第十五条的规定处罚。

第十五条　本省报刊、电台、电视台等新闻单位应当积极宣传红十字会开展的慈善公益活动，并提供无偿服务。

第十六条　本省红十字会统一使用白底红十字标志。

除依照《红十字会法》、国务院及省人民政府有关规定可以使用红十字标志外，其他任何组织和个人不得使用红十字标志。

县级（含县）以上地方红十字会接受同级人民政府委托，负责处理正确使用红十字标志的有关事宜。

违反规定使用的，依照《红十字会法》第十九条规定处理。

第十七条　红十字会的经费主要来源：

（1）红十字会会员缴纳的会费；

（2）接受国内外组织和个人捐赠的款物；

（3）动产和不动产收入；

（4）人民政府的拨款。财政部门应将红十字会行政经费、事业经费列入年度预算，并根据需要增拨专项经费；

（5）所属或合资、合作的社会福利事业单位上缴的款项；

（6）基层红十字会和行业红十字会所在单位和部门的资助。

第十八条　为了发展红十字事业，各级地方红十字会可以依法设立红十字基金和依法募集红十字发展基金；省红十字会可依法建立红十字基金会。

第十九条　各级红十字会应当建立经费收支、财产管理和所办社会福利事业单位经费的审查监督制度，并每年向理事会报告。

各级红十字会的经费使用情况，接受同级人民政府检查监督。

第二十条　省红十字会对在红十字事业中做出突出贡献的志愿工作者、社会各界人士，授予荣誉称号，并颁发荣誉证书、证章。

各级红十字会对在红十字工作中做出显著成绩的单位、工作人员，给予表彰和奖励。

第二十一条　本办法由省人民政府负责解释。

第二十一条　本办法自公布之日起施行。

原件藏湖北省北省红十字会档案室，档号：1995－C－022

湖北省红十字会第四次会员代表大会开幕词

各位代表、各位同志：

　　湖北省红十字会第四次会员代表大会今天开幕了，我谨代表湖北省红十字会第三届理事会，向大会的召开表示热烈祝贺，向十年来关心支持我省红十字事业的社会各界表示衷心的感谢！向各位代表和各位同志，向全省红会干部、志愿工作者及130万会员表示亲切的慰问，并致以崇高的敬意！

　　十年来，在邓小平同志建设有中国特色社会主义理论和党的基本路线指引下，我省各级红会抓住机遇，开拓进取，各项事业都有了长足进步，取得了显著成就。

　　《红十字会法》的贯彻实施，地方和基层红十字组织机构逐步增加，会员队伍不断壮大，为我省红会的发展打下了坚实的社会基础；中国红十字会湖北备灾救灾中心的建成运转大大提高了我省红会备灾救灾能力；公路沿线"安全交通线"建设，在减少事故伤亡、挽救群众生命方面发挥了较大作用；"三定一包"的社会服务，为散居社会的孤、老、病、残及其他特殊困难者，送去了人道主义温暖；推动公民无偿献血的发展，标志着社会文明程度的提高；对台交往的突破性进展，为促进两岸关系的发展做出了积极贡献；红十字青少年活动蓬勃开展，正成为学校德育教育的重要组成部分。

　　这些都说明了红十字事业，在我省社会主义现代化建设中有着特殊地位，在社会生活中发挥着不可替代的作用。我省的人道主义事业有着广阔的发展前景。

各位代表、各位同志：

　　这次代表大会，是我省红十字历史上具有重要意义的大会，会议将审议三届理事会工作，制定《湖北省实施〈中国红十字章程〉细则》和《湖北省红十字会1996—2000年五年工作规划提要》，选举产生湖北省红十字会新一届领导集体，履行聘任湖北省红十字会名誉会长、名誉理事的程序。希望同志们依照红十字会法的要求，从湖北红十字事业发展的大局出发，认真履行历史赋予的神圣使命，把这次大会开成一个团结的大会、胜利的大会，开成一个实施红十字会法、发展有中国特色红十字事业的动员大会！

最后，预祝大会圆满成功！

谢谢大家。

一九九六年五月二十四日

原件藏湖北省北省红十字会档案室，档号：1996－Y－023

湖北省红十字会 1996—2000 年
五年工作规划提要

1996—2000 年的五年，是我国进一步深化改革，扩大开放，发展经济，壮大国力的五年，也是湖北省红十字会认真宣传、贯彻、落实《中华人民共和国红十字会法》（以下简称《红十字会法》）、《中国红十字会九十年代工作纲要》的关键五年。各级红十字组织、专（兼）职干部，要在各级政府的领导下，积极动员，组织广大红十字会员和志愿工作者，艰苦奋斗，扎实工作，完成《中国红十字会九十年代工作纲要》提出的战略目标，为我省红十字事业的发展作出积极贡献。

一、组织建设工作

（1）各地要根据《红十字会法》的有关规定，依法解决好机构列位、人员列编、经费列支，并逐步实行办事机构的单独设置，争取 1997 年底以前地（市、州）红十字会独立设置；2000 年底全省半数以上的县（市）红十字会独立设置。

（2）组织建设要按照总会"巩固城市，发展农村，延伸行业，注重质量"的方针，以"巩固基础，保证质量，稳步发展"为原则，做到发展组织与开展活动同步进行，以活动促进组织发展。

（3）有计划地进行组织整顿工作，重点是落实团体和个人会员登记、发证和实施会费收缴制度。要求各地红十字会制定规划，认真落实。

（4）进一步加强红十字会干部队伍的自身建设。省红会有计划分期分批的对县（市）以上红十字会干部进行培训，各地（市、州）要制定相应的培训计划；加强与兄弟红会之间的横向交流；制定红会工作目标责任制。使广大红十字会干部牢固树立人道主义的崇高理想，成为业务熟练、善于管理的专门人才。

二、加强红十字会的法治建设和理论研究

（1）要认真加强对《红十字会法》的学习、贯彻，依法履行各级职责，开展各种活动。同时，要抓紧制订《湖北省实施〈红十字会法〉办法》及有利于保障红十字事业发展的单项法规。各大中城市也要创造条件，根据当地实际情况，依据《红十字会法》，制订一些地方性法规。依法维护红十字会的权益，改善红十字会的工作环境，规范红十字会的工作，力争 2000 年底以前，形成一个比较完整配套的红十字事业地方法律法规体系，推动我省红十字事业进入法制化的轨道。

《红十字标志使用条例》出台后，各地要加强宣传，依法清理、纠正滥用和不正确使用红十字标志的现象，维护红十字会的尊严。

（2）加强对有中国特色的红十字会理论的研究，建立红十字会的理论队伍，省红十字会不定期召开特色理论研讨会。

三、备灾救灾工作

（1）为加强红十字会的应急能力和救灾实力，有条件的地方红十字会，可建立备灾救灾仓库。力争 2000 年底以前，初步形成红十字会系统的备灾救灾网络。湖北备灾救灾中心要贯彻和执行《中国红十字会备灾救灾中心建设与管理暂行规定》，总结经验，坚持"社会效益第一，服务灾区优先"的原则，坚持自力更生、自主经营、独立核算、自负盈亏的方针，走自我发展的道路。平时，为救灾做好仓储、加工工作；灾时，接受总会的协调，完成救灾任务。

（2）举办备灾救灾培训（研讨）班，严格救灾程序管理，适应并掌握新的报灾、赈灾统计报表体系，不断总结经验，推广典型，促进这项工作向规范、系统、时效的方向发展，提高全省整体备灾救灾的管理水平。

（3）抓住机遇，多渠道争取境外人道主义救助。

四、卫生救护工作

（1）拓宽卫生救护训练领域，本着红十字卫生救护现场性、初级性、群众性的特点，地（市）、县红十字会每年接受心肺复苏、四项救护技术的人数要增加 20%，到 2000 年底以前达到全省累计培训 18 万人的目标，逐步将卫生救护知识普及到家庭、学校及社会的各行各业。

（2）省红十字会要创造条件，建立培养基地，完善基础设施，培训救护师资队伍。

（3）加强安全交通线建设，规范国道沿线红十字救护站（点）的职能，配备必要的设施，设置统一的标志。

五、血液事业

要加大无偿献血的力度，协助政府有关部门，联合社会力量，宣传血液生理及科学的献血有利于健康的知识，扩大无偿献血宣传面。省红会要制定适合我省实际的捐血办法，各地（市）、县红十字会要认真制定推行无偿献血的发展规划。动员各级领导、红会干部带头参加无偿献血，逐步建立红十字会自己的血站，培训一批专业技术人员，加强学习与交流，不断总结和推广无偿献血的经验。力争 2000 年底以前创建一批全国无偿献血先进城市。

六、社会服务工作

（1）继续开展以散居在社会上的孤、老、病、残人员为主的"三定一包"服务工作。

（2）根据社会需求和各级红十字会的自身条件，因地制宜，逐步拓宽人道主义服务领域，开展形式多样、内容丰富的社会服务工作，扩大社会影响。

七、宣传工作

（1）各级红十字会要深入持久地以多种形式宣传《红十字会法》、国际红十字运动、国际人道主义法和我国红十字会的宗旨、性质、任务和作用等。

（2）各级红十字会都要重视宣传工作，做到有规划、有落实、有检查。同时，要不断增加对宣传工作的人、财、物投入。有条件的地方利用广播、电视开办专栏节目。

（3）遵循"多订一份红十字报刊，多一位志愿工作者"的原则，加强总会"一报一刊"的发行工作，并逐年增加发行量，力争每个基层红会组织订阅一份红十字报刊；加强通讯员队伍建设，疏通全省红会系统内的信息交流渠道。

八、红十字青少年工作

（1）各级红十字会要积极与当地教育部门配合，遵照国家教育方针和红十字会宗旨，对红十字青少年经常进行人道主义、爱国主义、国际主义的教育，组织红十字青少年学习宣传卫生救护和无偿献血知识，开展社会服务活动，逐步使学校的红十字青少年工作制度化、规范化。

（2）举办不同层次、不同类型的夏（冬）令营。各地红十字会要从实际出发，采取多层次、多途径、就近就地举办不同类型的夏（冬）令营，以便增加红十字青少年对红十字会务等方面知识的了解。

九、多渠道筹措人道主义救助事业资金，增强经济实力

（1）为了发展红十字事业，增强综合实力，各级红十字会要大力兴办与其宗旨相符的各类经济实体。要注意选拔事业心强、懂经营、善管

理的人才充实到经济实体的领导班子。要坚持"来源于社会，服务于社会"的原则；要严格执行有关政策和管理办法，并依照《红十字会法》第二十一条取得政府的扶持。

（2）用足、用好、用活国家已经出台的政策性募捐。如利用国家关于"纳税人用于公益、救助性的捐赠，在年度内应纳税所得额3%以内的部分予以扣除"的规定，向效益好的各类企事业单位募捐。

（3）创造条件，成立湖北省红十字会发展基金会。

十、台湾事务和外事工作

（1）继续做好查人工作，积极协助政府处理好探亲衍生等问题。

（2）积极争取国际联合会的援助项目，进一步扩大和加强与德国红会及港、澳、台地区红十字组织的友好关系，不断开辟对外交流新领域。

原件藏湖北省北省红十字会档案室，档号：1996－Y－024

光荣榜：中国红十字会 1993—1995
先进集体、先进个人名单（节录）

湖北省先进集体

武汉市红十字会
黄石市冶钢集团公司红十字会
黄冈市红十字会
宜昌市第五中学红十字会
仙桃市红十字会
荆门市红十字中心血站
中国红十字会湖北备灾救灾中心

湖北省先进个人

吴厚冬	周永新	李启俊	周德初
彭厚祥	张清显	彭荣华	王红
屈红玲	柯昌洪	焦泽浩	韩光元
马新南	白祖庆	王学忠	耿学会

王国华	张建林	邓发明	魏金声
牟立荣	曾凡鹏	严自然	兰明强
张义龙	石慰平	艾军	杨嗣润
杜德湘	黄建斌	陈保有	陈志成
钟德发	王虹	李占和	吴文飞
刘随民	丁章尧	周长富	胡贤忠
李玉兰	桂望兰	余婷	吴复新
戴先祥	陈金堂	梁志忠	陈作朝
高尚仁	陈安珍	金仁龙	陈家安
戴运山	夏耘	叶爱新	黄世金
熊明迹	秦建国	金福安	吴恒英
熊怡祥	葛庆利	李济豪	阮英举
丁文华	梁传美	陈高明	雷德全
陈太英	刘建英	牟炳新	王士茂
刘志兵	熊亚利	邓字良	陈普成
何松山	李群梅	袁慧敏	望西成
黄古田	吕军生		

原载于《中国红十字报》1996年10月25日

联邦德国红十字会巴登·符腾堡州分会
与湖北省红十字会继续合作协议（草案）

联邦德国红十字会巴登·符腾堡州分会与中国湖北省红十字会自一九八九年签署友好合作协议以来，双方本着巩固和发展中德两国人民之间的友谊，促进省州间的友好合作关系，尊重双方不同的文化背景的原则，尽可能地在人道主义事业里进行了卓有成效的合作。

这种合作已通过以巴登·符腾堡州红十字会主席路德维希·冯·巴登王子为首的州红十字会代表团一九九七年的中国之行得到了证明和增强。

在新世纪即将到来之时，我们双方面临着许多新的挑战，两国也出现了许多新问题和新环境。双方都深切地感受到必须在新的框架内开展更加灵活、务实、互利互惠的友好合作，使人道主义领域的合作进一步促进两国人民之间的相互了解和满足人民的需要。

双方确认，湖北省红十字会与巴登·符腾堡州红十字会之间的友好合作将通过如下措施得到加强：

一、建立双方领导定期互访和专家定期互访的机制，这样有助于继续巩固双方的合作关系，促进相互了解。

二、巴登·符腾堡州分会愿为湖北省红十字会建立救护中心提出建议，并在适当的时候帮助湖北省红十字会培养救护人员，定期交换救护系统建设方面的经验和信息。

三、巴登·符腾堡州分会在儿童康复中心（急救）中提供咨询和技术帮助。

四、巴登·符腾堡州分会帮助湖北省分会建立捐血中心，并在输血技术装备和人员培训方面给予帮助。

五、本着互利互惠的原则，湖北省红十字会愿意在巴登·符腾堡州红十字会认为合适的地方建立中国传统医学服务门诊，湖北省红十字会可以派出中国传统医学的专家和医务人员，赴巴登·符腾堡州有关医疗机构和社会福利机构（如护老院等）帮助工作和进行实习。

六、为了适应双方环境的变化，扩大合作的领域，双方同意将进一步在开展备灾、救灾、青少年人道主义活动、社会福利工作、两国红会内部行政和经营管理等方面的经验开展交流和合作，通过共同的努力使两国红十字会间的友谊得到加强和巩固。

签字日期：　地点：斯图加特

湖北省红十字会　巴登·符腾堡州红十字会分会
（注：签字日期原档案中未填写）

原件藏湖北省北省红十字会档案室，档号：1998－C－030